해커스

한국토지 주택공사

NCS+전공

봉투모의고사

NCS 실전모의고사
1회

해커스잡

수험번호	
성명	

NCS 실전모의고사
1회

> 문제 풀이 시작과 종료 시각을 정한 후, 실전처럼 모의고사를 풀어보세요.
>
> ___시___ ___분~___ ___시___ ___분 (총 40문항/권장 풀이 시간 50분)

□ 시험 유의사항

[1] 한국토지주택공사 직무능력검사 구성은 다음과 같습니다. (신입직원 5·6급 공채 기준)

구분		문항 수	시간	평가 내용
5급	NCS 직업기초능력	40문항	110분	의사소통능력, 수리능력, 문제해결능력
	직무역량	60문항		모집 직무별 전공시험
6급	NCS 직업기초능력	40문항	50분	의사소통능력, 수리능력, 문제해결능력

[2] 본 실전모의고사는 NCS 직업기초능력 40문항으로 구성되어 있습니다. 따라서 지원 분야에 따라 다음과 같이 풀이 하시면 됩니다.
- 5급 사무(일반행정): NCS 직업기초능력 40문항 + 직무역량(경영/경제 중 택 1) 60문항
- 5급 기술(토목): NCS 직업기초능력 40문항 + 직무역량(토목) 60문항
- 5급 기술(건축): NCS 직업기초능력 40문항 + 직무역량(건축) 60문항
- 5급 사무(전산 및 전문)/5급(토목·건축 외 분야)/6급: NCS 직업기초능력 40문항

[3] 본 실전모의고사 마지막 페이지에 있는 OMR 답안지와 해커스ONE 애플리케이션의 학습 타이머를 이용하여 실전 처럼 모의고사를 풀어보시기 바랍니다.

[01 – 02] 다음 보도자료를 읽고 각 물음에 답하시오.

보 도 자 료		LH 한국토지주택공사
배포일시	202X. 12. 10.(금)	
보도일시	즉시 보도 가능합니다.	
담당부서	스마트시티개발처	담당자	부장 최○○(055-123-1234) 차장 김○○(055-123-1235) 과장 정○○(055-123-1236)

LH, '202X LH 스마트시티 포럼' 개최
– '스마트시티 추진현황과 과제' 주제로 각계 전문가 주제발표 및 토론 진행
– 모든 사업지구에 스마트시티 전략계획 적용 등 스마트시티 확대 노력

LH는 10일, LH 경기지역본부 3층 대회의실에서 스마트시티 분야의 국내 석학 및 전문가들과 함께 '202X LH 스마트시티 포럼'을 개최했다고 밝혔다. LH, 스마트도시협회, 스마트도시건축학회 공동 주재로 열린 이번 포럼은 국내외 스마트시티 조성 사례와 핵심 기술, 정부의 탄소중립 정책과 관련한 '스마트그린' 등 스마트시티와 관련한 다양한 주제를 공유하고 대한민국 스마트시티 산업의 정책과 발전방향을 모색하기 위해 개최됐다. 그리고 포럼 내용은 유튜브 'LH 한국토지주택공사' 채널에 공유된다. 김○○ LH 사장은 개회사를 통해 "LH는 대한민국 스마트시티 선도기관으로서 각계 전문가들의 의견을 지속적으로 청취하고, 공공·민간·시민·학회의 협력 네트워크 구축을 통해 스마트시티 산업 발전에 앞장설 것"이라고 밝히며 세종 국가시범도시, 3기 신도시, 해외 신도시 등 LH의 스마트시티 주요 추진계획을 함께 설명했다.

포럼은 '스마트시티 추진현황과 과제'에 대해 3개 세션으로 구분돼 세부 주제를 정하고 전문가가 발표 및 토론하는 방식으로 진행됐다. 1부에서는 '스마트시티 정책과 LH 추진방향', 2부에서는 '미래 스마트시티 핵심 기술과 솔루션', 3부에서는 '스마트그린도시 R&D와 미래 전략'이 세부 주제로 선정됐다. 특히 그간의 LH 스마트시티 사업 추진현황을 설명하고, 스마트시티 조성을 위한 LH의 노력과 고민을 공유하는 시간을 가졌다. 2부에서는 자율주행 등 스마트시티 미래 교통, 탄소중립을 위한 그린에너지 도시, 미래의 집에 대한 스마트 솔루션, 메타버스와 디지털트윈 등 스마트기술의 현재와 미래에 대해 각계 전문가의 의견을 나눴으며, 3부에서는 LH 토지주택연구원에서 정부의 그린뉴딜 정책에 발맞춘 LH 스마트그린도시 계획에 대한 연구 내용을 발표했다.

LH는 지난 2000년대 초부터 U-City(유비쿼터스 시티)를 사업지구에 도입했으며, U-City 개발 노하우를 바탕으로 대한민국 스마트시티 개발 선도기관으로서의 역할을 수행 중이다. 특히 국가시범도시로 지정된 세종 5-1 생활권에서 첨단 도시관리기술과 스마트 서비스를 자유롭게 적용해 향후 미래형 도시모델을 제시할 테스트베드 도시로 조성 중이고, 수도권 내 안정적인 주택공급을 위해 추진 중인 3기 신도시 사업지구에는 자율주행, 로봇배송, 스마트에듀, 환경관리 등 지구별 스마트시티 특화모델을 계획해 입주민 삶의 만족도를 높이고 지속가능한 도시발전을 위해 적극 힘쓰고 있다. ( ) 국가시범도시 및 3기 신도시 스마트시티 개발 노하우를 바탕으로 LH가 개발하는 모든 사업지구에 대해 스마트시티 특화 전략계획(Smartcity Startegy Plan)을 적용하고, 이를 바탕으로 베트남 등에 한국형 스마트시티를 해외로 수출하기 위해 노력 중이다.

한편 기존 도시에서는 일정 구역을 대상으로 지역 주민의 의견을 반영한 스마트 서비스의 발굴·실증 및 확산을 위한 챌린지사업을 진행하고 있으며, 시민이 직접 도시문제를 발굴하고, 민간이 보유한 스마트기술을 통해 해결하는 '리빙랩'을 세종시를 시작으로 향후 전체 사업지구로의 확대 및 적용하는 것을 계획하고 있다. 아울러 여성 화장실 출입관리 시스템, 스마트 가로 주차관리 시스템, 특허를 출원·등록하고 시스템 개발을 추진하는 등 시민 체감형 스마트 서비스의 신규 발굴·적용을 위해서도 적극 노력 중이다. LH는 대한민국 스마트시티 개발의 선도기업으로서 앞으로도 도시 가치를 높이고 지속적인 혁신 창출이 가능한 스마트시티를 만들어 나갈 계획이다.

※ 출처: 한국토지주택공사 보도자료

01. 위 보도자료의 내용과 일치하는 것은?

① 포럼에서는 LH 스마트그린도시 계획에 대한 연구 내용 발표에 이어 각계 전문가들이 스마트기술의 현재와 미래에 대해 의견을 나누었다.

② 포럼에서 LH는 스마트시티 특화 전략계획을 기반으로 한국형 스마트시티를 해외로 수출하여 얻은 결과를 발표하였다.

③ 시민이 직접 도시문제를 찾아내고 이를 민간이 갖고 있는 스마트기술로 해결하는 리빙랩은 세종시를 포함한 전체 사업지구로 확대되었다.

④ LH는 포럼을 통해 그간 추진한 LH 스마트시티 사업 현황에 대해 설명했을 뿐 아니라 스마트시티 조성을 위한 노력과 고민을 공유하였다.

⑤ LH는 U-City를 사업지구에 도입하여 스마트시티 개발 선도기관으로서의 역할을 수행하고자 하였으나 U-City 개발이 미진한 상황이다.

02. 위 보도자료의 빈칸에 들어갈 단어로 가장 적절한 것은?

① 그러나   ② 다만   ③ 예컨대   ④ 또한   ⑤ 즉

[03 – 04] 다음 보도자료를 읽고 각 물음에 답하시오.

LH는 27일부터 통합공공임대주택 최초 공급을 시작했다고 밝혔다. 이번 공급물량은 과천 지식정보타운 S-10BL 605호, 남양주 별내 A1-1BL 578호로, 총 1,181호이다. 통합공공임대주택은 기존 영구·국민·행복주택 등 다양한 유형의 공공임대주택을 하나의 유형으로 통합한 주택으로, 입주자격을 확대해 다양한 계층이 함께 어울려 거주 가능하며, 유형별로 달라 복잡했던 기존 입주자격 등도 단순해졌다. 소득·자산 기준은 중위소득 150% 이하, 자산 2억 9200만 원 이하로 일원화돼 기준을 충족하는 무주택세대구성원이면 누구나 신청·입주 가능하며, 임대료는 신청 세대의 소득 수준에 따라 다르게 책정된다. (   ) 다양한 평형으로 공급돼 실수요자의 선택권을 넓혔으며, 거주 기간 또한 30년으로 늘어나 안정적인 주거생활이 가능하다.

27일 과천 지식정보타운 S-10BL 605호에 대한 입주자 모집 공고가 실시됐으며, 오는 28일에는 남양주 별내 A1-1BL 576호가 공급된다. 주택 신청은 입주자모집공고일 기준, 성년자인 무주택세대구성원으로서 중위소득 150% 이하, 총자산가액 2억 9200만 원 및 자동차가액 3,496만 원 이하인 경우 누구나 신청 가능하다. 세대원 수에 따라 신청 가능한 평형이 다르므로 이 점 유의해야 하며, 임대조건은 신청 세대의 소득 수준에 따라 같은 평형이어도 다르게 책정될 수 있다. 공급물량의 60%는 다자녀가구, 신혼부부, 한부모가족 등에게 우선 공급하고, 40%는 일반 공급(주거약자용 포함)한다. 우선공급 신청자격 등 자세한 사항은 반드시 개별적으로 입주자모집공고문을 확인해야 한다.

모집일정은 △ 신청·접수(2월 15~18일), △ 서류제출 대상자 발표(3월 3일), △ 서류제출 대상자 서류접수(3월 4~11일), △ 당첨자 발표(6월 30일), △ 계약체결(7월 12~14일)이며, 입주는 오는 2023년 10월(남양주) 및 2024년 1월(과천) 예정이다. 신청·접수는 원칙적으로 LH청약센터 또는 모바일앱 'LH청약센터'를 통한 온라인 접수만 가능하며, 고령자 등 인터넷 신청이 어려운 경우에 한해 현장 접수 가능하다.

과천 지식정보타운 S-10BL은 우수한 교통망과 편리한 생활여건으로 청약 대기자들의 많은 관심이 기대된다. 지하철 4호선 인덕원역이 단지 인근에 위치하고, 제2경인 고속도로, 309번 지방도 등을 이용하면 인근 수도권으로 접근도 용이하다. 또한, 지구 내 과천 지식정보타운역(가칭) 신설될 예정으로, 더욱 견고한 교통망이 구축될 전망이다. 또한, 서울대공원, 국립현대미술관 등 다양한 생활문화시설을 이용할 수 있고, 단지 내에 생활문화센터, 노인복지센터, 다함께돌봄센터 등 과천시에서 운영하는 생활SOC시설도 설치될 예정으로, 다양한 생활편의 서비스를 누릴 수 있다는 것이 장점이다.

남양주 별내 A1-1BL은 도보로 이용 가능한 거리에 지하철 4호선 별내별가람역이 신설될 예정으로 역세권 입지이다. 아울러, 남양주 별내 지구는 이미 많은 세대가 입주한 성숙지구로 풍부한 생활 인프라가 잘 갖춰져 있다는 것이 특징이다. 별내 카페거리와 영화관 등 각종 문화시설을 즐길 수 있고, 도보로 통학 가능한 위치에 초등학교가 있어 미취학 아동이 있는 가구의 관심이 높을 것으로 기대된다. LH 관계자는 "통합공공임대주택은 국민·영구·행복주택을 이어 국민 주거안정에 큰 도움이 될 것으로 기대된다"라고 하며, "고양장항, 부천역곡 등 중형평형 선도단지 6곳이 지난해에 최초 사업 승인된 만큼 더욱 많은 분들이 쾌적한 주거 환경을 누릴 수 있도록 최선을 다하겠다"라고 말했다.

※ 출처: 한국토지주택공사 보도자료

03. 위 보도자료의 내용과 일치하는 것은?

① LH청약센터와 모바일 애플리케이션을 통한 온라인 접수가 불가능하다면 누구나 현장 접수가 가능하다.

② 통합공공임대주택의 임대료는 신청 세대의 소득 수준과 상관없이 일원화될 것이다.

③ 남양주 별내 A1-1BL은 지하철 4호선 인덕원역과 309번 지방도가 인근에 위치해 있어 수도권으로의 접근이 쉽다.

④ 신혼부부를 포함한 대상자에게 우선 공급하며 공급물량의 40%는 주거약자를 포함한 대상자에게 일반 공급한다.

⑤ 통합공공임대주택은 신청 세대의 세대원 수와 상관없이 신청 가능한 평형은 모두 동일하다.

04. 위 보도자료의 빈칸에 들어갈 단어로 가장 적절한 것은?

① 그래서   ② 하지만   ③ 그뿐 아니라   ④ 왜냐하면   ⑤ 이를테면

[05-06] 다음 보도자료를 읽고 각 물음에 답하시오.

LH는 주택 분양사업으로 발생한 개발 이익을 국민과 공유하는 '202X년 주택개발 공모리츠' 민간사업자 공모를 3월 30일부터 실시하고, 오는 4월 18일부터 참가의향서를 접수한다고 밝혔다. 주택개발 공모리츠는 국토교통부 「공동주택용지 공급제도 개선안」에 따라 추첨제 중심의 공동주택용지 공급방식에서 발생하는 부작용을 없애고 LH 공동주택용지를 사들여 주택을 건설·분양하는 개발사업의 이익을 공유하기 위해 도입한 사업으로, 사업대상 토지를 ㉠ 매도하여 주택건설사업을 추진할 부동산 투자회사 설립 공간을 마련하고, 금융주선 및 주식공모, 시공업무 등을 수행하는 금융사·건설사 공동 참여 방식의 민간사업자를 대상으로 작년 6월 1차 시범사업을 공모 및 실시한 바 있다.

주택개발 공모리츠는 기존 주택개발 리츠에 주식공모를 확대해 국민과 개발 이익을 공유하는 사업이다. 건설사·금융사가 공동으로 참여하는 방식으로 구성된 민간사업자가 리츠를 설립하고, 리츠에서 사업대상이 될 LH 공동주택용지를 사들여 주택을 건설·분양하는 주택개발 리츠의 기본 사업구조를 유지하되, 리츠의 자본조달 과정에서 국민을 대상으로 한 주식공모 비중을 확대해 국민이 리츠 사업의 주주로 참여하고 6~9%의 배당금을 안정적으로 지급받는 방식이다. ㉡ 다만, 일부 국민에게 지급되는 토지이익 배당금으로 인한 국민의 근로의욕 저하 문제는 여전히 해결해야 할 과제로 남아있다. 이를 위해 LH는 민간사업자 선정, 토지공급 등을 담당하고, 민간사업자는 리츠 설립, 자금 조달, 주식공모, 설계·시공·분양업무 등을 수행한다.

민간사업자는 계량·비계량 평가를 통해 선정되는데, 계량 평가항목은 주식공모 계량계획, 금융사·건설사 수행능력이고, 비계량 평가항목은 주식공모 및 재무계획, 개발계획, 주거·건설 ESG 경영 실천계획이다. 이번 공모는 전년도에 실시한 1차 시범공모와 공모대상은 동일하다. ㉢ 따라서 일반 국민을 대상으로 하는 공모주 비율의 평가기준을 전년도보다 10% 높여 50%로 상향 조정함으로써 80점 만점을 기준으로 하고, 배당 수익 비율의 평가기준 또한 전년도보다 10점을 더 높여 공모주 비율의 평가기준과 동일하게 조정된다. ESG 경영실천계획 평가기준 역시 전년도의 평가기준보다 40점 더 높은 100점으로 상향하는 등 일반 주주의 참여 기회를 확대하고 ESG 경영실천을 유도한다.

사업 대상지는 과천지식정보타운 S-2 공동주택용지로, 최근 민간 분양 아파트 1순위 청약 ㉣ 경쟁률이 평균 718 대 1에 달하는 등 분양성이 우수한 것으로 알려져 있다. 강남과 가까운 지리적 이점이 있고, 지구 인근에 4호선 인덕원역 및 과천정부청사역이 위치한다. 또한, 지구 내 지하철 4호선 역 개통 예정 등 교통 호재가 풍부하며, 우수 생활 인프라 및 교육 환경으로 인해 주거 선호도가 높다. 지구 내 지식기반산업용지가 계획되어 있고, 강남에서 판교, 과천으로 이어지는 지식 기반 비즈니스 벨트를 통한 자족 기능 및 미래 수요가 풍부하다.

LH는 4월 18일 월요일 10시부터 20일 수요일 15시까지 참가의향서를 접수하고, 6월 29일 수요일 10시부터 16시까지 사업신청서를 접수받아 7월 중 우선 협상 대상자를 선정한 후 공모 관련 세부사항을 안내한 페이지에서 발표할 예정이다. 민간사업자는 금융사, 건설사 각각 2개 이하의 업체가 공동으로 참여하는 방식으로 구성된 ㉤ 콘소시엄을 구성해 신청해야 하며, 공모 조건 및 공모지침서 등 공모 관련 세부사항은 LH 홈페이지(www.lh.or.kr) 내 열린경영 > 새소식 > 공모안내 메뉴를 통해 확인할 수 있다. LH 관계자는 "분양수요 및 기대가 높은 블록인 만큼 주택개발 공모리츠의 경쟁 공급방식 및 주식공모를 통해 고품질의 주택 건설을 유도하고 국민과 개발 이익을 공유할 것"이라고 말했다.

※ 출처: 한국토지주택공사 보도자료

05. 위 보도자료의 ㉠~㉢을 바르게 고쳐 쓴다고 할 때, 가장 적절하지 않은 것은?

① ㉠은 문맥에 맞는 명사인 '매입'으로 고쳐 쓴다.

② ㉡은 전체적인 글의 흐름상 불필요한 내용이므로 삭제한다.

③ 잘못된 연결어를 사용한 ㉢은 '그러나'로 바꿔 쓴다.

④ 어문 규정에 맞지 않는 ㉣은 '경쟁율'로 수정한다.

⑤ 외래어 표기법에 맞지 않는 ㉤은 '컨소시엄'으로 표기한다.

06. 위 보도자료의 내용과 일치하지 않는 것은?

① 주택개발 공모리츠 사업은 LH 공동주택용지를 사들여 주택을 건설 및 분양하는 기본 사업구조를 유지해야 한다.

② 1차 시범공모 배당 수익 비율의 평가기준과 ESG 경영 실전계획의 평가기준이 되는 점수는 모두 70점이었을 것이다.

③ 주택개발 공모리츠 사업은 우수한 교육 환경이 갖춰져 있어 주거 선호도가 높은 공동주택용지에서 시행될 것이다.

④ 이번에 시행될 주택개발 공모리츠는 추첨제 중심으로 진행되는 공동주택용지 공급방식의 단점이 보완된 형태이다.

⑤ 주택개발 공모리츠 민간사업자 선정 시 적용되는 평가항목인 주식공모 및 재무계획은 비계량 평가항목에 해당된다.

[07 – 09] 다음 글을 읽고 각 물음에 답하시오.

조선시대에는 여성의 지위가 남성과 비교했을 때 상대적으로 매우 낮았으나 여성 중에서도 품계와 관직을 받은 사람들이 있었다. 여성을 대상으로 품계에 따라 봉작(封爵)을 내리던 명부(命婦)가 있었는데, 크게 외명부(外命婦)와 내명부(內命婦)로 나뉘었다. 외명부는 왕족이나 종친의 아내 및 어머니, 문·무관의 아내나 어머니를 대상으로 부여되던 품계로, 대개 남편이나 자식의 품계에 따라 함께 부여되던 봉작이었다. 이와 달리 내명부는 궁중에서 봉직하던 여관(女官)을 총칭하는 말로 사용되었다.

내명부에 속한 여성들은 다시 후궁과 ㉠ 궁녀로 구분되었는데, 궁궐 여성 중 가장 높은 신분이었던 왕비는 내명부를 총괄하였지만 여기에 소속되지 않았다고 한다. 이는 왕비가 왕에 의해 직접 비에 책봉되어 왕과 마찬가지로 품계를 초월한 존재였기 때문이다. (　　　) 정식 비가 아닌 후궁은 다른 궁녀들과 마찬가지로 일정한 품계를 받게 되었다. 다시 말해 후궁이라도 모두 같은 신분을 갖고 있었던 것은 아니었으며, 가장 높은 후궁은 정1품의 빈(嬪)이었다.

정1품은 영의정, 우의정, 좌의정과 마찬가지로 관료로서 오를 수 있는 가장 높은 품계에 해당했다. 그 아래로는 종1품의 귀인(貴人), 정2품의 소의(昭儀), 종2품의 숙의(淑儀), 정3품 소용(昭容), 종3품 숙용(淑容) 정4품 소원(昭媛), 종4품 숙원(淑媛)이 있었다. 후궁의 품계를 내릴 때는 왕의 자녀를 출산하였는지, 그중 아들이 있는지 등 여러 가지가 고려되었다고는 하지만 고정된 기준은 따로 없었으며, 시대와 상황에 따라 유동적이었다고 한다.

후궁의 경우 관료들과 마찬가지로 높은 품계를 지녔지만, 외명부와 마찬가지로 남성인 왕에 의해 지위를 부여받은 사람들이었다. 이들과 달리 궁녀는 자신의 역할에 따라 관직과 품계를 하사받은 사람들로, 사실상 조선시대의 유일한 여성 관리자였다. 궁녀는 정5품 상궁(尙宮)과 상의(尙儀)를 포함해 종9품의 주우(奏羽)까지 품계에 따라 다양한 직급이 존재했는데, 우리가 흔히 알고 있는 무수리는 궁녀들이 부리는 종으로 품계와 지위가 있는 궁녀와는 엄연히 다른 신분이었다.

궁녀는 대개 10년에 한 번씩 뽑을뿐더러 중간계층의 4~10세 사이의 아이 가운데 상궁 이상의 추천을 받아야만 했기 때문에 쉽게 되기 어려웠다. 궁녀로 입궁하더라도 상당 기간을 수련한 후에야 정식 궁녀가 될 수 있었고, 그 후에도 15년이 지나야 상궁의 자리에 오를 수 있었다. 무엇보다도 궁녀가 된 순간부터 평생 궁에서 살면서 결혼은 할 수 없었으며, 늙고 병들었거나 모시던 상전이 승하하는 등 특별한 경우에만 궁 밖에 나갈 수 있었다.

간혹 궁녀들 중에서 숙종의 후궁이었던 장희빈과 같이 왕의 승은을 입고 후궁이 되는 경우도 있었으나 그렇지 않은 경우가 더 많았다. 그뿐만 아니라 대부분의 궁녀는 관직을 지니고 살아가는 대신 자신의 행동에 제약을 받으며 고단한 삶을 살아갔다. 결국 궁녀는 조선시대 내에서 유일하게 관직을 가질 수 있었던 여성이었지만 아이러니하게도 절대 군주 국가 시기의 희생물이었던 것이다.

07. 윗글의 밑줄 친 ㉠에 대해 추론할 수 없는 것은?

　① 궁녀로서 입궁하더라도 오랜 기간 수련을 거쳐야만 정식 궁녀가 될 수 있었다.

　② 왕의 승은을 입고 후궁 첩지를 받아 높은 품계를 받는 궁녀도 있었다.

　③ 조선시대의 여성 관리자로, 자신이 맡은 역할에 따라 관직 및 품계가 부여되었다.

　④ 궁녀의 종인 무수리도 내명부의 일원으로서 품계 및 지위를 부여받았다.

　⑤ 입궁한 뒤에 몸이 늙고 병드는 등 특별한 경우에 한해서는 출궁이 허용되었다.

08. 윗글의 내용과 일치하는 것은?

　① 상궁이 되면 숙원의 첩지를 받은 후궁과 동일한 품계를 하사받게 된다.

　② 왕의 후궁에게 품계를 부여할 때는 명확한 기준에 따라 엄격하게 정해졌다.

　③ 왕비는 내명부 소속의 여성 중 가장 높은 지위를 지니고 있었다.

　④ 문·무관의 아내는 공적을 세워야만 외명부 여성으로서 품계를 받을 수 있었다.

　⑤ 왕의 후궁으로서 올라갈 수 있는 가장 높은 품계는 정1품의 빈이었다.

09. 윗글의 빈칸에 들어갈 단어로 가장 적절한 것은?

　① 비교하건대　　　② 반면에　　　③ 각설　　　④ 오히려　　　⑤ 다시 말하면

[10-11] 다음 안내문을 읽고 각 물음에 답하시오.

[한국토지주택공사 도시재생현장 견학 프로그램 참여자 모집 안내]

1. 목적
- 한국토지주택공사(이하 LH)에서 운영하거나 지원하는 도시재생사업에 대한 국민들의 이해와 공유의 장을 마련하기 위함

2. 행사 안내
1) 행사기간: 20XX년 12월 16일~12월 17일 (2일간)
2) 행사참가대상: 일반인, 대학생 및 대학원생
   ※ 행사 첫째 날에는 일반인을 대상으로, 둘째 날에는 대학생 및 대학원생을 대상으로 견학 프로그램을 진행함
3) 행사수용인원: 1일 40명 선착순 마감
4) 참가비용: 무료

3. 신청 안내
1) 신청기간: 20XX년 11월 21일~12월 17일
2) 신청방법: 전화 신청(055-123-4567, 4568, 4569)

4. 경남권 도시재생현장 견학 프로그램 코스

시간	행사 내용	장소
9:30~10:00	집결 및 LH 소개	LH 진주사옥
10:00~11:00	LH 토지주택 박물관 견학(일반인)	LH 진주사옥
	전문가 특강(대학생 및 대학원생)	
11:00~11:30	이동(LH 진주사옥 → 진주시 옥봉동)	–
11:30~12:30	진주시 옥봉동 새뜰마을 투어	진주시 옥봉동
12:30~13:30	점심 식사(◇◇마을식당)	진주시 옥봉동
13:30~14:30	이동(진주시 옥봉동 → 통영)	–
14:30~15:30	통영 리스타트 플랫폼 견학 (폐조선소 재생·복합단지)	통영시 도남동
15:30~16:30	이동(통영 → LH 진주사옥)	–
16:30~17:00	기념촬영, 기념품 증정 및 해산	LH 진주사옥

5. 코스별 특징
1) LH 토지주택 박물관: 우리 민족의 주거·건축·토목기술 관람
2) 진주시 옥봉동 새뜰마을: 주민 주도형 도시재생사업단지 투어
3) 통영 리스타트 플랫폼: 폐조선소를 활용한 창업 지원형 도시재생뉴딜사업지 견학

---

10. 위 안내문의 내용과 일치하지 않는 것은?

① 도시재생현장 견학 프로그램의 목적은 LH에서 운영 또는 지원하는 도시재생사업에 대한 국민들의 이해도를 제고하기 위함에 있다.

② 통영시의 리스타트 플랫폼에서는 폐조선소 기반의 창업 지원형 도시재생뉴딜사업지가 조성되어 있다.

③ 도시재생현장 견학 프로그램은 2일 동안 진행되며 하루에 일반인과 대학생 각각 20명씩 참가하여 견학한다.

④ LH 토지주택 박물관에서는 우리 민족의 주거와 건축, 토목기술 등을 확인할 수 있다.

⑤ 도시재생현장 견학 프로그램의 마지막 일정으로는 기념촬영과 기념품 증정이 이루어질 예정이다.

11. LH에서 근무하는 귀하는 고객으로부터 도시재생현장 견학 프로그램에 관련된 문의를 받았다. 위 안내문을 근거로 판단할 때, 학생의 문의에 대한 귀하의 답변 내용으로 가장 적절하지 않은 것은?

학 생: 안녕하세요. 저는 ○○대학교 학생입니다. 도시재생현장 견학 프로그램에 어떻게 신청하나요?
귀 하: ㉠ 11월 21일부터 12월 17일까지 전화로 신청해 주시면 됩니다.
학 생: 프로그램에 참가하고 싶은데 별도의 참가비가 있나요?
귀 하: ㉡ 프로그램에는 별도의 요금 없이 무료로 참여하실 수 있습니다.
학 생: 제가 12월 16일에는 갈 수 없는데, 17일에도 LH 토지주택 박물관을 견학할 수 있을까요?
귀 하: ㉢ 네, LH 토지주택 박물관 견학은 오전 10시부터 1시간 동안 진행되어 17일에도 견학 가능합니다.
학 생: 프로그램 일정에 점심 식사도 포함된다고 들었는데 점심 식사는 어디에서 하나요?
귀 하: ㉣ 점심 식사는 새뜰마을 투어를 마치고 진주시 옥봉동의 ◇◇마을식당에서 예정되어 있습니다.
학 생: 네, 답변 감사합니다. 일단 일정 확인해보고 나중에 신청 가능할까요?
귀 하: ㉤ 가능합니다. 다만, 신청은 선착순으로 이루어지므로 조기에 마감될 수 있습니다.

① ㉠   ② ㉡   ③ ㉢   ④ ㉣   ⑤ ㉤

[12 – 13] 다음은 LH에서 게시한 신혼희망타운 모집 안내문의 일부이다. 각 물음에 답하시오.

[신혼희망타운 모집 안내]

1. 신혼희망타운이란?
- 신혼부부, 예비 신혼부부, 한부모 가족에 공급하는 전용 60m² 이하의 주택으로, 육아·보육을 비롯한 신혼부부 수요를 반영하여 건설하고, 전량을 신혼부부에게 공급하는 신혼부부 특화형 공공주택

2. 공급대상

신혼부부	혼인기간이 7년 이내 또는 6세 이하의 자녀를 둔 무주택 세대구성원
예비 신혼부부	공고일로부터 1년 이내에 혼인 사실을 증명할 수 있으면서 혼인으로 구성될 세대 전부 무주택 세대에 해당되는 분
한부모 가족	6세 이하의 자녀가 있는 무주택 세대구성원(자녀의 부 또는 모로 한정함)

3. 공급대상별 청약자격
- 입주기준: 입주할 때까지 무주택 세대구성원일 것
- 주택청약 종합저축: 가입 6개월 경과, 납입 인정 횟수 6회 이상(청약저축 포함)
- 소득기준: 전년도 가구당 도시근로자 월평균 소득 130%(3인 기준 월 783만 원 수준), 140%(3인 기준 월 844만 원 수준)
- 총 자산기준: 341,000천 원 이하(2022년 적용 기준)
- 전용 모기지 가입 기준: 주택가격이 총 자산기준을 초과하는 주택을 공급받은 입주 예정자는 입주할 때까지 신혼희망타운 전용 주택담보 장기대출상품에 주택가격의 최소 30% 이상 가입할 것

4. 입주자 선정방법
1) 1단계 우선 공급(30%)

가점항목	평가항목	점수	비고
가구소득	가구당 도시근로자 월평균 소득의 70% 이하	3	(예비)배우자가 맞벌이인 경우 80% 이하
	가구당 도시근로자 월평균 소득의 70% 초과 100% 이하	2	(예비)배우자가 맞벌이인 경우 80% 초과 110% 이하
	가구당 도시근로자 월평균 소득의 100% 초과	1	(예비)배우자가 맞벌이인 경우 110% 초과
해당 시·도 연속 거주기간	2년 이상	3	시는 특별시·광역시·특별자치시 기준이고, 도는 도·특별자치도 기준
	1년 이상 2년 미만	2	
	1년 미만	1	
주택청약 종합저축 납입 인정 횟수	24회 이상	3	입주자저축 가입 확인서 기준
	12회 이상 23회 이하	2	
	6회 이상 11회 이하	1	

※ 혼인기간이 2년 이내이거나 2세 이하의 자녀를 둔 신혼부부와 예비 신혼부부 및 2세 이하의 자녀를 둔 한부모 가족에게 가점제로 우선 공급

2) 2단계 잔여 공급(70%)

가점항목	평가항목	점수	비고
미성년 자녀 수	3명 이상	3	태아(입양) 포함
	2명	2	
	1명	1	
무주택기간	3년 이상	3	신청자가 만 30세가 되는 날(만 30세 이전에 혼인한 경우 혼인신고일)부터 공고일 기준 세대구성원(예비 신혼부부는 혼인으로 구성될 세대) 전원이 계속하여 무주택인 기간을 합산
	1년 이상 3년 미만	2	
	1년 미만	1	
해당 시·도 연속 거주기간	2년 이상	3	시는 특별시·광역시·특별자치시 기준이고, 도는 도·특별자치도 기준
	1년 이상 2년 미만	2	
	1년 미만	1	
주택청약 종합저축 납입 인정 횟수	24회 이상	3	입주자저축 가입 확인서 기준
	12회 이상 23회 이하	2	
	6회 이상 11회 이하	1	

※ 혼인기간이 2년 초과 7년 이내이거나 3세 이상 6세 이하 자녀를 둔 신혼부부, 3세 이상 6세 이하 자녀를 둔 한부모 가족 및 1단계 우선 공급 낙첨자 전원을 대상으로 가점제로 공급

12. 위 안내문의 내용과 일치하는 것은?

① 혼인기간이 만 5년인 신혼부부 또는 5세 자녀를 둔 신혼부부와 달리 3세 자녀를 둔 한부모 가족은 2단계 잔여 공급 대상자에 포함되지 않는다.

② 주택청약 종합저축에 따른 청약자격을 갖추기 위해서는 주택청약 종합저축에 가입한 지 6개월이 지남과 동시에 청약저축 포함 6회 이상 납입을 인정받아야 한다.

③ 예비 신혼부부가 신혼희망타운 청약을 신청하려면 공고일 기준 6개월 경과 전 혼인 사실을 입증해야만 한다.

④ 1단계 우선 공급 대상자 중 다른 청약 신청자 대비 무주택기간이 긴 사람일수록 높은 가점을 받을 것이다.

⑤ 맞벌이 신혼부부의 경우 가구소득이 가구당 도시근로자 월평균 소득의 110% 이하라면 1단계 우선 공급 시 3점의 가점을 받을 수 있다.

13. 위 안내문을 토대로 추론할 때, 신청자에게 부여되는 가점에 대한 설명으로 적절한 것은?

① 2단계 잔여 주택 공급 시 공고일 기준 혼인신고 후 1년이 지난 만 28세 동갑 부부 각각의 무주택기간이 1년일 경우 가점은 1점이다.

② 입주자저축 가입 확인서를 기준으로 주택청약 종합저축 납입 인정 횟수 항목에서 3점의 가점을 받기 위해서는 20회 이상 납부했음을 인정받아야 한다.

③ 2단계 잔여 주택 공급 시 태아 1명을 포함한 미성년 자녀의 수가 3명인 신혼부부의 미성년 자녀 수에 대한 가점은 3점이다.

④ 해당 시·도 연속 거주기간 항목의 가점은 1단계 우선 공급 가점 기준과 2단계 잔여 공급 가점 기준이 서로 다르다.

⑤ 3세 이상 6세 이하의 자녀를 둔 한부모 가족은 가점제로 1단계 우선 공급 대상자에 포함된다.

14. 다음 빈칸에 들어갈 말로 가장 적절한 것은?

문예사조에서 고전주의는 넓은 의미로 과거 그리스·로마의 예술 작품을 모범으로 삼아 계승하려는 경향을 가리키며, 좁은 의미로는 17세기 프랑스에서 발생하여 유럽의 다양한 나라들로 파급된 문예사조를 일컫는다. 특히 프랑스의 루이 14세는 문학가와 예술가들을 보호하고, 그들의 창작활동을 지원하여 고전주의 문화 이룩에 큰 공헌을 한 것으로 알려져 있다. 문학에서는 프랑스의 라신, 영국의 드라이든, 독일의 괴테 등이 대표적이고, 미술에서는 다비드, 앵그르 등이, 음악에서는 하이든, 모차르트 등이 대표적인 고전주의 예술가이다. 고전주의를 추구하는 사람들은 형식과 이성을 존중하였는데, 이들은 인간의 본성이 이성 및 직관과 조화를 이룸으로써 비로소 완전해질 수 있다고 믿었다. 그로 인해 고전주의는 내용과 더불어 형식을 중요하게 생각했으며, 내용과 형식이 조화되는 세계를 추구하였다. 특히 고전주의자들은 완전한 인간을 추구하며 합리성과 질서를 중시하였기 때문에 그들에게 있어서 (   ) 더 귀하게 여겨졌다. 개성이나 독창성보다는 규범성과 보편성을 추구하여 개성적인 것이 경시되었고, 작가의 상상력이나 천재성도 평가절하되었다. 결과적으로 고전주의는 완전함을 찾고자 조화, 질서, 균형의 미를 추구하며 개개의 사물과 순간적인 것 대신 보편적이고 영구적인 것을 추구했다고 볼 수 있다. 고전주의는 19세기에 이르러 자연주의와 낭만주의가 팽배해지며 주류에서 멀어졌으나, 20세기 초 프랑스를 중심으로 유럽 전역에서 그리스 및 로마의 전통과 양식으로의 복귀를 지향하는 신고전주의자들이 등장하기도 하였다.

① 독창적인 것이 합리적인 것보다
② 자연스럽고 일상적인 것들이 기발한 것보다
③ 이성과 직관이 본성보다
④ 자연주의와 낭만주의가 내용과 형식보다
⑤ 개별 인간의 독특함이 보통의 인간보다

15. 다음 보도자료를 읽고 ㉠~㉤을 바르게 고쳐 쓴다고 할 때, 가장 적절하지 않은 것은?

앞으로는 아파트 등 공동주택의 소유자뿐 아니라 세입자도 동대표가 될 수 있다. ㉠세입자는 세를 내고 남의 집이나 방을 빌려 쓰는 사람으로, 잘못된 계약을 맺는 경우가 많아 사회적으로 문제가 되고 있다. 또한, 150세대 미만의 중소 규모 공동주택도 입주자 등의 동의를 거쳐 의무관리대상 공동주택으로의 전환이 가능하다. 국토교통부는 이와 같은 내용의 '공동주택관리법'의 시행령과 시행규칙 개정안이 시행될 것이라고 밝혔다. 개정된 내용에 따르면 주택의 소유자가 아닌 세입자도 동대표가 되어 역할을 수행할 수 있게 된다.

지금까지 동대표는 해당 공동주택에 거주하는 공동주택 소유자만 가능했으나 앞으로는 2차례의 선출 공고에도 불구하고 후보가 나오지 않으면 공동주택의 세입자도 후보가 될 수 있다. 다만, 3차 공고 이후 소유자 중에서 후보가 나오면 세입자 후보는 자격이 상실된다. ㉡예컨대 입주자대표회의 구성원 가운데 세입자가 절반을 넘으면 일부 입주자대표회의 의결사항은 세입자의 사전 동의를 받도록 하여 세입자의 권리가 침해되지 않도록 하였다.

이와 함께 150가구 미만 공동주택에서 소유자 및 세입자의 3분의 2 이상 동의를 받는 경우 의무관리대상 공동주택으로의 전환이 가능해진다. 의무관리대상 공동주택이 되면 주택관리사를 채용해야 하고 입주자대표회의 구성·운영, 관리비 공개와 ㉢가치 '의무적으로 지켜야 하는 사항'도 만들어 공동주택에 대한 체계적인 관리가 이루어질 수 있도록 하였다. 의무관리대상 전환 공동주택은 소유자와 세입자 등 3분의 2 이상의 동의가 있으면 다시 의무관리대상에서 제외될 수 있다.

한편, 관리비 등을 최근 3개월 이상 연속으로 체납하여 퇴임한 동대표의 경우 일정 기간 보궐선거 출마가 제한된다. 그뿐만 아니라 분양주택과 임대주택이 섞인 혼합주택 단지에서 입주자대표회의와 임대사업자가 공동으로 결정해야 할 사항 중 안전관리에 대한 내용이 합의가 ㉣안 될 때 공급면적의 2분의 1을 초과하는 면적을 관리하는 측에서 의사결정을 할 수 있게 된다. 공동주택 주차장 개방 시, 지방자치단체나 지방공사·공단이 제3자에게 위탁하여 준공영 방식으로 운영하는 것도 가능해진다.

비의무관리대상 공동주택 중 100세대 이상 단지는 관리비 등을 공개해야 하며 이를 (㉤)하지 않는 단지에는 위반 횟수에 따라 150~250만 원의 과태료를 부과하게 된다. 이○○ 국토교통부 주택건설공급과장은 "이번 개정을 통해 공동주택 관리의 투명성과 전문성, 효율성이 더욱 높아질 것으로 보인다"고 밝혔다.

※ 출처: 국토교통부 보도자료

① 글의 전체적인 흐름과 맞지 않는 ㉠은 삭제한다.

② 잘못된 연결어를 사용한 ㉡은 '아울러'로 바꿔 쓴다.

③ 어문 규범에 어긋나 표현인 ㉢은 '같이'로 수정한다.

④ 띄어쓰기가 바르지 않은 ㉣은 '안될'로 붙여 쓴다.

⑤ 문맥의 의미를 고려하여 ㉤에 '이행'을 넣는다.

[16 – 17] 다음은 2021년 상반기 아파트 전세 실거래 평균 가격에 대한 자료이다. 각 물음에 답하시오.

[2021년 상반기 아파트 전세 실거래 평균 가격]

(단위: 만 원/m²)

구분		1월	2월	3월	4월	5월	6월
서울		735.6	713.4	715.7	718.6	753.2	745.6
	도심권	768.8	781.6	776.5	772.6	836.4	875.9
	동북권	616.6	611.1	608.0	598.4	600.6	611.8
	동남권	939.3	902.6	903.8	921.1	957.7	942.3
	서북권	723.4	693.6	714.0	714.1	732.0	749.9
	서남권	650.4	634.9	646.3	647.5	685.5	676.3
수도권		538.2	523.0	520.8	521.8	550.1	539.8
지방		279.0	275.6	277.0	284.3	289.2	292.2
전국		437.8	430.6	435.7	437.1	462.6	450.5

※ 출처: KOSIS(한국부동산원, 공동주택실거래가격지수)

16. 다음 중 자료에 대한 설명으로 옳은 것은?

① 2월 이후 수도권과 지방의 지난달 대비 실거래 평균 가격 증감 추이는 동일하다.

② 제시된 기간 동안 매달 수도권의 실거래 평균 가격은 지방의 2배 이상이다.

③ 제시된 서울의 5개 권역 중 실거래 평균 가격이 가장 높은 권역은 매달 동남권이다.

④ 서울 서남권의 실거래 평균 가격이 가장 높은 달에 도심권의 지난달 대비 실거래 평균 가격 증가율은 5% 미만이다.

⑤ 지방 아파트의 1m²당 전세 실거래 평균 가격은 1월 대비 6월에 15만 원 이상 증가했다.

17. 6월 서울 아파트 전세 실거래 평균 가격의 전월 대비 감소율과 7월 서울 아파트 전세 실거래 평균 가격의 전월 대비 감소율이 동일하다고 할 때, 7월 83m² 서울 아파트 전세 실거래 평균 가격은 약 얼마인가? (단, 감소율과 7월 서울 아파트 실거래 평균 가격은 소수점 첫째 자리에서 반올림하여 계산한다.)

① 61,254만 원 ② 62,507만 원 ③ 63,378만 원 ④ 64,971만 원 ⑤ 65,176만 원

18. 다음은 A 지역 이공계 인력의 주당 평균 근무시간에 대한 자료이다. 자료에 대한 설명으로 옳지 않은 것은?

[이공계 인력의 주당 평균 근무시간]

(단위: 시간)

구분		2016년	2017년	2018년	2019년	2020년
성별	남자	46.2	46.4	46.6	46.7	46.8
	여자	45.2	46.4	46.0	45.0	44.7
연령대별	30대 이하	50.7	49.8	51.2	51.1	50.0
	40대	47.1	47.6	47.8	47.9	47.6
	50대	46.6	46.9	46.9	47.3	47.2
	60대 이상	42.9	42.6	42.6	41.6	42.7
전공별	자연	46.8	47.2	47.4	47.5	47.4
	공학	45.7	45.9	46.1	46.1	46.3
	의/약학	48.5	48.5	47.6	46.8	46.2
전체		46.2	46.4	46.5	46.6	46.6

① 2016년 이후 남자의 5년간 연평균 주당 평균 근무시간과 여자의 5년간 연평균 주당 평균 근무시간의 차이는 1시간 미만이다.

② 제시된 기간 동안 매년 연령대가 높아질수록 주당 평균 근무시간은 감소한다.

③ 자연과 공학의 주당 평균 근무시간이 가장 많았던 해는 동일하지 않다.

④ 30대 이하 연령대의 주당 평균 근무시간이 50시간 미만인 해에 주당 평균 근무시간의 전년 대비 감소량은 1시간 미만이다.

⑤ 2019년에 전체 주당 평균 근무시간보다 주당 평균 근무시간이 적은 연령대는 60대 이상밖에 없다.

[19 – 20] 다음은 연도별 전시사업자 현황에 대한 자료이다. 각 물음에 답하시오.

[전시사업자 업종별 사업체 수 및 종사자 수]

구분		전시시설업	전시주최업	전시디자인 설치업	전시서비스업	전체
2018년	사업체 수(개)	14	831	562	1,363	2,770
	종사자 수(명)	364	4,895	4,387	11,428	21,074
	남자	202	2,462	2,416	7,920	13,000
	여자	162	2,433	1,971	3,508	8,074
2019년	사업체 수(개)	15	891	719	1,452	3,077
	종사자 수(명)	331	5,086	4,779	11,541	21,737
	남자	182	2,618	2,804	7,956	13,560
	여자	149	2,468	1,975	3,585	8,177
2020년	사업체 수(개)	16	563	508	1,041	2,128
	종사자 수(명)	287	3,308	3,251	3,088	9,934
	남자	175	1,547	1,855	1,956	5,533
	여자	112	1,761	1,396	1,132	4,401

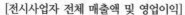

[전시사업자 전체 매출액 및 영업이익]

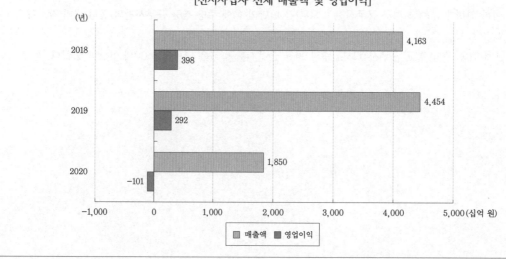

※ 출처: KOSIS(한국전시산업진흥회, 전시산업통계조사)

19. 다음 중 자료에 대한 설명으로 옳은 것은?

① 2019년 대비 2020년의 감소율은 전시사업자 전체 매출액이 전시사업자 전체 영업이익보다 크다.

② 2019년 대비 2020년 제시된 모든 업종별 사업체 수는 감소하였다.

③ 2020년 제시된 모든 업종에서 남자 종사자 수가 여자 종사자 수보다 많다.

④ 제시된 기간 동안 전시사업자 전체 매출액이 가장 큰 해에 전체 종사자 1명당 매출액은 2억 원 이상이다.

⑤ 2018~2020년 연도별 남자 종사자 수의 평균은 전시주최업이 전시디자인설치업보다 더 많다.

20. 다음 중 제시된 자료를 바탕으로 연도별 전체 사업체 1개당 종사자 수를 나타낸 그래프로 옳은 것은?

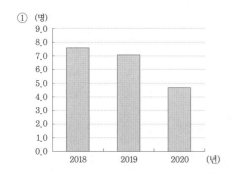

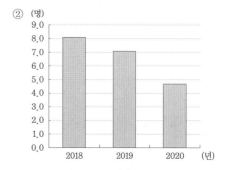

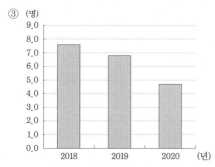

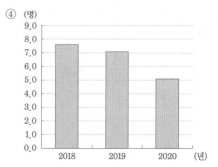

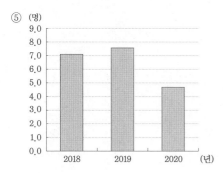

다음은 시도별 구강검진 종합판정 현황에 대한 자료이다. 각 물음에 답하시오.

[시도별 남성 구강검진 종합판정 현황]

(단위: 천 명)

구분	2019년					2020년				
	수검 인원	정상A	정상B	주의	치료 필요	수검 인원	정상A	정상B	주의	치료 필요
서울	606	16	146	209	235	473	14	120	166	173
부산	218	6	52	69	91	189	5	50	58	76
대구	118	3	25	39	51	102	3	21	36	42
인천	264	9	60	85	110	224	8	52	75	89
광주	85	1	23	30	31	77	1	21	26	29
대전	136	5	39	44	48	120	4	40	37	39
울산	161	17	57	35	52	155	21	53	34	47
세종	28	1	8	10	9	28	1	9	9	9
경기	969	27	222	336	384	805	23	173	299	310
강원	96	4	20	30	42	74	3	15	23	33
충북	165	8	42	41	74	152	7	41	37	67
충남	185	6	45	59	75	171	5	43	53	70
전북	141	5	40	38	58	126	5	39	33	49
전남	102	3	29	31	39	88	3	28	24	33
경북	167	4	52	42	69	147	4	49	36	58
경남	222	5	56	69	92	204	6	54	63	81
제주	34	0	10	11	13	32	0	9	11	12
전체	3,697	120	926	1,178	1,473	3,167	113	817	1,020	1,217

[시도별 여성 구강검진 종합판정 현황]

(단위: 천 명)

구분	2019년					2020년				
	수검인원	정상A	정상B	주의	치료필요	수검인원	정상A	정상B	주의	치료필요
서울	593	16	182	210	185	457	14	148	162	133
부산	184	7	53	61	63	152	4	48	50	50
대구	105	2	24	41	38	88	2	20	36	30
인천	202	7	60	67	68	164	6	47	59	52
광주	77	1	28	26	22	68	1	25	21	21
대전	112	3	37	40	32	94	3	39	29	23
울산	82	16	33	15	18	74	13	32	14	15
세종	18	1	5	7	5	14	0	5	5	4
경기	691	21	202	249	219	544	17	148	212	167
강원	75	3	20	25	27	62	2	16	21	23
충북	121	5	40	31	45	104	4	35	27	38
충남	100	4	30	32	34	85	3	28	26	28
전북	123	4	48	31	40	107	4	43	27	33
전남	71	2	22	23	24	57	1	19	17	20
경북	104	3	38	27	36	82	2	32	21	27
경남	142	4	43	46	49	124	3	39	40	42
제주	36	0	13	13	10	35	0	12	13	10
전체	2,836	99	878	944	915	2,311	79	736	780	716

※ 출처: KOSIS(국민건강보험공단, 건강검진통계)

21. 다음 중 자료에 대한 설명으로 옳지 않은 것은?

① 제시된 기간 동안 매년 전체 수검 인원은 남성이 여성보다 많다.

② 2019년 대비 2020년 정상A 판정을 받은 남성 전체 인원은 7천 명 감소하였다.

③ 2020년 전체 남성 치료필요 인원 중 서울과 경기의 남성 치료필요 인원의 합은 45% 이상이다.

④ 2020년 여성 전체 구강검진 종합판정에서 가장 많은 판정이 정상A인 지역은 없다.

⑤ 2020년 울산에서 정상A 판정을 받은 남성은 같은 지역에서 정상A 판정을 받은 여성의 1.5배 이상이다.

22. 2019년 경기의 전체 수검 인원 중 남성 수검 인원의 비중과 2020년 경기의 전체 수검 인원 중 남성 수검 인원의 비중의 차는 약 얼마인가? (단, 소수점 둘째 자리에서 반올림하여 계산한다.)

① 1.1%p　　　② 1.3%p　　　③ 1.5%p　　　④ 1.7%p　　　⑤ 1.9%p

[23 – 24] 다음은 이륜차신고 현황에 대한 자료이다. 각 물음에 답하시오.

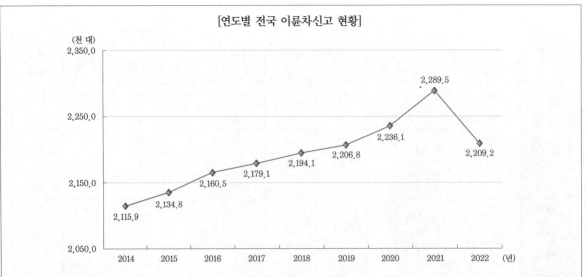

[연도별 전국 이륜차신고 현황]

[시도별 이륜차신고 현황]

(단위: 천 대)

구분	2018년	2019년	2020년	2021년	2022년
서울	449.3	446.5	448.8	453.9	432.3
부산	130.0	130.2	132.5	136.2	130.2
대구	129.9	130.1	133	136.9	135.8
인천	71.8	73.7	75.8	79.6	80.3
광주	39.3	39.6	39.9	40.7	38.2
대전	37.0	37.5	38.1	39.2	39.7
울산	63.1	62.5	63.4	64.5	62.5
세종	10.6	11.1	11.4	11.7	10.7
경기	371.1	382.3	395.8	423.3	420.3
강원	64.3	64.6	65.6	66.8	61.8
충북	90.4	91.2	91.7	92.3	86.8
충남	133.6	134.6	135.3	137	127.7
전북	101.9	101.2	100.9	100.5	99.4
전남	118.2	118.4	118.6	119.2	111.0
경북	189.4	188.9	188.6	189.1	182.8
경남	163.2	162.9	163.9	165.5	156.2
제주	31	31.5	32.6	33.1	33.5

※ 출처: KOSIS(국토교통부, 자동차등록현황보고)

23. 다음 중 자료에 대한 설명으로 옳은 것을 모두 고르면?

⊙ 2014년 대비 2022년 전국 이륜차신고 건수의 증가량은 95천 대 미만이다.
ⓒ 제시된 기간 동안 서울과 경기의 이륜차신고 건수 차이가 가장 적었던 해에 서울의 이륜차신고 건수는 전국 이륜차신고 건수의 20% 미만이다.
ⓒ 전국의 이륜차신고 건수가 가장 많았던 해에 이륜차신고 건수가 50천 대 미만인 지역들의 이륜차신고 건수 총합은 125천 대 이상이다.
ⓔ 2019년 이후 전국과 서울에서 전년 대비 이륜차신고 건수의 증감 추이는 서로 동일하다.

① ⊙, ⓒ   ② ⊙, ⓔ   ③ ⓒ, ⓒ   ④ ⓒ, ⓔ   ⑤ ⊙, ⓒ, ⓒ

24. 다음 중 제시된 자료를 바탕으로 만든 그래프로 옳지 않은 것은?

① [충북의 전년 대비 이륜차신고 건수 증감량]

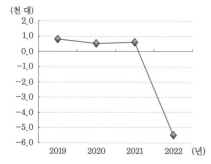

② [전북의 전년 대비 이륜차신고 건수 증감량]

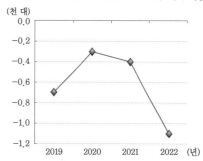

③ [경남의 전년 대비 이륜차신고 건수 증감량]

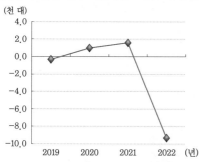

④ [충남의 전년 대비 이륜차신고 건수 증감량]

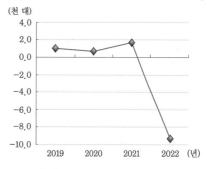

⑤ [울산의 전년 대비 이륜차신고 건수 증감량]

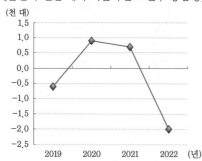

[25 – 27] 다음은 지역별 수도요금 현황에 대한 자료이다. 각 물음에 답하시오.

[지역별 수도요금 현황]

(단위: 원/m³)

구분	2018년		2019년		2020년	
	평균단가	총괄단위원가	평균단가	총괄단위원가	평균단가	총괄단위원가
서울	569.3	713.2	568.5	706.7	550.3	731.0
부산	894.5	982.3	901.7	1,016.9	884.2	1,016.9
대구	685.7	750.2	681.9	792.0	654.6	818.0
인천	665.0	682.5	624.8	802.5	627.7	804.2
광주	653.5	666.7	655.2	695.0	639.4	730.8
대전	556.4	576.0	547.9	588.0	550.1	597.9
울산	857.6	857.6	849.5	1,022.2	834.1	1,001.8
세종	779.3	912.5	788.0	1,069.4	790.2	976.9
경기	714.6	799.2	720.9	811.1	678.3	826.2
강원	1,010.7	1,563.4	1,021.0	1,673.9	987.0	1,887.2
충북	782.0	999.3	793.0	1,007.8	788.0	1,059.8
충남	895.4	1,410.5	916.3	1,422.5	920.3	1,427.4
전북	952.4	1,270.2	962.0	1,283.6	958.3	1,313.9
전남	876.4	1,388.7	877.7	1,399.3	831.3	1,430.8
경북	837.2	1,347.5	849.5	1,423.3	865.1	1,493.3
경남	875.6	1,161.7	872.6	1,203.7	828.9	1,271.7
제주	825.8	1,028.8	842.6	1,052.0	846.8	1,066.0

[전국 수도요금 총괄단위원가 및 현실화율]

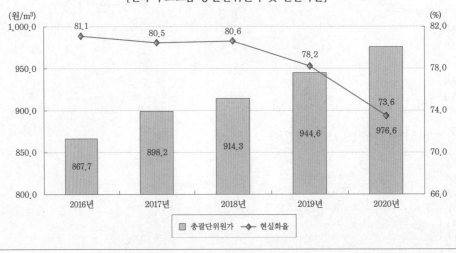

※ 현실화율(%) = (평균단가 / 총괄단위원가) × 100
※ 출처: KOSIS(환경부, 상수도통계)

25. 다음 중 자료에 대한 설명으로 옳지 않은 것을 모두 고르면?

> ㉠ 2020년 평균단가가 가장 높은 지역과 가장 낮은 지역의 차이는 435.9원/m³이다.
> ㉡ 제시된 기간 동안 전국의 현실화율이 가장 낮은 해에 전국의 평균단가는 700원/m³ 이상이다.
> ㉢ 제시된 지역 중 2019년 전국의 평균단가보다 낮은 평균단가를 기록한 지역은 총 6곳이다.
> ㉣ 제시된 지역 중 2020년 평균단가가 700원/m³ 미만이면서 동시에 총괄단위원가가 800원/m³ 미만인 지역은 총 4곳이다.

① ㉠, ㉡   ② ㉠, ㉣   ③ ㉡, ㉢   ④ ㉡, ㉣   ⑤ ㉢, ㉣

26. 다음 중 2018년부터 2020년까지 대전의 현실화율을 순서대로 바르게 나열한 것은? (단, 소수점 둘째 자리에서 반올림하여 계산한다.)

① 93.6%, 92.2%, 91.0%   ② 94.6%, 90.2%, 94.0%   ③ 94.6%, 93.2%, 91.0%

④ 96.6%, 90.2%, 92.0%   ⑤ 96.6%, 93.2%, 92.0%

27. 제시된 지역 중 2020년 평균단가가 다른 지역에 비해 두 번째로 많은 지역의 2020년 총괄단위원가의 2년 전 대비 증가율은 약 얼마인가? (단, 소수점 둘째 자리에서 반올림하여 계산한다.)

① 2.6%   ② 3.0%   ③ 3.4%   ④ 3.8%   ⑤ 4.2%

[28－29] 다음은 Z 국가의 고등교육기관 계열별 졸업자 취업통계에 대한 자료이다. 각 물음에 답하시오.

[고등교육기관 계열별 졸업자 취업통계]

(단위: 천 명)

구분	2018년			2019년			2020년		
	졸업자	취업자	취업 대상자	졸업자	취업자	취업 대상자	졸업자	취업자	취업 대상자
인문	49.5	23.3	40.8	48.3	22.0	39.2	47.2	20.4	38.2
사회	144.6	83.0	129.3	140.8	78.8	124.2	138.3	73.1	120.1
교육	33.0	19.5	30.4	32.9	18.9	30.2	32.1	18.2	29.3
공학	142.8	90.6	126.4	143.6	88.2	126.1	149.0	88.0	130.0
자연	59.1	31.7	49.3	58.3	30.8	48.2	58.9	30.1	48.2
의약	59.5	47.1	56.5	60.8	48.0	57.4	61.7	47.8	58.2
예체능	67.3	37.7	58.6	65.8	36.4	56.4	66.3	34.9	56.0
전체	555.8	332.8	491.4	550.4	323.0	481.6	553.5	312.4	480.1

※ 취업률(%) = (취업자 / 졸업자) × 100

28. 다음 중 자료에 대한 설명으로 옳은 것은?

① 제시된 기간 동안 전체 취업률이 가장 높은 해는 2020년이다.

② 제시된 기간 동안 졸업자가 많은 순서대로 1위부터 3위까지 계열의 순서는 매년 동일하다.

③ 제시된 기간 동안 공학 계열의 취업자가 가장 많은 해의 공학 계열 취업자와 공학 계열의 취업자가 가장 적은 해의 공학 계열 취업자의 차는 2.9천 명이다.

④ 제시된 계열 중 2020년에 졸업자 대비 취업자의 비중이 50% 미만인 계열은 인문 계열뿐이다.

⑤ 제시된 계열 중 2019년 이후 전년 대비 졸업자가 꾸준히 증가한 계열은 공학 계열 1개이다.

29. 2019년 취업 대상자가 가장 많은 계열과 같은 해 취업 대상자가 가장 적은 계열의 2019년 취업률 차는 약 얼마인가? (단, 소수점 둘째 자리에서 반올림하여 계산한다.)

① 4.0%p   ② 4.2%p   ③ 4.7%p   ④ 5.0%p   ⑤ 5.2%p

30. A~E 5명은 마라톤 대회에 참가하였다. 다음 조건을 모두 고려하였을 때, 항상 옳지 않은 것은?

- 결승선에 동시에 도달한 사람은 없다.
- D는 세 번째로 결승선에 도달하지 않았다.
- B가 C보다 먼저 결승선에 도달했다.
- B와 C는 첫 번째로 결승선에 도달하지 않았다.
- A, D, E는 순서에 상관없이 연달아 결승선에 도달했다.

① A는 D보다 늦게 결승선에 도달했다.

② B는 네 번째로 결승선에 도달했다.

③ E 다음으로 B가 결승선에 도달했다.

④ C보다 결승선에 늦게 도달한 사람이 있다.

⑤ D는 첫 번째로 결승선에 도달하지 않았다.

31. E 사 본사에는 기획부, 생산부, 영업부, 총무부, 홍보부 총 5개의 부서가 배치되어 있다. 다음 조건을 모두 고려하였을 때, 항상 옳지 않은 것은?

- E 사 본사는 총 5층 건물이며, 층별로 1개 부서씩 배치되어 있다.
- 1층에는 외근 업무가 많은 생산부와 영업부, 홍보부 중 한 부서가 배치되어 있다.
- 총무부는 기획부의 바로 위층에 배치되어 있다.
- 홍보부와 총무부 사이에는 2개 부서가 배치되어 있다.

① 1층에 배치된 부서는 홍보부이다.

② 영업부와 생산부 사이에는 2개 부서가 배치되어 있다.

③ 기획부는 2층에 배치되어 있다.

④ 5층에 배치된 부서는 총무부이다.

⑤ 영업부와 총무부는 연속된 층에 배치되어 있다.

32. A~E 5명 중 3명은 진실을 말하고, 2명은 거짓을 말하고 있다. 거짓을 말한 2명 중 1명은 등산을 했으며, 나머지 4명은 등산을 하지 않았다. 다음 조건을 모두 고려하였을 때, 등산을 한 사람은?

> - A: 나와 C는 등산을 하지 않았다.
> - B: 나와 D는 등산을 했다.
> - C: A는 거짓을 말하고 있지 않다.
> - D: 나는 등산을 하지 않았다.
> - E: A는 등산을 하지 않았다.

① A   ② B   ③ C   ④ D   ⑤ E

33. 한 복합 쇼핑몰에는 대형마트, 여성복 매장, 남성복 매장, 식당가, 영화관, 웨딩홀이 입점해 있다. 다음 조건을 모두 고려하였을 때, 항상 옳은 것은?

> - 복합 쇼핑몰은 총 6층 건물이며, 대형마트, 여성복 매장, 남성복 매장, 식당가, 영화관, 웨딩홀은 모두 다른 층에 입점해 있다.
> - 대형마트는 맨 위층에 입점해 있지 않다.
> - 영화관은 홀수 층에 위치한다.
> - 식당가와 영화관은 연속된 층에 입점해 있다.
> - 대형마트와 웨딩홀은 연속된 층에 입점해 있다.
> - 여성복 매장이 입점한 층과 남성복 매장이 입점한 층 사이에는 짝수개의 층이 있다.
> - 여성복 매장이 입점한 층수와 남성복 매장이 입점한 층수의 차는 영화관의 층수와 같다.

① 영화관은 4층 이상에 입점해 있지 않다.

② 대형마트는 1층에 입점해 있지 않다.

③ 식당가는 영화관보다 높은 층에 입점해 있다.

④ 웨딩홀은 2층에 입점해 있지 않다.

⑤ 여성복 매장은 1층에 입점해 있다.

34. 전 직원이 540명인 Q 회사에서 창립기념일을 맞이하여 전 직원에게 무선 마우스를 선물하려고 한다. 다음 무선 마우스 종류별 가격 정보를 고려할 때, 하 대리가 윤 팀장의 지시사항에 따라 무선 마우스를 주문하는 데 필요한 총 금액은? (단, 마우스 가격이 높을수록 마우스의 성능도 좋으며, 마우스는 주문 제작이 끝난 당일 방문 수령한다.)

[무선 마우스 종류별 가격 정보]

구분	가격	문구 각인비	주문 제작 기간
A 마우스	3.2만 원	100개당 30,000원 ※ 100개 단위로 산정함	7일
B 마우스	2.7만 원	50개당 20,000원 ※ 50개 단위로 산정함	10일
C 마우스	3.7만 원	1개당 700원	5일
D 마우스	3.4만 원	1개당 1,000원	5일

윤 팀장: 하 대리, 이번 창립기념일 행사 때 전 직원에게 회사 이름을 각인한 무선 마우스를 하나씩 선물하기로 결정되었어요. 회사 이름을 각인하려면 주문 제작 상품으로 주문해야 하니 별도의 제작 기간이 필요할 것 같군요. 주문 제작에 소요되는 기간을 잘 확인해서 일주일 뒤인 창립기념일까지 수령 가능하도록 일정 맞추어 주시고, 본 건에 해당된 회사 예산은 2,000만 원이니 예산에 맞추어 가장 성능이 좋은 무선 마우스로 주문하도록 합시다.

① 1,728만 원   ② 1,746만 원   ③ 1,890만 원   ④ 1,930만 원   ⑤ 1,998만 원

35. 다음은 주거용 녹색건축 인증 수수료에 대한 자료이다. 건물 소유주 A가 연면적이 55,000m²이면서 세대수는 1,000세대인 주거용 공동주택의 녹색건축 인증을 신청하려고 할 때, A가 지불해야 할 녹색건축 인증 수수료의 총액은? (단, 제시된 내용 이외의 사항은 고려하지 않는다.)

[주거용 녹색건축 인증 수수료]

1. 녹색건축 인증 수수료의 산정
   – 녹색건축 인증 수수료 = (총 인건비 + 기술 경비 + 간접 경비) × 주거용 건축물 가중치 + 기타 경비

구분		내역				
		기술자 등급	노임 단가	인원수	투입률	일수
인건비	서류심사	기술자	371,000원	2	1	3
	현장심사	특급 기술자	264,000원	3	1	10
	행정	고급 기술자	209,000원	2	0.2	10
기술 경비	보유기술 사용	총 인건비의 10%				
간접 경비	인증평가 업무	총 인건비의 10%				
기타 경비	심의비	150,000원/건				

   ※ 1) 총 인건비 = 서류심사 인건비 + 현장심사 인건비 + 행정 인건비
   2) 인건비 = 노임 단가 × 인원수 × 투입률 × 일수

2. 주거용 건축물 가중치
   – 공동주택의 경우 연면적별 가중치와 세대수별 가중치 중 더 작은 가중치를 적용
   1) 연면적별

구분	가중치
5,500m² 미만	0.5
5,500m² 이상~33,000m² 이하	0.7
33,000m² 초과~55,000m² 이하	0.8
55,000m² 초과~110,000m² 이하	1.0
110,000m² 초과~220,000m² 이하	1.2
220,000m² 초과	1.4

   2) 세대수별

구분	가중치
50세대 미만	0.5
50세대 이상~300세대 이하	0.7
300세대 초과~500세대 이하	0.8
500세대 초과~1,000세대 이하	1.0
1,000세대 초과~2,000세대 이하	1.2
2,000세대 초과	1.4

① 10,178,460원   ② 10,542,720원   ③ 10,692,720원   ④ 13,178,460원   ⑤ 13,328,460원

36. 다음 공고문을 근거로 판단한 내용으로 옳은 것은?

[□□대학교 도서관 이용 지침 변경 공고문]

1. 목적
- 바이러스가 창궐함에 따라 도서관 이용 지침을 변경하여 바이러스 확산을 방지하기 위함

2. 이용 시간 단축 안내(공고일부터 2주간의 유예 기간을 두고 시행함)
- 평일: 오전 9시~오후 10시
- 주말: 오후 1시~오후 5시

   ※ 1) 평일의 경우 세 차례(오전 7시 30분, 오후 12시, 오후 10시 30분)의 소독 시간이 있으며, 소독은 해당 시간부터 1시간 동안 진행됨(소독 시 도서관 이용 불가)
   2) 주말의 경우 두 차례(오후 12시, 오후 10시 30분)의 소독 시간이 있으며, 소독은 해당 시간부터 1시간 동안 진행됨(소독 시 도서관 이용 불가)
   3) 중간고사(4월 중) 및 기말고사(7월 중) 기간에는 평일의 경우 오후 11시 59분까지, 주말의 경우 오후 8시까지 연장 운영됨(단, 도서관 운영 개방 시간에는 변동 없음)

3. 층별 이용 안내

구분	시설	이용 안내
1층	자료 열람실	일반 열람실 좌석표 발급 및 도서 대출 가능
	무인 반납함	미연체 도서에 한해 이용 가능
	카페	음료 외 음식물 섭취 금지
2층	회의실	회의실 예약 및 사용 중지
	화장실	양치·가글 금지
	일반 열람실	1층 자료 열람실에서 좌석표 발급 후 이용 가능
3층	영상 시청실	별도의 안내가 있을 때까지 영상 시청실 사용 중지
	테라스	1층 카페에서 구입한 음료 외 음식물 섭취 금지

   ※ 1) 연체된 도서의 경우 자료 열람실의 사서에게 직접 반납
   2) 안내문 공고일 이전에 예약한 회의실에 한해 6인까지 이용 가능

20XX. 1. 31.(월)

---

① 20XX년 2월 14일까지는 회의실 예약 및 사용이 가능하다.

② 공고문 시행 이후부터 연체된 도서는 무인 반납함을 이용해야 한다.

③ 중간고사 기간의 주말에는 오전 9시부터 오후 11시 59분까지 도서관 이용이 가능하다.

④ 도서관 카페에서 음료를 구입한 경우에 한해 3층 테라스에서의 음료 섭취가 허용된다.

⑤ 공고문 시행 이후 도서관에서는 주말에 1시간씩 총 세 차례의 소독이 이루어질 것이다.

37. 다음 공공저작물 저작권 관리 및 이용 지침을 근거로 판단할 때, 옳지 않은 것은?

제4조(기본원칙)

① 공공기관 등은 공공저작물이 민간에서 널리 신속하고 편리하게 활용될 수 있도록 관리하여야 하며, 궁극적으로 문화 및 관련 산업 발전에 이바지할 수 있도록 하여야 한다.

② 공공기관 등은 다른 법률에 특별한 규정이 있는 경우를 제외하고는 공공저작물을 국민이 자유 이용할 수 있도록 제공하여야 한다.

③ 공공기관 등은 본 지침의 내용에 따른 공공저작물의 효율적인 관리와 이용 활성화를 위하여 자체 기준을 수립하여 운영할 수 있다.

④ 공공저작물을 이용하려는 자는 법령이나 이용조건 등에 따른 의무를 준수하여야 하며 신의에 따라 성실하게 이용하여야 한다.

제5조(저작권 귀속)

공공기관 등의 명의로 업무상 작성하여 공표하거나 계약에 따라 저작재산권의 전부 또는 일부를 취득한 저작물의 저작권은 공공기관 등에 귀속하여 관리하여야 하며, 공공기관 등이 해당 공공저작물의 관리주체가 된다.

제6조(저작권 등 권리처리)

① 공공기관 등이 제3자에게 창작을 의뢰하거나 제3자와 공동으로 창작하기 위한 계약을 체결하는 경우, 창작을 위한 의뢰계약서 또는 공동창작을 위한 계약서에 저작권의 귀속관계에 대하여 명확하게 기재하여야 한다.

② 공공기관 등은 국민의 자유 이용이 바람직하다고 판단되는 공공저작물인 경우에는 제1항에 따른 계약 체결 시 2차적 저작물 작성권을 포함한 저작재산권의 전부를 취득하도록 노력하여야 한다.

③ 공공기관 등은 권리관계가 명확하지 않은 공공저작물에 대하여는 사후적인 권리처리를 통해 자유 이용될 수 있도록 노력하여야 한다.

제9조(공공저작물 개방)

① 공공기관 등은 자유 이용이 가능한 공공저작물을 해당 기관 인터넷 홈페이지 등을 통해 이용자가 제공받을 수 있도록 하여야 한다.

② 공공기관 등은 홈페이지에 "저작권정책"을 게시하여 공공저작물의 이용방법을 안내하여야 한다.

③ 공공기관 등은 이용자의 요청에 따라 추가적으로 공공저작물을 생성하거나 변형 또는 가공, 요약, 발췌 등을 하여 제공할 의무를 지지 아니한다.

제10조(공공저작물의 출판 및 발행)

공공기관 등은 공공저작물의 출판 및 발행 등을 통해 공공저작물에 대한 이용자 접근성을 향상시킬 수 있다. 다만, 자유 이용에 제공하는 공공저작물인 경우 제3자의 독점적인 권리를 인정하는 취지의 계약을 하여서는 아니된다.

① 효준: 공공기관이 제3자와 함께 창작물을 만들기 위한 계약을 맺는 경우 저작권이 귀속되는 주체를 계약서상에서 확실하게 확인할 수 있도록 해야 해.

② 호연: 이용자가 공공저작물의 일부만 발췌한 내용을 요구한다면 해당 공공기관은 이용자의 요청에 맞추어 저작물을 제공해야만 하는군.

③ 민정: 공공기관은 여타 법률에 따로 규제된 경우를 제외하고는 모든 국민이 공공저작물을 마음껏 사용할 수 있도록 해야 해.

④ 다슬: 공공기관은 공공저작물을 출판하여 이용자의 접근성을 높일 수 있지만, 출판사 등의 제3자에게 독점적인 권리를 부여하는 계약을 체결해서는 안 돼.

⑤ 민규: 공공저작물의 권리관계가 불분명한 경우에는 공공기관이 나중에라도 권리를 명확하게 처리하여 국민이 해당 저작물을 자유롭게 이용할 수 있도록 노력해야겠네.

[38 - 39] 다음은 부정청탁 및 금품등 수수의 금지에 관한 법률의 일부와 행정기관 및 공직 유관 단체 매뉴얼이다. 각 물음에 답하시오.

제10조(외부강의등의 사례금 수수 제한)

① 공직자등은 자신의 직무와 관련되거나 그 지위·직책 등에서 유래되는 사실상의 영향력을 통하여 요청받은 교육·홍보·토론회·세미나·공청회 또는 그 밖의 회의 등에서 한 강의·강연·기고 등(이하 "외부강의등"이라 한다)의 대가로서 대통령령으로 정하는 금액을 초과하는 사례금을 받아서는 아니 된다.

② 공직자등은 사례금을 받는 외부강의등을 할 때에는 대통령령으로 정하는 바에 따라 외부강의등의 요청 명세 등을 소속기관장에게 그 외부강의등을 마친 날부터 10일 이내에 서면으로 신고하여야 한다. 다만, 외부강의등을 요청한 자가 국가나 지방자치단체인 경우에는 그러하지 아니하다.

④ 소속기관장은 제2항에 따라 공직자등이 신고한 외부강의등이 공정한 직무 수행을 저해할 수 있다고 판단하는 경우에는 그 공직자등의 외부강의등을 제한할 수 있다.

⑤ 공직자등은 제1항에 따른 금액을 초과하는 사례금을 받은 경우에는 대통령령으로 정하는 바에 따라 소속기관장에게 신고하고, 제공자에게 그 초과금액을 지체 없이 반환하여야 한다.

제11조(공무수행사인의 공무 수행과 관련된 행위제한 등)

① 다음 각 호의 어느 하나에 해당하는 자(이하 "공무수행사인"이라 한다)의 공무 수행에 관하여는 제5조부터 제9조까지를 준용한다.
   1. 「행정기관 소속 위원회의 설치·운영에 관한 법률」 또는 다른 법령에 따라 설치된 각종 위원회의 위원 중 공직자가 아닌 위원
   2. 법령에 따라 공공기관의 권한을 위임·위탁받은 법인·단체 또는 그 기관이나 개인
   3. 공무를 수행하기 위하여 민간부문에서 공공기관에 파견 나온 사람
   4. 법령에 따라 공무상 심의·평가 등을 하는 개인 또는 법인·단체

② 제1항에 따라 공무수행사인에 대하여 제5조부터 제9조까지를 준용하는 경우 "공직자등"은 "공무수행사인"으로 보고, "소속기관장"은 "다음 각 호의 구분에 따른 자"로 본다.
   1. 제1항 제1호에 따른 위원회의 위원: 그 위원회가 설치된 공공기관의 장
   2. 제1항 제2호에 따른 법인·단체 또는 그 기관이나 개인: 감독기관 또는 권한을 위임하거나 위탁한 공공기관의 장
   3. 제1항 제3호에 따른 사람: 파견을 받은 공공기관의 장
   4. 제1항 제4호에 따른 개인 또는 법인·단체: 해당 공무를 제공받는 공공기관의 장

[행정기관 및 공직 유관 단체 매뉴얼]

1. 사례금 지급대상인 외부강의등(1회 기준)

※ 지급주체, 강의 일자, 대상, 내용(주제) 중 어느 하나라도 다른 경우 사례금 지급 대상에 해당

(1) 지급주체가 다른 경우
   - 강의등 일자, 대상 및 내용(주제)을 불문하고 사례금 지급대상에 해당

(2) 지급주체가 같은 경우
   - 강의등 일자가 다른 이상 대상, 내용(주제)의 동일 여부를 불문하고 사례금 지급대상에 해당
   - 강의등 일자가 같더라도 대상이나 내용(주제) 중 어느 하나라도 다르면 사례금 지급대상에 해당
   - 강의등 일자, 대상 및 내용(주제)이 동일하면 사례금 지급대상이 아님

2. 사례금 상한액

   - 민간부문은 자율성 및 사례금 수준이 전문성에 의해 결정되는 시장경제원리를 존중하여 공공부문과 상한액을 달리 설정하며, 상한액에는 강의료, 원고료, 출연료 등 명목에 관계없이 외부강의등 사례금 제공자가 외부강의등과 관련하여 공직자등에게 제공하는 일체의 사례금을 포함함

- 공직자등이 소속기관에서 교통비, 숙박비, 식비 등 여비를 지급받지 못한 경우에는 「공무원 여비 규정」 등 공공기관별로 적용되는 여비 규정의 기준 내에서 실비수준으로 제공되는 교통비, 숙박비 및 식비는 사례금에 포함되지 않으며, 국제기구, 외국정부, 외국대학, 외국연구기관, 외국학술단체, 그 밖에 이에 준하는 외국기관에서 지급하는 외부강의등의 사례금 상한액은 사례금을 지급하는 자의 지급기준에 따름
(1) 공무원, 공직유관단체 임직원: 기존 지급기준인 행동강령을 기초로 직급별로 구분하여 상한액을 설정
   - 외부강의등의 1시간 사례금 상한액
      공무원: 장관급 이상 50만 원, 차관급 40만 원, 4급 이상 30만 원, 5급 이하 20만 원
      공직유관단체 임직원: 기관장 40만 원, 임원 30만 원, 그 외 직원 20만 원
      사례금 총액 한도: 1시간 상한액 + 1시간 상한액의 50%
   - 명확하게 규정되어 있지 않은 공직자등에 대해서는 「공무원보수규정」, 「지방공무원 보수규정」, 「공무원수당 등에 관한 규정」, 「지방공무원 수당 등에 관한 규정」 등 보수관련법령 또는 「공무원 여비 규정」 등 여비관련법령의 직급 구분에 따름
   - 그럼에도 불구하고 직급 구분이 명확하지 않은 공직자등에 대해서는 해당 공직자등에 대하여 적용되는 임용관련법령, 보수관련법령 및 여비관련법령을 종합적으로 고려하여 국민권익위원회가 정하여 고시
(2) 사립학교 교직원, 사립학교법인·언론사 임직원: 직급별 구분 없이 직무 관련 외부강의등의 1시간 사례금 상한액을 일률적으로 1시간 100만 원으로 설정
   - 공무원, 공직유관단체 임직원에도 중복하여 해당하는 경우(국공립학교 교직원, KBS·EBS 임직원 등) 공무원, 공직유관단체 임직원 상한액 기준을 적용
   - 공무원 또는 공직유관단체 임직원의 사례금 총액은 강의시간에 관계없이 1시간 상한액의 100분의 150에 해당하는 금액을 초과하지 못함
   - 사립학교 교직원, 사립학교법인·언론사 임직원은 사례금 총액 제한이 없음

38. 위 자료를 근거로 판단한 내용으로 옳은 것은?

① 강의료와 출연료는 외부강의등 사례금에 포함되나 원고료는 포함되지 않는다.

② 사립학교법인·언론사 임직원이 공직유관단체 임직원에도 중복하여 해당하는 경우 공무원, 공직유관단체 임직원 상한액 기준을 적용한다.

③ 공직자는 사례금을 받는 외부강의를 할 때에 외부강의 요청 명세 등을 소속기관장에게 그 외부강의를 마친 날부터 14일 후에 신고해도 된다.

④ 사립학교 교직원, 사립학교법인·언론사 임직원도 사례금 총액의 제한이 있다.

⑤ 공무를 수행하기 위하여 민간부문에서 공공기관에 파견 나온 사람의 공무 수행에 관해서는 [부정청탁 및 금품 등 수수의 금지에 관한 법률] 제5조부터 제9조까지를 준용하지 않아도 된다.

39. 다음은 공직유관단체의 임원인 김다미 씨가 자신의 직무와 관련된 교육 강의를 진행한 내역이다. 교육 강의 진행 내역과 위 자료를 토대로 판단했을 때, 김다미 씨가 지급받을 수 있는 강의료는? (단, 김다미 씨는 모든 강의에서 1시간 사례금 상한액으로 강의료를 지급받았다.)

[교육 강의 진행 내역]

구분	강의 일자	강의 시간	강의 대상	강의 내용	강의료 지급 주체
1	2/1	2시간	A 대학 재학생	토지이용규제 기본법	A 대학
2	2/1	3시간	A 대학 임직원	토지이용규제 기본법	A 대학
3	2/15	2시간	B 대학 재학생	토지이용규제 기본법	B 대학
4	2/15	1시간	B 대학 재학생	토지이용규제 기본법	B 대학

① 75만 원   ② 135만 원   ③ 150만 원   ④ 210만 원   ⑤ 240만 원

40. 다음은 K 사 자산관리팀에서 복합기를 대여하기 위해 확인하고 있는 복합기 모델별 정보이다. 복합기 모델별 정보와 김 팀장의 지시를 고려하여 복합기를 대여하였을 때, 복합기 대여 업체에 지불해야 할 월 대여료의 총합은?

[복합기 모델별 정보]

구분	모델명	제조사	출력속도	월 기본 매수	월 대여료	추가 매수	비고
1	AH411	L 사	23매/분	흑백 2,700매	49,000원	흑백 15원	컬러 불가능
				흑백 6,300매	55,000원		
2	AH412	L 사	22매/분	흑백 2,700매 컬러 300매	60,000원	흑백 15원 컬러 120원	
				흑백 6,300매 컬러 700매	66,000원		
3	AH512	L 사	28매/분	흑백 2,700매 컬러 300매	78,000원	흑백 15원 컬러 120원	
				흑백 6,300매 컬러 700매	84,000원		
4	DC200	H 사	25매/분	흑백 2,700매	54,000원	흑백 20원	컬러 불가능
				흑백 6,300매	60,000원		
5	DC220	H 사	20매/분	흑백 2,700매 컬러 300매	60,000원	흑백 20원 컬러 110원	
				흑백 6,300매 컬러 700매	66,000원		
6	DC280	H 사	30매/분	흑백 2,700매 컬러 300매	88,000원	흑백 20원 컬러 110원	
				흑백 6,300매 컬러 700매	94,000원		
7	SQW350	E 사	22매/분	흑백 2,700매 컬러 300매	47,000원	흑백 10원 컬러 150원	
				흑백 6,300매 컬러 700매	53,000원		
8	SQW550	E 사	28매/분	흑백 2,700매 컬러 300매	76,000원	흑백 10원 컬러 150원	
				흑백 6,300매 컬러 700매	82,000원		
9	ME1100	W 사	65매/분	흑백 9,000매 컬러 1,000매	100,000원	흑백 10원 컬러 100원	고속 대용량
				흑백 18,000매 컬러 2,000매	180,000원		
10	ME1700	W 사	75매/분	흑백 9,000매 컬러 1,000매	115,000원	흑백 10원 컬러 100원	고속 대용량
				흑백 18,000매 컬러 2,000매	200,000원		

※ 배송 설치비는 무료이며, 팩스 기능 추가 시 월 대여료가 1만 원 추가됨

[김 팀장] 　신규 오픈하는 영업점 사무실에서 사용할 복합기를 대여해야 합니다. 사무실 크기와 근무 인원을 고려하여 총 3대를 대여할 예정입니다. 3대 모두 출력 속도가 분당 25매 이상은 되어야 하고, 복합기 1대당 흑백은 월 7,000매를 사용하려고 합니다. 3대 중 디자인 팀에서 사용 예정인 1대는 컬러도 월 800매를 함께 사용하려고 하며, 팩스 기능도 추가로 필요합니다. 복합기는 모두 동일한 모델로 대여하지 않아도 되며, 가장 저렴한 복합기들로 대여를 진행합시다.

① 232,000원　　② 258,000원　　③ 288,000원　　④ 295,500원　　⑤ 310,000원

약점 보완 해설집 p.4

해커스잡

실전모의고사 1회

성명

NCS 직업기초능력

번호	1	2	3	4	5	번호	1	2	3	4	5
1	①	②	③	④	⑤	21	①	②	③	④	⑤
2	①	②	③	④	⑤	22	①	②	③	④	⑤
3	①	②	③	④	⑤	23	①	②	③	④	⑤
4	①	②	③	④	⑤	24	①	②	③	④	⑤
5	①	②	③	④	⑤	25	①	②	③	④	⑤
6	①	②	③	④	⑤	26	①	②	③	④	⑤
7	①	②	③	④	⑤	27	①	②	③	④	⑤
8	①	②	③	④	⑤	28	①	②	③	④	⑤
9	①	②	③	④	⑤	29	①	②	③	④	⑤
10	①	②	③	④	⑤	30	①	②	③	④	⑤
11	①	②	③	④	⑤	31	①	②	③	④	⑤
12	①	②	③	④	⑤	32	①	②	③	④	⑤
13	①	②	③	④	⑤	33	①	②	③	④	⑤
14	①	②	③	④	⑤	34	①	②	③	④	⑤
15	①	②	③	④	⑤	35	①	②	③	④	⑤
16	①	②	③	④	⑤	36	①	②	③	④	⑤
17	①	②	③	④	⑤	37	①	②	③	④	⑤
18	①	②	③	④	⑤	38	①	②	③	④	⑤
19	①	②	③	④	⑤	39	①	②	③	④	⑤
20	①	②	③	④	⑤	40	①	②	③	④	⑤

직무역량

번호	1	2	3	4	5	번호	1	2	3	4	5
1	①	②	③	④	⑤	21	①	②	③	④	⑤
2	①	②	③	④	⑤	22	①	②	③	④	⑤
3	①	②	③	④	⑤	23	①	②	③	④	⑤
4	①	②	③	④	⑤	24	①	②	③	④	⑤
5	①	②	③	④	⑤	25	①	②	③	④	⑤
6	①	②	③	④	⑤	26	①	②	③	④	⑤
7	①	②	③	④	⑤	27	①	②	③	④	⑤
8	①	②	③	④	⑤	28	①	②	③	④	⑤
9	①	②	③	④	⑤	29	①	②	③	④	⑤
10	①	②	③	④	⑤	30	①	②	③	④	⑤
11	①	②	③	④	⑤	31	①	②	③	④	⑤
12	①	②	③	④	⑤	32	①	②	③	④	⑤
13	①	②	③	④	⑤	33	①	②	③	④	⑤
14	①	②	③	④	⑤	34	①	②	③	④	⑤
15	①	②	③	④	⑤	35	①	②	③	④	⑤
16	①	②	③	④	⑤	36	①	②	③	④	⑤
17	①	②	③	④	⑤	37	①	②	③	④	⑤
18	①	②	③	④	⑤	38	①	②	③	④	⑤
19	①	②	③	④	⑤	39	①	②	③	④	⑤
20	①	②	③	④	⑤	40	①	②	③	④	⑤

번호	1	2	3	4	5
41	①	②	③	④	⑤
42	①	②	③	④	⑤
43	①	②	③	④	⑤
44	①	②	③	④	⑤
45	①	②	③	④	⑤
46	①	②	③	④	⑤
47	①	②	③	④	⑤
48	①	②	③	④	⑤
49	①	②	③	④	⑤
50	①	②	③	④	⑤
51	①	②	③	④	⑤
52	①	②	③	④	⑤
53	①	②	③	④	⑤
54	①	②	③	④	⑤
55	①	②	③	④	⑤
56	①	②	③	④	⑤
57	①	②	③	④	⑤
58	①	②	③	④	⑤
59	①	②	③	④	⑤
60	①	②	③	④	⑤

수험번호

⓪	①	②	③	④	⑤	⑥	⑦	⑧	⑨

생년월일

감독관 확인

해커스 LH
한국토지 주택공사
NCS + 전공
봉투모의고사

NCS 실전모의고사
2회

해커스잡

NCS 실전모의고사
2회

문제 풀이 시작과 종료 시각을 정한 후, 실전처럼 모의고사를 풀어보세요.

시   분 ~   시   분 (총 40문항/권장 풀이 시간 50분)

□ **시험 유의사항**

[1] 한국토지주택공사 직무능력검사 구성은 다음과 같습니다. (신입직원 5·6급 공채 기준)

구분		문항 수	시간	평가 내용
5급	NCS 직업기초능력	40문항	110분	의사소통능력, 수리능력, 문제해결능력
	직무역량	60문항		모집 직무별 전공시험
6급	NCS 직업기초능력	40문항	50분	의사소통능력, 수리능력, 문제해결능력

[2] 본 실전모의고사는 NCS 직업기초능력 40문항으로 구성되어 있습니다. 따라서 지원 분야에 따라 다음과 같이 풀이하시면 됩니다.
- 5급 사무(일반행정): NCS 직업기초능력 40문항 + 직무역량(경영/경제 중 택 1) 60문항
- 5급 기술(토목): NCS 직업기초능력 40문항 + 직무역량(토목) 60문항
- 5급 기술(건축): NCS 직업기초능력 40문항 + 직무역량(건축) 60문항
- 5급 사무(전산 및 전문)/5급(토목·건축 외 분야)/6급: NCS 직업기초능력 40문항

[3] 본 실전모의고사 마지막 페이지에 있는 OMR 답안지와 해커스ONE 애플리케이션의 학습 타이머를 이용하여 실전처럼 모의고사를 풀어보시기 바랍니다.

보 도 자 료		LH 한국토지주택공사
배포일시	202X. 1. 12.(수)	
보도일시	즉시 보도 가능합니다.	
담당부서	재무처	**담당자** 송○○ 부장(055-123-1234) 윤○○ 차장(055-123-1235)

LH, 법정자본금 증액으로 국민 주거안정 기반 마련
- 공사법 개정안 본회의 통과, 50조 원으로 법정자본금 10조 원 증액
- 안정적인 공공임대주택 공급을 위해 법정자본금 증액 불가피
- 공공임대주택 연평균 8만 호 공급으로 서민 주거안정 지속 추진

LH는 법정자본금을 40조 원에서 50조 원으로 10조 원 증액하는 한국토지주택공사법 개정안이 11일 국회 본회의를 통과했다고 밝혔다. LH는 임대주택 관련 사업을 추진하면서 정부 출자금(자본금), 주택도시기금(융자금), 입주자 임대보증금 및 자체 자금을 활용하고 있다. LH는 지난 2018년 이후 연평균 6.5만 호의 공공임대주택을 공급했다. (   ) 지난해 말에는 납입자본금 누계액이 총 39조 9994억 원에 이르러 법정자본금 40조 원에 근접했다.

LH는 정부의 주거복지 로드맵에 따라 향후에도 매년 평균 8만 호의 임대주택을 지속 공급할 계획으로, 안정적인 사업추진을 위해서는 법정자본금 증액을 위한 공사법 개정이 시급했다. 실제로 2021년 말 기준, LH는 전국 공공임대주택의 70% 수준인 132.8만 호를 보유하고 있으며, 생애주기별 맞춤형 주택 공급과 함께 주거 취약계층을 위한 긴급 주거지원 등 촘촘한 주거안전망 구축으로 서민 주거안정에 기여하고 있다. 또한 법정자본금이 증액되지 않을 경우 정부 출자금 추가 납입이 제한됨에 따라 자체 자금 투입이 증가하며 자금조달 부담 가중 및 이자 부담 증가로 이어져 임대주택 사업 손실이 커질 수 있는 상황이었다.

이번 공사법 개정안의 국회 본회의 통과로 임대주택 관련 사업에 필요한 재원의 일부를 정부로부터 안정적으로 지원받을 수 있게 돼 주거복지 로드맵에 따른 공공임대주택 공급을 지속 추진할 수 있는 기반이 갖춰졌다. 또한, 재무적 부담의 완화로 3기 신도시 조성, 2.4대책 등 주택공급 관련 정부 정책사업의 차질 없는 수행을 통해 주택시장 안정화에도 크게 기여할 수 있을 것으로 기대된다. 아울러, 법정자본금 상향에 따라 납입자본금이 증가할 경우 LH 재무 건전성 제고에도 도움이 될 것으로 전망된다.

김○○ LH 사장은 "이번 법 개정으로 안정적인 주택공급 기반이 마련된 만큼, 국민 눈높이에 맞는 품질 좋은 임대주택을 공급하는 등 국민 주거안정과 부동산 시장 안정에 더욱 노력하겠다"며 "또한 LH 혁신방안 이행 등 지속적 혁신 추진과 함께 본연의 역할에 더욱 매진해 국민의 신뢰를 회복하고 국민의 눈높이에 부응하는 새로운 LH로 거듭나겠다"고 말했다.

※ 출처: 한국토지주택공사 보도자료

01. 위 보도자료의 내용과 일치하는 것은?

① LH는 서민 주거안정을 목표로 매년 평균 6.5만 호가량의 임대주택을 계속해서 공급할 계획을 밝혔다.

② LH는 전국의 70%가량의 공공임대주택으로 수립한 주거안전망을 기반으로 서민 주거안정에 기여하고 있어 법정자본금 증액이 시급하였다.

③ LH는 임대주택과 관련한 사업을 진행하며 지난해 말을 기준으로 납입자본금 누계액이 총 40조 원을 넘어섰다.

④ LH는 임대주택 관련 사업을 추진하기 위해 정부 출자금과 주택도시기금, 공사의 자체 자금만을 활용하고 있다.

⑤ LH의 재무적 부담을 완화해 줄 법정자본금 증액 관련 한국토지주택공사법 개정안이 국회 본회의 통과를 앞두고 있다.

02. 위 보도자료의 빈칸에 들어갈 단어로 가장 적절한 것은?

① 그리고　　　② 그렇지만　　　③ 다시 말해　　　④ 그러나　　　⑤ 요컨대

콘크리트는 시멘트와 자갈, 모래 혹은 부순 돌 등의 골재를 섞은 후 물로 반죽하여 굳힌 것이다. 콘크리트는 기본 강도를 결정하는 자갈과 모래 60~70%, 재료를 결합하는 시멘트 10~20%, 음용이 가능한 수준의 깨끗한 물 10~20%에 소량의 혼화재료를 배합하여 만들어진다. 여기서 시멘트는 물과 만남으로써 점성을 띠게 되는데, 시간이 경과할수록 시멘트, 골재, 물이 결합하면서 굳어지는 수화 반응이 일어난다. 콘크리트의 수화 반응은 상온에서 나타나는 특성이며, 반죽 상태의 콘크리트를 거푸집에 부어 굳히면 다양한 크기와 모양의 구조물을 만들 수도 있기 때문에 콘크리트는 건설 등의 작업 시 쉽게 사용될 수 있다.

콘크리트는 혼합된 각 재료의 비율에 따라 최종적으로 만들어진 콘크리트의 강도와 밀도가 달라진다. (   ) 시멘트의 비율을 높이면 경화된 콘크리트의 내구성과 강도가 증가하게 되며, 반대로 물의 함량을 높이면 경화된 콘크리트의 강도가 떨어지게 된다. 다만, 콘크리트의 강도를 높이고자 물을 적게 사용하면 콘크리트의 경화 정도가 작업에 적합하지 않게 될 수도 있기 때문에 적절한 재료 배합이 중요하다. 콘크리트의 강도는 골재들 간의 접촉 정도에 비례하므로 배합 시 서로 다른 크기의 골재를 사용하는 것도 콘크리트의 강도를 높일 수 있는 방법이다.

그러나 콘크리트는 압축력에 상당히 강한 반면 인장력과 전단력에는 매우 취약하기 때문에 구조물을 세우기 위해 필요한 힘을 모두 갖췄다고 보기에는 어려움이 있다. 이때 콘크리트의 인장력과 전단력을 보강하기 위해 등장한 것이 바로 철근 콘크리트이다. 콘크리트가 철근 콘크리트로 발전함에 따라 건축은 구조적으로 더욱 견고해졌으며, 형태 면에서는 더욱 다양하고 자유로운 표현이 가능해졌다. 철근은 누르는 힘인 압축력에도 쉽게 부서지지 않을 뿐 아니라 당기는 힘인 인장력, 크기가 같고 방향이 서로 반대가 되도록 단면에 평행하게 작용하는 힘인 전단력에도 쉽게 부서지지 않는다. 콘크리트에 철근을 넣으면 콘크리트의 강점과 철근의 강점을 모두 살릴 수 있게 되기 때문에 철근 콘크리트가 탄생하게 된 것이다.

이처럼 철근과 콘크리트는 결합했을 때 그 특성이 강하게 드러나는데, 특히 철근과 콘크리트의 열팽창계수가 거의 동일하기 때문에 외부 온도의 변화에도 균열이 발생하지 않고 계속 붙어있게 된다. 게다가 콘크리트는 강알칼리성의 성질을 띠기 때문에 철근의 약점인 부식을 막는 데 탁월하다. 보통 건설 현장에서 철근 콘크리트를 세울 때 철근을 설계에 맞춰 정글짐과 같은 형태로 배열하는데, 수평 방향의 철근은 인장력을, 수직 방향의 철근은 전단력을 강하게 만드는 역할을 한다. 또한, 콘크리트는 외부의 강한 힘을 받으면 즉시 부서지지만, 철근 콘크리트 구조물은 콘크리트가 파괴되기 전에 철근이 먼저 처짐이나 균열이 발생하기 때문에 구조물 붕괴의 위험을 미리 알려준다는 장점이 있다.

03. 윗글을 통해 추론한 내용으로 적절하지 않은 것은?

① 당기는 힘뿐 아니라 단면에 평행하게 작용하는 힘에 대한 저항력은 콘크리트보다 철근이 더욱 크다.

② 철근 콘크리트가 외부 온도 변화에 민감하지 않은 이유는 철근과 콘크리트의 열팽창계수가 유사하기 때문이다.

③ 배합 시 크기가 다양한 골재보다 서로 비슷한 크기의 골재를 사용해야 콘크리트의 강도를 높일 수 있다.

④ 수화 반응은 콘크리트를 구성하는 재료들이 시간이 흐르면서 경화 반응을 보이는 현상을 말한다.

⑤ 건축물을 세울 때 정글짐의 형태로 배열된 수평의 철근은 인장력, 수직의 철근은 전단력을 강화시킨다.

04. 윗글의 빈칸에 들어갈 단어로 가장 적절한 것은?

① 그런데   ② 그것은   ③ 그렇건마는   ④ 예컨대   ⑤ 한편

2022년 8월 4일부터는 새롭게 마련한 바닥충격음 성능검사기준으로 공동주택 시공 이후 성능검사를 실시하여 층간 소음이 줄어들 것으로 기대된다. 국토교통부는 바닥충격음 성능검사를 위하여 구체적인 내용을 포함한 「주택건설기준 등에 관한 규정 및 규칙」에 대한 입법예고 및 「공동주택 바닥충격음 차단구조 인정 및 관리기준」에 대한 행정예고를 실시한다고 밝혔다.

이번 개정안은 먼저 공동주택 시공 이후 바닥충격음 차단성능을 검사하는 성능검사기준 마련을 위한 실태조사 결과 등을 반영하여 경량충격음과 중량충격음을 모두 49dB로 정하였다. 사용검사 단계인 시공 이후에 확인이 필요한 성능검사기준을 마련함에 따라 사업계획승인 단계인 시공 이전에 확인이 필요한 바닥충격음 기준도 각각 경량충격음은 58dB → 49dB로, 중량충격음은 50dB → 49dB로 동일하게 조정하였다. 이에 따라 강화된 성능기준으로 공동주택 시공 전·후 바닥충격음 차단성능을 검증하는 체계가 마련되었다.

바닥충격음 성능검사 대상 샘플가구 선정은 공동주택의 평면 유형, 면적 등 분양정보와 연계하되, 객관성·신뢰성이 담보될 수 있도록 컴퓨터 프로그램을 활용한 무작위 방식으로 추출하도록 하였다. (   ) 바닥충격음 성능검사 행정절차 간소화를 위하여 사업주체가 사용 검사권자에게 제출해야 하는 성능검사 결과를 바닥충격음 성능검사기관이 대신 제출할 수 있도록 규정하였다. 바닥충격음 성능검사 결과가 성능검사기준에 미달하여 사용 검사권자가 보완 시공, 손해배상 등의 조치를 권고하는 경우 해당 현장의 공정률 등을 고려한 시정조치 기한 등을 정하여 사업 주체에게 조치계획서 제출을 요구하고, 부득이한 경우가 아니라면 10일 이내에 제출하도록 하였으며, 사업주체는 시정조치 기한 내에 조치계획서에 따른 조치 결과를 사용 검사권자에게 보고하도록 하였다. 성능검사 결과의 신뢰성을 높이기 위하여 바닥충격음 차단구조 성능등급 인정기관인 한국토지주택공사, 한국건설기술연구원과는 다른 전문기관으로 지정하도록 규정하였다.

바닥충격음 시험방식과 평가방식은 온돌 등 바닥난방의 특징을 반영하여 우리나라가 주도하여 개정한 국제표준(ISO) 방식을 따르도록 변경하였다. 시험방식의 경우 경량충격음은 현행과 같이 태핑머신으로 유지하는 한편, 중량충격음은 뱅머신(타이어)에서 어린이 발소리 등 실생활 소음과 유사한 임팩트볼(고무공) 방식으로 변경하였다. 다음으로 평가방식의 경우 경량충격음은 바닥구조의 흡음력을 주로 평가하던 방식에서 고주파음 평가의 정확도를 높이기 위해 잔향시간을 고려하는 방식으로 변경하였으며, 중량충격음은 저주파 중심으로 평가하던 방식에서 사람의 귀가 들을 수 있는 청감 특성을 고려한 방식으로 변경하였다.

앞서 바닥충격음 성능검사기준을 마련하면서 바닥충격음 차단구조 성능등급 인정기준의 하한치 또한 경량충격음 58dB → 49dB, 중량충격음은 50dB → 49dB로 동일하게 조정하였다. 이와 함께 그간 성능등급 간 구분이 3~5dB로 일정하지 않았던 것을 사람이 소음 차이를 구분할 수 있는 최소수준인 4dB 간격으로 성능등급 간 차이를 일정하게 조정하였다. 기존에는 바닥충격음 차단구조에 사용되는 완충재에 대한 일정 이상의 바닥충격음 차단성능이 담보될 수 있도록 시험방법과 성능기준 등을 상세히 규정하고 있었으나, 고성능 완충재 등이 개발될 수 있도록 일부 성능기준은 삭제하는 한편, 안전상 필요한 필수기준은 현행과 같이 유지된다.

※ 출처: 국토교통부 보도자료

05. 위 보도자료의 내용과 일치하지 않는 것은?

① 바닥충격음 성능검사기준을 새롭게 마련함으로써 중량충격음 시험방식은 변경된 반면, 경량충격음 시험방식은 기존의 방식이 유지된다.

② 바닥충격음 성능검사기준 마련으로 바닥충격음 차단구조 성능등급 인정기준의 하한치와 시공 이전에 확인해야 하는 바닥충격음 기준은 서로 동일해질 것이다.

③ 컴퓨터 프로그램을 통해 무작위 방식으로 바닥충격음 성능검사를 진행할 샘플가구를 선정한다면 성능검사의 신뢰성을 확보할 수 있을 것이다.

④ 바닥충격음 성능검사기관이 사업주체 대신 성능검사 결과를 제출하게 된다면 바닥충격음 성능검사 행정절차가 더욱 복잡해질 것이다.

⑤ 안전을 위한 필수기준은 기존의 기준이 유지되는 것과 달리 바닥충격음 차단구조에 사용되는 완충재에 대한 일부 차단성능기준은 삭제될 것이다.

06. 위 보도자료의 빈칸에 들어갈 단어로 가장 적절한 것은?

① 이를테면　　　② 말하자면　　　③ 그러되　　　④ 헌데　　　⑤ 게다가

[07 – 08] 다음 글을 읽고 각 물음에 답하시오.

(가) 이처럼 각종 조약이 존재함에도 불구하고 어느 한 국가가 나서서 우주 쓰레기를 처리하기 어렵다는 인식이 제고되면서 국제 사회가 상호 공조하여 우주 쓰레기 문제를 해결하기 위한 다양한 노력이 전개되고 있다. 대표적으로 2009년에 출범한 비영리 기구 SDA(Space Data Association)는 민영 위성 운영자를 대상으로 수집한 위성들의 궤도 데이터를 공유하여 상호 충돌 위험을 분석할 수 있는 서비스를 제공한다. 또한, 미 국방성 산하 작전국은 2010년부터 정밀궤도 데이터를 바탕으로 우주 쓰레기와의 충돌 위험을 줄이고자 민간 위성 운영자들에게 우주 쓰레기와의 충돌 위험 분석 보고서를 제공하고 있다. 이외에도 유럽연합의 유럽우주국은 스위스의 스타트업과 연계하여 우주 쓰레기를 제거하는 위성을 쏘아 올리는 것을 계획하는 등 직접적인 우주 쓰레기 제거에도 다양한 노력이 전개되고 있다.

(나) 1957년 인류가 최초로 인공위성을 우주로 쏘아 올린 이후 지난 60여 년 동안 약 1만 개 이상의 인공위성이 우주에 발사되었다. 이렇게 쏘아 올린 수많은 인공위성 중 약 3천여 개만이 현재 가동되고 있으며, 나머지 7천여 개는 우주 쓰레기가 되어 지구 궤도를 선회하고 있다. 인공위성이 수명을 다해 가동을 중단하면 남아 있는 배터리, 추진체 등이 폭발하며 수많은 조각의 파편으로 조각난다. 그뿐만 아니라 분리되고 남은 로켓, 과거 충돌로 인해 발생한 각종 파편, 나사못과 같은 우주 연구 사업과 관련된 유실물 등 우주 쓰레기 중 지름 1cm가 넘는 것만 약 60만 개 이상이며, 크고 작은 것을 합쳐 약 1억 개 이상의 우주 쓰레기가 지구 상공 880~1,000km에 주로 밀집되어 궤도를 떠돌고 있다.

(다) 우주 조약 제7조에 따르면 지상으로 떨어진 우주 쓰레기로 인한 피해 발생 시 배상 책임은 발사 주체에 있으며, 대기권에 인공우주물체를 발사한 주체가 이를 회수할 경우 위험성 제거를 위한 조처와 이에 따른 모든 경비를 발사국이 부담해야 한다. 1978년 구소련 원자력 위성 코스모스 954호가 캐나다 북서부에 낙하함에 따라 캐나다는 위성 파편의 수색 및 회수 비용과 향후 발생 가능한 환경 손해에 대한 배상을 청구하였고, 3년의 교섭 끝에 소련은 300만 캐나다 달러를 배상하였다. 우주 쓰레기를 책임지기 위한 또 다른 방안으로 각국이 지구 저궤도로 발사한 인공위성을 25년 내로 회수하도록 약속하는 25년 조약이 체결되기도 하였으나 법적 강제성이 없고 비용이 만만치 않아 대부분 지키지 않고 있다.

(라) 국제 우주 정거장이나 유인 우주 왕복선은 대체로 400~600km 상공에 위치하여 우주 쓰레기와 직접적으로 충돌할 가능성이 크지는 않지만, 그렇다고 해서 우주 쓰레기와의 충돌이 아주 일어나지 않는 것도 아니며 이로 인한 크고 작은 피해도 적지 않다. 특히 우주 쓰레기는 총알보다 빠른 7~10km/s의 속도로 지구 주위를 선회한다. 따라서 (   ) 우주를 떠도는 1cm의 알루미늄 조각이 충돌 시 가지는 위력은 1.5t의 중형차가 시속 50km로 충돌할 때와 맞먹는다. 실제로 NASA에 따르면 우주 왕복선의 창문이 깨지는 대부분의 원인이 로켓에서 벗겨진 페인트 조각인 것으로 밝혀졌다.

(마) 우주 쓰레기의 피해 범위는 지구 바깥의 우주에만 국한되지 않는다. 지난 10년간 연평균 420여 개의 우주 쓰레기가 대기권에서 전소되지 않고 지구 표면으로 떨어졌으며, 그 질량만 하더라도 모두 합쳐 약 100t에 다다른다. 문제는 이미 우주 쓰레기들이 서로 부딪치며 더 작은 파편을 만들어가며 포화 상태로 치닫고 있는 가운데 우주 산업이 발전함에 따라 새롭게 양산되는 우주 쓰레기들이 더욱 늘어날 전망이라는 것이다. 아직 지상으로 떨어진 우주 쓰레기로 인해 큰 피해가 발생한 사례는 없지만, 우주 쓰레기의 추락은 국제적 분쟁을 유발하는 원인이 되기도 한다.

07. 윗글의 문단을 논리적 순서대로 알맞게 배열한 것은?

① (나) – (가) – (마) – (다) – (라)

② (나) – (라) – (마) – (다) – (가)

③ (나) – (마) – (다) – (라) – (가)

④ (라) – (나) – (다) – (가) – (마)

⑤ (라) – (마) – (나) – (가) – (다)

08. 윗글의 빈칸에 들어갈 말로 가장 적절한 것은?

① 아무리 작은 크기의 우주 쓰레기더라도 충돌하는 물체에 심각한 피해를 끼칠 수 있다.

② 인공위성을 비롯한 우주를 유영하는 물체와 우주 쓰레기의 충돌 속도를 예측할 수 없다.

③ 우주 쓰레기를 피해 우주선의 궤도를 선회하더라도 우주 쓰레기와의 충돌을 피할 수 없다.

④ 인공위성이 지구로 추락할 경우 지구 궤도를 선회하던 것보다 더 빠른 속도로 추락한다.

⑤ 인류에 피해를 주는 우주 쓰레기 문제는 한 국가의 노력만으로는 해결할 수 없다.

[09-10] 다음 안내문을 읽고 각 물음에 답하시오.

[20XX LH 하우징 플랫폼 페스타]

1. 행사 개요
  1) 일자 및 시간: 20XX년 12월 18일(수)~12월 20일(금) 10:00~18:00
  2) 장소: 일산 킨텍스 제1전시장 3홀A
  3) 주관/후원: 한국토지주택공사/국가건축정책위원회, 국토교통부

2. 등록기간 및 방법
  1) 등록기간: 20XX년 12월 18일(수)~12월 20일(금), 오전 9시부터 오후 4시까지 현장 등록 신청 가능
  2) 등록방법: 행사 당일 행사장 입구 유인 등록 데스크에서 현장 등록 신청서 작성 후 입장 가능

3. 주요 행사 및 일정
  1) Session 1: LH 공공임대주택 비전 선포식

날짜	시간	프로그램	세부 내용
12월 18일(수)	13:30~13:50	기념 퍼포먼스	희망 메시지 기념 영상 및 퍼포먼스
	13:50~14:00	축사	국토교통위원회 위원장, 국토교통부 장관, 국가건축정책위원회 위원장
	14:00~14:10	시상식	– LH 하우징 디자인 어워드 시상식 – 중소기업 디자인 공모전 시상식
	14:10~14:20	비전 선포	비전 선언(LH 사장)
	14:20~14:30	비전 세리머니	공공임대주택 비전 선포 세리머니

  2) Session 2: 공공주택의 새로운 방향 모색 콘퍼런스

날짜	시간	세부 내용
12월 18일(수)	15:00~18:00	– 하우징 플랫폼 페스타 기념 국제 콘퍼런스 • 기조연설: Mladen Jadric(블라덴 야드리치) • 주제발표: 김○○ 교수, 이○○ 소장, 서○○ 처장 • 토론회: 손○○ 명예교수, 이○○ 과장, 박○○ 교수
12월 19일(목)	10:00~11:30	생활변화 관찰 세미나
	13:30~18:00	스마트홈 기술교류 콘퍼런스
12월 20일(금)	10:00~13:30	모듈러 주택 활성화를 위한 콘퍼런스

  3) Session 3: 공공주택의 비전 및 기술, 자재, 디자인 전시회

날짜	전시관	세부 내용
12월 18일(수) ~20일(금)	비전 주제관	– 주제: 적극적 주거권 보호 – 내용: 공공임대주택 비전, 핵심 가치 및 전략 과제 총괄 소개
	비전 기술관	– 주제: 최적성능, 최소 주거비 실현 – 내용: 미세먼지 안심 주택, 스마트 주택 전시
	비전 사업관	– 주제: 사회 공동체적 가치 구현 – 내용: 공공주택 사업 소개 및 신혼 희망타운, 공공리모델링 임대 사업 전시

12월 18일(수) ~20일(금)	비전 어워드관	– 주제: 지속 가능한 도시공간 조성 – 내용: LH 하우징 디자인 어워드, 대한민국 공공주택 설계공모대전, 대학생 주택설계대전 등 설계공모 수상작 전시
	비전 협력관	– 주제: 첨단 기술 선도, 글로벌 이슈 대응 – 내용: 중소기업 디자인 공모전 수상작 및 모듈러 주택 전시
	이벤트관	팝업 세미나 '공공주택 컬러 유니버설 디자인 도입의 이해'

※ 행사기간 및 시간 내 자유롭게 관람 가능

09. 위 안내문을 통해 추론한 내용으로 가장 적절하지 않은 것은?

① 행사기간 내 이벤트관에서 공공주택의 컬러 유니버설 디자인 도입 관련 팝업 세미나를 관람할 수 있다.

② 등록은 현장에서만 가능하므로 행사 당일 16시 이전에 행사장 입구에서 등록해야 입장할 수 있다.

③ 스마트홈 관련 기술교류 콘퍼런스에 참석하고 싶다면 행사 마지막 날에 맞추어 가야 한다.

④ 별도로 지정된 시간이 없는 Session 3의 경우 행사가 진행되는 3일간 시간 내 자유로이 볼 수 있다.

⑤ LH 공공임대주택의 비전 선포식에 참석하고 싶다면 행사 첫날에 행사장에 가야 한다.

10. 행사 운영사무국 소속의 김 사원은 행사 진행 관련 문의에 답변하는 업무를 담당하고 있다. 김 사원이 위 안내문을 토대로 고객 A~D의 질문에 답변한 내용으로 가장 적절하지 않은 것은?

A 고객: 중소기업 디자인 공모전 시상식이 진행된다고 들었는데 언제 진행되는지와 수상작을 행사장에서 확인할 수 있는지 궁금합니다.

김 사원: ㉠ 중소기업 디자인 공모전에 대한 시상은 행사 첫째 날인 12월 18일에 Session 1 비전 선포식의 프로그램으로 14시부터 10분간 LH 하우징 디자인 어워드 시상과 함께 진행될 예정이며, ㉡ 수상작은 Session 3 비전 어워드관에서 행사 종료 시까지 자유롭게 관람하실 수 있습니다.

B 고객: 저는 우리 사회의 공동체적 가치 구현에 대해 큰 관심을 갖고 있습니다. 이와 관련 있는 공공주택 사업 전시도 진행하는지 궁금합니다.

김 사원: 네, ㉢ Session 3에서는 공공주택의 비전 및 기술, 자재, 디자인 전시회가 진행되는데, 사회 공동체적 가치 구현을 주제로 공공주택 사업 소개 및 신혼 희망타운, 공공리모델링 임대 사업이 전시될 예정이며 이와 관련된 전시는 비전 사업관에서 확인 가능합니다.

C 고객: 둘째 날 오후 2시쯤 행사장에 도착할 예정입니다. 생활변화 관찰 세미나에 참석할 수 있을까요?

김 사원: ㉣ 생활변화 관찰 세미나는 행사 둘째 날인 12월 19일 오전 10시부터 1시간 30분 동안 진행됩니다. 따라서 14시에 행사장에 도착하신다면 세미나 참석이 어렵습니다.

D 고객: 18일에 행사장에 갈 수 없어 비전 선포식에 참석하기 어렵습니다. 이후에는 LH 공공임대주택 비전을 확인할 기회가 없는지 궁금합니다.

김 사원: ㉤ 비전 선포식에 참석하지 않더라도 Session 3의 비전 주제관에서 공공임대주택 비전, 핵심 가치 및 전략 과제 총괄을 소개하는 전시가 진행되니 행사기간 내에 언제든지 확인할 수 있습니다.

① ㉠ ② ㉡ ③ ㉢ ④ ㉣ ⑤ ㉤

11. 다음 안내문의 내용과 일치하는 것은?

[202X년 빈집 이-음 사업 공고]

1. LH 이-음(Empty-HoMe) 사업이란?

빈집과 노후주택을 연결하여 낙후된 도심지역 회복과, 구도심 내 人과 人을 이음으로써 공동체 활성화에 기여하기 위해 빈집을 매입하는 사업입니다.

2. 매입 대상

「빈집 및 소규모주택 정비에 관한 특례법」 제2조에 따른 빈집 및 그 부속 토지로 대지면적 100m² 이상 또는 건축 연면적 60m² 이상 빈집

※ 2개 이상 연접한 빈집 동시 매입 신청 가능, 빈집과 연접한 주택·나대지 동시 매입 신청 가능

3. 매입 지역

부산, 인천, 대전, 광주, 전주, 진주

> ※ 매입 제외 빈집
> - 「도시재정비 촉진을 위한 특별법」에 따른 재정비촉진사업지구 등에 편입된 빈집(단, 사업 인정 고시 전에는 매입 가능)
>   - 재정비촉진사업지구: 정비구역(재개발·재건축사업 및 도시환경정비) 등 개발예정지역 내의 토지
> - 공유 지분 매입 불가 및 부동산 권리관계가 해소되지 않는 주택(등기부상 표시되지 않는 권리관계까지 소멸 조건)
> - 타인 토지 무단 점유 주택 및 무허가 주택(단, 무허가 주택의 경우 철거 조건으로 매입 가능)
> - 기타 관리 곤란 및 공익을 해할 우려 등의 사유가 있는 경우(공사 내부 규정에 의함)
> - 부산 내 기장군, 인천 내 강화·옹진군·영종도 지역, 진주 내 읍면 소재지에 위치한 빈집

4. 매입 결정

매각 신청 빈집에 대해 관계 법령 및 공사 내부 평가 기준에 따라 심의 후 결정

※ 접수 후 적정성 평가 및 심의를 통해 매입이 불가할 수 있음

5. 매입 절차 및 일정

매입 공고	신청 접수	조사·심사	매입 여부 안내	가격 협의	계약 체결
8월 24일	8~9월	9~10월	10월	10~11월	12월

※ 상기 매입 일정은 매입 물량 및 사정에 따라 변경될 수 있음

6. 매입 가격

LH가 선정한 감정평가업자 2인의 감정평가액을 산술평균한 금액 이내에서 매각 신청인과 협의하여 매입 가격 결정(단, 감정평가 수수료는 공사 부담, 측량 수수료는 소유자 부담)

7. 접수 방법

접수 기간	202X. 8. 24.(월)~9. 23.(수)
등기 우편	신청 접수 마감일 18시까지 접수 장소에 도달한 신청 건 기준
접수처	• 접수 주소: (01234) 서울시 은평구 XX로 123 XX건물 XX호 ○○회사 • 접수 문의: ○○회사, 02) 123-4567 • 기타 문의: LH, 055) 123-5678~9

※ 1) LH에서는 코로나19 사태에 따라 우편 접수를 원칙으로 하고 있음
  2) 각 절차 진행 중 신청한 빈집이 매입 기준에 맞지 않을 경우 요건 충족을 위한 대기 및 재심사로 소요 기간이 길어지며, 이에 대한 진행사항은 수시로 안내드리기 어려움

8. 신청 서류

- 공사 소정 양식: 빈집 매각 신청서 및 매각 신청 유의서
  (LH 홈페이지 > 고객 지원 > 새소식 > 공지사항에서 서식 다운로드 가능)
- 발급 필요 서류: 인감증명서(우편 접수 시 본인 확인용), 신분증 사본, 주민등록등본 등
  ※ 1) 본인 확인을 위해 매각 신청서에 본인 인감도장을 날인하고 인감증명서를 첨부해야 함
  　 2) 기타 필요 서류는 주택 매각 신청서를 반드시 확인해야 함

공사에서는 부동산 매입 알선 수수료 제도를 운용 중입니다. 공인중개업소 중개를 통한 계약 체결 시 거래 금액의 0.5% 이내에서 중개 수수료를 지급하오니 공인중개사님의 많은 관심 바랍니다.

---

① 빈집 매입 가격 결정을 위한 감정평가업자는 LH가 선정하며 감정평가 및 측량 수수료는 일체 한국토지주택공사가 부담한다.

② 매입 대상에 해당하면서 재개발이 예정된 지역 내에 위치한 빈집은 사업 인정 고시 여부와 무관하게 매입 지역에서 제외된다.

③ 신청 시 본인 확인을 위해 빈집 매각 신청서 및 매각 신청 유의서에 본인 인감도장을 날인하거나 신청 서류와 함께 인감증명서를 동봉해야 한다.

④ 신청이 접수된 빈집에 대한 조사 결과 매입 기준에 부합하지 않는다고 판명되는 즉시 매입이 거부되며 해당 사실은 신청자에게 개별적으로 안내된다.

⑤ 빈집이 아니더라도 매입 대상에 해당하는 빈집과 연접해 있는 주택이라면 해당 빈집과 함께 동시 매입을 신청할 수 있다.

12. 다음 안내문을 통해 추론한 내용으로 적절하지 않은 것은?

[청년 주거급여 분리지급 안내]

1. 지원 대상

청년 주거급여 분리지급은 임차급여 또는 수선유지급여를 지급받는 수급가구(가구원 수별 주거급여 소득인정액 충족 필요) 내 만 19세 이상 30세 미만의 미혼 자녀

　※ 1) 월소득인정액(2021년 기준): 1인(82만 원), 2인(139만 원), 3인(179만 원), 4인(219만 원), 5인(259만 원)
　　 2) 기존 주거급여 수급가구는 변경 신청, 신규 신청 시 주거급여와 동시에 신청해야 함

> ※ 추가 요건
> 　① 청년 명의의 임대차 계약을 체결하고 임차료를 지불하는 청년에게 지급(전입 신고 필수)
> 　② 주거급여 수급가구의 부모와 청년이 주민등록상 시·군을 달리하는 경우 인정하되, 동일 시·군이라도 보장기관이
> 　　 인정하는 경우는 예외로 함(단, 특별시·광역시·특별자치시 내 부모와 분리 거주하는 경우는 원칙적으로 불인정)
> 　　예 분리 거주 예외 인정 사례
> 　　　 – 도농복합광역시에서 부모와 청년이 도시(구)와 농촌(군)으로 분리 거주하는 경우
> 　　　 – 부모와 청년의 주거지 간 대중교통 편도 소요 시간이 90분을 초과하는 경우
> 　　　 – 청년이 별도가구 보장특례 적용에 준하는 장애·만성·희귀난치성 질환이 있는 경우

2. 신청인

주거급여 수급가구의 가구원, 친족, 기타 관계인, 담당 공무원

　※ 대리 신청도 가능하나 위임장 필요, 담당 공무원 직권 신청은 수급권자의 동의 필요

3. 신청 장소

주거급여 수급가구 내 가구주(부모)가 거주하는 읍·면·동 주민센터

4. 제출 서류

사회보장급여 제공(변경) 신청서(신청인의 신분증 지참), 청년 주거급여 분리지급 신청서, 임차(전대차)가구임을 증빙할 수 있는 서류, 분리 거주 사실 확인 증빙 서류, 최근 3개월 내 임차료 증빙 서류, 통장사본

　※ 대리 신청 시 위임장, 수급권자의 신분증 사본 및 대리인 신분증 지참

5. 지원 내용

지역별, 가구원 수별 기준임대료를 상한으로 실제임차료를 지급하나, 자기부담분은 분리된 가구 각각의 가구원 수에 비례하여 적용

단위: 만 원/월(2021년도 적용기준)

구분	서울	경기·인천	광역시·세종	그 외
1인 가구	31.0	23.9	19.0	16.3
2인 가구	34.8	26.8	21.2	18.3
3인 가구	41.4	32.0	25.4	21.7
4인 가구	48.0	37.1	29.4	25.3
5인 가구	49.7	38.3	30.3	26.1
6인 가구	58.8	45.3	35.9	30.9

　※ 1) 실제임차료가 지역별 기준임대료의 5배를 초과하는 가구는 최저지급액(1만 원) 지급
　　 2) 임대차 계약서가 없거나, 있더라도 실제임차료가 0원인 경우 지급 제외
　　 3) 청년 주거급여는 수급가구 내 분리지급이 원칙이므로 부모 가구원의 급여가 미생성 및 중지되는 경우 청년가구의 급여도 미생성
　　　 예 청주 거주 부모(2인) + 성남판교 거주 청년(1인)으로 구성된 3인 가구로 지급되던 주거급여가 부모(청주 2인), 청년(성남판교 1인)으로 분리지급

6. 지급일
매월 20일에 청년 명의의 지정된 계좌로 별도 지급

① 청년 주거급여를 신청하고자 할 경우 청년 본인이 거주하는 지역이 아니라 주거급여 수급가구 내 가구주가 거주하는 지역의 주민센터에서 신청해야 한다.

② 기존에 수선유지급여를 지급받고 있더라도 청년 주거급여를 분리지급받으려면 별도로 변경 신청을 해야 한다.

③ 청년 주거급여는 수급가구 내 분리지급을 원칙으로 하기 때문에 청년 주거급여는 부모 가구원의 주거급여 생성이 유지되는 경우에만 생성된다.

④ 청년 명의로 임대차 계약을 맺고 타지에서 홀로 월세를 내며 생활하더라도 주민등록상 부모와 주소지가 분리되어 있지 않으면 지원 대상에 해당하지 않는다.

⑤ 청년 주거급여를 수급하고자 하는 청년 본인이 아니더라도 수급권자의 동의만 있다면 친부모나 담당 공무원이 대신 신청할 수도 있다.

[13 – 14] 다음 보도자료를 읽고 각 물음에 답하시오.

□ 태양광설비는 중앙공원 1단계 및 수목원 주차장 약 37천 m²의 부지를 대상으로 약 2.4MW의 설비가 설치되었다. 이 태양광발전설비로 연간 약 700가구가 사용 가능한 3,000MWh의 전력량이 생산된다. 특히 약 1,300t의 온실가스 배출을 저감할 수 있는데, 소나무 약 20만 그루를 (㉠)하였을 때 얻는 효과와 거의 동일하다. ㉡반면, 여름철에는 주차된 차량에 그늘을 제공하고 우천과 강설 시 비와 눈의 가림막 역할을 하는 등 부수적인 기능도 제공한다.

□ 위 사업은 주변 경관과 어울리는 우수한 디자인 선정을 위해 ㉢각분야 전문가의 평가 및 '행복도시 에너지·환경 자문단'의 자문을 거쳐 설계안을 확정하였으며, 산림청, 세종특별자치시, 한국토지주택공사 등 정부혁신을 위한 관계기관 간 소통과 협업을 통해 추진되었다.

□ 행정중심복합도시건설청에서는 2030년까지 전체 에너지 소비량의 25%를 신재생에너지로 도입하기 위해 태양광발전시설 등 다양한 신재생에너지원을 지속적으로 확충하여 왔다. 현재까지 대전~유성 자전거도로, 방음터널 등 총 13개소의 상업용 태양광발전시설이 운영 중이며, 건축물 등에 도입된 자가용 태양광설비를 포함하여 약 36MW를 도입하여 이전 대비 연간 20,200t CO_2의 온실가스가 ㉣감축되었다.

□ 행정중심복합도시건설청 녹색에너지환경과장은 "행복도시를 저탄소 청정에너지도시로 조성하기 위해 태양광에너지뿐만 아니라 다양한 신재생에너지원을 도입하도록 노력할 것"이라고 밝혔다. ㉤행정중심복합도시건설청은 행복도시 중앙공원 1단계 및 국립세종수목원 주차장 내 태양광발전시설 설치공사를 완료하였다고 밝혔다.

※ 출처: 행정중심복합도시건설청

13. 위 보도자료의 ㉠~㉤을 바르게 고쳐 쓴다고 할 때, 적절하지 않은 것은?

① 빈칸이 있는 문장의 흐름을 고려하여 ㉠에 '식재'를 넣는다.
② 앞뒤 문장이 자연스럽게 연결되도록 ㉡을 '또한'으로 바꾼다.
③ 띄어쓰기가 올바르지 않은 ㉢을 '각 분야'로 띄어 쓴다.
④ 단어의 쓰임이 바르지 않은 ㉣은 '증대'로 수정한다.
⑤ 보도자료의 전체적인 내용을 고려하여 ㉤을 가장 처음으로 이동시킨다.

14. 위 보도자료의 내용과 일치하지 않는 것은?

① 태양광발전설비는 비가 오거나 눈이 올 때 가림막 역할을 해주기도 한다.
② 행복도시 태양광 설치 설계안은 산림청과 세종특별자치시의 의견에 따라 확정되었다.
③ 행복도시에서 태양광발전을 확대한 궁극적인 목표는 저탄소 청정에너지도시 이룩에 있다.
④ 태양광발전설비로 생산되는 3,000MWh는 연간 약 700가구가 사용할 수 있는 전력량이다.
⑤ 행정중심복합도시건설청에서는 2030년까지 전체 에너지 소비량의 약 1/4을 신재생에너지로 바꿀 예정이다.

[15-16] 다음은 2020년 월별 서울 및 6개 광역시의 미세먼지(PM$_{2.5}$) 대기오염도에 대한 자료이다. 각 물음에 답하시오.

[2020년 월별 미세먼지(PM$_{2.5}$) 대기오염도]

(단위: μg/m³)

구분	1월	2월	3월	4월	5월	6월	7월	8월	9월	10월	11월	12월
서울	29	28	25	21	19	21	13	14	11	17	24	27
부산	21	22	16	17	17	15	10	19	13	15	17	21
대구	26	26	20	18	20	20	14	16	15	18	23	24
인천	27	23	21	16	15	17	14	14	10	15	21	24
광주	27	21	18	17	18	18	9	14	13	17	20	24
대전	25	23	20	17	16	19	9	10	12	18	20	20
울산	19	19	17	17	19	19	12	17	14	15	17	19
전국	26	25	21	18	18	19	12	14	12	17	21	24

※ 출처: KOSIS(환경부, 대기오염도현황)

15. 다음 중 자료에 대한 설명으로 옳지 않은 것을 모두 고르면?

> ⊙ 제시된 기간 중 전국의 대기오염도가 가장 높았던 달의 대기오염도는 대기오염도가 가장 낮았던 달의 대기오염도의 2배 이상이다.
> ⓒ 광주의 2020년 월별 대기오염도의 평균은 19μg/m³이다.
> ⓒ 제시된 기간 동안 매월 대구의 대기오염도는 부산의 대기오염도보다 높다.
> ② 5월에 대기오염도가 가장 높은 지역과 가장 낮은 지역의 대기오염도 차이는 5μg/m³이다.

① ⊙, ⓒ   ② ⓒ, ⓒ   ③ ⓒ, ②   ④ ⊙, ⓒ, ⓒ   ⑤ ⓒ, ⓒ, ②

16. 2020년 1월 대기오염도가 다른 지역에 비해 가장 높은 지역과 가장 낮은 지역의 2020년 월별 대기오염도의 평균의 합은?

① 35.55μg/m³   ② 37.50μg/m³   ③ 37.75μg/m³   ④ 38.25μg/m³   ⑤ 39.75μg/m³

[17 – 19] 다음은 2021년 하반기 5대 광역시 및 세종특별자치시의 신규 분양세대 수에 대한 자료이다. 각 물음에 답하시오.

[2021년 하반기 신규 분양세대 수]

(단위: 세대)

구분	7월	8월	9월	10월	11월	12월
합계	4,878	2,377	1,355	1,875	2,709	2,378
부산광역시	656	0	456	0	1,190	144
대구광역시	3,309	978	526	941	1,060	1,849
광주광역시	294	49	373	0	155	385
대전광역시	316	0	0	934	304	0
울산광역시	303	0	0	0	0	0
세종특별자치시	0	1,350	0	0	0	0
전국	21,693	14,248	11,378	15,172	17,840	30,984

※ 출처: KOSIS(주택도시보증공사, 민간아파트분양시장동향)

17. 다음 중 자료에 대한 설명으로 옳은 것을 모두 고르면?

⊙ 제시된 지역 중 7~12월 동안 신규 분양세대 수가 0세대인 지역은 매달 1개 이상이다.
ⓛ 8월 이후 5대 광역시 및 세종특별자치시의 합계 신규 분양세대 수와 전국의 신규 분양세대 수의 전월 대비 증감 추이가 동일하지 않은 달이 존재한다.
ⓒ 제시된 기간 중 대구광역시의 신규 분양세대 수가 가장 많은 달과 가장 적은 달의 신규 분양세대 수 차이는 2,783세대이다.
ⓔ 7~12월 월별 부산광역시 신규 분양세대 수의 평균은 400세대 미만이다.

① ㉠, ㉡   ② ㉡, ㉢   ③ ㉡, ㉣   ④ ㉠, ㉡, ㉢   ⑤ ㉠, ㉡, ㉣

18. 2021년 하반기 전국 신규 분양세대 수가 가장 적은 달의 전월 대비 전국 신규 분양세대 수의 감소율은 약 얼마인가? (단, 소수점 첫째 자리에서 반올림하여 계산한다.)

① 18%   ② 20%   ③ 21%   ④ 22%   ⑤ 23%

19. 2021년 11월 전국 신규 분양세대 수의 전월 대비 증가량은 2021년 11월 5대 광역시 및 세종특별자치시의 전체 신규 분양세대 수의 전월 대비 증가량의 약 몇 배인가? (단, 소수점 둘째 자리에서 반올림하여 계산한다.)

① 3.0배   ② 3.1배   ③ 3.2배   ④ 3.3배   ⑤ 3.4배

[20 – 21] 다음은 지방청별 PSC 현황에 대한 자료이다. 각 물음에 답하시오.

[지방청별 PSC 현황]

(단위: 척)

구분	2019년			2020년			2021년		
	점검선박	결함지적	출항정지	점검선박	결함지적	출항정지	점검선박	결함지적	출항정지
부산청	687	584	13	476	416	13	462	352	10
인천청	372	275	11	250	176	5	212	144	2
여수청	381	234	8	340	240	22	210	155	17
동해청	140	98	2	111	90	3	113	98	2
마산청	120	89	1	100	86	2	100	75	2
울산청	421	325	7	240	185	7	218	186	4
대산청	180	142	3	65	39	2	81	61	2
포항청	160	128	3	64	46	1	100	83	1
군산청	150	139	4	61	48	2	80	70	3
목포청	121	97	4	125	90	1	105	90	2
평택청	262	212	3	211	164	5	142	99	4
전체	2,994	2,323	59	2,043	1,580	63	1,823	1,413	49

※ PSC(항만국통제): 관할 국가가 안전 문제에 관하여 자국의 검사관을 통해 외국 선박에 행하는 선박검사

[전체 결함률 및 출항정지율]

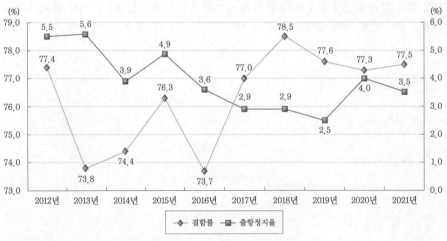

※ 1) 결함률(%) = (결함지적 척수 / 점검선박 척수) × 100
　 2) 출항정지율(%) = (출항정지 척수 / 점검선박 척수) × 100

※ 출처: KOSIS(해양수산부, 항만국통제통계)

20. 다음 중 자료에 대한 설명으로 옳은 것을 모두 고르면?

> ㉠ 전체 점검선박의 2019년 대비 2021년 감소율은 40% 미만이다.
> ㉡ 제시된 기간 동안 전체 결함률이 두 번째로 높았던 해에 결함지적 척수가 가장 적은 지방청은 마산청이다.
> ㉢ 2021년 출항정지 척수가 가장 많은 지방청과 출항정지 척수가 가장 적은 지방청의 출항정지율 차이는 5%p 미만이다.
> ㉣ 제시된 지방청 중 2019~2021년 연도별 출항정지 척수의 평균이 가장 큰 지방청은 여수청이다.

① ㉠, ㉡   ② ㉡, ㉣   ③ ㉢, ㉣   ④ ㉠, ㉡, ㉢   ⑤ ㉠, ㉡, ㉣

21. 다음 중 제시된 자료를 바탕으로 2013년부터 2016년까지 연도별 전체 결함률의 전년 대비 증감량을 나타낸 그래프로 옳은 것은?

①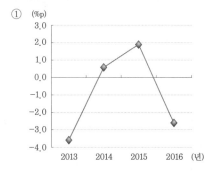

②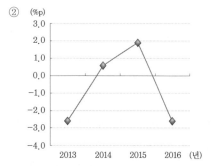

③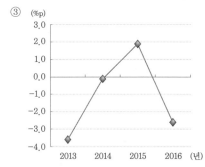

④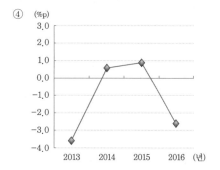

⑤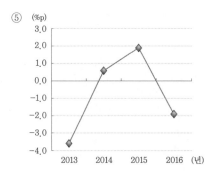

[22 – 24] 다음은 우주 산업 분야별 참여 현황에 대한 자료이다. 각 물음에 답하시오.

[우주 산업 분야별 참여 현황]

(단위: 개)

구분	2019년				2020년			
	계	기업체	연구기관	대학	계	기업체	연구기관	대학
위성체 제작	96	58	18	20	92	62	11	19
발사체 제작	94	75	4	15	97	84	2	11
지상장비	96	80	8	8	95	87	5	3
우주보험	8	8	0	0	8	8	0	0
위성활용 서비스 및 장비	204	157	16	31	214	165	14	35
과학연구	50	6	17	27	51	7	14	30
우주탐사	17	3	2	12	10	2	3	5
전체	449	359	34	56	470	389	25	56

※ 출처: KOSIS(과학기술정보통신부, 우주산업실태조사)

22. 다음 중 자료에 대한 설명으로 옳은 것은?

① 우주 산업 분야 전체에 참여한 연구기관의 수는 2020년에 전년 대비 증가하였다.

② 제시된 기간 동안 매년 대학은 우주 산업의 모든 분야에 참여하고 있다.

③ 기업체가 50개 이하로 참여하고 있는 우주 산업 분야의 참여 기업체 수의 합은 2019년과 2020년이 동일하다.

④ 2020년 과학연구에 참여한 기업체, 연구기관, 대학 수의 총합 대비 연구기관의 비중은 30% 이상이다.

⑤ 2020년 우주 산업 분야 전체에 참여한 기업체 수의 전년 대비 증가율은 10% 이상이다.

23. 2020년 우주 산업에 참여한 기업체가 가장 많은 분야와 두 번째로 많은 분야의 2020년 참여 기업체 수 합의 전년 대비 증가율은 약 얼마인가? (단, 소수점 둘째 자리에서 반올림하여 계산한다.)

① 6.0%　　　　② 6.1%　　　　③ 6.2%　　　　④ 6.3%　　　　⑤ 6.4%

24. 2019년 우주 산업 분야에 참여한 전체 기업체, 연구기관, 대학 중 위성체 제작이 차지하는 비중과 같은 해 우주 산업 분야에 참여한 전체 기업체, 연구기관, 대학 중 우주탐사가 차지하는 비중의 합은 약 얼마인가? (단, 소수점 둘째 자리에서 반올림하여 계산한다.)

① 24.8%　　　　② 25.0%　　　　③ 25.2%　　　　④ 25.4%　　　　⑤ 25.6%

[25 – 27] 다음은 A 지역의 대학 계열별 졸업자 수를 나타낸 자료이다. 각 물음에 답하시오.

[대학 계열별 졸업자 수]

(단위: 백 명)

구분	2014년		2015년		2016년		2017년		2018년	
	남자	여자	남자	여자	남자	여자	남자	여자	남자	여자
전문대학	779	1,054	796	1,028	784	1,000	744	968	746	942
대학	1,525	1,491	1,621	1,603	1,668	1,679	1,667	1,689	444	469
산업대학	97	60	94	57	76	34	71	22	49	17
일반대학원	251	196	245	195	248	200	252	209	245	205
전체	2,652	2,801	2,756	2,883	2,776	2,913	2,734	2,888	1,484	1,633

25. 다음 중 자료에 대한 설명으로 옳지 않은 것을 모두 고르면?

> ㉠ 제시된 기간 동안 전체 졸업자 수는 매년 여자가 남자보다 많다.
> ㉡ 2017년 남자의 전체 졸업자 수에서 일반대학원을 졸업한 남자의 비중은 같은 해 여자의 전체 졸업자 수에서 일반대학원을 졸업한 여자의 비중보다 작다.
> ㉢ 제시된 기간 동안 남자와 여자의 전문대학 졸업자 수의 전년 대비 증감 추이는 서로 동일하다.
> ㉣ 2018년 여자의 전체 졸업자 수의 전년 대비 감소율은 40% 이상이다.

① ㉠, ㉡   ② ㉡, ㉢   ③ ㉢, ㉣   ④ ㉠, ㉡, ㉢   ⑤ ㉡, ㉢, ㉣

26. 2019년 전문대학 졸업자 수가 전년 대비 10% 증가하였고, 2019년 일반대학원 졸업자 수가 전년 대비 10% 감소하였을 때, 2019년 전문대학과 일반대학원 졸업자 수의 합은 약 얼마인가? (단, 소수점 첫째 자리에서 반올림하여 계산한다.)

① 1,924백 명   ② 2,262백 명   ③ 2,352백 명   ④ 2,586백 명   ⑤ 2,846백 명

27. 다음 중 제시된 자료를 바탕으로 만든 그래프로 옳지 않은 것은?

① [산업대학 졸업자 수]

② [2018년 대학 계열별 졸업자 수]

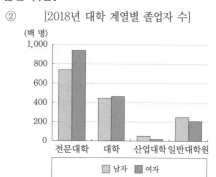

③ [대학 졸업자 수]

④ [전문대학 졸업자 수]

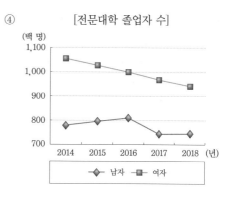

⑤ [2016년 대학 계열별 여자 졸업자 비중]

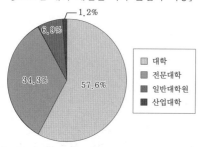

28. △△기업은 6층짜리 A 건물과 B 건물 2개를 사용 중이다. 다음 조건을 모두 고려하였을 때, 항상 옳지 않은 것은?

> - A 건물에는 경영지원팀, 홍보팀, 회계팀이 근무하고, B 건물에는 기획팀, 영업 1팀과 영업 2팀이 근무한다.
> - 같은 건물에서 근무하는 모든 팀은 서로 다른 층에서 근무하며, 두 건물의 1층에는 어떤 팀도 근무하지 않는다.
> - 경영지원팀은 회계팀의 바로 아래층에서 근무한다.
> - 가장 높은 층에서 근무하는 팀은 기획팀이며, 기획팀과 같은 층에 근무하는 팀은 없다.
> - 홍보팀이 근무하는 층에는 영업 1팀과 영업 2팀 모두 근무하지 않는다.
> - 기획팀이 근무하는 층은 홀수 층이다.

① 홍보팀은 홀수 층에서 근무하지 않는다.
② 영업 1팀은 3층에서 근무하지 않는다.
③ 기획팀 바로 아래층에는 어떤 팀도 근무하지 않는다.
④ 영업 1팀이 4층에서 근무하면 회계팀은 3층에서 근무한다.
⑤ 짝수 층에 근무하는 팀은 3팀이다.

29. 어떤 의류잡화 판매점에서는 빨간색 모자, 파란색 모자, 노란색 모자, 주황색 신발, 분홍색 신발, 하늘색 가방, 초록색 가방, 검은색 가방을 일렬로 진열하고자 한다. 다음 조건을 모두 고려하였을 때, 항상 옳지 않은 것은?

> - 같은 종류의 상품은 연달아 진열하지 않는다.
> - 네 번째로 진열하는 상품은 모자이다.
> - 첫 번째로 초록색 가방을 진열하고, 일곱 번째로 빨간색 모자를 진열한다.
> - 파란색 모자와 주황색 신발은 연달아 진열한다.

① 여덟 번째로 진열되는 상품은 신발이다.
② 빨간색 모자와 하늘색 가방 사이에 노란색 모자가 진열된다.
③ 파란색 모자는 두 번째에 진열된다.
④ 여섯 번째로 신발을 진열하면 여덟 번째에는 가방이 진열된다.
⑤ 하늘색 가방을 다섯 번째로 진열하면 검은색 가방이 여덟 번째로 진열된다.

30. A~E 5명의 신입사원은 회사에서 제공하는 기숙사에 입주하였다. 다음 조건을 모두 고려하였을 때, 항상 옳지 않은 것은?

- 기숙사는 총 7층 건물이며, 층별로 1명씩 입주해 있다.
- A는 1층에 입주해 있지 않으며, A와 연속된 층에 입주한 신입사원은 없다.
- C가 입주한 층과 B가 입주한 층 사이에는 1명의 신입사원이 입주해 있다.
- D가 입주한 층과 A가 입주한 층 사이에는 2개의 층이 있다.
- E는 7층에 입주해 있다.
- B는 A보다 높은 층에 입주해 있다.
- 신입사원 중 가장 낮은 층에 입주한 사람은 D가 아니다.

① C는 6층에 입주해 있다.

② D는 A보다 낮은 층에 입주해 있다.

③ 2층에 입주한 사람은 없다.

④ A는 3층에 입주해 있다.

⑤ D와 B는 연속된 층에 입주해 있다.

31. A, B, C, D, E, F 6명은 2명씩 대전, 광주, 부산 3개 지역으로 나뉘어 출장을 다녀왔다. 대전으로 출장을 다녀온 두 사람은 모두 진실을 말하고 있고, 광주로 출장을 다녀온 두 사람과 부산으로 출장을 다녀온 두 사람은 모두 거짓을 말하고 있다. 다음 조건을 모두 고려하였을 때, 항상 옳은 것은?

- A: D와 E 중 적어도 한 명은 부산으로 출장을 다녀왔어.
- B: F는 거짓을 말하고 있어.
- C: A는 광주로 출장을 다녀오지 않았어.
- D: 나와 C는 같은 지역으로 출장을 다녀왔어.
- E: A와 B 중 적어도 한 명은 진실을 말하고 있어.
- F: 나는 대전으로 출장을 다녀왔어.

① E는 대전으로 출장을 다녀왔다.

② C와 F는 같은 지역으로 출장을 다녀오지 않았다.

③ D는 광주로 출장을 다녀왔다.

④ A와 B는 다른 지역으로 출장을 다녀왔다.

⑤ C는 부산으로 출장을 다녀오지 않았다.

32. 다음은 아파트 분양 공급 금액 및 납부 일정에 대한 자료이다. 갑은 신규 분양되는 아파트에 청약하여 84A 타입에 당첨되었다. 갑이 당첨된 아파트의 발코니를 확장하고, 추가 선택 품목으로 천장형 시스템 에어컨, 공기청정 환기 장치를 선택한 후 10월 20일에 납부해야 할 중도금의 총액과 입주 시 납부해야 할 잔금의 총액 차이가 66,820,000원이었을 때, 갑이 입주할 층은?

[아파트 분양 공급 금액 및 납부 일정]

1. 주요 일정

구분	청약 신청	당첨자 발표	서류 제출	계약 체결
일정	9. 27.(월)~9. 29.(수)	10. 6.(수)	10. 8.(금)~10. 15.(금)	10. 18.(월)~10. 20.(수)

2. 아파트 공급 금액 및 납부 일정

납부 금액		계약금(총금액의 10%)	중도금(총금액의 60%)	잔금(총금액의 30%)
납부 시기		계약 시	10월 20일부터 3개월 간격으로 6회 납부	입주 시
84A	1층	27,060,000원	162,360,000원	81,180,000원
	2층	27,760,000원	166,560,000원	83,280,000원
	3층	28,260,000원	169,560,000원	84,780,000원
	4층	28,760,000원	172,560,000원	86,280,000원
	5층	29,260,000원	175,560,000원	87,780,000원
	6층 이상	29,760,000원	178,560,000원	89,280,000원
84B	1층	26,640,000원	159,840,000원	79,920,000원
	2층	27,340,000원	164,040,000원	82,020,000원
	3층	27,840,000원	167,040,000원	83,520,000원
	4층	28,340,000원	170,040,000원	85,020,000원
	5층	28,840,000원	173,040,000원	86,520,000원
	6층 이상	29,340,000원	176,040,000원	88,020,000원

※ 중도금은 10월 20일부터 3개월 간격으로 6회에 걸쳐 동일 금액을 납부함

3. 추가 선택 품목 계약 금액 및 납부 일정
   1) 발코니 확장비

납부 금액	계약금(총금액의 10%)	중도금(총금액의 20%)	잔금(총금액의 70%)
납부 시기	계약 시	10월 20일	입주 시
84A	1,200,000원	2,400,000원	8,400,000원
84B	1,250,000원	2,500,000원	8,750,000원

2) 추가 선택 품목(유상 옵션)

납부 금액	계약금(총금액의 10%)	중도금(총금액의 20%)	잔금(총금액의 70%)
납부 시기	계약 시	10월 20일	입주 시
천장형 시스템 에어컨	350,000원	700,000원	2,450,000원
공기 청정 환기 장치	110,000원	220,000원	770,000원
주방 엔지니어드 스톤	180,000원	360,000원	1,260,000원
드레스룸 특화	220,000원	440,000원	1,540,000원

※ 추가 선택 품목은 타입에 관계없이 동일한 금액임

① 1층   ② 2층   ③ 3층   ④ 4층   ⑤ 5층

[33 ~ 34] 다음은 ○○공사의 채용형 인턴 채용 공고문이다. 각 물음에 답하시오.

[○○공사 채용형 인턴 채용 공고]

1. 모집 분야 및 선발 인원

인사	총무	회계	전산
2명	3명	1명	1명

2. 전형 단계

서류전형	• 대상: 제한 없음 • 접수 기간: 20XX. 4. 5.(월) 9시~4. 9.(금) 18시 • 입사지원서 작성 및 자기소개서 제출(80점) • 자격증, 어학 점수 등(20점) • 모집 분야별로 선발 인원의 8배수 이내 인원 선발(단, 동점자는 전원 선발)

▼

필기전형	• 대상: 서류전형 합격자 • 일시: 20XX. 5. 1.(토) 14시 • NCS 직업기초능력(70점) + 직무역량(30점) • NCS 직업기초능력 평가와 직무역량 평가는 동시에 진행함 • 모집 분야별로 선발 인원의 3배수 이내 인원 선발(단, 동점자는 전원 선발)

▼

면접전형	• 대상: 필기전형 합격자 • 인성면접 일시: 20XX. 5. 13.(목) 14시 • 직무면접 일시: 20XX. 5. 14.(금) 14시 • 인성면접(50점) + 직무면접(50점)

▼

최종 합격자 발표	• 발표 일시: 20XX. 5. 26.(수) 14시 • 모집 분야별 선발 인원의 1배수를 선정하며, 각 전형 점수를 합산한 총점의 고득점자순으로 선정함 　(단, 동점자는 면접전형 점수 → 필기전형 점수 → 서류전형 점수순의 고득점자를 선정함) • 입사 일시: 20XX. 6. 7.(월) 9시

3. 채용 우대 사항

  1) 특별 우대
 - 취업지원대상자(국가유공자), 장애인, 국민기초생활수급자, 북한이탈주민, 다문화 가족, 이전지역인재 등 해당
   자는 서류전형과 필기전형은 지원자 점수의 10%씩, 면접전형은 지원자 점수의 5% 가산점을 부여함

  2) 체험형 인턴 우대
 - 체험형 인턴 수료자는 전형별로 지원자 점수의 5%씩 가산점을 부여함(단, 인턴 기간이 6개월 이상으로 자사 체
   험형 인턴 수료자에 한함)

  ※ 특별 우대와 체험형 인턴 우대는 중복 적용되지 않으며, 모두 해당하는 경우 특별 우대가 적용됨

4. 유의 사항
- 블라인드 채용에 따라 자기소개서 작성 시 직·간접적으로 학교명, 가족관계 등 개인 인적 사항이 발견될 경우 서류전형 불합격자로 처리함
- 전형 단계별로 제출해야 할 관련 증빙서류를 제출하지 않는 경우 합격이 취소되며, 입사지원서 및 자기소개서에 기재한 내용, 제출 서류 기재 사항이 허위 혹은 위·변조임이 판명될 경우 영구적으로 지원이 불가함
- 채용형 인턴 합격 후 인턴 기간(약 3개월) 동안 채용에 부적격하다고 인정될 때에는 인턴 성적을 0점 처리하고 정규직 전환 대상에서 제외됨
- 부적격자를 포함한 전체 인원 중 인턴 성적이 우수한 순으로 최대 80% 인원만 정규직 전환 가능함

33. 위 자료를 토대로 판단한 내용으로 옳은 것은?

① 서류전형 동점자가 없다면 서류전형에 합격한 사람은 최대 48명이다.

② 인성면접은 직무면접을 진행한 바로 다음 날 진행한다.

③ 부적격자에 해당하지 않더라도 인턴 성적이 하위 10%인 경우에는 정규직 전환이 불가능하다.

④ 두 지원자의 면접전형 점수가 동일하다면 특별 우대 대상자가 면접전형에서 부여받는 가산점은 체험형 인턴 우대 대상자가 면접전형에서 부여받는 가산점보다 높다.

⑤ 자기소개서에 기재한 내용이 허위임이 판명되면 추후 1회에 한하여 지원이 불가하다.

34. ○○공사 채용형 인턴 채용 공고의 최종 합격자 이력 사항이 다음과 같을 때, 총점이 250점 이상인 합격자는 총 몇 명인가?

[최종 합격자 이력 사항]

구분	서류 전형 점수	필기 전형 점수	면접 전형 점수	특이 사항
A	84점	82점	83점	△△공사 8개월 체험형 인턴 수료
B	81점	75점	74점	이전지역인재
C	82점	78점	80점	○○공사 6개월 체험형 인턴 수료
D	76점	79점	78점	국민기초생활수급자
E	83점	85점	81점	○○공사 4개월 체험형 인턴 수료
F	77점	76점	80점	다문화 가족
G	75점	83점	72점	이전지역인재

※ 전형별 점수는 채용 우대 사항 가산점이 적용되지 않은 점수이며, 총점은 전형별로 가산점 적용 후 합산한 점수임

① 2명   ② 3명   ③ 4명   ④ 5명   ⑤ 6명

35. 다음은 ○○공사의 기계직 신입사원 채용 공고문과 최종 합격자 관련 정보이다. 제시된 내용을 근거로 판단할 때, 갑~무 중 전형별 점수의 총점이 두 번째로 높은 사람은?

[○○공사 기계직 신입사원 채용 공고]

1. 지원자격

   1) 700점 이상의 TOEIC 성적을 보유하고 있는 자에 한함

   2) 학력 및 전공 제한 없이 지원 가능함

2. 전형 단계

구분	배점	평가 내용
서류전형	100점	어학성적(50점)
		자격증(30점)
		자기소개서(20점)
필기전형	100점	전공지식(50문항/60분)
면접전형	100점	인성 면접(30분)
		직무역량 평가 면접(30분)

   ※ 1) 전형별 만점의 60% 미만 득점자는 불합격 처리하며 가점 적용 대상자는 가점 전의 점수를 과락 기준으로 함

      2) 전공지식 출제 범위: 재료역학, 기계열역학, 기계유체역학 등 일반기계기사 수준으로 출제함

3. 어학성적 환산 기준(단, 소수점 첫째 자리에서 반올림하여 계산함)

   – 어학성적 환산 기준: (TOEIC 성적 / 990) × 50

     ※ TOEIC 성적을 기준으로 하며 900점 이상은 만점으로 처리함

4. 자격증 환산 기준

구분	배점	종류
한국사	5점	한국사능력검정시험 2급 이상
국어능력	5점	한국어능력시험 3급 이상
IT 분야	5점	정보처리기사, 컴퓨터활용능력 1급
기술	15점	[기사] 일반기계, 기계설계, 금속재료, 소방설비(기계), 용접
	10점	[산업기사] 금속재료, 소방설비(기계)

   ※ 1) 동일 기술 자격증은 상위등급 자격증만 인정함

      예 금속재료기사, 금속재료산업기사 자격증을 가지고 있을 경우 금속재료기사 자격증만 인정함

     2) 자격증 점수는 최대 30점을 넘을 수 없음

5. 전형별 가점 적용 대상자

   1) 필기전형: 저소득층, 북한이탈주민, 다문화 가족에 해당하는 자(지원자 필기전형 점수의 10%가 가산점으로 적용됨)

   2) 면접전형: 당사 체험형 인턴 우수 수료자(면접전형 만점의 5%가 가산점으로 적용됨)

구분	TOEIC 성적	자격증	자기소개서 점수	필기전형 점수	면접전형 점수	특이사항
갑	935점	• 한국사능력검정시험 2급 • 정보처리기사	20점	90점	78점	다문화 가족
을	870점	• 일반기계기사 • 금속재료기사	18점	85점	69점	저소득층
병	900점	• 용접기사 • 금속재료산업기사	20점	88점	82점	○○공사 체험형 인턴 우수 수료자
정	810점	• 한국사능력검정시험 1급 • 기계설계기사	20점	89점	76점	북한이탈주민
무	720점	• 한국어능력시험 2급 • 일반기계기사 • 금속재료기사 • 금속재료산업기사	18점	76점	74점	○○공사 체험형 인턴 수료자

① 갑   ② 을   ③ 병   ④ 정   ⑤ 무

36. 다음 동물보호법의 일부를 토대로 판단한 내용으로 옳지 않은 것은?

제25조(동물실험윤리위원회의 설치 등)

① 동물실험 시행기관의 장은 실험동물의 보호와 윤리적인 취급을 위하여 제27조에 따라 동물실험윤리위원회(이하 "윤리위원회"라 한다)를 설치·운영하여야 한다. 다만, 동물실험 시행기관에 「실험동물에 관한 법률」 제7조에 따른 실험동물 운영위원회가 설치되어 있고, 그 위원회의 구성이 제27조 제2항부터 제4항까지에 규정된 요건을 충족할 경우에는 해당 위원회를 윤리위원회로 본다.

② 농림축산식품부령으로 정하는 일정 기준 이하의 동물실험 시행기관은 다른 동물실험 시행기관과 공동으로 농림축산식품부령으로 정하는 바에 따라 윤리위원회를 설치·운영할 수 있다.

③ 동물실험 시행기관의 장은 동물실험을 하려면 윤리위원회의 심의를 거쳐야 한다.

제26조(윤리위원회의 기능 등)

① 윤리위원회는 다음 각 호의 기능을 수행한다.

　　1. 동물실험에 대한 심의

　　2. 동물실험이 제23조의 원칙에 맞게 시행되도록 지도·감독

　　3. 동물실험 시행기관의 장에게 실험동물의 보호와 윤리적인 취급을 위하여 필요한 조치 요구

② 윤리위원회의 심의대상인 동물실험에 관여하고 있는 위원은 해당 동물실험에 관한 심의에 참여하여서는 아니 된다.

③ 윤리위원회의 위원은 그 직무를 수행하면서 알게 된 비밀을 누설하거나 도용하여서는 아니 된다.

④ 제1항에 따른 지도·감독의 방법과 그 밖에 윤리위원회의 운영 등에 관한 사항은 대통령령으로 정한다.

제27조(윤리위원회의 구성)

① 윤리위원회는 위원장 1명을 포함하여 3명 이상 15명 이하의 위원으로 구성한다.

② 위원은 다음 각 호에 해당하는 사람 중에서 동물실험 시행기관의 장이 위촉하며, 위원장은 위원 중에서 호선(互選)한다. 다만 제25조 제2항에 따라 구성된 윤리위원회의 위원은 해당 동물실험 시행기관의 장들이 공동으로 위촉한다.

　　1. 수의사로서 농림축산식품부령으로 정하는 자격기준에 맞는 사람

　　2. 제4조 제4항에 따른 민간단체가 추천하는 동물보호에 관한 학식과 경험이 풍부한 사람으로서 농림축산식품부령으로 정하는 자격기준에 맞는 사람

　　3. 그 밖에 실험동물의 보호와 윤리적인 취급을 도모하기 위하여 필요한 사람으로서 농림축산식품부령으로 정하는 사람

③ 윤리위원회에는 제2항 제1호 및 제2호에 해당하는 위원을 각각 1명 이상 포함하여야 한다.

④ 윤리위원회를 구성하는 위원의 3분의 1 이상은 해당 동물실험 시행기관과 이해관계가 없는 사람이어야 한다.

⑤ 위원의 임기는 2년으로 한다.

⑥ 그 밖에 윤리위원회의 구성 및 이해관계의 범위 등에 관한 사항은 농림축산식품부령으로 정한다.

제28조(윤리위원회의 구성 등에 대한 지도·감독)

① 농림축산식품부장관은 제25조 제1항 및 제2항에 따라 윤리위원회를 설치한 동물실험 시행기관의 장에게 제26조 및 제27조에 따른 윤리위원회의 구성·운영 등에 관하여 지도·감독을 할 수 있다.

② 농림축산식품부장관은 윤리위원회가 제26조 및 제27조에 따라 구성·운영되지 아니할 때에는 해당 동물실험 시행기관의 장에게 대통령령으로 정하는 바에 따라 기간을 정하여 해당 윤리위원회의 구성·운영 등에 대한 개선명령을 할 수 있다.

① 동물실험을 진행하고자 하는 동물실험 시행기관의 장은 윤리위원회의 심의를 거쳐야 한다.

② 윤리위원회 위원에는 농림축산식품부령으로 정한 자격기준에 맞는 수의사가 1명 이상 포함되어야 한다.

③ 윤리위원회 구성 시 위원의 과반수 이상은 해당 동물실험 시행기관과 이해관계가 없는 사람으로 선정해야 한다.

④ 농림축산식품부장관이 동물실험 시행기관의 장에게 윤리위원회의 구성·운영 등에 대한 개선명령을 할 때는 대통령령으로 정하는 바에 따라 기간을 정해야 한다.

⑤ 윤리위원회는 실험동물의 보호에 필요한 조치를 동물실험 시행기관의 장에게 요구할 수 있다.

[37 – 38] 다음은 청년 전세임대 안내문이다. 각 물음에 답하시오.

[청년 전세임대 안내]

1. 개요

– 청년층의 주거 안정을 위하여 입주 대상자로 선정된 자가 거주할 주택을 물색하면 LH가 주택 소유자와 전세계약을 체결한 후 재임대하는 주택

2. 지원 대상 주택 및 지역별 지원 한도

지원 대상	• 대학생: 대학 소재 지역 내(특별시, 광역시, 세종시, 도(道) 지역) 전용면적 60m² 이하 주택 ※ 단독, 다가구, 다세대, 연립, 아파트 및 주거용 오피스텔로서 전세 또는 보증부 월세로 계약 가능한 주택
	• 취업준비생: 신청 지역(특별시, 광역시, 세종시, 도(道) 지역) 전용면적 60m² 이하 주택 ※ 단독, 다가구, 다세대, 연립, 아파트 및 주거용 오피스텔로서 전세 또는 보증부 월세로 계약 가능한 주택
지원 한도	• 수도권의 경우 호당 최고 1억 2000만 원, 광역시는 9,500만 원, 그 밖의 지역은 8,500만 원까지 지원 ※ 지역별 지원 한도액을 초과하는 주택은 초과하는 전세 금액을 입주자가 부담할 경우 지원 가능하나, 전세금 총액은 호당 지원 한도액의 150% 이내로 제한함

※ 임대 보증금 외에 3개월 치 월세에 해당하는 금액을 임대 보증금으로 추가 납부하는 경우 보증부 월세 주택에 대해 지원 가능함

3. 기본 임대조건

구분	임대 보증금	월 임대료
1, 2순위	100만 원	전세 지원금 중 임대 보증금을 제외한 금액의 연 1~2% 해당액
3순위	200만 원	전세 지원금 중 임대 보증금을 제외한 금액의 연 2~3% 해당액

※ 월 임대료 = 보증금 지원액 × 지원 금리 / 12(개월)

4. 보증금 지원액 규모별 지원 금리

구분	3천만 원 이하	3천만 원 초과~5천만 원 이하	5천만 원 초과
1, 2순위	연 1.0%	연 1.5%	연 2.0%
3순위	연 2.0%	연 2.5%	연 3.0%

※ 보증금 지원액은 전세 지원금에서 임대 보증금을 제외한 금액을 의미함

5. 임대기간

– 최초 임대기간은 2년이며, 재계약은 2년 단위로 총 2회를 초과할 수 없음
– 입주 후 혼인한 사람의 경우 전술한 2회 재계약 이후 무주택세대구성원으로서 해당 세대의 월평균소득이 전년도 도시근로자 가구당 월평균소득의 105% 이하이고 국민임대주택 자산 기준을 충족하는 경우 2년 단위로 7회 연장할 수 있음
– 혼인 후 재계약 시 소득 및 자산 기준을 충족하는 경우 2년 단위로 7년 연장할 수 있음

37. 위 안내문을 근거로 판단한 내용으로 가장 옳지 않은 것은?

① 대학에 재학 중인 학생이 청년 전세임대주택을 지원받고자 한다면 지원 대상 주택이 대학 소재지 내에 위치해야 한다.

② 3,200만 원의 전세금을 지원받는 3순위자는 월 임대료로 62,500원을 납부할 것이다.

③ 입주 후 혼인한 사람이 2회 재계약 후 소득 및 자산 기준 등 모든 지원 자격을 충족했다면 임대기간은 2년 단위로 총 7회 연장할 수 있다.

④ 광역시 전세임대주택의 전세 금액이 1억 2000만 원일 경우 전세금 총액이 지원 한도액의 150%를 초과하므로 지원이 불가능하다.

⑤ 6천만 원의 보증금을 지원받는 1순위자의 월 임대료는 동일 금액의 보증금을 지원받는 3순위자의 월 임대료보다 5만 원 더 적다.

38. 수도권 지역의 2순위자가 전세 지원금 5,000만 원, 월세 20만 원의 보증부 월세 전세임대주택으로 임차했다고 할 때, 월세를 제외한 월 임대료는?

① 60,500원   ② 61,750원   ③ 62,500원   ④ 62,900원   ⑤ 63,200원

39. 다음 한국토지주택공사법의 일부를 토대로 판단한 내용으로 옳지 않은 것은?

제22조(비밀누설금지 등)
한국토지주택공사(이하 공사)의 임원 또는 직원이나 그 직에 있었던 자는 그 직무상 알게 된 비밀을 누설하거나 도용하여서는 아니 된다.

제26조(미공개정보 이용행위의 금지)
① 공사의 임원 및 직원(임원 및 직원에 해당하지 아니하게 된 날부터 10년이 경과하지 아니한 자를 포함한다)은 일반인에게 공개되지 아니한 공사의 업무와 관련한 정보(이하 "미공개정보"라 한다)를 주택이나 토지 등의 매매, 그 밖의 거래에 이용하거나 타인에게 이용하게 하여서는 아니 된다.
② 공사의 임직원으로부터 미공개정보를 취득한 자는 그 취득한 정보를 주택이나 토지 등의 매매, 그 밖의 거래에 이용하여서는 아니 된다.
③ 공사는 제1항을 위반한 임원 및 직원에 대하여는 정관 또는 내부규정으로 정하는 바에 따라 징계처분을 행하여야 한다.

제26조의3(준법감시관)
① 공사는 소속 임직원이 공공개발사업 추진 과정에서 개발정보를 이용하여 위법·부당한 거래행위 및 투기행위를 하였는지 여부를 감시하기 위하여 준법감시관을 둔다.

제28조(벌칙)
① 제22조를 위반한 자는 2년 이하의 징역 또는 2천만 원 이하의 벌금에 처한다.
② 제26조 제1항을 위반하여 미공개정보를 주택이나 토지 등의 매매, 그 밖의 거래에 이용하거나 타인에게 이용하게 한 자 또는 제26조 제2항을 위반하여 공사의 임직원으로부터 미공개정보를 취득하여 주택이나 토지 등의 매매, 그 밖의 거래에 이용한 자는 5년 이하의 징역 또는 그 위반행위로 얻은 이익 또는 회피한 손실액의 3배 이상 5배 이하에 상당하는 벌금에 처한다. 다만, 그 위반행위로 얻은 이익 또는 회피한 손실액이 없거나 산정하기 곤란한 경우 또는 그 위반행위로 얻은 이익 또는 회피한 손실액의 5배에 해당하는 금액이 10억 원 이하인 경우에는 벌금의 상한액을 10억 원으로 한다.
③ 제2항의 위반행위로 얻은 이익 또는 회피한 손실액이 5억 원 이상인 경우에는 제2항의 징역을 다음 각 호의 구분에 따라 가중한다.
　1. 이익 또는 회피한 손실액이 50억 원 이상인 경우에는 무기 또는 5년 이상의 징역
　2. 이익 또는 회피한 손실액이 5억 원 이상 50억 원 미만인 경우에는 3년 이상의 유기징역
④ 제2항 또는 제3항에 따라 징역에 처하는 경우에는 제2항에 따른 벌금을 병과할 수 있다.

---

① 공사에서 퇴사한 지 10년이 지나지 않은 자도 공사의 미공개정보를 타인에게 공개해서는 안 된다.
② 과거 공사에 재직하며 알게 된 직무상의 비밀을 타인에게 누설하거나 도용한 경우 벌금으로 2천만 원 이하에 해당하는 금액을 내야 할 수도 있다.
③ 공사 소속 임직원이 공공개발사업 추진 과정에서 개발정보를 이용하여 투기 행위를 하였는지 감시하는 자는 준법감시관이다.
④ 공사의 임직원으로부터 미공개정보를 취득한 자가 이를 주택 매매에 이용하여 얻은 이익이 2억 원 이하일 경우에 처할 수 있는 벌금의 상한액은 10억 원이다.
⑤ 공사의 미공개정보를 타인에게 공개하여 이용하게 한 공사 직원이 이를 통해 약 40억 원의 이익을 얻었을 경우 최대 무기징역형에 처해질 수 있다.

40. 서울 본사에서 근무하는 갑 사원은 일주일간 일본 도쿄와 호주 시드니에 있는 지사로 출장을 다녀온 뒤 출장 기간 동안 지출한 비용을 서울 본사에 청구하고자 한다. 국내 시장에 고시된 1달러당 환율과 갑 사원의 해외 출장 시 지출 내역을 고려할 때, 갑 사원이 서울 본사로부터 지급받게 되는 해외 출장비는? (단, 출장 기간 동안의 환율 변동 등 제시된 내용 이외의 사항은 고려하지 않는다.)

[국내 시장에 고시된 1달러당 환율]

대한민국(KRW)	일본(JPY)	중국(CNY)	스위스(CHF)	호주(AUD)
1,200	120	6	0.9	1.2

[갑 사원의 해외 출장 시 지출 내역 및 비용]

구분	지출 내역	지출 비용
3월 6일	인천공항발 도쿄행 편도 항공권 예매	360,000KRW
3월 7일~3월 9일	도쿄 □□호텔(2박)	27,000JPY(/박)
3월 9일	도쿄발 시드니행 편도 항공권 예매	106,000JPY
3월 11일	모바일 유심칩 구매	30AUD
3월 11일~3월 12일	시드니 ☆☆호텔(1박)	140AUD(/박)
3월 12일	시드니발 인천공항행 편도 항공권 예매	700AUD

① 2,400,000KRW   ② 2,470,000KRW   ③ 2,680,000KRW

④ 2,740,000KRW   ⑤ 2,830,000KRW

약점 보완 해설집 p.14

실전모의고사 2회

해커스잡

성명

수험번호

0	1	2	3	4	5	6	7	8	9
0	1	2	3	4	5	6	7	8	9
0	1	2	3	4	5	6	7	8	9
0	1	2	3	4	5	6	7	8	9
0	1	2	3	4	5	6	7	8	9
0	1	2	3	4	5	6	7	8	9
0	1	2	3	4	5	6	7	8	9
0	1	2							

응시분야

감독관 확인

직무역량

번호	①	②	③	④	⑤
1	①	②	③	④	⑤
2	①	②	③	④	⑤
3	①	②	③	④	⑤
4	①	②	③	④	⑤
5	①	②	③	④	⑤
6	①	②	③	④	⑤
7	①	②	③	④	⑤
8	①	②	③	④	⑤
9	①	②	③	④	⑤
10	①	②	③	④	⑤
11	①	②	③	④	⑤
12	①	②	③	④	⑤
13	①	②	③	④	⑤
14	①	②	③	④	⑤
15	①	②	③	④	⑤
16	①	②	③	④	⑤
17	①	②	③	④	⑤
18	①	②	③	④	⑤
19	①	②	③	④	⑤
20	①	②	③	④	⑤

번호	①	②	③	④	⑤
21	①	②	③	④	⑤
22	①	②	③	④	⑤
23	①	②	③	④	⑤
24	①	②	③	④	⑤
25	①	②	③	④	⑤
26	①	②	③	④	⑤
27	①	②	③	④	⑤
28	①	②	③	④	⑤
29	①	②	③	④	⑤
30	①	②	③	④	⑤
31	①	②	③	④	⑤
32	①	②	③	④	⑤
33	①	②	③	④	⑤
34	①	②	③	④	⑤
35	①	②	③	④	⑤
36	①	②	③	④	⑤
37	①	②	③	④	⑤
38	①	②	③	④	⑤
39	①	②	③	④	⑤
40	①	②	③	④	⑤

NCS 직업기초능력

번호	①	②	③	④	⑤
1	①	②	③	④	⑤
2	①	②	③	④	⑤
3	①	②	③	④	⑤
4	①	②	③	④	⑤
5	①	②	③	④	⑤
6	①	②	③	④	⑤
7	①	②	③	④	⑤
8	①	②	③	④	⑤
9	①	②	③	④	⑤
10	①	②	③	④	⑤
11	①	②	③	④	⑤
12	①	②	③	④	⑤
13	①	②	③	④	⑤
14	①	②	③	④	⑤
15	①	②	③	④	⑤
16	①	②	③	④	⑤
17	①	②	③	④	⑤
18	①	②	③	④	⑤
19	①	②	③	④	⑤
20	①	②	③	④	⑤

번호	①	②	③	④	⑤
21	①	②	③	④	⑤
22	①	②	③	④	⑤
23	①	②	③	④	⑤
24	①	②	③	④	⑤
25	①	②	③	④	⑤
26	①	②	③	④	⑤
27	①	②	③	④	⑤
28	①	②	③	④	⑤
29	①	②	③	④	⑤
30	①	②	③	④	⑤
31	①	②	③	④	⑤
32	①	②	③	④	⑤
33	①	②	③	④	⑤
34	①	②	③	④	⑤
35	①	②	③	④	⑤
36	①	②	③	④	⑤
37	①	②	③	④	⑤
38	①	②	③	④	⑤
39	①	②	③	④	⑤
40	①	②	③	④	⑤

번호	①	②	③	④	⑤
41	①	②	③	④	⑤
42	①	②	③	④	⑤
43	①	②	③	④	⑤
44	①	②	③	④	⑤
45	①	②	③	④	⑤
46	①	②	③	④	⑤
47	①	②	③	④	⑤
48	①	②	③	④	⑤
49	①	②	③	④	⑤
50	①	②	③	④	⑤
51					
52					
53					
54					
55					
56					
57					
58					
59					
60					

해커스 LH

한국토지
주택공사
NCS + 전공
봉투모의고사

NCS 실전모의고사
3회

해커스잡

수험번호	
성명	

NCS 실전모의고사
3회

문제 풀이 시작과 종료 시각을 정한 후, 실전처럼 모의고사를 풀어보세요.

시   분 ~   시   분 (총 40문항/권장 풀이 시간 50분)

□ **시험 유의사항**

[1] 한국토지주택공사 직무능력검사 구성은 다음과 같습니다. (신입직원 5·6급 공채 기준)

구분		문항 수	시간	평가 내용
5급	NCS 직업기초능력	40문항	110분	의사소통능력, 수리능력, 문제해결능력
	직무역량	60문항		모집 직무별 전공시험
6급	NCS 직업기초능력	40문항	50분	의사소통능력, 수리능력, 문제해결능력

[2] 본 실전모의고사는 NCS 직업기초능력 40문항으로 구성되어 있습니다. 따라서 지원 분야에 따라 다음과 같이 풀이하시면 됩니다.
- 5급 사무(일반행정): NCS 직업기초능력 40문항 + 직무역량(경영/경제 중 택 1) 60문항
- 5급 기술(토목): NCS 직업기초능력 40문항 + 직무역량(토목) 60문항
- 5급 기술(건축): NCS 직업기초능력 40문항 + 직무역량(건축) 60문항
- 5급 사무(전산 및 전문)/5급(토목·건축 외 분야)/6급: NCS 직업기초능력 40문항

[3] 본 실전모의고사 마지막 페이지에 있는 OMR 답안지와 해커스ONE 애플리케이션의 학습 타이머를 이용하여 실전처럼 모의고사를 풀어보시기 바랍니다.

[01 - 02] 다음 글을 읽고 각 물음에 답하시오.

소리는 파동이다. 여러 가지 물질을 통해서 전달된 파동이 최종적으로 공기를 통하여 우리 귓속으로 들어오고 귓속에서 소리를 듣는 기관을 자극하면 소리를 듣게 된다. 소리는 전달되는 물질 즉, 매질에 따라서 다양한 속도로 움직인다. 일반적으로 소리의 속도는 초속 340m로 알려져 있는데, 이것은 공기 중에서 소리가 전달되는 속도이다. 철에서 소리의 속도는 초속 5,300m로, 공기 중에서의 소리의 속도보다 10배 이상 빠른 셈이다. 철길에 귀를 대보면 아주 멀리서 오는 기차 소리도 들을 수 있는 이유가 바로 이것 때문이다.

콘크리트 또한 소리를 잘 전달하는 물질로, 콘크리트에서 소리의 속도는 초속 3,100m이다. 아파트와 같은 범용 주택은 철과 콘크리트를 결합한 물질인 철근 콘크리트로 지어진다. 그러므로 이 철근 콘크리트는 철과 콘크리트의 중간쯤 되는 소리 전달 능력을 갖췄을 것으로 예상할 수 있다. 따라서 철근 콘크리트를 사용해 여러 층을 쌓아 올리는 구조인 아파트는 처음부터 방음하기 아주 어려운 구조라는 것을 알 수 있다.

아파트에서 소리가 아래층에 전달되지 않게 하려면 일차적으로 콘크리트가 진동되지 않도록 해야 한다. (   ) 우리나라는 아파트 바닥에 마감모르터를 시공하는 습식 난방이 기본이다. 즉, 얇은 합판으로 된 강화마루 등의 자재 바로 아래에 모르터가 있고, 이 모르터 바닥이 벽체로 연결되고, 다시 벽체는 사방으로 연결된 다른 집으로 연결되어 있다. 합판은 콘크리트와 거의 같은 속도로 소리를 전달하기 때문에 바닥에 까는 각종 타일 등은 방음 성능이 거의 없다고 보아도 무방하다. 그러므로 바닥을 통해 쉽게 소리가 콘크리트를 진동시키게 된다.

이것을 막기 위해서는 소리를 잘 전달하지 않는 물질로 바닥을 시공해야 한다. 대표적으로 모노륨이라 불리는 장판이 층간 소음 억제에 효과적이다. 이 장판은 고무판에 공기 방울을 넣은 것으로, 소리의 전달 속도가 매우 느린 자재에 속한다. 물렁한 고무판의 소리 전달 속도는 초속 35m로, 공기 중 소리 속도의 10분의 1에 불과하다. 그러나 요즘 아파트에는 모노륨과 같은 고무 장판을 설치하는 경우가 거의 없다. 대신 소리 전달 성능이 월등한 강화 마루, 강마루, 타일 같은 것을 시공하고 있다.

콘크리트 바닥에 전달된 소리가 다른 곳으로 전달되지 않도록 하려면 이 콘크리트 바닥을 벽체와 분리해야 한다. 이것이 소위 말하는 뜬 바닥 공법이다. 바닥의 가장자리와 아래쪽에 완충재를 넣어서 아래쪽 슬래브와 벽체를 분리하는 것이다. 그런데 이 공법에 사용되는 완충재라는 것은 보통 일반 스티로폼인데, 스티로폼은 고무보다 소리를 차단하는 데 효과적이지 않다. 따라서 뜬 바닥 공법도 생각만큼 층간 소음을 막지 못한다. 지금까지 층간 소음의 대책으로 나온 방법들은 대부분 바닥의 진동을 아래층으로 전달하지 않으려는 것이 전부이다. 따라서 층간 소음 발생을 억제하기 위해서는 소리가 발생하지 않도록 하는 것이 가장 중요하나, 이 점이 간과되고 있다는 것이 층간 소음으로 인한 이웃 간의 불편함을 해결하지 못하는 가장 큰 문제라고 할 수 있다.

01. 윗글의 중심 내용으로 가장 적절한 것은?

① 소리가 전달되는 속도는 전달된 소리를 흡수하는 물질에 따라 다양하게 나타난다.

② 층간 소음을 해결하기 위해서는 바닥의 진동이 주변으로 전달되지 않도록 하는 것이 우선시되어야 한다.

③ 소리를 전달하는 속도가 공기보다 빠른 자재를 이용한다면 층간 소음을 억제할 수 있다.

④ 층간 소음을 줄이기 위해서는 거주지의 바닥 시공 시 소리 전달 속도가 느린 자재를 사용해야 한다.

⑤ 층간 소음으로 인한 이웃 간의 갈등 해결을 위해 소음에 대한 법적 기준이 마련되어야 한다.

02. 윗글의 빈칸에 들어갈 단어로 가장 적절한 것은?

① 말하자면   ② 그런데   ③ 그리고   ④ 그래서   ⑤ 그뿐 아니라

[03 - 04] 다음 보도자료를 읽고 각 물음에 답하시오.

국토교통부와 거제시는 경남 거제시 장승포에서 저층 주거지 개선을 위한 '주거지지원형 도시재생 뉴딜사업'을 첫 준공한다고 밝혔다. 장승포는 한국전쟁 당시 '흥남 철수 작전'에서 피란민 1만 4천 명을 태운 메러디스 빅토리호가 도착한 마을로 피란살이의 삶과 애환을 간직하고 있는 지역으로, 1989년 장승포가 시(市)로 승격될 당시만해도 옥포 대우조선의 배후도시로 인구가 5만에 이르렀던 적도 있으나, 1995년 거제시에 편입되고 조선업이 침체되면서 사회·경제적으로 쇠퇴하고 물리적 노후화가 진행되었다.

국토교통부와 거제시는 정체되어 있는 장승포의 노후 주거지역에 새로운 활력을 불어넣기 위하여 장승포항을 거점으로 도시재생 뉴딜사업을 추진하게 되었다. 특히 장승포는 피란살이로 조성된 저층 주거지가 많아 집수리 등의 주거환경 개선사업과 뛰어난 자연경관을 활용한 생활 밀착형 공공시설을 중심으로 사업을 구성하였다. 먼저 화재·안전·위생 등에 문제가 많았던 30년 이상 지난 노후주택 160동에 대하여 집수리와 지붕 개량 사업을 진행하였다. (   ) 상습 침수지역(300m)에 대하여는 배수관로와 역류방지시설물을 설치하고, 골목길 정비(750m)와 함께 취학 아동들을 위해 통학로(150m)에 안전시설물과 LED 조명을 설치해 마을 환경도 개선하였다.

또한, 유휴부지 정비를 통해 조성한 '송구영신 소망길'(457m)은 장승포 피란민의 삶을 이야기하는 문화 산책로로 조성하였다. 주민들을 위한 자연 속 산책로뿐 아니라 빼어난 경관과 지역 정체성을 활용한 전망대와 휴게데크, 포토존 및 야간조명 등의 볼거리를 제공하여 관광자원으로도 활용될 것으로 기대된다. '하늘카페'는 기존의 마을회관을 리모델링한 주민공동이용시설로 '송구영신 소망길'의 시작 지점에 위치해 있어 지역주민의 거점 공간이자 일자리 창출을 위한 카페공간으로도 활용될 예정이다.

한편, 거제시에서는 1월 18일 오후 2시 장승포항에서 도시재생 뉴딜사업 준공식을 개최한다. 거제시는 "지역을 살리고자 하는 주민들의 염원과 노력 덕분에 옥포동, 고현동, 그리고 앞으로 추진할 도시재생사업이 교두보가 될 장승포 도시재생 뉴딜사업을 준공할 수 있었다"라면서 장승포가 도시재생 뉴딜사업을 기반으로 지역 공동체를 강화하고 지속 가능한 경쟁력을 갖출 수 있도록 시(市)에서도 적극 지원해 나가겠다고 밝혔다.

국토교통부는 "장승포 도시재생 뉴딜사업은 흥남 철수 작전의 피란민들이 정착을 시작한 마을에서 진행된 사업으로, 선도 사업에 걸맞은 전국적인 모범사례가 될 수 있을 것으로 기대된다"라면서 "경남 거제를 시작으로, 올해부터 100곳 이상의 도시재생 뉴딜사업이 본격적으로 준공되기 시작함에 따라 도시재생 뉴딜사업의 성과가 가시화될 수 있을 것"이라고 밝혔다.

※ 출처: 국토교통부 보도자료

03. 위 보도자료의 내용과 일치하지 않는 것은?

① 거제시는 도시재생 뉴딜사업을 기반으로 장승포가 지속 가능한 경쟁력을 갖출 수 있도록 적극적으로 지원할 예정이다.

② 이번 거제시의 도시재생 뉴딜사업 추진을 시작으로 100곳 이상의 도시의 도시재생 뉴딜사업이 시작될 예정이다.

③ 한국전쟁 당시 흥남철수작전에서 피란민을 태운 메러디스 빅토리호가 도착한 장승포는 피란살이의 삶과 애환을 간직하고 있다.

④ 거제시에 진행된 도시재생 뉴딜사업은 주민들을 위한 공간뿐 아니라 외부인을 위한 볼거리를 제공하여 관광자원으로 활용될 것이다.

⑤ 도시재생 뉴딜사업으로 노후주택의 집수리가 진행될 예정이나 역류방지시설물과 같은 공공시설은 개선되기 어려울 것이다.

04. 위 보도자료의 빈칸에 들어갈 단어로 가장 적절한 것은?
① 아울러 ② 그러나 ③ 따라서 ④ 요컨대 ⑤ 이를테면

[05 - 06] 다음 안내문을 읽고 각 물음에 답하시오.

[2020년 LH 공공임대주택 카셰어링 사업 사업자 모집 공고]

1. **사업 개요**
   1) 사업명: 2020년 LH 공공임대주택 카셰어링 사업
   2) 사업기간: 협약 체결일로부터 3년
      ※ 사업기간 종료 후 사업 운영성과 점검 시 총점이 85점 이상이면 최대 2년까지 재협약 및 연장 가능
   3) 사업자 선정방법: 제안서 평가에 따른 협상에 의한 협약 체결
      – 제안서 평가위원회의 평가 결과 종합 평가 점수가 85점이면서 최고득점 업체를 우선 협상 적격자로 선정
      – 협상 순서는 종합 평가 점수 고득점자순에 의하여 시행하며, 협상이 성립된 사업자에 한해 계약 체결

2. **사업참가 자격**: 아래 각 사항에 해당하는 자로서 「위치정보의 보호 및 이용 등에 관한 법률」에 따른 위치정보사업의 허가를 받았거나 위치기반서비스사업의 신고를 한 자
   1) 「여객자동차 운수사업법」에 따른 자동차 대여사업 면허 보유업체
   2) 「전자상거래 등에서의 소비자보호에 관한 법률」에 따른 통신 판매사업자로서 자동차 대여사업 면허 보유업체와 차량 제공 계약을 체결한 업체
   ※ 제안서 평가에 필요한 서류를 위조, 변조, 허위기재 등 부정하게 작성한 경우 평가대상에서 제외되며, 협약서 체결 전후 모두 협상 대상자 결정 취소 또는 사업자 협약 해지될 수 있음

3. **사업참가 신청서류 및 제안서 제출**
   1) 제출기한 및 장소: 2020. 7. 3.(금) 16시까지 등기우편 접수(주소: 경남 진주시 LH 주거복지지원처)
      ※ 제출 마감일의 우체국 소인이 찍힌 등기우편까지 유효하며, 등기우편 제출 불가 시 방문 접수는 허용하나 팩스 및 온라인 접수는 불가함
   2) 사업참가 신청서류: 제안서와 별도로 각 1부씩 제출하여야 함
      – 사업자등록증 사본, 법인 등기부등본, 법인 인감증명서, 자동차 대여사업자 신고확인서 사본(해당 사업자에 한함), 통신판매업자 신고확인서 및 자동차 대여사업 면허 보유업체와 차량 제공 계약서 사본(해당 사업자에 한함), 위치정보사업자 허가필증 또는 위치기반서비스사업 신고필증 사본, 국세 및 지방세 완납증명서, 재직증명서 및 위임장(대리인 방문 접수 시), 기타 사업참가 자격 증명서류
   3) 제안서 제출 구비서류
      – 제안서: 제1권(2부) + 제2권(원본 1부 + 평가본 11부)
      – 제안서 요약본(제안서 제2권 내용으로 작성): 제1권(2부) + 제2권(원본 1부 + 평가본 11부)
      – 기타 정량적 지표 평가를 위한 증명서류
      ※ 제안서의 경우 등기우편 접수와 별도로 LH 웹하드에 등록해야 하며, 파일은 제출기한 내에 등록되어야 유효함

4. **기타사항**
   – 제안 설명회 일시 및 장소는 추후 개별 통보 예정
   – 제출된 제안서는 일체 반환되지 않으며, 제안서 관련 비용은 모두 사업 참가자의 부담으로 함
   – 문의처: LH 주거복지지원처 주거생활기획부(☎ 055-922-1234)

05. 위 안내문의 내용과 일치하는 것은?

① 사업참가 신청서류와 제안서는 팩스를 이용하거나 LH 홈페이지에서 온라인 접수하면 된다.

②「여객자동차 운수사업법」에 따른 자동차 대여사업 면허를 보유한 업체만 신청할 수 있다.

③ LH 웹하드에 제안서 파일을 등록하는 것은 제안 설명회 전까지 업로드하면 유효하다고 본다.

④ 제안서를 제출한 이후에는 돌려받을 수 없으며, 제안서 관련 비용은 모두 사업 참가자가 부담해야 한다.

⑤ 재협약 대상자가 되려면 사업기간 종료 후 진행한 사업 운영성과 점검에서 80점 이상을 받아야 한다.

06. LH 소속의 박 사원은 카셰어링 사업 관련 문의에 답변하는 업무를 담당하고 있다. 위 안내문을 토대로 판단할 때, 박 사원이 고객의 문의에 답변한 내용으로 가장 적절하지 않은 것은?

고　　객: 사업자는 어떻게 선정되나요?

박 사원: ⊙ 제안서 평가위원회에서 신청자에 대한 평가를 진행하고, 종합 평가 점수가 85점이면서 최고득점 업체가 우선 협상의 대상이 됩니다. ⊙ 협상 순서는 종합 평가 점수가 높은 순서대로 진행되며, 협상이 성립된 사업자에 한하여 계약이 체결됩니다.

고　　객: 사업참가 신청서류와 제안서를 등기우편으로 제출하려고 하는데요, 제출기한 내에 등기우편이 도착해야만 하나요?

박 사원: ⓒ 제출기한 안에 등기우편이 도착해야만 참가 신청이 유효한 것으로 보며, 등기우편으로 제출하기 어려운 상황이라면 LH 주거복지지원처에 직접 방문하셔서 접수하시면 됩니다.

고　　객: 제안서를 제출할 때는 제안서와 제안서 요약본만 있으면 되나요?

박 사원: ② 제안서 제출 시에는 제안서와 제안서 요약본 외에도 기타 정량적 지표 평가를 위한 증명서류가 있다면 함께 제출해 주셔야 합니다.

고　　객: 제안 설명회는 언제 진행되나요?

박 사원: ⓜ 제안 설명회 일정은 아직 정해지지 않아 일시 및 장소는 추후 참가자에게 직접 알려드릴 예정입니다.

① ⊙　　　　　② ⊙　　　　　③ ⓒ　　　　　④ ②　　　　　⑤ ⓜ

　　얼음이 미끄러운 이유에 대해서는 과학적으로도 아직 명확히 밝혀진 바가 없다. 다만, 대부분의 과학자는 얼음이 미끄러운 이유를 얼음과 물체 사이에 존재하는 수막 즉, 물 층으로 인해 마찰력이 작아지기 때문이라고 주장한다. 다시 말해 눈에 보이지 않는 이 물 층이 윤활유 역할을 하면서 얼음과 물체 사이의 마찰력을 줄이기 때문에 미끄럽다는 것이다. 이 같은 설명은 1850년대 영국의 과학자 마이클 패러데이가 얼음 2개를 붙여서 눌러주면 서로 달라붙는다는 현상을 통해 물 층의 존재를 입증하면서부터 시작되었다. 이후 현대 과학자들은 얼음 표면에 있는 분자들이 원래의 규칙적인 정렬 구조를 유지하지 못하고 물과 유사한 비정렬적인 구조를 가지기 때문에 얼음이 지면보다 미끄럽다는 사실을 밝혀냈고, 이를 통해 얼음이 미끄러운 원리가 과학적으로 규명되기 시작하였다.

　　오늘날 얼음이 미끄러운 이유에 대한 과학적 규명이 계속되고는 있으나, 물 층이 존재한다고 하더라도 너무 얇아 사람이 얼음 위를 걷거나 스케이트를 탈 때 발생하는 수준의 미끄러움을 유발하기에는 무리가 있다는 의견이 존재한다. 이에 대해 1849년 영국의 과학자 윌리엄 켈빈은 압력 녹음 현상을 주장한 바 있다. 얼음에 압력을 가하면 녹는점이 낮아지면서 얼음이 녹는다는 추측으로, 얼음덩어리 위에 실을 올려놓고 실의 양 끝에 무게가 나가는 추를 걸어 놓으면 실이 얼음덩어리에 압력을 가하며 파고드는 실험을 통해 자신의 주장을 뒷받침했다. 실이 얼음을 파고든다는 것은 얼음이 녹기 때문이며, 이를 사람에게 적용하여 얼음 위 사람의 무게가 얼음에 압력을 가하면서 얼음을 녹이고 물 층을 만들어 미끄러지게 만든다고 주장하였다.

　　하지만 켈빈의 주장에 대해서는 미국의 대학 교수인 로버트 로젠버그가 얼음에 가해지는 압력이 1기압 늘어나더라도 물의 녹는점은 고작 0.01℃가 낮아진다는 사실로 반박했다. 이뿐만 아니라 최근 한 연구에서 몸무게 70kg인 스케이트 선수가 변화시킬 수 있는 녹는 점의 정도는 미미하다고 밝히면서 켈빈의 주장에는 무리가 있음이 드러났다. 오히려 1939년 보든과 휴가 주장한 마찰 녹음 현상이 정설로 받아들여지고 있다. 마찰에 의해 발생하는 열에너지가 얼음을 녹여 수막 형성을 더욱 촉진함으로써 미끄러지게 만든다는 주장인데, 이는 얼음 위에 가만히 서 있을 때도 미끄러운 이유에 관해서는 설명하기 어렵다는 문제가 있다.

　　그렇다면 물 층은 정말 존재하는 것일까? 이에 대해 1987년 일본의 과학자들이 엑스레이 촬영 기법으로 얼음 표면의 물 층 촬영에 성공해 영하 1℃에서 1~94nm 두께의 매우 얇은 물 층이 존재한다는 것을 밝혀낸 바 있다. 또한, 1996년 미국 한 연구소의 과학자인 가보 소모자이는 얼음 표면에 전자를 쏘아 전자가 튕겨 나오는 모습을 관찰했는데, 영하 148℃까지는 물과 충돌하는 양상을 보였다는 실험 결과를 통해 물 층이 얼음에 항상 존재한다는 표면 녹음 현상을 주장했다.

　　이후에도 미국의 한 과학자가 이온빔을 이용한 분석 실험으로 얼음의 표면에 얇은 물 분자층이 덮여 있는 것을 확인하였다. 물 분자가 액체에서 고체로 변할 때 육각형 구조를 형성하는데, 이를 형성하지 못한 일부 물 분자가 액체 상태로 존재하는 게 물 층으로 나타난다는 설명으로 이어진다. 이처럼 얼음이 미끄러운 이유에 대해서는 아직 명확히 밝혀진 바가 없으나, 오늘날까지도 얼음은 당연히 미끄럽다고 생각한 사실에 확실한 원리를 더하기 위한 과학자들의 노력이 이어지고 있다.

07. 윗글의 서술상의 특징으로 가장 적절한 것은?

① 특정 현상에 대한 주장을 소개하고 이를 토대로 문제 해결 방안을 모색하고 있다.

② 특정 현상의 발생 원인을 다양한 측면으로 나누어 설명하고 있다.

③ 특정 현상의 발생 원인으로 여겨지는 사회적 통념에 대해 반박하고 있다.

④ 특정 현상의 사실 규명을 위한 객관적인 이론 검증의 필요성을 주장하고 있다.

⑤ 특정 현상의 발생 원인을 국가별 문화 차이에 빗대어 소개하고 있다.

08. 윗글을 통해 추론한 내용으로 가장 적절하지 않은 것은?

① 로젠버그는 압력을 가해 얼음의 녹는점을 낮추기는 어렵다는 이유로 켈빈의 주장에 반박하였다.

② 인위적으로 쏘아진 전자가 얼음 표면으로부터 튕겨져 나온다는 사실은 표면 녹음 현상을 뒷받침한다.

③ 얼음 내부의 분자 구조는 얼음 표면의 분자 구조와 달리 물과 비슷한 분자 구조를 지닌다.

④ 보든과 휴에 따르면 얼음 위를 움직이는 물체에 의해 생기는 수막은 물체와 얼음 간 마찰력을 줄인다.

⑤ 고체로 변할 때 육각형 구조를 형성하지 못한 물 분자는 얼음 표면에 액체 상태로 존재할 수 있다.

09. 다음 안내문을 읽고 이해한 내용으로 가장 적절한 것은?

[□□지구 설계 아이디어 공모 안내]

1. 목적

- 지역 특색을 반영한 유기적인 공간계획을 조성하고자 지역 맞춤 특화설계 아이디어를 공모하여 □□지구만의 차별화된 이야기가 흐르는 단지를 구현하기 위함

2. 응모방법

1) 응모기간 및 방법
   - 응모기간: 20XX. 4. 7.(화)~4. 10.(금) 18:00
   - 응모방법: 방문(한국토지주택공사 본사 8층 미래주택기획처) 또는 E-mail(kim01@lh.or.kr) 접수
2) 응모자격: 하기의 사항을 모두 만족하는 자
   - 공고일 기준 만 45세 이하인 건축사(외국 건축사 면허·자격을 취득한 자 포함)
   - 최근 5년 내 신진건축사상이나 젊은 건축가상 등 수상 경력이 있는 자
   - 공동주택 설계 경험이 있는 건축가로서 협회로부터 추천을 받은 자

3. 공모방식

1) 공모방식: □□지구에 대한 과제 1, 과제 2를 모두 수행하여야 함
   - 과제 1: 대상지구 중 1개 BL의 대지 일부에 저층(1~4층)과 중층(5~8층) 주동설계 및 특화
     ※ 대지 면적의 10%(±5%), 건폐율 50% 이내, 용적률 100~150%, 세대 수 5~10% 적용
   - 과제 2: 지역 관련 키워드를 통하여 유추할 수 있는 공간적 이미지 구현
     ※ 주동 공용공간에 대하여 건축적, 물리적 이미지 구현 필수
2) 대상지구: □□지구 6개 BL(A1BL, A2BL, A3BL, B1BL, B2BL, B3BL)

지구	BL 수	대지 면적	세대 수
□□지구	6개	1,674천m²	3,632호

4. 시상내역

1위	2위	3위	4위
A1BL, A2BL, A3BL 중·저층 계획 설계	B1BL, B2BL, B3BL 중·저층 계획 설계	상금 300만 원	상금 200만 원

※ 상금은 부가세 포함이며, 아이디어(과제에 대한 제안 내용 등 제안서에 명시된 계획이나 아이디어 일체를 말함) 사용권 포함임

※ 기타 궁금한 사항은 ○○주택도시공사 미래주택기획처 김○○ 과장에게 문의하시기 바랍니다. (☎: 02-111-1111, FAX: 02-111-1112, E-mail: kim01@lh.or.kr)

---

① 공모방식으로는 과제 1과 과제 2를 모두 수행하여야 하며, 그중 과제 1은 □□지구의 6개 BL 전체에 대해서 수행해야 한다.

② 공모전에 응모하려면 응모기간 내에 한국토지주택공사 본사에 직접 방문 또는 E-mail, FAX를 이용하면 된다.

③ □□지구 설계 아이디어 공모전의 시행 목적은 □□지구만의 지역 특색에서 벗어난 개성 있고 자유분방한 공간을 설계하기 위함에 있다.

④ 3, 4위 상금에는 과제 내용 및 제안서에서 제시하고 있는 아이디어 전부에 대한 사용료도 포함되어 있다.

⑤ 공동주택 설계 경력이 있는 건축가의 경우 다른 응모자격을 만족하지 않더라도 공모전에 지원할 수 있다.

10. 다음 글의 ㉠~㉤을 바르게 고쳐 쓴다고 할 때, 가장 적절하지 않은 것은?

대기가 단위 면적 1m²를 수직으로 누르는 힘을 의미하는 기압은 기상예보에서 공기의 움직임을 파악하는 데 굉장히 중요한 요소로, 측정 시 다른 기상요소보다 훨씬 높은 정밀함이 요구된다. 실제로 강수량은 몇 %가량의 오차가 있어도 큰 문제가 되지 않지만, 정확한 예보를 위해서는 일기도 기압의 오차가 0.2~0.3hPa 이하가 되어야 한다. 이 오차를 ㉠백분률로 나타내면 평지 기압의 값이 약 1,000hPa이므로 0.02~0.03%가 된다. 평상시에 기압의 변화는 매우 완만하지만, 집중호우나 뇌우, 태풍 등의 ㉡기상현상 하에서는 기압이 급격하게 변화하기 때문에 특정 지역의 기상 분석을 할 때 기압 변화의 값이 상당히 중요하다. 그래서 기상청 관측소에서는 기압을 정시에 가까운 시각에 측정하도록 한다. 기압을 정확하게 측정하려면 기압계의 설치 장소에 유의할 필요가 있는데, 급격한 온도 변화, 진공 상태의 불량, 바람으로 인한 기압의 과도한 진동 등의 영향으로 오차가 발생할 수 있기 때문이다. 그래서 대개 수은기압계는 온도 변화가 적으며 직사광선이 없고 공기 운동을 최소화할 수 있는 장소에 설치한다. 일반적으로 기압은 토리첼리 실험의 원리를 이용하여 수은주의 높이로 측정하는데, 수은은 같은 부피의 물보다 대략 13.6배 무거워서 가느다란 시험관 안에서 상승하기 쉽기 때문에 기압계에 널리 사용된다. 수은기압계는 수은 용기 내부에 상단이 진공 상태로 막힌 관이 세로로 존재하는데, 관의 바깥쪽에 새겨진 mmHg 또는 mb 단위의 눈금을 읽어서 관 내 수은주의 높이를 ㉢파악함으로서 기압을 측정할 수 있다. 기압이 낮아지면 수은면에 영향을 주는 압력이 낮아져서 수은주가 내려가고, 기압이 높아지면 수은면에 영향을 주는 압력이 높아져서 수은주가 올라간다. 수은기압계의 종류에는 포르탕 형, 스테이션 형, 마린 형 등이 있는데, 이 중에서 포르탕 형이 가장 많이 사용되고 있는 것으로 알려졌다. 포르탕 형 수은기압계는 mmHg 또는 mb 눈금 반대편에 hPa 눈금이 붙어 있고, 관측할 때 ㉣아래쪽의 나사를 돌려서 수은 용기의 용적을 변화시킨 후에 수은면을 눈금의 원점에 맞추는 방법으로 사용한다. 이와 달리 스테이션 형 수은기압계는 수은주의 상면을 읽고 관측할 수 있기 때문에 관측 시 수은면을 ㉤일일히 눈금의 원점에 맞추지 않는다. 그리고 마린 형 수은기압계는 수은 용기 내부에 동요방지판(動搖防止板)이 삽입되어 바다에서 사용하기 적합하도록 제작된 것을 말한다.

① 맞춤법에 맞지 않게 표기된 ㉠을 '백분율'로 수정한다.

② 띄어쓰기가 적절하지 않은 ㉡을 '기상현상하에서는'으로 수정한다.

③ 조사가 잘못 사용된 ㉢을 '파악함으로써'로 수정한다.

④ 올바른 한글 표기법에 따라 ㉣을 '아랫쪽'으로 수정한다.

⑤ 잘못된 표준어로 작성된 ㉤을 '일일이'로 수정한다.

[11-12] 다음 글을 읽고 각 물음에 답하시오.

열전 소자라고도 불리는 열전 반도체는 전기에너지를 열에너지로, 열에너지를 전기에너지로 바꿀 수 있는 능력이 있다. 전기에너지를 열에너지로 바꾸는 특징이 있어 열전 반도체에 전기를 흘려 주면 그 반대 방향은 발열되고 전기가 흐르는 방향은 냉각되는데, 이를 펠티어 효과라고 한다. 열전 반도체에는 열에너지를 갖고 있는 전자가 흩어져 있다. 여기에 전기를 흘려 주면 이 전자는 전기의 흐름과는 반대 방향으로 모인다. 따라서 (⠀⠀⠀⠀⠀⠀⠀⠀⠀⠀ㄱ⠀⠀⠀⠀⠀⠀⠀⠀⠀⠀) 이 펠티어 효과 덕분에 한 대의 정수기에서 뜨거운 물은 물론 차가운 물도 먹을 수 있는 것이다.

열전 반도체의 펠티어 효과는 전기만 흘려준다면 자동차 시트를 뜨겁게도, 차갑게도 할 수 있다. 또한, 열전 반도체를 이용해 물이 필요 없는 화분도 개발되었다. 열전 반도체를 이용한 화분은 주변 온도보다 열전 반도체의 냉각판을 이슬점보다 낮게 하여 공기 중의 습기를 물로 변화시켜 식물에 공급하게 한 것으로, 물을 주지 않고도 화분을 키울 수 있게 된 것이다.

열에너지를 전기에너지로 바꾸는 열 반도체의 특징으로 인해 열전 반도체의 한쪽을 뜨겁게, 다른 한쪽을 차갑게 하여 온도 차를 주면 전자는 온도가 높은 쪽에서 낮은 쪽으로 이동하게 된다. 전자가 움직인다는 것은 곧 전기에너지가 생성된다는 의미로, 이를 제백 효과라고 한다. 제백 효과를 이용하면 자동차나 선박이 움직이면서 내뿜는 폐열도 전기로 만들어 쓸 수 있어 친환경적이다. 실제로 일본에서는 온천과 주변의 온도 차이를 이용해 전기를 만들어 원자력 발전이나 화력 발전의 대체 방법으로 사용할 수 있을 것으로 기대하고 있다.

열전 반도체의 제백 효과는 지구에서뿐 아니라 우주에서도 사용되고 있다. 전기에너지를 생성하는 기둥처럼 생긴 안쪽에는 핵분열이 일어나도록 만들고 그 주변은 열전 반도체로 날개처럼 감싸 만든다. (⠀ㄴ⠀) 기둥과 맞닿은 쪽은 계속되는 핵분열로 뜨겁고 반대쪽은 우주의 온도로 차가워지기 때문에 끊임없이 전기가 발생하는 것이다. 0.1℃까지 정밀하게 온도를 제어할 수 있는 열전 반도체 소자는 친환경적인 소자로서 앞으로도 개발 가능성이 매우 높은 소자로 기대를 모을 것이다.

11. 윗글의 ㉠에 들어갈 문장으로 가장 적절한 것은?
   ① 전기의 흐름과 함께 열이 방출돼 양쪽 끝에 온도가 동일하게 된다.
   ② 전자가 모인 곳은 냉각되고 전자가 모이지 않은 곳은 발열된다.
   ③ 전자가 모인 곳은 발열되고 전자가 모이지 않은 곳은 냉각된다.
   ④ 전기의 흐름과 함께 전자가 흐르면서 양쪽 끝이 모두 발열된다.
   ⑤ 전류의 흐름과 같이 전기가 흐르는 방향과 반대 방향 모두 냉각된다.

12. 윗글의 ㉡에 들어갈 단어로 가장 적절한 것은?
   ① 하지만⠀⠀⠀⠀② 그러면⠀⠀⠀⠀③ 한편⠀⠀⠀⠀④ 게다가⠀⠀⠀⠀⑤ 말하자면

13. 다음 공고문을 읽고 이해한 내용으로 가장 적절하지 않은 것은?

[20X2 제1차 LH 인증 신기술 공모]

1. 공모대상

구분		종류
정부 인증 신기술	인증 신기술	NET(건설·교통·환경·방재 신기술)
	인증 신자재	성능인증제품, 우수조달제품, 신제품, NET 제품, 혁신제품(지급자재 및 사급자재 모두 가능)
기타 신기술	특허공법	국내 특허를 등록한 공법
	특허자재	국내 특허 또는 실용신안을 등록한 자재(사급자재만 가능)

※ 1) 지급자재란 물품 제조나 공사를 발주할 경우에 자재의 품질, 수급 상황 및 공사 현장 따위를 종합적으로 참작하여 필요하다고 인정되어 정부, 공공기관 등이 직접 공급하는 주요 자재를 말함
    2) 사급자재란 지급자재 이외의 자재를 말함

2. 공모업체 자격
- 신기술에 대한 권리를 가진 법인기업(개인사업자 제외)
- 다음 어느 하나에도 해당하는 경우 신청 불가
  - 기업이 부도 상태에 있는 경우
  - 과거 2년간(20X0년, 20X1년) 재무제표의 부채비율(부채총계 / 자본총계)이 1,000% 이상인 경우(단, 20X0년 이후 설립된 신생 법인의 경우 발급 가능한 재무제표에 한해 제출)
  - 과거 2년간(20X0년, 20X1년) 재무제표에 완전 자본잠식 상태에 있는 경우
  - 기업신용평가등급이 CCC+ 이하인 경우
  - 신기술 권리가 건설신기술협약 또는 전용실시권, 통상실시권인 경우

3. 신기술의 요건
- 공모대상 신기술은 LH에 적용 실적이 없으며 LH에 적용 가능한 신기술 또는 자재일 것
- 보호(유효, 인증)기간이 공고일 기준으로 1년 이상일 것
- 인증 신기술과 특허공법은 응모업체가 보유(임차 포함)한 공장 또는 주문자 위탁생산 계약을 체결한 공장에서 핵심 기자재가 양산되고 있을 것
- 인증 신자재는 응모업체가 보유(임차 포함)한 공장에서 해당 신자재를 직접 생산하고 있을 것
- 특허자재는 응모업체가 보유(임차 포함)한 공장에서 해당 신자재를 직접 생산하고 있을 것

4. 공모신청 제한
- 해당 신기술 공모의 공고일 기준으로 1년 전 신기술 공모에서 미 채택된 신기술은 신청 불가
  ※ 1) 공모업체 자격 또는 신기술의 요건 부적격 사항에 해당되어 미 채택된 신기술은 공모신청 제한 적용에서 제외됨
      2) 미 채택된 신기술: 검토위원회, 심의위원회 평가 결과 LH 인증신기술로 선정되지 못한 신기술

---

① 1년 전의 신기술 공모에서 공모업체 자격이 적합하지 않아 채택되지 못한 업체는 이번 공모에 신청할 수 있다.

② 12개월 전 설립된 신생 법인기업은 발급 가능한 재무제표를 공모업체 자격 인증을 위해 제출해야 한다.

③ 국내 실용신안 등록 자재로 공모를 신청하려면 임차 공장에서 해당 사급자재를 직접 생산하고 있어야 한다.

④ 정부 및 공공기관이 직접 공급하는 주요 자재에 해당해야만 성능인증제품으로 공모에 신청할 수 있다.

⑤ 개인사업자가 아닌 법인기업이 신기술에 대한 권리를 보유했더라도 기업신용평가등급이 CCC+인 업체에는 공모자격이 주어지지 않는다.

(가) 중국 북서부의 타클라마칸 사막에 위치한 오아시스는 지하수가 아닌 주변 산맥의 영향으로 만들어졌다. 이를 산록 오아시스라고도 한다. 타클라마칸 사막의 위쪽으로는 톈산산맥, 아래로는 쿤룬산맥에 둘러싸여 있는데, 비구름이 이 거대한 산맥을 넘지 못하고, 이곳에 많은 양의 비를 뿌리게 된다. 이후 빗물은 산맥 아래 지층을 통과해 타클라마칸 사막으로 흘러 들어가 오아시스를 만든다. 이 때문에 타클라마칸 사막의 오아시스 마을은 대부분 사막 외곽 지역 즉, 산맥 안쪽 기슭에 형성되어 있다.

(나) 실제로 약 2,000년 전에 쓰여진 중국의 역사서 『한서』에는 쿠차라는 오아시스 도시는 무려 8만 명에 달하는 사람들이 살았으며, 엄청난 번영을 누렸다는 이야기가 담겨 있다. 만약 오아시스가 없었다면 동서를 이어 주는 실크로드라는 무역 로드도 탄생할 수 없었을 것이다. 그리고 사막은 그 어떤 사람도 살 수 없는 진정한 죽음의 땅을 됐을 지도 모를 일이다. 대자연이 만든 극적인 공간인 오아시스는 우리에게 물의 존재를 소중하고 위대한 것임을 일깨워 주는 공간이라는 의미를 전해준다.

(다) 사막에 자연적으로 만들어지는 오아시스는 크게 두 가지 방법으로 나뉘는데, 그중 첫 번째가 샘 오아시스이다. 사막 한 가운데 물이 고여 있는 샘 오아시스는 사하라 사막 지역에 많이 분포하는데, 이 오아시스를 만드는 것은 지하수이다. 사막의 땅 밑에는 물을 품고 있는 지층인 대수층이 넓게 분포하는데, 과거 수천~수만 년에 걸쳐 조금씩 내린 비가 땅속으로 침투해 거대한 지하수를 이룬 것이다. 샘 오아시스는 지하수 분포 지대 중 주로 고도가 낮은 지역에 만들어진다. 저지대 지역이기 때문에 비가 많이 내리면 수위가 높아지기도 하고 반대로 가뭄이 지속되면 수위가 낮아지기도 한다.

(라) 그러나 지하수가 많은 지역이라고 하여 오아시스가 영원히 지속되는 것은 아니다. 거래한 모래 폭풍이 오아시스를 오염시키거나 완전히 덮어버릴 수도 있다. 그래서 오아시스 주변 거주민들은 모래 피해를 줄이고자 대추야자와 같은 큰 나무들을 오아시스 주위에 심기도 한다. 이처럼 오아시스는 거대한 지하수에 의해 만들어지기도 하지만 다른 요인에 의해서도 만들어질 수 있다.

(마) 이러한 타클라마칸 사막에 위치한 쿠차 또는 누란 같은 오아시스 도시들은 약 2,000년 전에는 웬만한 도시들보다 더 큰 번영을 누렸다는 사실이 전해진다. 바로 동방과 서방을 이어 주는 실크로드의 중심지였기 때문이다. 타클라마칸의 작은 오아시스 마을들은 이 실크로드를 따라 사막을 건너는 상인들이 중간에 목을 축이고 쉬어 가기 위해 반드시 머물러야 하는 곳이었고, 그 때문에 과거 이 마을들은 사람들이 북적이는 큰 도시로 성장할 수 있었다.

14. 윗글의 (가)~(마)를 논리적 순서대로 알맞게 배열한 것은?

① (가) – (다) – (라) – (나) – (마)
② (가) – (마) – (나) – (다) – (라)
③ (다) – (가) – (라) – (마) – (나)
④ (다) – (라) – (가) – (마) – (나)
⑤ (다) – (라) – (마) – (가) – (나)

15. 윗글을 통해 추론한 내용으로 가장 적절하지 않은 것은?

① 오아시스 주변에 있는 대추야자 나무는 모래 폭풍이 오아시스를 오염시킬 확률을 줄일 수 있다.
② 거대한 산맥으로 인해 만들어지는 오아시스는 사막 외곽에 마을을 형성하는 데 영향을 미쳤다.
③ 오아시스 마을이 번영할 수 있었던 이유는 사막을 건너는 상인들이 쉬어 가는 곳이었기 때문이다.
④ 지하수에 의해 만들어진 샘 오아시스는 지하수 분포 지대 중 고도가 높은 곳에서 주로 형성된다.
⑤ 동방과 서방을 잇는 무역 로드가 탄생하는 데는 오아시스 생성이 영향을 미쳤을 수도 있다.

[16 – 18] 다음은 2021년 상반기 산업 분야 에너지별 소비량에 대한 자료이다. 각 물음에 답하시오.

[2021년 상반기 산업 분야 에너지별 소비량]

(단위: 천 toe)

구분	1월	2월	3월	4월	5월	6월
석탄	2,683	2,347	2,784	2,552	2,702	2,472
석유	5,621	5,520	6,117	5,926	5,986	5,982
천연가스	268	236	272	288	285	313
도시가스	935	801	743	690	668	638
전력	2,106	1,922	2,010	1,971	1,977	1,979
신재생 및 기타	588	512	572	581	579	550
전체	12,201	11,338	12,498	12,008	12,197	11,934

※ 출처: KOSIS(에너지경제연구원, 에너지수급통계)

16. 다음 중 자료에 대한 설명으로 옳은 것은?

① 1월부터 3월까지 전체 에너지 소비량 합은 4월부터 6월까지 전체 에너지 소비량 합보다 100천 toe 이상 많다.

② 1월부터 3월까지 소비량이 많은 에너지 순서대로 나열하면 1위부터 3위까지의 순서는 매월 다르다.

③ 제시된 기간 동안 석유의 소비량이 가장 많은 달에 모든 에너지별 소비량도 제시된 기간 중 가장 많다.

④ 1월 대비 6월 천연가스 소비량의 증가량은 35천 toe이다.

⑤ 제시된 기간 중 신재생 및 기타 에너지 소비량이 천연가스 소비량의 2배 미만이었던 달은 총 1개이다.

17. 2021년 4월 도시가스 소비량의 2개월 전 대비 감소율은 약 얼마인가? (단, 소수점 첫째 자리에서 반올림하여 계산한다.)

① 14%　　　　② 16%　　　　③ 18%　　　　④ 20%　　　　⑤ 22%

18. 다음 중 제시된 자료를 바탕으로 2월부터 6월까지 전체 에너지 소비량의 전월 대비 증감량을 나타낸 그래프로 옳은 것은?

① (천 toe)

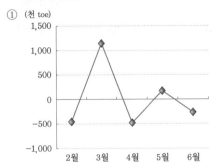

② (천 toe)

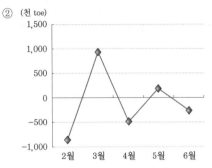

③ (천 toe)

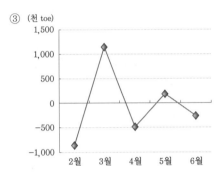

④ (천 toe)

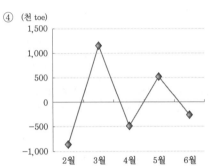

⑤ (천 toe)

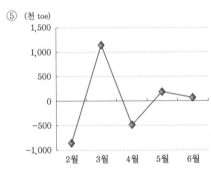

[19 - 20] 다음은 A 국가의 온실가스 종류별 배출량에 대한 자료이다. 각 물음에 답하시오.

[온실가스 종류별 배출량]

(단위: 백 만tCO_2)

구분	2015년	2016년	2017년	2018년	2019년
CO_2	634.3	637.4	650.2	665.0	643.8
CH_4	27.2	27.3	27.9	28.0	27.5
N_2O	13.1	13.1	13.9	14.4	14.3
HFCs	7.9	7.4	9.6	9.3	6.9
PFCs	1.5	1.5	2.1	3.2	3.0
SF_6	8.5	7.0	7.0	7.2	5.9
LULUCF	−45.6	−46.5	−42.6	−42.1	−39.6
순배출량	646.9	647.2	668.1	685.0	661.8
총배출량	692.5	693.7	710.7	727.1	701.4

※ 1) 총배출량: LULUCF 분야를 제외한 나머지 분야의 배출량을 합산한 값
   2) 순배출량: LULUCF 분야를 포함하여 합산한 배출량

19. 다음 중 자료에 대한 설명으로 옳은 것은?

① 2016년 이후 순배출량과 총배출량의 전년 대비 증감 추이는 동일하지 않다.

② 제시된 기간 동안 HFCs 배출량이 가장 많았던 해에 HFCs 배출량은 PFCs 배출량의 4배 이하이다.

③ 제시된 기간 동안 CO_2 배출량이 가장 적었던 해에 CO_2 배출량은 총배출량의 90% 이상이다.

④ 제시된 기간 동안 CH_4 연평균 배출량은 N_2O 연평균 배출량의 2배 미만이다.

⑤ 제시된 기간 동안 연도별로 4번째로 배출량이 많은 온실가스 종류는 매년 HFCs이다.

20. LULUCF 배출량이 가장 많았던 해에 총배출량의 전년 대비 변화량은?

① 1.2백 만tCO_2 ② 16.4백 만tCO_2 ③ 17.0백 만tCO_2

④ 23.2백 만tCO_2 ⑤ 25.7백 만tCO_2

[21 – 22] 다음은 해외건설 수주현황에 대한 자료이다. 각 물음에 답하시오.

[해외건설 수주현황]

구분	2018년		2019년		2020년		2021년	
	공사건수 (건)	공사금액 (백만 달러)	공사건수 (건)	공사금액 (백만 달러)	공사건수 (건)	공사금액 (백만 달러)	공사건수 (건)	공사금액 (백만 달러)
중동	47	9,204	52	4,757	35	13,297	34	11,224
아시아	424	16,208	419	12,540	375	11,578	300	9,257
태평양·북미	40	1,041	30	566	22	546	23	3,934
유럽	71	3,709	66	2,470	53	1,596	64	4,604
아프리카	46	1,222	47	1,714	46	1,196	35	200
중남미	34	733	53	280	36	6,917	45	1,399
전체	662	32,117	667	22,327	567	35,130	501	30,618

※ 출처: KOSIS(해외건설협회, 해외건설수주통계)

21. 다음 중 자료에 대한 설명으로 옳은 것을 모두 고르면?

> ㉠ 제시된 기간 중 전체 공사금액이 가장 많은 해에 전체 공사금액의 전년 대비 증가율은 55% 이상이다.
> ㉡ 2021년 공사건수 1건당 공사금액은 태평양·북미 지역이 가장 많다.
> ㉢ 2018~2021년 연도별 전체 공사건수의 평균은 600건 이상이다.
> ㉣ 제시된 기간 동안 공사건수가 가장 많은 지역은 매년 아시아로 동일하다.

① ㉠, ㉡   ② ㉠, ㉣   ③ ㉡, ㉢   ④ ㉡, ㉣   ⑤ ㉠, ㉢, ㉣

22. 2021년 전체 공사건수에서 유럽의 공사건수가 차지하는 비중은 약 얼마인가? (단, 소수점 첫째 자리에서 반올림하여 계산한다.)

① 5%   ② 7%   ③ 9%   ④ 13%   ⑤ 15%

[23 – 24] 다음은 시도별 건강기능식품 관련 업체 현황에 대한 자료이다. 각 물음에 답하시오.

[시도별 건강기능식품 관련 업체 현황]

(단위: 개)

구분	2018년		2019년		2020년	
	제조업	판매업	제조업	판매업	제조업	판매업
서울	16	23,609	19	21,527	18	24,819
부산	6	6,034	7	5,387	7	5,966
대구	7	3,855	7	3,296	8	3,645
인천	12	4,036	11	3,809	8	4,331
광주	1	2,086	1	1,969	2	2,183
대전	7	2,347	6	2,288	8	2,664
울산	2	1,214	2	1,197	2	1,305
세종	6	297	6	319	7	391
경기	144	21,822	149	21,280	152	24,547
강원	30	2,326	29	2,160	32	2,289
충북	74	2,149	74	2,050	76	2,209
충남	82	3,199	82	2,802	89	3,036
전북	42	2,976	45	2,777	45	2,902
전남	24	1,984	23	1,822	19	1,821
경북	21	3,856	20	3,476	21	3,763
경남	19	4,344	19	4,288	19	4,544
제주	7	1,215	8	1,112	8	1,074
전체	500	87,349	508	81,559	521	91,489

[시도별 건강기능식품 제조업 업체 중 GMP 지정업체 수 현황]

(단위: 개)

구분	2018년	2019년	2020년
서울	1	2	3
부산	3	5	5
대구	2	2	4
인천	6	7	8
광주	0	0	0
대전	3	3	4
울산	1	1	2
세종	5	5	7
경기	80	93	103
강원	22	23	27
충북	54	57	67
충남	51	61	82
전북	18	23	33
전남	9	9	15
경북	12	12	13
경남	12	14	16
제주	2	3	4
전체	281	320	393

※ 출처: KOSIS(식품의약품안전처, 건강기능식품산업현황)

23. 다음 중 자료에 대한 설명으로 옳은 것은?

① 2019년 이후 전체 건강기능식품 제조업 업체 수와 판매업 업체 수 모두 매년 전년 대비 증가하였다.

② 2020년 건강기능식품 판매업 업체 수가 5,000개 미만인 지역의 2020년 평균 건강기능식품 판매업 업체 수는 2,500개 미만이다.

③ 2020년 건강기능식품 제조업 업체 중 GMP 지정업체 비중이 100%인 지역은 2곳이다.

④ 제시된 기간 동안 경기의 GMP 지정업체 수는 매년 전체 GMP 지정업체 수의 30% 이상이다.

⑤ 2018~2020년 연도별 전체 GMP 지정업체 수의 평균은 330개 이상이다.

24. 제시된 기간 동안 전체 건강기능식품 제조업 업체 1개당 판매업 업체 수가 가장 많은 해에 제조업 업체 1개당 판매업 업체 수는 약 얼마인가? (단, 소수점 둘째 자리에서 반올림하여 계산한다.)

① 160.5개　　　② 165.7개　　　③ 166.9개　　　④ 174.7개　　　⑤ 175.6개

[25-27] 다음은 철강 생산량에 대한 자료이다. 각 물음에 답하시오.

[월별 철강 생산량]

(단위: 천 톤)

구분		1월	2월	3월	4월	5월	6월	7월	8월
조강	소계	5,740	5,418	5,784	5,079	5,384	5,090	5,530	5,773
	전로강	4,079	3,688	3,846	3,305	3,549	3,498	3,961	4,228
	전기로강	1,661	1,730	1,938	1,774	1,835	1,592	1,569	1,545
철강재		6,423	6,408	6,658	6,260	5,972	5,545	6,203	6,370
형강		331	350	414	385	387	409	405	375
H형강		230	264	302	288	279	300	300	285
봉강		247	263	284	249	208	147	140	159
철근		637	699	764	829	868	821	838	755
선재		270	284	296	308	298	287	274	295
중후판		801	762	804	666	763	699	764	760
열연강판		1,500	1,415	1,455	1,344	1,281	1,192	1,474	1,580
냉연강판		794	790	769	718	625	559	699	760
용융아연도강판		644	674	654	590	498	486	550	653
전기아연도강판		137	132	138	134	95	83	134	149
컬러강판		175	161	172	163	163	130	169	176
석도강판		43	49	44	54	45	52	53	53
강관		390	408	410	419	403	362	352	301

※ 출처: KOSIS(한국철강협회, 철강통계조사)

25. 다음 중 자료에 대한 설명으로 옳지 않은 것은?

① 1~6월 월별 석도강판 생산량의 평균은 45천 톤 미만이다.

② 선재 생산량 대비 중후판 생산량의 비율은 5월이 6월보다 크다.

③ 제시된 기간 동안 조강 생산량에서 전기로강 생산량이 차지하는 비중은 매달 25% 이상이다.

④ 1분기 H형강 생산량의 합은 1분기 봉강 생산량의 합보다 크다.

⑤ 제시된 기간 동안 열연강판 생산량이 다른 달에 비해 가장 많은 달에 컬러강판 생산량도 다른 달에 비해 가장 많다.

26. 다음 중 제시된 자료를 바탕으로 만든 자료로 옳은 것은?

① [1~4월 철근 및 강관 생산량]

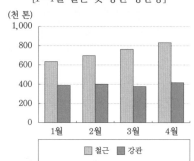

② [월별 컬러강판 생산량]

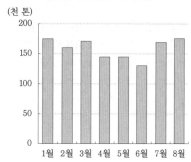

③ [5~8월 철강재 생산량의 전월 대비 변화율]

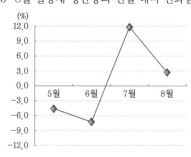

④ [3월 조강의 생산 비중]

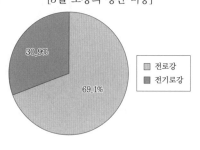

⑤ [1~6월 냉연강판 1톤당 열연강판 생산량]

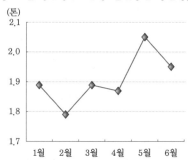

27. 1월 대비 6월 H형강 생산량의 증가율은 약 얼마인가? (단, 소수점 첫째 자리에서 반올림하여 계산한다.)

① 15%   ② 20%   ③ 25%   ④ 30%   ⑤ 35%

28. A는 친구에게 모자를 선물하려고 한다. 모자의 색상으로 빨간색, 주황색, 노란색, 초록색, 파란색 중 한 가지 색을 골라 구매하려고 할 때, A가 고른 모자의 색상은?

> - A는 빨간색을 선택하지 않거나 주황색을 선택한다.
> - A는 주황색을 선택하거나 초록색을 선택한다.
> - A는 초록색을 선택하지 않거나 노란색을 선택한다.

① 빨간색　　　　② 주황색　　　　③ 노란색　　　　④ 초록색　　　　⑤ 파란색

29. 갑, 을, 병, 정 4명은 한 팀으로 Y 프로젝트를 맡아 진행하고 있으며, 오늘 프로젝트 결과 발표를 할 계획이다. 프로젝트 결과 발표는 4명이 모두 참여하며, 갑은 거짓을 말하고 나머지 3명은 진실을 말하고 있을 때, 항상 옳은 것은?

> - 갑: 내 발표 순서는 네 번째이다.
> - 을: 내 발표 순서는 두 번째이다.
> - 병: 나는 세 번째로 발표하지 않는다.
> - 정: 나는 네 번째로 발표하지 않는다.

① 첫 번째로 발표한 사람은 갑이다.
② 정은 을보다 발표 순서가 늦다.
③ 병은 을보다 발표 순서가 빠르다.
④ 발표 순서가 정해지는 사람은 2명이다.
⑤ 정보다 발표 순서가 빠른 사람은 2명이다.

30. 5층 건물에서 1층부터 5층까지 운행되는 엘리베이터가 있다. A~H 8명은 1층에서 엘리베이터에 탑승하였다. 다음 조건을 모두 고려하였을 때, 항상 옳은 것은?

- 엘리베이터는 1층부터 5층까지 순차적으로 올라가며, 모든 사람은 2~5층에서 하차하였다.
- A와 C는 같은 층에서 하차하였다.
- D는 F 바로 아래층에서 먼저 하차하였고, D와 같은 층에서 하차한 사람은 없다.
- G는 5층에서 하차하였고, G와 같은 층에서 하차한 사람은 1명이다.
- 가장 많은 사람이 하차한 층은 3층이다.
- E보다 먼저 하차한 사람은 4명이다.

① F보다 늦게 하차한 사람은 4명이다.
② D보다 먼저 하차한 사람은 2명이다.
③ 4층에서 하차한 사람은 E와 B이다.
④ 2명이 하차한 층은 2층과 5층이다.
⑤ H는 E보다 먼저 하차하였다.

31. 사원, 주임, 대리, 과장, 부장 5명이 오늘 회사에 출근한 시간을 기록하였다. 출근 시간이 같은 사람은 없고, 사람들이 출근한 시각은 10분 단위이다. 다음 조건을 모두 고려하였을 때, 대리가 출근한 시각은?

- 가장 먼저 출근한 사람은 8시 20분에 출근하였다.
- 과장은 가장 늦게 출근한 사람이 아니다.
- 주임은 대리보다 늦게 출근하였다.
- 부장과 과장이 출근한 시각의 차는 30분이다.
- 사원은 과장과 대리보다 먼저 출근하였다.
- 대리는 부장보다 늦게 출근하였다.

① 8시 20분   ② 8시 30분   ③ 8시 40분   ④ 8시 50분   ⑤ 9시

32. 다음은 ○○공사에서 지하철 광고 대행업체를 선정하기 위한 입찰 공고문이다. 다음 자료를 근거로 판단할 때, ○○공사의 지하철 광고 대행업체로 선정될 기업은?

[지하철 광고 대행업체 입찰 공고]

1. 입찰에 부치는 사항
   1) 기초금액: 8,500만 원(부가세 포함)
   2) 입찰방법: 전자입찰, 총액 경쟁
   3) 개찰 일시: 20XX. 5. 18.(수)
   4) 계약기간: 20XX. 5. 23.(월)~20XX. 8. 7.(일)

2. 입찰서 및 제안서 제출 방법
   1) 본 입찰은 전자입찰시스템으로 진행하며 입찰서를 제출한 입찰자에 한해 제안서 제출 가능
   2) 입찰서는 △△전자조달시스템(jeonja.com)을 이용하여 제출하며, 제안서는 ○○공사 이메일을 이용하여 제출(gwanggo@gongsa.com)
   ※ 입찰서 및 제안서 제출기간: 20XX. 5. 2.(월)~20XX. 5. 13.(금)

3. 평가 방법
   1) 1차 평가: 입찰서 평가
      – 예정가격 이하 낙찰하한가 이상 입찰서 제출 업체 중 최저가격 제출 업체부터 순서대로 3곳을 선정
      ※ 1) 예정가격: 기초금액의 ±3% 범위 내에서 ○○공사가 선정한 복수예비가격 15개 중 각 업체가 2개씩 추첨하여 가장 많이 선택된 2개의 복수예비가격을 평균한 금액
         2) 낙찰하한가: 예정가격의 85%에 해당하는 금액
   2) 2차 평가: 제안서 평가(총점 50점)

구분	배점	내용 및 평가 기준
회사 및 사업 소개	10점	회사 및 주요 사업 소개
재무 현황	20점	재무 현황 및 매출액
기업 신용평가등급	20점	기업 신용평가등급 확인서

   ※ 1차 평가에서 선정된 3곳의 업체 중 2차 평가에서 가장 높은 점수를 받은 업체가 최종 선정되며, 2차 평가 점수가 동일한 업체가 있을 경우 입찰 가격이 더 낮은 업체가 최종 선정됨

4. 문의: ○○공사 홍보실(☎ 02-1234-5678)

[업체별 복수예비가격 추첨 결과]

구분	A 업체	B 업체	C 업체	D 업체	E 업체
복수예비가격 1	8,400만 원	8,350만 원	8,370만 원	8,350만 원	8,450만 원
복수예비가격 2	8,350만 원	8,510만 원	8,450만 원	8,450만 원	8,750만 원

[업체별 입찰 가격 및 제안서 평가 점수]

구분	입찰 가격	회사 및 사업 소개	재무 현황	기업 신용평가등급
A 업체	7,100만 원	10점	18점	15점
B 업체	7,800만 원	9점	20점	18점
C 업체	8,200만 원	9점	19점	19점
D 업체	7,600만 원	10점	16점	20점
E 업체	8,300만 원	9점	20점	20점

① A 업체　　　② B 업체　　　③ C 업체　　　④ D 업체　　　⑤ E 업체

33. 시애틀 지사에서 근무하는 A 사원은 뉴욕 지사에서 근무하는 B 사원에게 시애틀 시각을 기준으로 3월 18일 오전 10시에 회의 자료를 이메일로 보내주기로 하였다. B 사원이 회의 자료를 받은 직후 출발해 베이징을 경유하여 서울에 도착하고자 할 때, B 사원이 서울에 도착하여 확인할 현지 시각은? (단, 비행 경유지에서 1시간을 대기하고, 비행시간을 제외한 이동시간은 고려하지 않는다.)

[그리니치 기준 시차]

구분	그리니치	서울	도쿄	뉴욕	시애틀	베이징
그리니치 시차	0	+9	+9	-5	-8	+8

※ '+'는 그리니치보다 시간이 빠르고, '-'는 그리니치보다 시간이 느린 것을 의미함

[비행시간]

출발지 → 도착지	비행시간
서울 → 뉴욕	14시간
서울 → 시애틀	10시간
서울 → 베이징	2시간
서울 → 도쿄	2시간
뉴욕 → 베이징	13시간
뉴욕 → 도쿄	15시간

※ 출발지와 도착지가 서로 반대인 경우에도 비행시간은 동일함

① 3월 18일 오전 9시　　　　　② 3월 18일 오후 6시
③ 3월 19일 오전 10시　　　　　④ 3월 19일 오후 7시
⑤ 3월 19일 오후 11시

34. 충청남도에서 제공하는 친환경농업 직불금에 대한 안내문이 다음과 같을 때, 안내문에 대한 설명으로 옳은 것을 모두 고르면?

[친환경농업 직불금 안내]

1. 개요
- 친환경 농축산물을 생산하는 농업인에게 초기 소득 감소분 및 생산비 차이를 보전하여 친환경농업 확산을 도모하고 농업의 환경 보전 기능 등 공익적 기능을 제고하기 위함

2. 직불금 지급단가 및 기간

구분		유기(천 원/ha)	유기 지속(천 원/ha)	무농약(천 원/ha)
논		700	350	500
밭	과수	1,400	700	1,200
	채소		650	
지급기간		5년	유기 지급기간 이후 기한 없이 계속 지급	3년

※ 무농약은 지급기간 종료 후 무농약 지속 직불금이 지급되지 않음

3. 지원대상
- 친환경농업인: 친환경농어업 육성 및 유기식품 등의 관리·지원에 관한 법률 제19조, 제34조의 규정에 따라 유기·무농약농산물 인증을 받은 농업인 및 법인
- 기타 기준: 사업기간(1~12월) 중 친환경농업을 충실히 이행하고 인증기관의 이행점검 결과 적격으로 통보받은 농업인

4. 신청방법
- 접수방법: 농지소재지의 읍·면사무소 방문 접수 및 우편, FAX로만 신청 가능
- 구비서류: 친환경농업 직불금 신청서, 친환경농산물 인증서 사본

㉠ 법인은 유기·무농약농산물 인증을 받지 못했다고 하더라도 친환경농업 직불금을 지원받을 수 있다.
㉡ 유기·무농약농산물 인증을 받은 농업인이 논 5ha와 채소밭 3ha에 대하여 유기로 6년간 직불금을 받았다면 농업인이 지원받은 총직불금은 42,200천 원이다.
㉢ 친환경농업의 이행점검 결과 적격을 통보받은 농업인이 논 1ha, 과수원 2ha에 대하여 무농약 직불금을 3년간 받았다면, 해당 농업인이 지원받은 총 직불금은 10,500천 원이다.
㉣ 친환경농업 직불금에 대한 신청은 온라인 접수만 이루어진다.

① ㉡   ② ㉢   ③ ㉠, ㉢   ④ ㉡, ㉢   ⑤ ㉡, ㉣

35. 현석이는 단팥빵 30개, 슈크림빵 20개, 모카빵 10개, 소시지빵 15개를 할인받아 총가격이 가장 저렴한 제과점에서 구매하려고 한다. 다음 자료를 근거로 판단할 때, 현석이가 빵을 구매할 제과점은?

[제과점별 빵 가격]

구분	A 제과점	B 제과점	C 제과점	D 제과점	E 제과점
단팥빵	1,400원	1,200원	1,500원	1,400원	1,600원
슈크림빵	1,600원	1,500원	2,000원	1,900원	1,700원
모카빵	3,100원	3,400원	2,800원	3,100원	3,200원
소시지빵	2,200원	2,600원	2,100원	2,400원	2,400원

[제과점별 할인 정보]

- A 제과점
  - 모카빵 20개 이상 구매 시 모카빵 40% 할인
  - 소시지빵 10개 구매 시마다 소시지빵 2개 증정
- B 제과점
  - 총 10만 원 이상 구매 시 1만 원, 총 15만 원 이상 구매 시 2만 원 할인
- C 제과점
  - 슈크림빵 20개 이상 구매 시 슈크림빵 40% 할인
- D 제과점
  - 단팥빵 20개 이상 구매 시 단팥빵 30% 할인
  - 모카빵 4개 구매 시마다 모카빵 1개 증정
- E 제과점
  - 빵 종류에 관계없이 40개 이상 구매 시 전체 10%, 60개 이상 구매 시 전체 15% 할인

① A 제과점   ② B 제과점   ③ C 제과점   ④ D 제과점   ⑤ E 제과점

[36 – 37] 다음은 ○○구에서 진행하는 바리스타 양성 교육 수강생 모집 공고문이다. 각 물음에 답하시오.

[바리스타 양성 교육 수강생 모집 공고]

1. 모집 기간 및 인원
  1) 모집 기간: 20XX. 2. 8.(월)~2. 19.(금)
  2) 모집 인원: 총 56명

2. 신청 대상 및 방법
  1) 신청 대상: 바리스타 자격증 취득 및 카페 취·창업을 희망하는 누구나 신청 가능
  2) 신청 방법: 수강 신청서 및 신분증 사본을 방문 또는 이메일로 제출
    – 방문: ○○구청 2층 행정과(단, 토요일과 일요일은 방문 신청 불가)
    – 이메일: coffeeismylife@city.go.kr

3. 교육 수강 안내
  1) 바리스타 자격증 취득
    – 교육 기간: 20XX. 3. 8.(월)~6. 20.(일) (15주)
    – 교육 장소: ○○구 직업 훈련소 301호
    – 교육 편성

구분		교육 시간	수강료	정원
바리스타 2급	평일반	화, 목 19:00~22:00	250,000원	5명
	주말반	토, 일 9:00~12:00	280,000원	10명
바리스타 1급	평일반	월, 수, 금 19:00~21:00	300,000원	5명
	주말반	토, 일 14:00~17:00	320,000원	10명

  2) 카페 취·창업
    – 교육 기간: 20XX. 3. 8.(월)~5. 30.(일) (12주)
    – 교육 장소: ○○구 직업 훈련소 302호
    – 교육 편성

구분		교육 시간	수강료	정원
바리스타 기초	평일반	화, 목 13:00~16:30	350,000원	5명
	주말반	토, 일 9:00~12:30	400,000원	8명
바리스타 심화	평일반	월, 금 13:00~17:00	450,000원	5명
	주말반	토, 일 14:00~18:00	500,000원	8명

4. 유의 사항
    – 신청 접수는 선착순으로 진행됨
    – 주민등록상 주소지가 ○○구인 경우 수강료에서 10% 할인되며, 타구인 경우 수강료 할인 대상에서 제외됨
    – 교육 이수율 80% 이상 시 지불한 수강료의 50% 금액을 환급함
    – 정원의 60% 미만 신청 시 해당 교육은 폐강됨

36. 위 공고문를 토대로 판단한 내용으로 옳은 것은?

① 바리스타 기초 주말반의 교육을 모두 이수하는 데 소요되는 시간은 총 42시간이다.

② 바리스타 2급 평일반에 정원만큼 모두 수강하면 수강생들이 지불한 총수강료는 최소 1,250,000원이다.

③ 바리스타 심화 주말반에 5명만 신청하여도 해당 교육은 폐강되지 않는다.

④ 20XX년 2월 13일에 방문 신청과 이메일 신청 모두 가능하다.

⑤ 바리스타 1급 평일반을 12주 동안 빠짐없이 이수해도 지불한 수강료의 절반을 환급받을 수 없다.

37. 바리스타 양성 교육 수강생 모집이 마감된 후 수강 신청 현황이 다음과 같고, 개설된 교육의 수강생은 모두 교육을 100% 이수하였을 때, 수강생들에게 환급해줘야 할 총금액은?

구분		바리스타 2급		바리스타 1급		바리스타 기초		바리스타 심화	
		평일반	주말반	평일반	주말반	평일반	주말반	평일반	주말반
신청 인원	○○구민	3명	2명	1명	4명	2명	2명	1명	3명
	타구민	2명	2명	1명	5명	1명	2명	1명	4명

① 3,964,000원 ② 4,128,500원 ③ 4,292,500원 ④ 4,460,000원 ⑤ 4,584,500원

38. 다음 공직자의 이해충돌 방지법을 근거로 판단한 내용으로 적절하지 않은 것은?

제6조(공공기관 직무 관련 부동산 보유·매수 신고)

① 부동산을 직접적으로 취급하는 대통령령으로 정하는 공공기관의 공직자는 다음 각 호의 어느 하나에 해당하는 사람이 소속 공공기관의 업무와 관련된 부동산을 보유하고 있거나 매수하는 경우 소속기관장에게 그 사실을 서면으로 신고하여야 한다.

1. 공직자 자신, 배우자
2. 공직자와 생계를 같이하는 직계존속·비속(배우자의 직계존속·비속으로 생계를 같이하는 경우 포함)

② 제1항에 따른 공공기관 외의 공공기관의 공직자는 소속 공공기관이 택지개발, 지구 지정 등 대통령령으로 정하는 부동산 개발 업무를 하는 경우 제1항 각 호의 어느 하나에 해당하는 사람이 그 부동산을 보유하고 있거나 매수하는 경우 소속기관장에게 그 사실을 서면으로 신고하여야 한다.

③ 제1항 및 제2항에 따른 신고는 부동산을 보유한 사실을 알게 된 날부터 14일 이내, 매수 후 등기를 완료한 날부터 14일 이내에 하여야 한다.

④ 제1항 및 제2항에 따른 신고 내용·절차 및 방법 등에 필요한 사항은 대통령령으로 정한다.

제7조(사적 이해관계자의 신고 등에 대한 조치)

① 제5조 제1항에 따른 신고·회피신청이나 같은 조 제2항에 따른 기피신청 또는 제6조에 따른 부동산 보유·매수 신고를 받은 소속기관장은 해당 공직자의 직무수행에 지장이 있다고 인정하는 경우에는 다음 각 호의 어느 하나에 해당하는 조치를 하여야 한다.

1. 직무수행의 일시 중지 명령
2. 직무 대리자 또는 직무 공동수행자의 지정
3. 직무 재배정
4. 전보

② 소속기관장은 제1항에도 불구하고 다음 각 호의 어느 하나에 해당하는 경우에는 해당 공직자가 계속 그 직무를 수행하도록 할 수 있다. 이 경우 제25조에 따른 이해충돌방지담당관 또는 다른 공직자로 하여금 공정한 직무수행 여부를 확인·점검하게 하여야 한다.

1. 직무를 수행하는 공직자를 대체하기가 지극히 어려운 경우
2. 국가의 안전보장 및 경제발전 등 공익 증진을 위하여 직무수행의 필요성이 더 큰 경우

③ 소속기관장은 제1항 또는 제2항에 따른 조치를 하였을 때에는 그 처리 결과를 해당 공직자와 기피를 신청한 자에게 통보하여야 한다.

④ 제6조 제1항 및 제2항에 따른 부동산 보유 또는 매수 신고를 받은 소속기관장은 해당 부동산 보유·매수가 이 법 또는 다른 법률에 위반되는 것으로 의심될 경우 지체 없이 수사기관·감사원·감독기관 또는 국민권익위원회에 신고하거나 고발하여야 한다.

⑤ 제1항부터 제4항까지의 규정에 따른 조치·확인·점검·통보, 신고·고발의 기록·관리 및 절차와 방법 등에 필요한 사항은 국회규칙, 대법원규칙, 헌법재판소규칙, 중앙선거관리위원회규칙 또는 대통령령으로 정한다.

제8조(고위공직자의 민간 부문 업무 활동 내역 제출 및 공개)

① 고위공직자는 그 직위에 임용되거나 임기를 개시하기 전 3년 이내에 민간 부문에서 업무 활동을 한 경우, 그 활동 내역을 그 직위에 임용되거나 임기를 개시한 날부터 30일 이내에 소속기관장에게 제출하여야 한다.

② 제1항에 따른 업무 활동 내역에는 다음 각 호의 사항이 포함되어야 한다.

1. 재직하였던 법인·단체 등과 그 업무 내용
2. 대리, 고문·자문 등을 한 경우 그 업무 내용
3. 관리·운영하였던 사업 또는 영리행위의 내용

③ 소속기관장은 제1항에 따라 제출된 업무 활동 내역을 보관·관리하여야 한다.

④ 소속기관장은 다른 법령에서 정보공개가 금지되지 아니하는 범위에서 제2항의 업무 활동 내역을 공개할 수 있다.

⑤ 제1항부터 제4항까지에서 규정한 사항 외에 업무 활동 내역 제출, 보관·관리 및 공개에 필요한 사항은 대통령령으로 정한다.

① 부동산을 직접적으로 취급하는 공공기관에서 근무하고 있는 공직자는 업무와 관련된 부동산을 배우자가 보유하고 있는 경우 소속기관의 장에게 그 사실을 서면으로 신고하여야 한다.

② 직위에 임명되기 1년 전까지 민간법인 기업에서 근무한 고위공직자는 그 직위에 임용된 날부터 30일 이내에 재직했던 법인의 업무 활동 내역을 소속기관의 장에게 제출하여야 한다.

③ 부동산을 직접적으로 취급하는 공공기관의 공직자가 업무 관련 부동산 보유 신고를 한 뒤 직무 재배정 되었다면 해당 공직자의 소속기관장이 공직자의 직무수행에 지장이 있음을 인정했다고 보아야 한다.

④ 고위공직자가 민간 부문의 업무 활동 내역을 해당 소속기관장에게 제출한 경우, 소속기관장은 정보공개가 금지되지 않은 범위라 해도 고위공직자의 업무 활동 내역을 공개하여서는 안 된다.

⑤ 부동산을 직접적으로 취급하는 공공기관의 공직자로부터 법률에 위반되는 것으로 의심되는 업무 관련 부동산 매수 신고를 받은 소속기관장은 이를 수사기관에 신고하여야 한다.

39. 한국토지주택공사의 청렴 마일리지 제도 운영 기준의 일부가 다음과 같을 때, A 부서의 부서 평균 청렴 마일리지 점수는?

제1조(목적)
이 기준은 한국토지주택공사(이하 LH라 한다)의 청렴 마일리지 관리와 관련하여 필요한 사항을 규정함으로써 LH 청렴 마일리지 제도 운영의 합리성과 투명성을 제고하는 데 그 목적이 있다.

제5조(청렴 마일리지 부여 기준)
① 청렴 마일리지 점수 부여에 관한 기준은 다음과 같다.

구분	청렴 마일리지 부여 항목	부여 기준	배점	
개인	윤리경영 관련 아이디어	등록 시	50점	
		채택 시	최우수	300점
			우수	200점
			장려	100점
	청탁 신고	신고 시	50점	
	청렴 선도자	지정 시	20점	
	인권 윤리 통합 교육	사내 강사	교육 진행	회당 100점
			사전 교육 참여	20점
		교육 참석자	100점	
	청렴 콘텐츠 등 윤리 관련 공모 대회	최우수	100점	
		우수	70점	
		장려	30점	
	임직원 행동 강령 위반에 따른 처분	주의 이상	포상 제외	
부서	자체 청렴도 측정 결과	평가군 내 1위	부서원 수 × 30점	
		평가군 내 2위	부서원 수 × 15점	
	청렴 옴부즈맨 제언 사항	의뢰 시	부서원 수 × 10점	
		권고 이행	부서원 수 × 5점	
	부서별 윤리활동 관련 자료 등록	관리자 인정 시	부서원 수 × 5점	

※ 인권 윤리 통합 교육 참석자의 경우 최초 참석 1회에 대해서만 청렴 마일리지를 부여함

② 부서 청렴 마일리지 점수 감점에 관한 기준은 다음과 같다.

구분	청렴 마일리지 감점 항목	감점 기준	감점 비율
부서	행동 강령 위반에 따른 부서원 처분	파면	20%
		강등	15%
		정직	12%
		감봉	9%
		견책	6%

※ 행동 강령 위반에 따른 부서원 처분으로 누적된 감점 비율만큼 부서 청렴 마일리지에서 차감함

제6조(청렴 마일리지 관리)

① 청렴 마일리지는 개인별로 부여하여 관리함을 원칙으로 한다. 다만 필요한 경우 부서 단위로 마일리지를 부여할 수 있다.

② 청렴 마일리지 점수는 윤리·청렴 실천 활동 실적 및 징계 유무 등 청렴 마일리지 부여 기준에 따라 산출한다.

제7조(청렴 마일리지 우수 부서에 대한 포상)

평가 기간 중 청렴 마일리지 평균 점수가 우수한 부서에 대해서는 아래의 기준에 따라 예산의 범위 내에서 포상을 실시할 수 있다.

구분	세부기준
선정 방법	부서 평균 청렴 마일리지 점수가 우수한 5개 부서에 포상금 지급
부서 평균 청렴 마일리지 점수 산정 방법	(부서원별 개인 청렴 마일리지 점수의 합 + 부서 청렴 마일리지 점수) / 부서원 수

[A 부서 관련 사항]

구분		관련 사항
부서원	김미연	• 청탁 신고 • 인권 윤리 통합 교육 참석
	박채린	• 청렴 콘텐츠 공모 대회 우수상 수상 • 행동 강령 위반에 따른 견책
	최영진	• 인권 윤리 통합 교육 사내 강사 • 인권 윤리 통합 사전 교육 1회 참석 • 인권 윤리 통합 교육 3회 진행
	고현승	• 윤리 경영 관련 아이디어 등록(채택되지 않음) • 행동 강령 위반에 따른 정직
자체 청렴도 측정 결과		평가군 내 2위
청렴 옴부즈맨 제언 사항		권고 이행
부서별 윤리활동 관련 자료 등록		관리자 인정

① 164점 　　② 166점 　　③ 168점 　　④ 170점 　　⑤ 172점

40. 다음 항공권 발권 대행 여행사 모집 공고문의 일부를 근거로 판단할 때, 최종으로 선정된 업체의 항공권 발행 수수료율은?

[항공권 발권 대행 여행사 모집 공고]

1. 개요
   1) ○○공사 국외 출장 등 항공권 발권 및 부대업무 대행 여행사 모집 공고
   2) 선정 업체 수: 2개 업체
   3) 사업기간: 2020년 6월 1일~2022년 5월 31일 (2년간)

2. 참가자격
   1) 관광진흥법 제4조 및 동법시행령 제2조에 의한 일반여행업 면허를 소지한 자
   2) 공고일 현재 국제항공운송협회의 BSP에 가입한 업체로서 최근 2년간 항공권 판매실적이 있는 자

3. 업체 선정방법
   1) 업체 선정 절차
      – 1차 제안 평가 → 2차 제안 평가 → 최종 선정
      ※ 1차 제안 평가 점수와 2차 제안 평가 점수의 합을 최종 점수로 하여 상위 2개 업체를 최종 선정
   2) 평가항목(기준)
      – 1차 제안 평가(70점): 업무수행인력, 운영실적, 재무상태, 예비항공권, 수수료율을 종합하여 서면 심사
      – 2차 제안 평가(30점): 평가위원이 업체의 PT 발표에서 사업수행계획 및 기타서비스 항목을 평가
   3) 참고사항
      – 선정 업체의 항공권 발행 수수료율은 최종 선정된 2개 업체에서 제안한 수수료율을 산술평균한 값으로 하고 선정된 업체에서 이를 수용하지 않는 경우 차순위 업체를 선정하여 수수료율 재계산

[최종 선정 후보 업체 점수]

구분	1차 제안 평가 점수	2차 제안 평가 점수	업체가 제안한 수수료율	업체가 계약 가능한 최대 수수료율
A 업체	60점	23점	1.50%	1.60%
B 업체	58점	24점	1.40%	1.65%
C 업체	59점	25점	1.30%	1.45%
D 업체	58점	22점	1.20%	1.50%
E 업체	61점	23점	1.70%	1.75%

① 1.45%　　② 1.50%　　③ 1.55%　　④ 1.60%　　⑤ 1.65%

약점 보완 해설집 p.24

해커스잡

실전모의고사 3회

NCS 직업기초능력

문번	①	②	③	④	⑤	문번	①	②	③	④	⑤
1	①	②	③	④	⑤	21	①	②	③	④	⑤
2	①	②	③	④	⑤	22	①	②	③	④	⑤
3	①	②	③	④	⑤	23	①	②	③	④	⑤
4	①	②	③	④	⑤	24	①	②	③	④	⑤
5	①	②	③	④	⑤	25	①	②	③	④	⑤
6	①	②	③	④	⑤	26	①	②	③	④	⑤
7	①	②	③	④	⑤	27	①	②	③	④	⑤
8	①	②	③	④	⑤	28	①	②	③	④	⑤
9	①	②	③	④	⑤	29	①	②	③	④	⑤
10	①	②	③	④	⑤	30	①	②	③	④	⑤
11	①	②	③	④	⑤	31	①	②	③	④	⑤
12	①	②	③	④	⑤	32	①	②	③	④	⑤
13	①	②	③	④	⑤	33	①	②	③	④	⑤
14	①	②	③	④	⑤	34	①	②	③	④	⑤
15	①	②	③	④	⑤	35	①	②	③	④	⑤
16	①	②	③	④	⑤	36	①	②	③	④	⑤
17	①	②	③	④	⑤	37	①	②	③	④	⑤
18	①	②	③	④	⑤	38	①	②	③	④	⑤
19	①	②	③	④	⑤	39	①	②	③	④	⑤
20	①	②	③	④	⑤	40	①	②	③	④	⑤

직무역량

문번	①	②	③	④	⑤	문번	①	②	③	④	⑤
1	①	②	③	④	⑤	21	①	②	③	④	⑤
2	①	②	③	④	⑤	22	①	②	③	④	⑤
3	①	②	③	④	⑤	23	①	②	③	④	⑤
4	①	②	③	④	⑤	24	①	②	③	④	⑤
5	①	②	③	④	⑤	25	①	②	③	④	⑤
6	①	②	③	④	⑤	26	①	②	③	④	⑤
7	①	②	③	④	⑤	27	①	②	③	④	⑤
8	①	②	③	④	⑤	28	①	②	③	④	⑤
9	①	②	③	④	⑤	29	①	②	③	④	⑤
41	①	②	③	④	⑤	30	①	②	③	④	⑤
42	①	②	③	④	⑤	31	①	②	③	④	⑤
43	①	②	③	④	⑤	32	①	②	③	④	⑤
44	①	②	③	④	⑤	33	①	②	③	④	⑤
45	①	②	③	④	⑤	34	①	②	③	④	⑤
46	①	②	③	④	⑤	35	①	②	③	④	⑤
47	①	②	③	④	⑤	36	①	②	③	④	⑤
48	①	②	③	④	⑤	37	①	②	③	④	⑤
49	①	②	③	④	⑤	38	①	②	③	④	⑤
50						39	①	②	③	④	⑤
51						40	①	②	③	④	⑤
52											
53											
54											
55											
56											
57											
58											
59											
60											

성명

수험번호

⓪	①	②	③	④	⑤	⑥	⑦	⑧	⑨
⓪	①	②	③	④	⑤	⑥	⑦	⑧	⑨
⓪	①	②	③	④	⑤	⑥	⑦	⑧	⑨
⓪	①	②	③	④	⑤	⑥	⑦	⑧	⑨
⓪	①	②	③	④	⑤	⑥	⑦	⑧	⑨
⓪	①	②	③	④	⑤	⑥	⑦	⑧	⑨
⓪	①	②	③	④	⑤	⑥	⑦	⑧	⑨
⓪	①	②							

응시분야

감독관 확인

NCS 실전모의고사

4회

고난도

해커스잡

NCS 실전모의고사
4회

고난도

문제 풀이 시작과 종료 시각을 정한 후, 실전처럼 모의고사를 풀어보세요.

시   분 ~   시   분 (총 40문항/권장 풀이 시간 50분)

□ **시험 유의사항**

[1] 한국토지주택공사 직무능력검사 구성은 다음과 같습니다. (신입직원 5·6급 공채 기준)

구분		문항 수	시간	평가 내용
5급	NCS 직업기초능력	40문항	110분	의사소통능력, 수리능력, 문제해결능력
	직무역량	60문항		모집 직무별 전공시험
6급	NCS 직업기초능력	40문항	50분	의사소통능력, 수리능력, 문제해결능력

[2] 본 실전모의고사는 NCS 직업기초능력 40문항으로 구성되어 있습니다. 따라서 지원 분야에 따라 다음과 같이 풀이하시면 됩니다.
- 5급 사무(일반행정): NCS 직업기초능력 40문항 + 직무역량(경영/경제 중 택 1) 60문항
- 5급 기술(토목): NCS 직업기초능력 40문항 + 직무역량(토목) 60문항
- 5급 기술(건축): NCS 직업기초능력 40문항 + 직무역량(건축) 60문항
- 5급 사무(전산 및 전문)/5급(토목·건축 외 분야)/6급: NCS 직업기초능력 40문항

[3] 본 실전모의고사 마지막 페이지에 있는 OMR 답안지와 해커스ONE 애플리케이션의 학습 타이머를 이용하여 실전처럼 모의고사를 풀어보시기 바랍니다.

우리가 실생활에서 흔히 사용하는 휴대전화, 카메라, 시계 등에는 전지가 필수적으로 사용되고 있는데, 여기서 전지란 화학 반응을 통해 전극 사이에 전기 에너지를 발생시키는 장치를 말한다. 이러한 전지는 한 번 사용하고 폐기 처분하는 1차 전지와 재충전하여 여러 번 다시 사용할 수 있는 2차 전지로 구분된다. 1차 전지의 −극으로 표기되어 있는 평평한 쪽에는 대부분 아연 금속이 연결되어 있는데, 아연 금속은 다른 금속에 비해 값이 저렴하고, 이온화 경향이 커 오랜 시간 많은 에너지를 사용할 수 있기 때문에 주로 사용된다. 반면 2차 전지는 재사용을 위한 충전 시 아연 주변으로 많은 불순물이 생길 수 있으며, 변형이 일어나기 쉬운 구조이기 때문에 1차 전지와 달리 아연 금속을 사용하지 않는다는 특징이 있다.

충전을 통한 반복 사용이 가능해 오늘날 컴퓨터나 휴대전화 등에 널리 사용되고 있는 2차 전지의 핵심으로 리튬 이온 전지가 손꼽히고 있다. 이는 다른 전지와 비교하여 리튬 이온 전지만이 가진 탁월한 장점 때문으로, 먼저 무게가 매우 가볍다는 점을 들 수 있다. 리튬 이온 전지가 가벼울 수 있는 것은 금속 중 가장 가벼운 알칼리 금속, 리튬을 사용하기 때문으로, 작고 가벼워 에너지 밀도가 매우 높다. 또한, 다른 2차 전지에 비해 기전력이 3배 정도 커 리튬 이온 전지 하나만으로도 휴대전화를 작동시킬 수 있으며, 재사용을 위해 전지 충전 시 완전히 방전시키지 않고도 충전이 가능해 전지 관리가 쉽다. 더욱이 리튬 이온 전지의 자가 방전율은 다른 전지의 1/4 정도로 낮아 자가 방전에 의한 전력 손실이 매우 적다는 장점이 있어 대표적인 2차 전지로 널리 사용되고 있는 것이다.

그러나 이러한 많은 장점에도 불구하고 리튬 이온 전지 사용 시 유념해야 할 부분은 분명 존재한다. 제조 직후부터 열화가 진행되는 리튬 이온 전지는 사용 여부와 관계없이 계속해서 노화가 진행되는 탓에 수명이 2~3년 정도로 짧은 편이다. 노화의 속도는 보관 온도가 높을수록 빨라지는데, 0℃에서는 연간 약 6%, 25℃에서는 약 20%, 40℃에서는 약 35%의 수명이 감소된다. 이때 리튬 이온 전지의 취급 온도에 따라 심각한 안전 문제가 야기될 수 있는데, 적정 온도에 비해 너무 고온에 노출되거나, 햇빛이 강한 곳에 두면 폭발 위험이 있으므로 취급 장소의 온도를 주의해야 한다.

따라서 리튬 이온 전지의 수명 연장을 위해서 몇 가지 주의해야 할 사항이 있다. 리튬 이온 전지는 2차 전지에 해당하므로 충전을 통해 재사용이 가능한데, 전지 사용 후 충전은 가급적 빨리하는 것이 좋으며, 사용하지 않을 때는 충전율이 40~60% 정도가 됐는지 확인 후 습도가 낮은 곳에 보관해야 한다. 완전히 방전된 전지를 충전하게 되면 충전 시간이 오래 걸리거나, 더 이상의 충전이 이루어지지 않는 경우가 있으므로 완전히 방전될 때까지 사용하면 리튬 이온 전지의 수명 연장에 악영향을 미칠 수 있다. 리튬 이온 전지 구입 시에는 되도록 제조일과 구입일 사이의 기간이 짧은 것이 좋으며, 높은 온도에 노출된 전지는 수명이 급격히 짧아지게 되므로 적정 온도에 보관하는 것이 중요하다.

한편 리튬 이온 전지를 대체할 차세대 전지로 전고체 전지를 주목하고 있다. 전고체 전지는 양극과 음극 사이의 전해질이 액체인 리튬 이온 전지와 달리 전해질이 고체로 된 2차 전지에 해당한다. 액체 전해질로 구성된 리튬 이온 전지는 전고체 전지와 비교해 수명이 짧으며 양극과 음극이 만날 경우 화재 발생 위험이 있지만, 전고체 전지의 경우 고체 전해질이기 때문에 누액 위험성이 낮고, 인화성 물질이 포함되어 있지 않기 때문에 발화 가능성이 낮아 비교적 안전한 사용이 가능하다. 고체 전해질은 액체 전해질보다 에너지 밀도가 더 높아 충전 시간도 비교적 짧을 뿐 아니라 대용량 구현이 가능해 완충한다면 전기차의 최대 주행 거리를 800km로 늘릴 수 있다고 알려졌다. (   ) 액체 전해질에 비해 고체 전해질의 전도성이 낮아 효율성이 떨어진다는 문제가 뒤따르기 때문에 전고체 전지의 상용화를 위해서는 기술적으로 어려움이 따른다.

01. 윗글을 통해 추론한 내용으로 가장 적절하지 않은 것은?

① 리튬 이온 전지 재사용을 위한 충전 시에는 전지가 완전히 방전이 되었는지 확인한 후 충전해야 한다.

② 전지의 전해질이 고체일 경우 액체 대비 에너지 밀도가 높아 전지 충전 시간이 비교적 짧게 걸린다.

③ 2차 전지에 아연 금속을 사용하면 전지 충전 시 아연 금속 주변에 불순물이 생길 가능성이 높다.

④ 사용되지 않을 때도 노화가 진행되는 리튬 이온 전지는 보관 온도가 높아질수록 수명이 줄어든다.

⑤ 리튬 이온 전지의 충전은 되도록 빨리 이루어지는 것이 좋으며 습도가 낮은 곳에서 보관되어야 한다.

02. 윗글의 빈칸에 들어갈 단어로 가장 적절한 것은?

① 따라서　　　　② 그리고　　　　③ 그러나　　　　④ 게다가　　　　⑤ 결국

[03-04] 다음 글을 읽고 각 물음에 답하시오.

예전에는 사람과 같이 생활하는 동물을 사람에게 즐거움을 주기 위해 기르는 동물이라는 뜻에서 애완동물이라고 불렀다. 그러나 요즘 동물은 사람과 함께 더불어 살아가면서 사람에게 심리적 안정감과 친밀감을 주기 때문에 소외감과 외로움을 달랠 수 있는 친구 혹은 가족과 같은 존재라는 뜻에서 반려동물이라고 부른다. 반려동물과 함께 생활한 아이는 그렇지 않은 아이에 비해 심리적으로 안정되어 있고, 반려동물과의 지속적인 관계를 통해 감성이나 사회성, 공감하는 능력이 높게 나타난다고 한다. 노인 역시 반려동물과 함께 생활하면 심리적인 안정감과 자신감이 높아져 정신 건강에 큰 도움이 된다고 알려져 있다.

노인의 사회활동은 다른 연령에 비해 위축될 수 있고, 각종 질환으로 인한 신체적 고통이 따를 가능성이 높다. 이뿐만 아니라 배우자 혹은 친구들과의 사별로 인해 정신적으로 큰 고통이 동반될 수 있는데, 반려동물은 노인의 고통과 외로움 해소에 긍정적인 영향을 미칠 수 있다. 먼저 반려동물을 기르는 노인들은 그렇지 않은 경우보다 운동량이 증가하게 되어 육체적 건강 증진 및 심혈관계 질환의 예방과 회복 능력이 향상될 수 있다. 또한, 반려동물은 일상생활에 활력소가 되어 스트레스로 인해 병원을 찾는 횟수를 줄이는 역할을 한다는 연구 결과도 있다.

최근에는 미국의 한 연구팀에 의해 반려동물이 노인의 인지기능 저하 속도를 늦출 수 있다는 결과가 발표되었다. 이들은 정상적인 인지기능을 갖춘 평균 65세의 성인을 대상으로 반려동물이 노인의 인지기능에 어떤 영향을 미치는지에 대한 연구를 진행하였다. 대상자 중 50% 이상이 반려동물을 기르고 있었으며, 그중 약 32%가 반려동물과 5년 이상을 함께 생활해 온 것으로 밝혀졌다. 연구팀은 반려동물과 함께 생활해 온 노인을 대상으로 종합 인지 점수 사이의 연관성을 분석했는데, 반려동물과 5년 이상 함께 생활해 온 노인의 인지 점수가 그렇지 않은 경우보다 더 느리게 감소한다는 사실을 발견하였다.

(   ) 노화 진행 속도를 더디게 하기 위해서는 노년기의 건강한 생활 습관이 필수적이다. 노화를 방지하는 방법에는 매일 규칙적인 생활을 하는 것도 포함되는데, 반려동물을 기름으로써 여유 시간을 규칙적이고 건설적으로 사용하게 된다. 반려동물을 기르는 데는 노인의 건강 상태, 거주상황, 가족 구성원, 시간, 경제적 수준 등이 변수가 될 수 있으나 분명한 사실은 노인들이 반려동물과 함께 생활하게 되면서 그들의 사회성 회복뿐 아니라 일상에서의 스트레스 해소, 적극적인 삶의 동기 부여 등으로 윤택하고 건강한 노후를 설계할 수 있다는 것이다. 이것이 노인들에게 반려동물과 함께 생활하는 것을 적극 권장하는 이유이다.

03. 윗글의 논지를 강화하는 내용으로 가장 적절하지 않은 것은?

① 반려동물과 함께 생활하는 노인들은 스트레스를 받더라도 이를 해소하는 능력이 비교적 높다.

② 1인 가구 및 고령화 증가 추세로 인해 집에 남겨진 반려동물의 우울증 문제가 화두로 떠오르고 있다.

③ 반려동물과 함께 머물 수 있는 공간을 마련하는 노인시설이나 노인 병동이 증가하고 있다.

④ 배우자와 사별한 노인 중 반려동물이 없는 노인이 그렇지 않은 노인 대비 심인성 질환에 걸릴 확률이 높다.

⑤ 반려동물은 노인들의 인간관계와 사회활동을 촉진하는 사회적 윤활유 역할을 담당하고 있다.

04. 윗글의 빈칸에 들어갈 단어로 가장 적절한 것은?

① 하지만   ② 예를 들면   ③ 그러므로   ④ 이리하여   ⑤ 오히려

(가) 사실 바닷물에는 암석을 이루는 성분이나 화산의 기체 분출물, 생물학적인 활동으로 인한 부산물, 지구의 대기 물질 등을 포함해 다양한 물질들이 용해되어 있다. 바닷물에 녹아있는 성분을 일컬어 '염류'라고 하며, 그 종류만 해도 염화나트륨을 포함해서 염화마그네슘, 황산마그네슘, 황산칼슘, 황산칼륨, 탄산칼슘, 브로민화 마그네슘 등으로 매우 다양하다.

(나) 이처럼 지질학적인 영향을 받았기 때문에 바닷물의 위치에 따라 구성 성분과 그 비율이 다를 것으로 예측하기 쉽다. 하지만 대서양, 인도양, 태평양 등의 바다에서 염류가 차지하는 구성비는 어디서든 일정하다. 이를 바로 '염분비 일정의 법칙'이라고 한다. 다시 말해 바닷물에 녹아 있는 염류의 양은 지역에 따라 차이가 나지만, 이는 염류의 양이 변화한 것이 아니라 강수나 증발에 의해 물의 양이 변화한 것이며 바닷물 사이의 염류 구성 비율은 어디에서나 같다.

(다) 실제로 바닷물의 구성 성분 중 지각에도 포함된 물질이 많아 나트륨, 마그네슘, 칼슘은 암석의 풍화로 인해 생겨난 것으로 보는 것이 옳다. 하지만 모든 성분이 지각의 구성 성분과 같은 것은 아니다. 예컨대 염소와 황산염은 육지에 있는 물에서는 찾아볼 수 없는 물질이다. 오히려 염소, 황산염 등의 물질은 맨틀 상부에서 기원을 찾을 수 있는데, 이에 따라 화산 활동으로 인해 생성되었다고 여겨진다. 화산이 폭발할 때 분출되는 화산 가스가 염소와 황산염과 같은 성분으로 이루어져 있어 이들이 바닷물에 용해되면서 염류를 구성하게 된 것이다.

(라) 지구 표면의 약 70%는 물로 뒤덮여 있으며, 빙하까지 더하면 80%가량이 물로 덮여 있다. 그런데, 그중 우리가 마실 수 있는 물은 1%도 채 되지 않는다. 그 이유는 대다수 물이 바닷물이라는 데에 있으며, 민물과 달리 바닷물은 짠맛이 나서 그대로 섭취하기는 어렵고 담수화 과정을 거쳐야만 먹을 수 있다. 그렇다면 바닷물은 왜 짠 것일까? 그 이유는 바닷물에 소금 성분인 염화나트륨($NaCl$)이 많이 함유되어 있다는 데 있다.

(마) 바닷물에 염류가 녹아 있는 것은 물의 특성과 관련이 있다. 물은 다른 물질과 다르게 여러 종류의 물질을 녹인다는 특징이 있다. 지구가 처음 생겨났을 때 지구의 대기에는 수증기 외에도 염소나 황과 같은 산성의 물질들이 다량 함유되어 있었다. 이러한 물질이 섞여 내리는 산성비는 암석을 잘 녹였고, 그 결과 암석을 이루고 있는 원소 중 물에 잘 녹는 물질은 바다로 녹아 내려가 염류를 구성하게 되었다.

05. 윗글의 (가)~(마)를 논리적 순서대로 알맞게 배열한 것은?

① (라) – (가) – (다) – (마) – (나)

② (라) – (가) – (마) – (다) – (나)

③ (라) – (나) – (마) – (가) – (다)

④ (마) – (나) – (가) – (라) – (다)

⑤ (마) – (라) – (다) – (가) – (나)

06. 윗글을 통해 추론한 내용으로 가장 적절하지 않은 것은?

① 바닷물에는 산성비로 인해 녹은 암석 구성 원소도 용해되어 있다.

② 화산 활동으로 염소와 황산염이 바닷물의 염류가 되었다고 볼 수 있다.

③ 담수화 과정을 거치지 않는다면 바닷물은 식수로 공급될 수 없다.

④ 바닷물에 녹아 있는 염류의 양은 지역에 관계없이 모두 같다.

⑤ 바닷물에는 생물이 활동하면서 발생한 부산물도 녹아있다.

07. 다음 남녀고용평등과 일·가정 양립 지원에 관한 법률을 근거로 판단할 때, 가장 적절하지 않은 것은?

제2조(정의)

이 법에서 사용하는 용어의 뜻은 다음과 같다.

　　2. "직장 내 성희롱"이란 사업주·상급자 또는 근로자가 직장 내의 지위를 이용하거나 업무와 관련하여 다른 근로자에게 성적 언동 등으로 성적 굴욕감 또는 혐오감을 느끼게 하거나 성적 언동 또는 그 밖의 요구 등에 따르지 아니하였다는 이유로 근로 조건 및 고용에서 불이익을 주는 것을 말한다.

　　4. "근로자"란 사업주에게 고용된 사람과 취업할 의사를 가진 사람을 말한다.

제12조(직장 내 성희롱의 금지)

사업주, 상급자 또는 근로자는 직장 내 성희롱을 하여서는 아니 된다.

제13조(직장 내 성희롱 예방 교육 등)

① 사업주는 직장 내 성희롱을 예방하고 근로자가 안전한 근로환경에서 일할 수 있는 여건을 조성하기 위하여 직장 내 성희롱의 예방을 위한 교육(이하 "성희롱 예방 교육"이라 한다)을 매년 실시하여야 한다.

제14조(직장 내 성희롱 발생 시 조치)

① 누구든지 직장 내 성희롱 발생 사실을 알게 된 경우 그 사실을 해당 사업주에게 신고할 수 있다.

② 사업주는 제1항에 따른 신고를 받거나 직장 내 성희롱 발생 사실을 알게 된 경우에는 지체 없이 그 사실 확인을 위한 조사를 하여야 한다. 이 경우 사업주는 직장 내 성희롱과 관련하여 피해를 입은 근로자 또는 피해를 입었다고 주장하는 근로자(이하 "피해근로자등"이라 한다)가 조사 과정에서 성적 수치심 등을 느끼지 아니하도록 하여야 한다.

③ 사업주는 제2항에 따른 조사 기간 동안 피해근로자등을 보호하기 위하여 필요한 경우 해당 피해근로자등에 대하여 근무장소의 변경, 유급휴가 명령 등 적절한 조치를 하여야 한다. 이 경우 사업주는 피해근로자등의 의사에 반하는 조치를 하여서는 아니 된다.

④ 사업주는 제2항에 따른 조사 결과 직장 내 성희롱 발생 사실이 확인된 때에는 피해근로자가 요청하면 근무장소의 변경, 배치전환, 유급휴가 명령 등 적절한 조치를 하여야 한다.

⑤ 사업주는 제2항에 따른 조사 결과 직장 내 성희롱 발생 사실이 확인된 때에는 지체 없이 직장 내 성희롱 행위를 한 사람에 대하여 징계, 근무장소의 변경 등 필요한 조치를 하여야 한다. 이 경우 사업주는 징계 등의 조치를 하기 전에 그 조치에 대하여 직장 내 성희롱 피해를 입은 근로자의 의견을 들어야 한다.

⑥ 사업주는 성희롱 발생 사실을 신고한 근로자 및 피해근로자등에게 다음 각 호의 어느 하나에 해당하는 불리한 처우를 하여서는 아니 된다.

　　1. 파면, 해임, 해고, 그 밖에 신분상실에 해당하는 불이익 조치

　　2. 징계, 정직, 감봉, 강등, 승진 제한 등 부당한 인사조치

　　3. 직무 미부여, 직무 재배치, 그 밖에 본인의 의사에 반하는 인사조치

　　4. 성과평가 또는 동료평가 등에서 차별이나 그에 따른 임금 또는 상여금 등의 차별 지급

　　5. 직업능력 개발 및 향상을 위한 교육훈련 기회의 제한

　　6. 집단 따돌림, 폭행 또는 폭언 등 정신적·신체적 손상을 가져오는 행위를 하거나 그 행위의 발생을 방치하는 행위

　　7. 그 밖에 신고를 한 근로자 및 피해근로자등의 의사에 반하는 불리한 처우

⑦ 제2항에 따라 직장 내 성희롱 발생 사실을 조사한 사람, 조사 내용을 보고 받은 사람 또는 그 밖에 조사 과정에 참여한 사람은 해당 조사 과정에서 알게 된 비밀을 피해근로자등의 의사에 반하여 다른 사람에게 누설하여서는 아니 된다. 다만, 조사와 관련된 내용을 사업주에게 보고하거나 관계 기관의 요청에 따라 필요한 정보를 제공하는 경우는 제외한다.

제14조의2(고객 등에 의한 성희롱 방지)

① 사업주는 고객 등 업무와 밀접한 관련이 있는 사람이 업무수행 과정에서 성적인 언동 등을 통하여 근로자에게 성적 굴욕감 또는 혐오감 등을 느끼게 하여 해당 근로자가 그로 인한 고충 해소를 요청할 경우 근무 장소 변경, 배치전환, 유급휴가의 명령 등 적절한 조치를 하여야 한다.

② 사업주는 근로자가 제1항에 따른 피해를 주장하거나 고객 등으로부터의 성적 요구 등에 따르지 아니하였다는 것을 이유로 해고나 그 밖의 불이익한 조치를 하여서는 아니 된다.

① 직장 내 성희롱 발생 사실의 조사자는 피해근로자가 공개를 거부하더라도 관계 기관이 요청하는 경우 필요에 따라 조사 과정에서 밝혀진 사실을 제공할 수 있다.

② 업무수행 과정에서 근로자가 중요한 고객의 성적인 요구에 응하지 않아 발생한 피해에 책임을 물어 해당 근로자를 해고하는 행위는 법적으로 금지된다.

③ 직장 내 성희롱에서 근로자의 범위에는 사업주와 직접적인 고용 관계에 있는 근로자뿐만 아니라 해당 사업체에 취업하고자 하는 구직자도 포함된다.

④ 사업주는 의무적으로 해마다 성희롱 예방 교육을 시행하여 직장 내 성희롱을 예방하고 근로자가 안전하게 근로할 수 있도록 환경적 여건을 마련해야 한다.

⑤ 사업주는 직장 내 성희롱 피해 사실에 대한 조사가 끝나기 전까지 피해근로자를 보호하기 위해 필요하다면 임의로 해당 피해근로자의 근무장소를 변경하는 등의 조치를 취할 수 있다.

[08 – 09] 다음 글을 읽고 각 물음에 답하시오.

　반론권이란 언론 기관의 불공정한 보도로 자신의 신용이나 명예가 훼손된 경우 해당 언론사를 상대로 반론 보도를 청구할 수 있는 권리이다. 반론권은 우리나라 민법에서 규정하고 있는 비금전적인 구제 방식 중 하나로, 언론의 보도로 인해 피해를 입었다고 주장하는 당사자가 문제가 된 언론 보도 내용 중 순수한 의견이 아닌 사실적 주장에 대해 해당 언론사를 상대로 지면이나 방송으로 반박할 수 있는 권리이다. 이때 반론권은 사실과 다른 기사의 정정 보도를 게재하거나 방송하는 것만을 청구할 수 있는 권리가 아니라 해당 기사에 언급된 사람이 기사와는 다른 내용을 게재 또는 방송할 수 있는 권리까지 포함한다.

　반론 보도의 청구는 자연인뿐 아니라 이미 사망한 사람에 대해서도 청구할 수 있으며, 당사자 능력이 없는 기관 또는 단체라고 하더라도 불공정한 보도 내용과 직접적인 이해관계가 있을 때에는 그 대표자가 반론 보도를 청구할 수 있다. 언론의 보도로 피해를 입은 사람은 해당 보도 등이 있음을 안 날로부터 3개월, 해당 보도가 있은 날부터 6개월 이내에 해당 언론사에 반론 보도를 청구해야 한다. (　　　) 사실적 주장에 관한 언론 보도에 대해 반론 보도를 청구하는 경우에는 언론사 등의 고의 및 과실이나 위법성을 요구하지 않는다. 언론 보도로 피해를 입은 사람은 반론 보도 청구 시 해당 언론 보도의 원본이나 사본 및 언론 보도 등의 배열에 관한 전자기록의 열람 또는 복사를 해당 언론사 등에 신청할 수 있다.

　이처럼 언론 보도로 인해 피해를 입은 사람은 반론 보도 청구로 피해 구제를 청구할 수 있으며, 이 외에도 언론사를 상대로 정정 보도 청구, 추후 보도 청구뿐 아니라 손해배상을 청구할 수도 있다. 반론 보도 청구는 일반적으로 반론권에 의해 실현되는 방법을 말하는 것으로, 정정 보도나 추후 보도와는 다른 점이 있다. 먼저 정정 보도 청구는 보도 내용이 사실과 달라 잘못된 부분을 바로잡기 위한 것으로, 허위 보도를 한 언론사가 스스로 해당 기사가 잘못되었음을 밝히고, 정정 기사를 게재 또는 방송해 줄 것을 요구하는 것이다. 이 때문에 보도된 내용의 사실관계가 명확하거나 입증하기 수월할 경우에는 정정 보도 청구를, 사실관계가 불명확하거나 입증하기 어려울 경우에는 반론 보도 청구를 하는 것이 바람직하다.

　또한, 추후 보도 청구는 언론에 의해 범죄혐의자 또는 범인으로 보도된 당사자가 혐의가 없는 것으로 밝혀졌을 경우 해당 언론사에 자신의 무혐의나 무죄 판결에 대한 내용을 보도해 줄 것을 요구하는 것이다. 추후 보도 청구를 하기 위해서는 형사 절차가 무죄판결 또는 이와 동등한 상태로 종결된 때에 그 사실을 안 날로부터 3개월 이내에 청구해야 하며, 무혐의 또는 무죄판결과 같은 증명서류를 함께 제출해야 한다. 언론 보도로 인한 피해자를 구제할 수 있는 절차에는 언론사와 직접 협의하는 방법, 언론중재위원회에 조정이나 중재 신청하는 방법, 법원에 소송을 제기하는 방법이 있는데, 세 가지 절차 중 어느 것을 먼저 거쳐도 상관없다. 따라서 피해자는 언론사와의 협의 없이 바로 위원회에 조정을 신청할 수 있으며, 위원회 조정을 거치지 않아도 법원에 소를 제기할 수 있다.

08. 윗글의 내용과 일치하지 않는 것은?

① 정정 보도 청구는 사실과 다른 기사가 게재되었을 경우 해당 기사를 게재한 당사자가 직접 기사 내용을 정정해 줄 것을 요청하는 것이다.

② 사실과 다른 언론 보도로 피해를 입은 당사자는 언론중재위원회의 조정 절차를 밟지 않아도 법원에 소송을 제기할 수 있다.

③ 추후 보도는 보도 내용상 범인으로 보도된 당사자가 자신의 무혐의가 밝혀졌음을 안 날로부터 3개월 이내까지만 청구할 수 있다.

④ 반론권은 불공정한 보도에 언급된 당사자가 해당 보도와는 다른 내용을 언론사에 방송할 수 있는 권리도 포함한다.

⑤ 불공정 보도와 직접적인 이해관계가 있더라도 당사자 능력이 없는 기관의 대표자는 반론 보도 청구의 주체가 될 수 없다.

09. 윗글의 빈칸에 들어갈 단어로 가장 적절한 것은?

① 그래서　　　② 그리고　　　③ 다만　　　④ 또한　　　⑤ 즉

10. 다음 내용을 토대로 추론할 때, 국토종합계획안에 따라 시행될 내용으로 가장 적절하지 않은 것은?

국토교통부는 6월 27일 목요일에 일반 국민과 전문가 등의 의견을 수렴하기 위해 제5차 국토종합계획 공청회를 개최한다. 이번 공청회는 계획을 총괄하는 국토연구원이 먼저 국토종합계획 시안을 발표하고, 지역연구원에서 지역발전방안을 발표하는 방식으로 진행되며, 충청권 공청회를 시작으로 호남권·제주권, 수도권·강원권, 영남권 순으로 3차례 더 개최될 예정이다.

이번 계획안에는 인구감소, 저성장, 국토환경과 삶의 질에 대한 국민적 관심 증대, 4차 산업혁명, 남북 관계 등 국토정책에 영향을 미치는 메가트렌드 변화에 대응하는 공간적 계획이 담겼으며 특히, 이번 계획안은 소통형 계획 모델을 지향하면서 국민참여단을 결성하여 계획 수립 단계부터 국민이 직접 참여하는 방식을 채택하였다.

제5차 국토종합계획안의 자세한 내용을 살펴보면, "모두를 위한 국토, 함께 누리는 삶터"를 새로운 비전으로 제시하고 있으며, "포용적인 국토, 활력있는 국토, 품격있는 국토, 상생하는 국토"를 4대 목표로 제시하고 이를 위한 5대 전략을 수립하였다.

[5대 전략]

전략	내용
개성과 경쟁력을 갖춘 균형국토 만들기	– 수도권과 지방의 동반 성장 – 노후 산단 재생 및 신규 모델 확산 – 누구에게나 차별 없는 문화공간 조성
편안하고 안전한 생활국토 만들기	– 유연한 도시계획을 통한 인구변화 대응 – 수요자 맞춤형 주거정책, 사각지대 해소 – 안전하고 회복력 강한 방재체계
아름답고 지속가능한 매력국토 만들기	– 계획적 토지이용을 통한 정갈한 공간 – 도시경관 향상으로 매력공간 확산 – 지속가능한 국토환경 조성
편리하고 스마트한 첨단국토 만들기	– 교통 단절구간 연결, 대도시권 혼잡 개선 – 전략적 관리를 통한 여건 변화 대응 – 첨단기술을 활용한 국토관리 향상
세계와 함께 번영하는 평화국토 만들기	– 신경제구상을 통한 평화 안착 – 인프라 연결 등 경제협력 지속 – 글로벌 교류 국가 위상 강화

국토교통부는 이번 지역별 공청회에서 논의된 내용과 지자체 및 관계부처 협의 등을 통해 수렴된 의견을 종합적으로 검토하여 제5차 국토종합계획을 최종 보완할 예정이며, 국토정책위원회 심의, 대통령 승인 등을 거쳐 올해 말에 최종 확정할 계획이다.

※ 출처: 국토교통부 보도자료

① 생활국토를 만들기 위해 부동산 가격을 인상시켜 주거 공급자의 수익을 보장할 것이다.
② 첨단국토를 만들기 위해 교통이 이어지지 않은 곳들을 연결하고 대도시권의 질서가 유지되도록 할 것이다.
③ 균형국토를 만들기 위해 오래된 산단의 재생 및 새로운 모델 도입이 확대되도록 할 것이다.
④ 평화국토를 만들기 위해 신경제구상을 활용하여 평화가 자리 잡도록 하고, 세계적인 교류 국가의 위상을 강화할 것이다.
⑤ 매력국토를 만들기 위해 지속가능한 국토환경을 만들고 도시경관이 나아지도록 할 것이다.

11. 다음 안내문의 내용과 일치하는 것은?

[LH형 사회주택·공동체주택 시범사업 주택 명칭 공모]

1. **LH형 사회주택·공동체주택이란?**
   - 입주민과 지역주민이 어우러져 지역 공동체를 활성화하고 사회적 가치를 창출할 수 있는 LH와 사회적 경제 주체가 협력해 운영하는 수요자 맞춤형 주택

2. **공모기간 및 공모자격**
   1) 공모기간: 20XX. 5. 8.(금)~5. 22.(금)
   2) 공모자격: 대한민국 국민 누구나 신청 가능(단, 공모대상 주택별 1인당 1건에 한해 응모 가능)

3. **공모대상 주택**
   1) 도심 비주거시설 활용 청년사회주택
      - 위치: 서울 동작구 노량진동 215-1
      - 주요 특징: 노후 고시원 매입·리모델링 후 공유오피스, 셰어하우스 형태로 예술인 청년에게 공급
   2) 어르신 맞춤형 공동체주택(도심형)
      - 위치: 서울 도봉구 방학동 604-34 일원
      - 주요 특징: 고령자 맞춤형 편의시설 설치 및 커뮤니티케어 서비스 제공
   3) 어르신 맞춤형 공동체주택(농어촌형)
      - 위치: 강원 고성군 인흥리 205
      - 주요 특징: 산불 이재민 재정착 지원을 위한 공동체 주택으로, 고령자 맞춤형 편의시설 설치 및 생활 SOC 운영 지원

4. **응모방법**
   - 응모신청서(붙임 1 참조) 작성 후 이메일(min@lh.or.kr)로 제출

5. **결과 발표**
   - 수상작은 20XX. 6. 19.(금) 공사 홈페이지 게시 및 수상자 개별 통보

6. **시상내역**

구분	수상자	상금	비고
최우수상	각 1명	각 50만 원	LH 사장상
우수상	각 2명	각 30만 원	LH 서울지역본부장상
장려상	각 5명	각 10만 원	LH 서울지역본부장상

   ※ 1) 공모대상 주택에 따라 시상은 별도로 진행되며, 상금에 대한 제세공과금은 수상자 본인 부담
   2) 최우수 당선작은 시범사업 주택의 공식 명칭으로 사용될 예정이나 최종 네이밍은 다를 수 있음

   [붙임 1] 공모전 응모신청서

---

① 공모 결과는 홈페이지에서만 공개되어 수상자도 홈페이지를 통해 확인해야 한다.

② 도심 비주거시설 활용 청년사회주택은 사회초년생들에게만 제공되는 주택이다.

③ 모든 수상자는 자신이 받은 상금에 대한 제세공과금을 부담하지 않아도 된다.

④ 어르신 맞춤형 공동체주택 중 농어촌형에서는 생활 SOC 운영을 지원한다.

⑤ 대한민국의 국민이라면 누구나 별도의 양식 없이 공모전에 응모할 수 있다.

(가) 지문 인식 기술은 1960년대 후반 지문을 전자적으로 기록할 수 있는 라이브 스캔 시스템 기술이 개발되면서 획기적인 전환기를 맞이하였다. 지문의 특징들은 라이브 스캔 시스템 기술의 등장으로 오늘날 각각의 특징점으로 더욱 세분화되었다. 융선의 굴곡이 위쪽으로 가장 큰 곳인 중심점, 융선 흐름이 세 방향에서 모이는 삼각주, 융선이 흐르다가 갈라지는 지점인 분기점, 융선이 흐르다가 끊어지는 점인 끝점 등은 오늘날 지문 인식 알고리즘의 특징점으로 사용되고 있다.

(나) 그러나 가장 보편적으로 이용되는 방식은 후자로, 플래튼에 강한 빛을 쏘아 플래튼 위에 얹힌 손끝의 지문 형태를 반사하는 방식을 활용한다. 이때 반사된 지문의 이미지가 고굴절 렌즈를 통과하여 빛을 전기로 변환시킴으로써 판독할 수 있도록 만든 장치인 CCD에 입력되는 것이다. 지문 인식 기술의 대표적인 두 가지 방식 모두 제조회사마다 조금씩 다를 수는 있으나 지문을 읽어 올 수 있도록 센서 기능을 통해 촬영하는 입력부와 데이터베이스와 현재 사용자의 지문을 대조해 본인 여부를 확인하는 인증부로 이루어진 기본 구조는 동일하다.

(다) 지문 인식 기술은 이러한 지문의 특징점을 적용하여 사람의 손가락을 전자적으로 읽어 미리 입력되어 있는 데이터와 비교함으로써 본인이 맞는지 확인하는 용도로 사용하는 신분 확인 기술이다. 지문 인식의 대표적인 방식에는 실리콘 칩으로 불리는 반도체 방식과 광학식 있다. 전자는 피부가 가진 전기 전도 특성을 활용한다. 실리콘 칩 표면에 손끝을 직접 접촉시키면 칩 표면에 지문의 모양이 남게 되는데, 여기서 접촉된 지문의 특수한 모양을 전기 신호로 읽는 방식이다.

(라) 이처럼 오늘날 다양한 분야에서 활용되고 있는 지문의 역사는 1880년으로 거슬러 올라간다. 당시 영국의 외과의사 헨리 폴즈는 지문의 상이성을 처음으로 파악하였다. 그 후 1892년 영국의 유전 통계학자 프랜시스 골턴이 『핑거 프린트』라는 책을 펴내면서 지문이 실제 수사에 본격적으로 사용되기 시작하였다. 골턴은 이 책을 통해 사람마다 지문이 모두 다르다는 사실을 통계적으로 입증하였으며, 지금까지도 지문의 분류 방법으로 허용되는 와상문, 제상문, 궁상문 등의 방법을 소개하기도 하였다. 그리고 마침내 1892년 세계 최초로 지문을 이용해 살인 사건을 해결하는 데 이르렀다.

(마) 지문이란 손가락 끝마디의 바닥면에 있는 무늬를 말하는 것으로, 땀샘이 솟아올라 생긴 선 모양이 연결되면서 만들어졌다고 하여 이를 융선이라고도 한다. 24주째인 태아 때부터 생성되기 시작하는 지문은 평생 동안 같은 형태를 유지한다는 고유한 특성을 지니며, 외부 요인에 의해 상처가 생기더라도 빠른 시간 내에 기존과 동일한 형태로 재생된다. 이 때문에 타인과 동일한 형태의 지문을 가질 확률이 낮아 지문의 신뢰성과 안정성이 높이 평가되고 있다. 또한, 생체 인식 기술 가운데 가장 간편하면서도 비용이 많이 들지 않으며, 현재는 다양한 분야에 적용이 가능하다는 장점을 지닌다.

12. 윗글의 (가)~(마)를 논리적 순서대로 알맞게 배열한 것은?

① (다) − (나) − (마) − (가) − (라)

② (다) − (라) − (가) − (나) − (마)

③ (마) − (나) − (다) − (라) − (가)

④ (마) − (라) − (나) − (가) − (다)

⑤ (마) − (라) − (가) − (다) − (나)

13. 윗글을 통해 추론한 내용으로 가장 적절한 것은?

① 사람마다 다른 모양을 갖게 되는 지문은 태어난 지 6개월 이내에 완전히 형성된다.

② 영국의 외과의사였던 폴즈는 지문의 상이성과 지문 분류 방법을 소개하였다.

③ 지문 인식 기술의 입력부와 인증부로 이루어진 기본 구조는 지문 인식 기술마다 서로 다르다.

④ 반도체 지문 인식 방식은 사람 피부의 전기 전도 특성을 통해 지문을 전기 신호로 읽어 들인다.

⑤ 지문의 특징점이 중심점, 분기점, 끝점 등으로 세분화되면서 지문의 상이성이 통계적으로 입증되었다.

혁신공간으로 거듭날 대학 찾는다 … 캠퍼스 혁신파크 신규 공모
- 19일부터 3월 9일까지 신청서 접수 … 3월 말 최종 2개 대학 선정 -
- 대학 내 기존 건축물 활용, 지방공사 참여, 지자체 지원 의지 등 평가 강화 -

▫ 국토교통부(장관 변△△), 교육부(부총리 겸 교육부장관 유△△), 중소벤처기업부(장관 박△△)는 대학을 거점으로 하는 지역 내 혁신 생태계 조성을 위해 202X년 캠퍼스 혁신파크 사업의 신규 2개 대학 선정을 위한 공모를 추진한다.
　○ 캠퍼스 혁신파크 사업은 대학의 유휴 부지를 도시첨단산업단지로 조성하고, 기업 입주 공간 건축, 정부의 산학연 협력 및 기업 역량 강화 사업 등을 집중하여 대학을 혁신성장 거점으로 육성하는 3개 부처 공동 사업이다.
　○ 금번 공모는 지난 201X년도 선도사업 공모에 이어 두 번째로 실시하는 것이며, 선도사업(경쟁률 약 10:1)에 이어 많은 대학의 관심과 참여가 예상된다.
▫ 선도사업과 달리 이번 공모에서 달라지는 점은 다음과 같다.
　① 도심 내 대학은 충분한 부지 확보가 쉽지 않다는 점을 고려해 이번 공모는 대학 내 기존 건축물을 활용하는 경우도 허용하며, 이를 통해 캠퍼스 혁신파크 사업의 효율적 공간 활용이 기대된다.
　　※ 기존 건축물의 대지면적은 전체 산업단지 면적의 50% 미만이어야 하며, 캠퍼스 혁신파크의 취지에 맞게 활용되어야 함
　② 선도사업과 달리 한국토지주택공사(LH) 외에도 지역 실정 등을 적극 반영할 수 있도록 지방공사 등 다른 공공기관과의 공동 사업 시행도 가능해진다.
　③ 사업 효과성 제고를 위해 '산업단지로서의 개발 타당성'의 평가 배점은 20%만큼 강화하고, '지자체의 행·재정적 지원 의지'의 평가 배점은 50%만큼 강화한다.

평가 지표	배점
산업단지로서의 개발 타당성(사업목표, 규모 적정성, 정부 정책 연계성 등)	25
대학의 사업 추진 역량과 의지	30
기업 유치 및 지원기관 참여 가능성	25
지자체의 행·재정적 지원 의지	10
선도사업의 조기 활성화 가능성	10

▶

평가 지표	배점
산업단지로서의 개발 타당성(사업목표, 규모 적정성, 정부 정책 연계성 등)	(㉠)
대학의 사업 추진 역량과 의지	30
기업 유치 및 지원기관 참여 가능성	25
지자체의 행·재정적 지원 의지	(㉡)

▫ 공모 신청대상은 대학 및 산업대학(산업입지법 제7조의2에 따라 인구 과밀 방지 등을 위해 서울은 도시첨단산업단지 지정이 불가하여 서울에 소재한 캠퍼스는 제외)이며, 민간 전문가들로 구성된 평가위원회가 평가 기준에 따라 서면평가, 현장실사, 종합평가 순으로 평가하여 최종 2개 대학을 선정하게 된다.
　○ 선정된 대학은 도시첨단산업단지 조성비와 기업입주 공간으로 활용될 '산학연 혁신허브'의 건축비 일부를 국비(수도권 약 95억 원, 지방 약 190억 원)로 지원받는다. 아울러 산학연 협력 및 기업 역량 강화 지원 방안도 마련하여 지원해 나갈 계획이다.
　○ 이번 공모 사업과 관련하여 자세한 내용은 18일(월)부터 국토교통부, 교육부, 중소벤처기업부 누리집을 통해 확인할 수 있으며, 19일(화)부터 참가 신청서를 접수해 3월 말 최종 선정할 계획이다.
▫ 정부 관계자는 "기존 캠퍼스 혁신파크 3개 대학 선도사업이 모두 차질없이 추진되면서, 지역의 혁신공간으로 자리매김하고 있다"면서, "이번 공모에서도 우수사업을 발굴해 성공모델로 육성할 계획이며, 앞으로도 지역 곳곳에 대학을 거점으로 하는 혁신 생태계가 조성될 수 있도록 적극 지원할 계획"이라고 하였다.

※ 출처: 국토교통부 보도자료

14. 위 보도자료의 내용과 일치하지 않는 것은?

① 선도사업에서는 한국토지주택공사뿐만 아니라 여러 공공기관이 참여하여 지역 실정을 반영하였다.

② 캠퍼스 혁신파크 사업은 국토교통부, 교육부, 중소벤처기업부 3개 부처가 공동으로 주관하는 사업이다.

③ 공모 사업에 선정된 대학 캠퍼스는 지역에 따라 금액에 차등을 두어 국가로부터 재정적 지원을 받는다.

④ 캠퍼스 혁신파크 사업은 종전의 선도사업보다 정부 정책 및 사업과의 연계성 평가가 강화되었다.

⑤ 인구 과밀 방지를 위한 관련 법에 의해 캠퍼스 혁신파크 신청대상에서 서울 소재 캠퍼스가 제외되었다.

15. 위 보도자료의 ㉠, ㉡에 들어갈 숫자로 가장 적절한 것은?

	㉠	㉡
①	15	30
②	20	25
③	25	20
④	27	18
⑤	30	15

16. 다음 보도자료의 내용과 일치하지 않는 것은?

보 도 자 료			LH 한국토지주택공사
배포일시	202X. 5. 8.(금)		
보도일시	5. 10.(일) 11:00부터 보도 가능합니다.		
담당부서	주택기술처	담당자	조○○ 부장(055-123-4567) 권○○ 차장(055-123-4568)

LH, 초미세먼지 대응 건설현장 계약조정 지침 마련
– 초미세먼지로 인한 공사 정지 시 계약기간 조정 세부기준 마련
– 계약기간 조정 시 간접비 증액 등 계약금액 조정 방안도 포함

LH(사장 변○○)는 초미세먼지로 건설공사가 일시정지될 경우 계약기간 및 계약금액을 조정할 수 있는 계약 조정 세부지침을 마련했다고 10일 밝혔다. 최근 미세먼지 및 관련 질환 증가로 정부는 미세먼지 피해를 '사회 재난'으로 규정하고 국토교통부는 초미세먼지 재난 위기대응 실무 매뉴얼을 시행하는 등 범정부 차원의 대책이 이어지고 있다.

또한, 기획재정부의 고농도 미세먼지로 인한 공사 일시 정지 시 계약기간 및 계약금액을 조정하는 '미세먼지 저감 등을 위한 공공계약 업무처리 지침' 발표에 따라, LH 역시 계약 조정 세부지침을 수립해 근로자 보호 및 건설현장 지원에 나섰다. 이번 지침에 따르면, 초미세먼지 위기경보 발령 등으로 건설공사가 중단되어 전체 공사기간 중 작업 불가능 일수가 최초 계약에 반영된 작업 불가능 일수를 초과하는 경우, 초과 일수만큼 계약기간을 연장할 수 있도록 했다.

※ 작업 불가능 일수: 공휴일이나 폭우, 폭설 등 기후여건 등에 의해 공사를 하지 않는 기간

그뿐만 아니라 공사연장에 따른 간접비 증가를 반영해 계약금액 역시 조정 가능하며, 일시 정지 조치를 하지 않아도 미세먼지로 작업이 현저히 곤란하여 불가피하게 공사가 지연된 경우 지체 배상금을 부과하지 않는다. 이외에도 LH는 미세먼지 위기경보가 발령되면 건설현장 살수 및 진공흡입 조치, 미세먼지 발생 작업의 공사시간 조정 및 폐질환자, 고령자 등에 대한 근로자 안전조치를 시행하는 등 피해 방지에 최선을 다하고 있다.

LH 건설기술본부장은 "올해 2월 코로나19로 인한 공사 정지 시 건설현장 계약조정 방안을 시행한 데 이어 이번 조치의 추가 시행으로 건설사들의 부담이 보다 완화될 것으로 기대한다"라며, "앞으로도 LH는 합리적인 공기 산정 및 적정 공사비 지급을 통해 공정한 건설현장문화를 조성하고, 근로자 안전 확보를 위해 최선을 다하겠다"라고 밝혔다.

※ 출처: 한국토지주택공사 보도자료

① LH의 초미세먼지 대응 건설현장 계약조정 지침으로 인해 LH 건설현장에서 심각한 미세먼지 발생으로 공사가 잠시 지연되더라도 지체로 인한 배상금은 별도로 부과되지 않는다.

② 미세먼지로 인한 피해가 사회 재난으로 규정됨에 따라 국토교통부에서 초미세먼지 재난 위기대응 실무 매뉴얼을 시행하는 등 범정부 차원의 대책이 마련되고 있다.

③ 미세먼지 위기경보 발령 이후 LH에서는 건설현장 살수·진공흡입 조치, 미세먼지를 유발할 수 있는 작업에 대한 공사시간 조정 등의 근로자 안전조치를 진행하여 미세먼지로 인한 피해를 낮출 예정이다.

④ LH에서는 초미세먼지 대응 건설현장 계약조정 지침을 시행하고 난 뒤 코로나19로 인한 공사 정지 시 건설현장 계약조정 방안도 시행할 계획이다.

⑤ LH의 초미세먼지 대응 건설현장 계약조정 지침에 따라 LH 건설현장의 미세먼지로 인한 작업 불가능 일수가 최초 계약에 명시된 작업 불가능 일수보다 많아지면 초과한 날만큼 계약기간 연장이 가능하다.

[17 – 19] 다음은 공유 저작물 종류별 DB 이용 건수에 대한 자료이다. 각 물음에 답하시오.

[공유 저작물 종류별 DB 이용 건수]

(단위: 천 건)

구분	2018년			2019년			2020년		
	조회	원문보기	다운로드	조회	원문보기	다운로드	조회	원문보기	다운로드
어문	814	408	350	4,003	1,185	669	8,231	4,611	785
음악	849	7	270	877	13	314	2,455	24	1,613
미술	5,270	3	777	3,780	16	428	3,284	29	670
건축	0	0	0	0	0	0	0	0	0
사진	6,612	550	2,803	13,387	1,104	3,863	12,557	1,749	2,391
영상	436	12	196	984	132	62	1,648	358	203
컴퓨터 프로그램	100	1	77	175	0	143	262	0	1,679
기타	550	0	427	18	3	0	262	80	0
전체	14,631	981	4,900	23,224	2,453	5,479	28,699	6,851	7,341

※ 출처: KOSIS(한국저작권위원회, 저작권통계)

17. 다음 중 자료에 대한 설명으로 옳지 않은 것은?

① 공유 저작물 전체의 조회, 원문보기, 다운로드 건수의 합은 2020년이 2018년의 2배 이상이다.

② 2020년 컴퓨터프로그램 다운로드 건수는 전년 대비 1,500천 건 이상 증가하였다.

③ 2020년 조회, 원문보기, 다운로드 건수의 합은 음악이 미술보다 109천 건 더 많다.

④ 2018년 대비 2019년 사진 조회 건수의 증가율은 100% 이상이다.

⑤ 제시된 기간 동안 매년 조회, 원문보기, 다운로드 건수가 모두 가장 많은 저작물은 사진이다.

18. 2020년 전체 다운로드 건수에서 사진이 차지하는 비중은 약 얼마인가? (단, 소수점 둘째 자리에서 반올림하여 계산한다.)

① 25.5%   ② 27.6%   ③ 32.6%   ④ 35.5%   ⑤ 43.8%

19. 다음 중 제시된 자료를 바탕으로 연도별 영상 조회 건수와 영상 다운로드 건수의 차를 나타낸 그래프로 옳은 것은?

①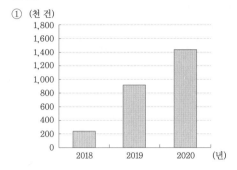

②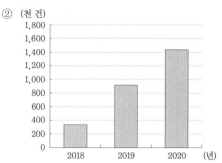

③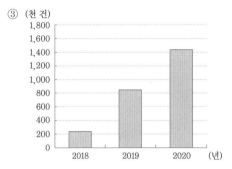

④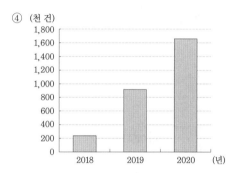

⑤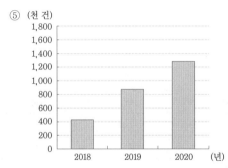

[20 – 22] 다음은 연도별 나노융합산업 현황에 대한 자료이다. 각 물음에 답하시오.

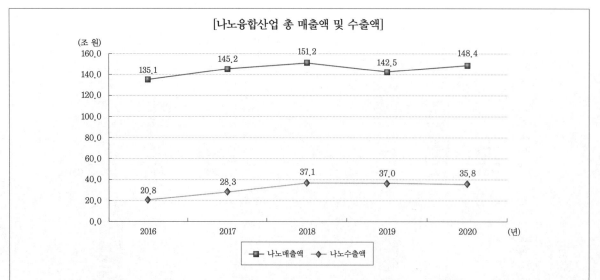

[나노융합산업 총 매출액 및 수출액]

[지역별 나노융합산업 사업체 수]

(단위: 개)

지역별	2016년	2017년	2018년	2019년	2020년
서울특별시	89	98	103	120	134
부산광역시	14	14	21	24	23
대구광역시	27	24	25	22	26
인천광역시	25	28	32	34	35
광주광역시	10	11	11	10	10
대전광역시	85	90	102	96	104
울산광역시	7	8	8	7	8
세종특별자치시	0	3	3	2	2
경기도	271	292	311	( )	346
강원도	10	13	10	10	11
충청북도	30	30	32	36	35
충청남도	32	32	35	35	36
전라북도	14	15	16	21	22
전라남도	10	9	9	11	11
경상북도	29	29	31	31	36
경상남도	19	20	25	21	22
제주도	1	1	1	1	1
전국	673	717	775	809	862

※ 출처: KOSIS(산업통상자원부, 나노융합산업조사)

20. 다음 중 자료에 대한 설명으로 옳지 않은 것을 모두 고르면?

> ⊙ 제시된 기간 동안 나노매출액 대비 나노수출액의 비중은 매년 30% 미만이다.
> ⊙ 2020년 전국의 나노융합산업 사업체 1개당 매출액은 170십억 원 미만이다.
> ⊙ 제시된 지역 중 2020년 나노융합산업 사업체 수가 2016년 대비 감소한 지역은 없다.
> ⊙ 2017년 이후 전국 나노융합산업 사업체 수의 전년 대비 증가량은 매년 40개 이상이다.

① ⊙, ⊙   ② ⊙, ⊙   ③ ⊙, ⊙   ④ ⊙, ⊙, ⊙   ⑤ ⊙, ⊙, ⊙

21. 2020년 나노융합산업 총 매출액의 전년 대비 증가율과 2021년 나노융합산업 총 매출액의 전년 대비 증가율이 동일하다고 할 때, 2021년 나노융합산업 총 매출액은 약 얼마인가? (단, 증가율과 2021년 나노융합산업 총 매출액은 소수점 둘째 자리에서 반올림하여 계산한다.)

① 153.9조 원   ② 154.1조 원   ③ 154.3조 원   ④ 154.5조 원   ⑤ 154.7조 원

22. 2019년 경기도의 나노융합산업 사업체 수는?

① 316개   ② 320개   ③ 324개   ④ 328개   ⑤ 332개

[23-25] 다음은 A 지역의 TV 시청기록에 대한 자료이다. 각 물음에 답하시오.

[2021년 2분기 TV 장르별 시청기록]

구분	4월		5월		6월	
	시청시간(분)	시청률(%)	시청시간(분)	시청률(%)	시청시간(분)	시청률(%)
보도	1,272.7	0.60	1,185.0	0.58	1,162.1	0.56
정보	801.2	0.41	776.3	0.39	737.6	0.37
드라마·영화	522.1	1.69	606.7	1.59	559.3	1.57
오락	1,231.6	0.92	1,341.5	0.93	1,096.4	0.84
스포츠	29.7	0.53	22.2	0.51	32.1	0.49
교육	11.8	0.10	16.2	0.13	11.3	0.09
어린이	29.6	0.15	31.0	0.16	29.0	0.15
기타	1.2	0.32	4.7	0.38	0.6	0.19

[TV 수상기 이용시간]

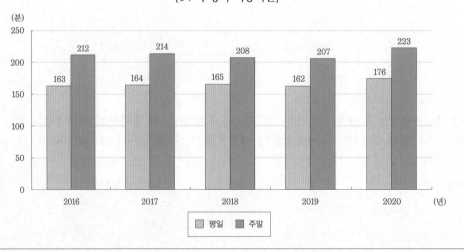

23. 다음 중 자료에 대한 설명으로 옳은 것은?

① 2021년 6월 전체 시청률에서 드라마·영화 장르의 시청률이 차지하는 비중은 40% 이상이다.

② 2021년 2분기 동안 보도 장르의 시청시간이 매월 가장 길다.

③ 2017년 이후 TV 수상기 이용시간의 매년 전년 대비 증감 추이는 평일과 주말이 동일하다.

④ 2021년 4월에 TV 장르별 시청시간이 2020년 평일과 주말의 TV 수상기 평균 이용시간보다 짧은 TV 장르는 기타를 제외하고 총 3개이다.

⑤ 2021년 6월 교육 장르 시청시간의 전월 대비 감소율은 35% 이상이다.

24. TV 장르별 2021년 2분기 월별 시청시간의 평균을 나타낸 자료가 다음과 같을 때, A~D를 바르게 연결한 것은?

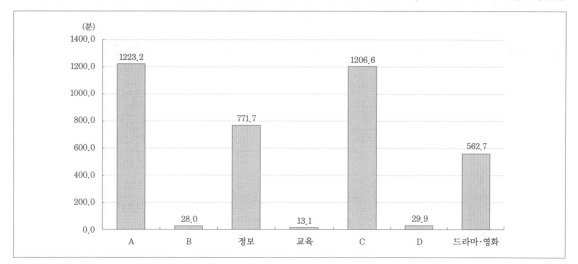

	A	B	C	D
①	오락	스포츠	보도	어린이
②	오락	어린이	보도	스포츠
③	보도	스포츠	오락	어린이
④	보도	어린이	오락	스포츠
⑤	보도	오락	스포츠	어린이

25. 2020년 평일 TV 수상기 이용시간의 3년 전 대비 증가율은 약 얼마인가? (단, 소수점 둘째 자리에서 반올림하여 계산한다.)

① 4.2%　　　② 6.7%　　　③ 7.3%　　　④ 8.0%　　　⑤ 8.6%

[26 – 27] 다음은 죄종별 학생범죄자 수에 대한 자료이다. 각 물음에 답하시오.

[죄종별 학생범죄자 수]

(단위: 명)

구분	2016년	2017년	2018년	2019년	2020년
강력범죄	3,076	3,173	3,220	3,175	2,539
절도범죄	21,018	19,022	15,920	15,912	15,907
폭력범죄	25,716	26,194	24,421	22,218	18,058
지능범죄	11,099	9,551	9,547	10,286	11,486
풍속범죄	2,804	2,441	2,528	2,489	3,244
특별경제범죄	1,959	1,571	1,197	1,355	1,065
마약범죄	102	113	141	193	321
보건범죄	82	69	69	82	229
환경범죄	12	5	7	10	2
교통범죄	15,159	14,078	11,004	10,406	10,877
노동범죄	14	7	9	1	0
안보범죄	4	7	3	5	6
선거범죄	11	23	32	0	59
병역범죄	356	345	309	261	50
기타범죄	10,935	9,844	8,854	8,629	8,804
전체	92,347	86,443	77,261	75,022	72,647

※ 출처: KOSIS(경찰청, 경찰청범죄통계)

26. 다음 중 자료에 대한 설명으로 옳은 것은?

① 제시된 기간 동안 학생범죄자 수가 가장 많은 죄종은 매년 동일하지 않다.

② 제시된 기간 동안 전체 학생범죄자 수가 가장 많은 해의 전체 학생범죄자 수는 가장 적은 해의 전체 학생범죄자 수의 1.25배 이상이다.

③ 2020년 학생범죄자 수가 1,000명 미만인 죄종들의 2020년 평균 학생범죄자 수는 100명 이상이다.

④ 제시된 기간 동안 매년 학생범죄자 수가 1만 명 이상인 죄종은 총 4개이다.

⑤ 2016년 대비 2020년에 학생범죄자 수가 증가한 죄종은 모두 제시된 기간 동안 매년 학생범죄자 수가 전년 대비 증가하였다.

27. 2019년과 2020년 강력범죄 학생범죄자의 구속률이 다음과 같을 때, 2019년과 2020년에 구속된 강력범죄 학생범죄자 수의 합은 약 얼마인가? (단, 소수점 첫째 자리에서 반올림하여 계산한다.)

구분	2019년	2020년
구속률	4.13%	5.08%

① 256명   ② 257명   ③ 258명   ④ 259명   ⑤ 260명

28. A 기업은 신입사원 연수 기간에 5층짜리 숙소를 사용할 예정으로 여자 신입사원 5명, 남자 신입사원 11명과 강사들에게 숙소의 호실을 배정하려고 한다. 다음 조건을 모두 고려하였을 때, 항상 옳은 것은?

- 호실은 기본적으로 2인 1실로 배정하나, 2인을 채울 수 없는 경우 1인 1실로 배정한다.
- 가장 아래층부터 층마다 호수가 낮은 호실 순서대로 배정한다.
- 호실 배정은 남자 신입사원부터 하며, 여자 신입사원과 남자 신입사원은 같은 층에 배정할 수 없다.
- 강사들은 101호와 102호에 배정한다.
- 강사와 신입사원은 같은 층에 배정할 수 없다.
- 누수 문제로 인해 연수 기간 동안 303호에는 배정할 수 없다.

[숙소 배치도]

구분	1호	2호	3호
5층	501호	502호	503호
4층	401호	402호	403호
3층	301호	302호	303호
2층	201호	202호	203호
1층	101호	102호	103호

① 1층에는 4명이 배정된다.

② 가장 적은 인원이 배정되는 층은 4층이다.

③ 302호에는 남자 1명이 배정된다.

④ 3호실에 배정되는 인원은 총 2명이다.

⑤ 남자 신입사원은 2층, 3층에만 배정된다.

29. A~E 5명이 근무하고 있는 ◇◇공사의 한 지사에서 문서 유출 사건이 발생하였다. A~E 5명 중 2명은 거짓을 말하고, 3명은 진실을 말하고 있다. 문서를 유출한 사람은 1명일 때, 문서를 유출한 사람은?

> - A: B 또는 E가 문서를 유출했습니다.
> - B: D의 말은 진실입니다.
> - C: E가 문서를 유출했습니다.
> - D: C는 문서를 유출하지 않았습니다.
> - E: 제가 문서를 유출했습니다.

① A   ② B   ③ C   ④ D   ⑤ E

30. A, B, C, D, E 5명은 사내 체육대회에서 달리기 시합에 출전하였다. 다음 조건을 모두 고려하였을 때, 항상 옳지 않은 것은?

> - 5명 중 결승선을 동시에 통과한 사람은 없었다.
> - A는 D보다 먼저 결승선을 통과했다.
> - B와 E는 가장 먼저 결승선을 통과한 사람이 아니며, B와 E 사이에 1명이 통과했다.
> - C와 D 사이에 2명이 통과했다.

① E보다 늦게 결승선을 통과한 사람은 없다.

② B가 D보다 먼저 결승선을 통과했다.

③ C는 첫 번째로 결승선을 통과했다.

④ D와 E는 연이어 결승선을 통과했다.

⑤ B와 C는 연이어 결승선을 통과했다.

31. 청년전용 전세자금 대출에 대한 안내문이 다음과 같을 때, 갑~무 중 가장 낮은 금리로 청년전용 전세자금 대출을 받을 수 있는 사람의 최대 대출 한도는? (단, 제시된 내용 이외의 사항은 고려하지 않는다.)

[청년전용 전세자금 대출 안내]

1. **대출 대상**(아래의 요건을 모두 충족하여야 함)
   1) 세대주 기준: 대출 접수일 기준 만 19세 이상 만 34세 이하인 신청자
      ※ 단, 셰어하우스에 입주하는 경우 세대주 기준을 만족하지 않아도 해당 상품 이용 가능함
   2) 소득 기준: 신청인과 배우자 소득을 합한 연 소득이 5,000만 원 이하인 신청자
      ※ 단, 신혼가구, 다자녀 가구, 타지역으로 이주하는 재개발구역 내 세입자의 경우 신청인과 배우자의 합산 소득이 6,000만 원 이하인 자로 함
   3) 자산 기준: 신청인과 배우자 자산을 합한 총자산이 3.25억 원 이하인 신청자

2. **대출 대상 주택**(아래의 요건을 모두 충족하여야 함)
   1) 임차 전용면적이 85m^2 이하인 주택·주거용 오피스텔
      ※ 단, 셰어하우스의 경우 면적 제한 없음
   2) 전세금액: 1.2억 원 이하

3. **대출 한도**(아래 중 더 적은 금액으로 산정함)
   1) 호당 대출 한도: 8,000만 원
   2) 전세금액의 80% 이내

4. **대출 금리**(부부합산 연 소득을 기준으로 산정하며, 우대금리 적용 후 최종 금리가 연 1% 미만인 경우 연 1%의 금리를 적용함)
   1) 2,000만 원 이하: 연 1.5%
   2) 2,000만 원 초과 4,000만 원 이하: 연 1.8%
   3) 4,000만 원 초과 6,000만 원 이하: 연 2.1%

5. **우대금리**
   1) 기본 금리우대(기본 금리우대는 최대 0.5%를 초과할 수 없음)
      – 연 소득 4,000만 원 이하 기초생활 수급권자: 연 0.5%
      – 연 소득 5,000만 원 이하 한부모 가구: 연 0.5%
   2) 추가 금리우대(기본 금리우대 사항과 중복 적용 가능함)
      – 다자녀 가구: 연 0.7%
      – 청년 가구: 연 0.3%(만 25세 미만이면서 대출 대상 주택의 전용면적이 60m^2 이하인 경우로 함)

[갑~무의 정보]

구분		갑	을	병	정	무
나이		만 20세	만 27세	만 18세	만 32세	만 25세
자산	본인	3,000만 원	1.2억 원	1,200만 원	1.8억 원	5,500만 원
	배우자	–	2억 원	–	1.5억 원	–
연 소득	본인	2,000만 원	3,000만 원	1,800만 원	3,200만 원	2,700만 원
	배우자	–	2,500만 원	–	4,100만 원	–
임차 전용면적		60m²	85m²	52.8m²	80m²	101.9m²
주택 형태		주거용 오피스텔	주택	셰어하우스	주택	셰어하우스
전세금액		8,500만 원	1억 원	7,800만 원	3.2억 원	9,000만 원
비고		한부모 가구	다자녀 가구	–	–	기초생활 수급권자

① 6,240만 원   ② 6,800만 원   ③ 7,000만 원   ④ 7,200만 원   ⑤ 8,000만 원

다음은 새롭게 건설될 국민 임대 아파트 보존등기 법무사 위임 수수료 지급 기준에 대한 자료이다. 법무사가 29A형과 29B형은 건물과 대지를 동시에 등기하고, 39A형은 건물만 등기하며, 46A형은 대지만 등기했을 때, 법무사가 지급받을 수수료 총액은?

[법무사 위임 수수료 지급 기준]

• 수수료 산정 방법
  – 등기하는 경우에 따른 건설호수 구간별 호당 단가를 적용하여 법무사에게 지급할 수수료로, 다음의 식으로 산정함

수수료 = 건설호수 × 호당 단가

  ※ 1) 산정된 수수료가 해당 구간 최저 수수료 미만인 경우 산정된 수수료 대신 최저 수수료를 지급함
  　　2) 등기하는 경우에 따른 건설호수 구간별 호당 단가 및 최저 수수료는 [붙임]을 참고하도록 함

[붙임] 건설호수 구간별 호당 단가 및 최저 수수료
  – 건물과 대지를 동시에 등기하는 경우

구분	호당 단가	최저 수수료
50호 이하	32천 원	–
51~100호	28천 원	1,600천 원
101~200호	23천 원	2,800천 원
201~400호	21천 원	4,600천 원
401~700호	20천 원	8,400천 원
701호 이상	19천 원	14,000천 원

  – 건물만 등기하는 경우

구분	호당 단가	최저 수수료
50호 이하	28천 원	–
51~100호	24천 원	1,400천 원
101~200호	19천 원	2,400천 원
201~300호	18천 원	3,800천 원
301~400호	17천 원	5,400천 원
401~1,000호	16천 원	6,800천 원
1,001호 이상	15천 원	16,000천 원

− 대지만 등기하는 경우

구분	호당 단가	최저 수수료
50호 이하	23천 원	−
51~100호	18천 원	1,150천 원
101~200호	14천 원	1,800천 원
201~300호	12천 원	2,800천 원
301~500호	11천 원	3,600천 원
501호 이상	10천 원	5,500천 원

[국민 임대 아파트 건설 대상 호수]

구분	일반 공급	주거약자용 공급	우선 공급
29A형	24호	−	72호
29B형	−	40호	−
39A형	32호	−	170호
46A형	11호	−	49호

① 7,384천 원　　② 7,454천 원　　③ 7,750천 원　　④ 7,844천 원　　⑤ 8,078천 원

[미술작품 공모 공고]

1. 목적
- 문화예술진흥법 제9조 및 동법 시행령 제12조에 의거 한국토지주택공사가 시행하는 건설사업 지구에 설치될 미술 작품을 공개 모집하고자 함

2. 공모 개요
1) 행정중심복합도시 4-2M3BL 미술작품 제작 및 설치 공사
2) 미술작품의 종류: 조형 예술물 및 공공조형물
3) 사업비 및 공모수량: 106,734천 원(1개소)
4) 설치 위치: 제공 도면 참고
5) 설치 기간: 계약일부터 건축물 사용 승인 이전까지

3. 공모 자격
- 공고일 기준 만 19세 이상으로, 미술작품의 제작 및 설치가 가능한 자
  ※ LH 현장에서 미술작품이 미준공 처리되어 미준공 판정일로부터 3년이 경과되지 않은 경우, 당해 연도에 LH가 시행한 공모 에 3회 이상 당선된 경우에는 공모 참여 불가

4. 공모 일정
1) 공모 공고일: 2022. 1. 11.(화)
2) 응모작품 제출기한: 2022. 1. 27.(목) 10:00~17:00
3) 심사위원 번호표 추첨일: 2022. 2. 8.(화) 14:00
4) 작품 심사 일자: 2022. 2. 9.(수) 14:00 (심사발표일 2022. 2. 11.)
5) 도판 반환 기한: 2022. 2. 21.(월)~2022. 2. 25.(금)
6) 당선 예정작 이의 신청기간: 2022. 2. 14.(월)~2022. 2. 18.(금)
  ※ 1) 공모에 대한 현장설명회는 진행하지 않으므로 자세한 사항은 현장설명서를 참조 바람
    2) 당선 예정작은 심사위원 8인의 평가 결과, 최고점과 최저점을 제외한 합산 점수가 가장 높은 작품으로 선정됨

5. 응모신청 및 응모작품 제출 방법
1) 작품 제출 기한: 2022. 1. 27.(목) 10:00~17:00 (시간 내 도착분에 한함)
2) 장소: 세종특별자치시 가름로 238-3, 한국토지주택공사 세종특별본부 2층 주택사업2부 소회의실
  ※ 응모작품 제출은 우편(택배, 퀵서비스 등)으로 송부할 수 없으며, 접수자 본인이 직접 제출해야 함

6. 응모작품 제출도서
1) 도판: 841×594mm(A1 규격) 1매(작품 규모 등에 따라 2매 이내 표기)
2) 제출 정면도, 배면도, 좌측면도, 우측면도, 무배경 투시도 및 배경 투시도, 작품 설명서
  ※ 1) 단, 작품 성격상 작품 모형으로 도판을 대체할 수 있다고 인정되는 경우에는 도판 대신 작품 모형을 제출할 수 있음
    2) 응모작품 접수 이후 서약서, 미술작품 가격산출 내역, 중복응모신고서, 미술작품 당선 및 설치 확인서, 개인정보 수집 및 이 용 동의서를 전자 파일 형태로 이메일(misul@lh.or.kr) 제출해야 하며, 미제출 시 자동 탈락 처리됨

7. 기타 사항
- 당선 작가에게는 제작 및 설치에 대한 시공 권한을 부여함(별도의 실시 설계비는 지급하지 아니함)
- 당선 작품에 대한 저작권은 저작권법에 따라 협의하나, 당해 공모와 관련한 전시, 홍보, 자료집 발간 등은 별도의 협의 없이 진행할 수 있음

33. 한국토지주택공사에서 근무하는 귀하는 미술작품 공모와 관련된 문의사항에 응대하는 업무를 맡고 있다. 다음 ⊙~⑩ 중 고객의 문의에 대한 답변으로 적절하지 않은 것은?

> 고 객: 제가 이번 미술작품 공모에 작품을 제출하려고 합니다. 공모 시 특별히 충족해야 하는 자격 요건 등이 있을까요?
>
> 귀 하: 네, ⊙ 공고일인 2022년 1월 11일을 기준으로 만 19세 이상이면서 미술작품의 제작과 설치를 할 수 있는 분이라면 누구나 가능합니다. ⓒ 다만, LH 현장에서 미술작품이 미준공 처리됨에 따라 미준공 판정일로부터 36개월이 지나지 않은 분과 올해 LH가 진행한 공모에 3번 이상 당선된 적이 있는 분이라면 이번 공모에 참여하실 수 없습니다.
>
> 고 객: 그렇군요. 작품 접수처는 한국토지주택공사 세종특별본부에 있다고 들었습니다. 제가 현재 거주하고 있는 지역이 세종특별시와는 거리가 있는데, 택배나 퀵서비스 등으로 제출해도 괜찮을까요?
>
> 귀 하: ⓒ 미술작품을 제출하고자 하신다면, 제출기한인 1월 27일 목요일 오전 10시부터 오후 5시 사이에 한국토지주택공사 세종특별본부 2층 주택사업2부 소회의실로 작품을 제출해 주셔야 하며, 접수자 본인의 직접 제출이 아닌 우편으로 미술작품을 제출할 때는 시간 내 도착분에 한해 접수되는 점 참고해 주시기 바랍니다.
>
> 고 객: 네, 알겠습니다. 그런데 제 작품은 도판보다는 모형으로 확인했을 때 제작 의도를 잘 보여드릴 수 있을 것 같습니다. 미술작품은 무조건 도판으로만 제출해야 하나요?
>
> 귀 하: ② 작품 성격상 작품 모형이 도판을 대신할 수 있다고 판단된다면 작품 모형으로 도판을 갈음할 수 있습니다.
>
> 고 객: 만약 제 작품이 당선된다면 실시 설계비를 지원받을 수 있나요?
>
> 귀 하: ⑩ 당선 작가에게는 해당 미술작품에 대한 제작과 설치를 할 수 있는 시공 권한을 부여하지만, 별도의 실시 설계비는 지급되지 않습니다.

① ⊙   ② ⓒ   ③ ⓒ   ④ ②   ⑤ ⑩

34. 공모전에 응모한 작품에 대한 심사위원 8인의 평가 점수가 다음과 같을 때, 미술작품 심사 결과 A~E 중 당선 예정작으로 선정된 작품은?

구분		A	B	C	D	E
심사위원장	김○○	82	85	85	90	83
미술분야	박○○	78	78	87	91	79
	조○○	76	79	90	67	83
	윤○○	75	90	74	74	84
	한○○	91	85	80	78	85
지방자치단체장	이○○	81	83	68	87	69
내부 직원	임○○	69	82	75	65	76
	정○○	73	76	79	71	86

① A   ② B   ③ C   ④ D   ⑤ E

35. 다음 보도자료의 내용을 근거로 판단한 내용으로 옳지 않은 것은?

국토교통부는 지난달 28일에 공고한 올해 첫 번째 공공 사전청약인 5차 신혼희망타운 사전청약 접수를 마감한 결과, 지구별로 3기 신도시인 남양주 왕숙2, 인천 계양, 남양주 왕숙 순으로 높은 청약률을 보였다고 밝혔다. 남양주 왕숙 $55m^2$ 테라스형의 경우 5가구 모집에 215명이 신청해 43.0 대 1의 최고 경쟁률을 기록했다. 인천 가정2 지구는 다른 지구와 달리 당해 지역 100%로 491가구를 공급한 결과, 680명이 접수해 조기 마감됐다.

국토교통부는 이번 지구들은 서울 접근성, 교통 편의성, 공원·녹지, 일자리 여건 등이 우수할 뿐만 아니라 육아·교육 특화형 설계와 국·공립 유치원이 설치되는 등 아이 키우기 좋은 도시로 특화돼 신혼부부들에게 인기가 많았다고 분석했다. 5차 신혼희망타운 사전청약 신청자의 연령대는 30대가 66.2%, 20대가 23.4%로 20~30대가 대부분이었다. 신청자의 거주지역은 서울이 43.8%, 경기·인천이 56.1%로 나타나 서울 거주자들도 경기·인천 지역의 청약에 관심이 많은 것으로 조사됐다.

국토교통부는 향후 청약통장 적정 여부 확인 등을 거쳐 오는 31일에 당첨자를 우선 발표하고 소득·무주택 등 기준에 부합하는지를 추가로 심사해 확정할 예정이며, 신청자는 사전청약.kr에서 당첨여부를 확인할 수 있다. 김○○ 국토부 주택토지실장은 "다음 주에는 2기 신도시 등에 공공분양 1,300가구, 민간분양 3,200가구 등 모두 4,500가구 규모의 사전청약 물량을 신규로 공급할 예정"이라고 밝혔다.

[5차 신혼희망타운 사전청약 접수 결과]

구분	블록	타입	신청	공급
남양주 왕숙	A20	$55m^2$	2,005건	577건
		$55Tm^2$	215건	5건
남양주 왕숙2	A4	$55m^2$	3,305건	483건
인천 계양	A17	$55m^2$	1,734건	284건
인천 가정2	A2	$55m^2$	680건	491건

※ 타입의 T는 테라스형을 의미함

※ 출처: 국토교통부 보도자료

① 5차 신혼희망타운 이후에 2기 신도시 등에 공급될 4,500가구 규모의 물량 중 민간분양 가구에 대한 신규 사전청약 신청 건수가 15,000건이라면, 경쟁률은 약 4.7 대 1이다.

② 5차 신혼희망타운 사전청약 신청자 중 경기·인천에 거주하는 사람의 비율은 서울에 거주하는 사람의 비율보다 13%p 이상 많다.

③ 5차 신혼희망타운 중 남양주 왕숙2 $55m^2$ 타입의 공급 물량에 대한 경쟁률은 약 6.8 대 1이다.

④ 5차 신혼희망타운 중 당해 지역 100%를 공급해 조기에 마감한 지구의 경쟁률은 2 대 1보다 낮다.

⑤ 5차 신혼희망타운 사전청약 접수 결과, 총 공급 물량인 1,840건에 대한 신청 건수는 총 7,939건이었다.

36. 다음 주택법 제11조를 근거로 판단한 내용으로 적절한 것은?

제11조(주택조합의 설립 등)

① 많은 수의 구성원이 주택을 마련하거나 리모델링하기 위하여 주택조합을 설립하려는 경우(제5항에 따른 직장주택조합의 경우는 제외한다)에는 관할 특별자치시장, 특별자치도지사, 시장, 군수 또는 구청장(구청장은 자치구의 구청장을 말하며, 이하 "시장·군수·구청장"이라 한다)의 인가를 받아야 한다. 인가받은 내용을 변경하거나 주택조합을 해산하려는 경우에도 또한 같다.

② 제1항에 따라 주택을 마련하기 위하여 주택조합설립 인가를 받으려는 자는 다음 각 호의 요건을 모두 갖추어야 한다. 다만, 제1항 후단의 경우에는 그러하지 아니한다.
   1. 해당 주택건설대지의 80% 이상에 해당하는 토지의 사용권원을 확보할 것
   2. 해당 주택건설대지의 15% 이상에 해당하는 토지 소유권을 확보할 것

③ 제1항에 따라 주택을 리모델링하기 위하여 주택조합을 설립하려는 경우에는 다음 각 호의 구분에 따른 구분소유자와 의결권의 결의를 증명하는 서류를 첨부하여 관할 시장·군수·구청장의 인가를 받아야 한다.
   1. 주택단지 전체를 리모델링하고자 하는 경우에는 주택단지 전체의 구분소유자와 의결권의 각 3분의 2 이상의 결의 및 각 동의 구분소유자와 의결권의 각 과반수의 결의
   2. 동을 리모델링하고자 하는 경우에는 그 동의 구분소유자 및 의결권의 각 3분의 2 이상의 결의

④ 제5조 제2항에 따라 주택조합과 등록사업자가 공동으로 사업을 시행하면서 시공할 경우, 등록사업자는 시공자로서의 책임뿐만 아니라 자신의 귀책 사유로 사업 추진이 불가능하게 되거나 지연됨으로 인하여 조합원에게 입힌 손해를 배상할 책임이 있다.

⑤ 국민주택을 공급받기 위하여 직장주택조합을 설립하려는 자는 관할 시장·군수·구청장에게 신고하여야 한다. 신고한 내용을 변경하거나 직장주택조합을 해산하려는 경우에도 또한 같다.

⑥ 주택조합(리모델링 주택조합은 제외한다)은 그 구성원을 위하여 건설하는 주택을 그 조합원에게 우선 공급할 수 있으며, 제5항에 따른 직장주택조합에 대하여는 사업 주체가 국민주택을 그 직장주택조합원에게 우선 공급할 수 있다.

⑦ 제1항에 따라 인가를 받는 주택조합의 설립 방법·설립 절차, 주택조합 구성원의 자격 기준·제명·탈퇴 및 주택조합의 운영·관리 등에 필요한 사항과 제5항에 따른 직장주택조합의 설립 요건 및 신고 절차 등에 필요한 사항은 대통령령으로 정한다.

⑧ 제7항에도 불구하고 조합원은 조합규약으로 정하는 바에 따라 조합에 탈퇴 의사를 알리고 탈퇴할 수 있다.

⑨ 탈퇴한 조합원(제명된 조합원을 포함한다)은 조합규약으로 정하는 바에 따라 부담한 비용의 환급을 청구할 수 있다.

---

① 주택단지 전체 리모델링을 위해 주택조합을 설립하고자 할 때는 최소 각 동의 구분소유자와 의결권의 각 1/3 이상 결의하는 증빙서류를 첨부하여 관할 시장의 인가를 받아야 한다.

② 직장주택조합을 제외한 주택조합이 해산하거나 인가받은 내용을 변경하고자 할 때는 관할 시장·군수·구청장에게 신고한 뒤 진행하면 된다.

③ 주택조합을 탈퇴한 조합원은 자신이 부담했던 비용에 대한 환급을 청구할 수 있으나, 제명된 주택조합의 조합원은 자신이 부담했던 비용에 대한 환급 신청이 불가능하다.

④ 리모델링 주택조합을 제외한 주택조합은 구성원을 위하여 건설 중인 주택을 조합원에게 우선적으로 공급할 수 있다.

⑤ 주택 마련을 위한 주택조합설립 인가를 받으려면 해당 주택건설대지의 15% 이상의 토지 소유권 또는 80% 이상의 토지 사용권원을 확보해야 한다.

37. 다음 안내문의 내용과 일치하는 것은?

[20XX년 한국토지주택공사 국토개발기술대전 공모 안내]

1. 공모 개요

　1) 공모 주제(택1)

　　(1) 지속가능하고 더 나은 삶을 위한 미래 인프라 조성

　　　－ 친환경 미래기술 분야, 설계·시공·안전 등 토목 및 도시계획 관련 분야, 그 외 단지 조성 관련 분야

　　(2) 방음벽 설치로 인한 현재 설계·시공상의 문제점 분석 및 방음벽 없는 쾌적한 도시 건설을 위한 개선방안 제시(업체만 선택 가능)

　2) 응모 자격

　　－ 국내 국토개발 분야와 관련된 설계 엔지니어링, 시공사 및 대학생(대학원생 포함)으로 구성된 3인 이하의 개인 또는 팀

2. 공모 일정 및 절차

구분	대학생 부문	업체 부문
공모 신청	6월 22일(월)~7월 24일(금) ※ LH 홈페이지에서 온라인 접수 후 대표자 명의로 작품제안서 이메일 제출 必	
결과 발표	7월 31일(금)	
작품 및 보고서 접수	10월 15일(목)~10월 16일(금)	11월 5일(목)
수상자 발표	10월 18일(월)	11월 6일(금)
시상식	11월 6일(금)	

※ 작품 및 보고서 접수 시 방문 또는 택배로 접수할 경우 접수 마감일 12:00까지 도착분에 한해 유효함

3. 시상 내역: 상금 및 해외 견학에 따른 제세공과금은 수상자 본인이 부담하여야 함

　1) 상금

구분	대상(각 1팀)	최우수상(각 1팀)	우수상(각 3팀)	장려상(각 5팀)
대학생 부문	200만 원	100만 원	50만 원	기념품
업체 부문	300만 원	200만 원	100만 원	기념품

　2) 부상

　　－ 대학생 부문: 수상팀당 1명씩 해외 견학 기회 제공하며, 장려상 제외 LH 채용 지원 시 가점 부여함

　　－ 업체 부문: 입찰참가 자격 사전심사 시 가점 부여하며, 대상 1.5점, 최우수상 1.0점, 우수상 0.5점을 제공함

---

① 상금 및 부상으로 인하여 발생하는 제세공과금도 모두 LH에서 부담한다.

② 대학생으로 구성된 팀은 방음벽 미설치 방안과 관련한 내용으로만 공모전에 참가할 수 있다.

③ 수상자 중 부상으로 해외 견학 기회를 제공받는 사람은 모두 20명이다.

④ 11월 5일 오후 2시에 LH에 직접 방문하여 접수하고자 하는 참가자의 작품과 보고서는 신청이 거절된다.

⑤ 업체 부문의 참가자에게 지급되는 총상금은 대학생 부문의 참가자에게 지급되는 총상금보다 적다.

38. A 도시 첨단산업단지 조성원가 산정표가 다음과 같을 때, 조성원가는?

[A 도시 첨단산업단지 조성원가 산정표]

사업비	금액(백만 원)	비율(%)
용지비	150,000	27.3
용지부담금	0	0.0
조성비	250,000	45.5
기반시설설치비	29,300	5.3
이주대책비	0	0.0
직접인건비	7,300	1.3
판매비	1,100	0.2
일반관리비	6,200	1.1
자본비용	106,000	19.3
그 밖의 비용	100	0.0
존치면적에 따른 차감사업비	0	0.0
최종사업비	( )	100
사업면적	면적(m²)	비고
㉠ 총사업면적	1,030,000	
㉡ 무상공급 대상면적	450,000	
㉢ 유상공급 대상면적	580,000	㉠ − ㉡
㉣ 존치부지 차감면적	80,000	
㉤ 학교시설 설치를 위한 녹지조정면적	0	
최종유상 가처분면적	( )	㉢ − ㉣ − ㉤

※ 조성원가(원/m²) = 최종사업비 / 최종유상 가처분면적

① 50,000원/m²　　② 100,000원/m²　　③ 110,000원/m²　　④ 1,000,000원/m²　　⑤ 1,100,000원/m²

[남북 교류와 미래 국토 비전 작품 공모전 안내]

1. 공모 내용

1) 공모 주제: 북한 지역 도시·주택, 남북 도시 간 협력 등

2) 출품 형식: 논문, 인포그래픽

※ 인포그래픽: 인포메이션 그래픽의 줄임말로, 지도, 표지판 등과 같이 정보를 시각적으로 표현한 것을 뜻함

2. 공모 일정

1) 접수 기간: 20XX. 6. 27.(월)~20XX. 7. 1.(금)

2) 발표 일정: 20XX. 8. 29.(월)

3) 시상 일정: 20XX. 9월 중

3. 공모 자격

1) 학생 부문: 대학(원) 재학생 및 휴학생

2) 일반 부문: 학생 부문에 해당하지 않으면서 만 19세 이상인 자

4. 접수 방법

1) 제출서류

– 논문 공모: 응모 신청서, 공모 제안서

– 인포그래픽 공모: 응모 신청서, 공모 제안서, 인포그래픽

※ 1) 인포그래픽의 경우 출력 및 제작은 불필요하며, 데이터만 제출 가능함(단, 시뮬레이션 이미지를 반드시 포함해야 함)

2) 학생 부문 응모자의 경우 재학 증명서 또는 휴학 증명서를 필수 제출해야 함

2) 제출 방법

구분	제출 방법	위치
응모 신청서, 공모 제안서, 인포그래픽	온라인 제출	학회 홈페이지 내 공지사항의 '남북 교류와 미래 국토 비전 공모전' 클릭 후 제출
재학 증명서, 휴학 증명서	등기우편	서울특별시 강남구 ○○회관 신관 6층

5. 심사 기준 및 우수작 시상 내역

1) 심사 기준: 출품 형식별 평가 기준에 따른 점수에 각 가중치를 적용하여 합산한 점수를 최종 점수로 산출

– 논문: 창의성(40%), 논리성(30%), 관련성(30%)

– 인포그래픽: 창의성(30%), 논리성(20%), 관련성(20%), 가능성(30%)

※ 출품 형식과 관계없이 부문별 최종 점수가 높은 순서대로 수상자를 선정함

2) 우수작 시상 내역

구분	학생 부문	일반 부문	상장	부상
장관상	1명	–	국토교통부 장관상	400만 원/명
	–	1명	통일부 장관상	
기관장상	1명	1명	한국토지주택공사 사장상	250만 원/명
	1명	1명	대한국토·도시계획 학회장상	
장려상	3명	3명	대한국토·도시계획 학회장상	20만 원/명(상품권)

※ 우수작에 대한 시상은 최종 점수가 높은 순서에 따라 장관상, 기관장상, 장려상 순으로 진행됨

39. 학생 부문에서 우수작으로 선정돼 상을 받은 6인의 평가 점수가 다음과 같을 때, 장려상을 받은 학생 중 최종 점수가 가장 높은 사람의 최종 점수는?

구분		창의성	논리성	관련성	가능성
논문	유서영	87점	89점	89점	해당 사항 없음
	최성우	91점	89점	90점	
	김민정	90점	76점	78점	
인포그래픽	장현석	78점	93점	95점	80점
	이다인	84점	76점	88점	78점
	박경민	93점	90점	86점	91점

① 81점   ② 83점   ③ 85점   ④ 87점   ⑤ 89점

40. LH에서 근무하는 귀하는 고객으로부터 남북 교류와 미래 국토 비전 작품 공모와 관련된 문의를 받았다. 위의 안내문을 근거로 판단할 때, 고객의 문의에 대한 귀하의 답변으로 가장 적절하지 않은 것은?

> 고 객: 안녕하세요. 남북 교류와 미래 국토 비전 작품 공모전에 작품을 제출하고자 하는데, 접수 방법이 궁금합니다.
> 귀 하: ㉠ 네, 접수는 20XX년 6월 27일부터 다음 달 1일까지 가능하며, 논문의 경우 응모 신청서와 공모 제안서를, 인포그래픽의 경우 응모 신청서와 공모 제안서, 그리고 인포그래픽을 온라인으로 제출하시면 됩니다.
> 고 객: 대학교를 다니다가 휴학을 해서 현재는 학교를 다니고 있지 않습니다. 학생 부문과 일반 부문 중 어느 쪽으로 접수해야 하는지 궁금합니다.
> 귀 하: ㉡ 대학교를 휴학하신 상태라면 학생 부문으로 접수 가능하며, 휴학 증명서를 등기우편으로 제출해 주시면 됩니다.
> 고 객: 네, 인포그래픽으로 공모하려고 하는데, 데이터랑 시뮬레이션 이미지를 함께 제출하면 되는 것인지 문의드립니다.
> 귀 하: ㉢ 인포그래픽의 경우 데이터만 제출하면 되지만, 필요시 인포그래픽의 시뮬레이션 이미지를 포함하셔도 됩니다.
> 고 객: 제가 취업 때문에 장관상이 꼭 필요한데요, 장관상은 어떤 장관상을 주는 것인가요? 그리고 장관상 수상자는 총 몇 명인지도 알고 싶습니다.
> 귀 하: ㉣ 장관상으로는 국토교통부 장관상과 통일부 장관상이 있으며 학생 부문에서 가장 높은 평가 점수를 받은 수상자 한 명에게 국토교통부 장관상을, 일반 부문에서 가장 높은 평가 점수를 받은 수상자 한 명에게 통일부 장관상을 수여할 예정입니다.
> 고 객: 그렇군요, 추가로 장려상 수상자에게도 부상으로 현금이 지급되는지 궁금합니다.
> 귀 하: ㉤ 장려상 수상자의 경우 부상으로 20만 원 상당의 상품권을 지급할 계획입니다.

① ㉠   ② ㉡   ③ ㉢   ④ ㉣   ⑤ ㉤

약점 보완 해설집 p.34

자르는 선

해커스잡

실전모의고사 4회

성명

NCS 직업기초능력

	①	②	③	④	⑤			①	②	③	④	⑤
21	①	②	③	④	⑤		1	①	②	③	④	⑤
22	①	②	③	④	⑤		2	①	②	③	④	⑤
23	①	②	③	④	⑤		3	①	②	③	④	⑤
24	①	②	③	④	⑤		4	①	②	③	④	⑤
25	①	②	③	④	⑤		5	①	②	③	④	⑤
26	①	②	③	④	⑤		6	①	②	③	④	⑤
27	①	②	③	④	⑤		7	①	②	③	④	⑤
28	①	②	③	④	⑤		8	①	②	③	④	⑤
29	①	②	③	④	⑤		9	①	②	③	④	⑤
30	①	②	③	④	⑤		10	①	②	③	④	⑤
31	①	②	③	④	⑤		11	①	②	③	④	⑤
32	①	②	③	④	⑤		12	①	②	③	④	⑤
33	①	②	③	④	⑤		13	①	②	③	④	⑤
34	①	②	③	④	⑤		14	①	②	③	④	⑤
35	①	②	③	④	⑤		15	①	②	③	④	⑤
36	①	②	③	④	⑤		16	①	②	③	④	⑤
37	①	②	③	④	⑤		17	①	②	③	④	⑤
38	①	②	③	④	⑤		18	①	②	③	④	⑤
39	①	②	③	④	⑤		19	①	②	③	④	⑤
40	①	②	③	④	⑤		20	①	②	③	④	⑤

직무역량

	①	②	③	④	⑤			①	②	③	④	⑤
41	①	②	③	④	⑤		21	①	②	③	④	⑤
42	①	②	③	④	⑤		22	①	②	③	④	⑤
43	①	②	③	④	⑤		23	①	②	③	④	⑤
44	①	②	③	④	⑤		24	①	②	③	④	⑤
45	①	②	③	④	⑤		25	①	②	③	④	⑤
46	①	②	③	④	⑤		26	①	②	③	④	⑤
47	①	②	③	④	⑤		27	①	②	③	④	⑤
48	①	②	③	④	⑤		28	①	②	③	④	⑤
49	①	②	③	④	⑤		29	①	②	③	④	⑤
50	①	②	③	④	⑤		30	①	②	③	④	⑤
51							31	①	②	③	④	⑤
52							32	①	②	③	④	⑤
53							33	①	②	③	④	⑤
54							34	①	②	③	④	⑤
55							35	①	②	③	④	⑤
56							36	①	②	③	④	⑤
57							37	①	②	③	④	⑤
58							38	①	②	③	④	⑤
59							39	①	②	③	④	⑤
60							40	①	②	③	④	⑤

수험번호

⓪	①	②	③	④	⑤	⑥	⑦	⑧	⑨
⓪	①	②	③	④	⑤	⑥	⑦	⑧	⑨
⓪	①	②	③	④	⑤	⑥	⑦	⑧	⑨
⓪	①	②	③	④	⑤	⑥	⑦	⑧	⑨
⓪	①	②	③	④	⑤	⑥	⑦	⑧	⑨
⓪	①	②	③	④	⑤	⑥	⑦	⑧	⑨
⓪	①	②	③	④	⑤	⑥	⑦	⑧	⑨
⓪	①	②							

생년월일

감독관 확인

해커스 LH

한국토지
주택공사

NCS + 전공

봉투모의고사

NCS 실전모의고사
5회

고난도

해커스잡

NCS 실전모의고사
5회

고난도

문제 풀이 시작과 종료 시각을 정한 후, 실전처럼 모의고사를 풀어보세요.

___ 시 ___ 분 ~ ___ 시 ___ 분 (총 40문항/권장 풀이 시간 50분)

□ **시험 유의사항**

[1] 한국토지주택공사 직무능력검사 구성은 다음과 같습니다. (신입직원 5·6급 공채 기준)

구분		문항 수	시간	평가 내용
5급	NCS 직업기초능력	40문항	110분	의사소통능력, 수리능력, 문제해결능력
	직무역량	60문항		모집 직무별 전공시험
6급	NCS 직업기초능력	40문항	50분	의사소통능력, 수리능력, 문제해결능력

[2] 본 실전모의고사는 NCS 직업기초능력 40문항으로 구성되어 있습니다. 따라서 지원 분야에 따라 다음과 같이 풀이하시면 됩니다.
- 5급 사무(일반행정): NCS 직업기초능력 40문항 + 직무역량(경영/경제 중 택 1) 60문항
- 5급 기술(토목): NCS 직업기초능력 40문항 + 직무역량(토목) 60문항
- 5급 기술(건축): NCS 직업기초능력 40문항 + 직무역량(건축) 60문항
- 5급 사무(전산 및 전문)/5급(토목·건축 외 분야)/6급: NCS 직업기초능력 40문항

[3] 본 실전모의고사 마지막 페이지에 있는 OMR 답안지와 해커스ONE 애플리케이션의 학습 타이머를 이용하여 실전처럼 모의고사를 풀어보시기 바랍니다.

[01-02] 다음 글을 읽고 각 물음에 답하시오.

원자력 발전이란 원자핵 분열에 의해 발생한 열에너지로 만든 증기를 이용하여 발전기를 돌려 전력을 생산하는 발전 방식을 말한다. 우라늄-235나 플루토늄-239와 같은 원자의 핵은 중성자와 충돌하면 분열하게 되는데, 이때 2~3개의 중성자와 함께 에너지를 방출한다. 이렇게 생성된 중성자는 다시 원자핵과 충돌하면서 연쇄적으로 핵분열이 일어나게 된다. 이때, 질량은 감소하고, $E = mc^2$에 따라 많은 양의 에너지가 발생하기 때문에 전력 생산에 효과적이다.

물을 끓여 발생한 증기로 터빈을 돌려 전력을 생산한다는 점에서 화력 발전과 유사하다고 생각할 수 있다. 그러나 석탄과 석유를 연료로 활용하는 화력 발전과 달리 원자력 발전은 우라늄이나 플루토늄이 핵분열할 때 발생하는 열을 이용한다는 점에서 차이가 있다. 특히 원자력 발전은 화석 연료와 비교하면 적은 양으로도 다량의 에너지를 얻을 수 있으며, 사용한 뒤에도 재처리 과정을 통해 재사용도 가능하다.

다만 원자로를 이용한 발전 방식은 안전성 측면에서 불리한데, 이는 원자력을 이용하는 과정에서 대형 사고가 유발되는 경우도 있기 때문이다. 1979년에는 미국 스리마일섬의 원자력 발전소에서 핵연료가 녹아내리는 사고가 있었으며, 1986년에는 우크라이나 체르노빌의 원자력 발전소가 폭발하는 거대 사고가 발생하기도 하였다. 지난 2011년에는 일본 후쿠시마 원자력 발전소의 원자로가 폭발하는 사고도 있었다.

문제는 이러한 사고가 발생하면 수많은 인명 피해를 유발하기도 하지만, 다량의 방사능이 사고 발생 지역은 물론 주변으로까지 퍼진다는 점이다. 특히 사람이 강력한 방사능에 노출될 경우 세포 조직이 손상되어 각종 질병에 걸릴 수 있다. (   ) 사고가 일어난 지역이 사고 발생 이전과 같은 상태로 되돌아가는 것 또한 매우 어렵다. 실제로 체르노빌은 사고가 발생한 지 오랜 기간이 흘렀음에도 불구하고 아직도 방사능 수치가 높아 사람이 접근할 수 없는 상태로 알려져 있다.

2000년대에 이르러서는 심각한 기후변화와 함께 환경오염 문제가 생겨나면서 미래 세대를 위해 원자력 발전을 중지해야 한다고 주장하는 이들이 많다. 무엇보다도 원자로의 안전성 문제가 해결되어야 하지만, 현재의 기술력으로는 이러한 문제를 해결하기 어렵다. 이에 수십 년 전부터 원자력 발전을 포기해야 한다는 주장이 세계 곳곳에서 제기되고 있으며, 후쿠시마 원자력 발전소 사고로 인해 원자력 발전을 포기하는 국가는 더 늘어날 전망되고 있다.

01. 윗글을 읽고 난 후의 반응으로 가장 적절하지 않은 것은?

① 수미: 스리마일섬 원자력 발전소와 체르노빌 원자력 발전소 사고로 미루어 볼 때, 현재로서는 원자로 토대의 발전 방식이 안전성을 보장받기 어렵군.

② 예라: 중성자와 원자핵이 충돌하며 핵분열이 연속적으로 이루어지면 질량은 줄어들고 다량의 에너지가 발생하는데, 원자력 발전은 이러한 방법을 활용하여 전력을 생산해.

③ 민혁: 사람이 방사능에 노출되면 인체 내의 세포 조직이 손상될 뿐만 아니라 다양한 질병이 나타날 수 있으므로 방사능 사고는 매우 치명적이야.

④ 준명: 원자력 발전은 우라늄 또는 플루토늄을 이용하여 전력을 생산하는데, 화석 연료 대비 많은 양의 연료가 활용되어야 에너지를 생산한다는 특징이 있어.

⑤ 오희: 세계적으로 우리 후손들이 오염되지 않은 환경에서 자라날 수 있도록 원자력 발전을 포기하자는 주장이 힘을 얻고 있으니 기존의 원자력 발전소도 감축될 가능성이 높겠어.

02. 윗글의 빈칸에 들어갈 단어로 가장 적절한 것은?

① 게다가   ② 왜냐하면   ③ 그런데   ④ 따라서   ⑤ 오히려

철학적 의미의 자유의지란 합리적인 인간이 어떠한 행동을 함에 있어 아무런 방해를 받지 않고 스스로 조절하고 결정할 수 있는 능력을 말한다. 그러나 결정론을 주장하는 철학자들은 이처럼 당연해 보이는 인간의 자유의지를 의심하였다. 결정론에 따르면 세상의 모든 일은 사전에 수립된 조건과 자연의 법칙에 의해 결정되며, 사전 조건과 자연 법칙을 미리 알게 된다면 앞으로 어떤 일이 발생할지 예상할 수 있다고 한다. 즉, 세상의 모든 일은 사전 조건과 자연 법칙을 기반으로 결정된다는 것이다.

그런데 세상의 모든 일이 결정론을 따른다면 인간의 행동에는 자유의지가 없다는 결론이 내려진다. 결정론에 따라 생각해보면 인간의 행동에는 항상 원인이 존재하며, 그 원인을 따라 단계별로 올라가 보면 인간이 탄생하기도 전에 발생한 사건에 도달하게 될 것이기 때문이다. 이에 따라 인간의 모든 행동은 인간이 탄생하기도 전의 사건이 원인이 되어 발생했다는 것이며, 사전 조건은 인간이 통제할 수 없는 영역에 해당하므로 인간의 어떠한 행동도 자유의지로 결정한 것이 아닌 셈이다.

여기서 자유의지의 합리성을 주장하기 위해서는 결정론의 입장을 반박해야 한다. 그렇다면 세상의 모든 일에는 원인이 없다고 주장해야 하는데, 이를 비결정론이라고 한다. (   ) 비결정론이라고 해서 자유의지가 반드시 보장되는 것도 아니다. 비결정론의 입장에서 인간의 행동에 원인이 없다고 한다면 행동을 하게 된 이유 또한 없다고 설명되는데, 이럴 경우 아무런 이유 없이 한 행동을 자유로운 행동이라고 볼 수 없기 때문이다. 결국 결정론이 옳은 주장이라고 하더라도 자유의지는 없고, 반대로 결정론이 틀린 주장이라고 하더라도 자유의지는 없다는 딜레마에 빠지게 된다.

결정론이 옳은 주장이며, 결정론과 자유의지는 양립할 수 없으므로 자유의지는 없다고 보는 입장을 양립 불가능주의라고 한다. 다만, 양립 불가능주의의 입장을 옹호한다고 해도 자유의지가 존재하지 않는다고 보기에는 어려움이 따른다. 인간의 모든 행동에 원인이 있다는 말은 곧 자유의지가 없다는 말로 해석할 수 있는데, 원인이 없는 행동이라고 하여 반드시 자유의지가 존재한다고 보기도 어렵다. 우리가 하는 모든 행동이 꼭 그렇게 했어야만 한 행동이 아니었음에도 그렇게 한 행동이 있기 때문에 결정론의 주장과 달리 행동의 원인이 내부에 있게 되기 때문이다.

반대로 결정론과 자유의지가 양립할 수 있다는 입장을 양립 가능주의라고 한다. 양립 가능주의는 자유의지와 결정론이 공존할 수 있다는 입장이다. 자유의지와 상반되는 말을 원인이 아니라 강제라고 한다면 자유의지와 결정론은 함께 할 수 있다는 것이다. 다만, 양립 가능주의는 원인이 이미 결정되어 있으며, 인간은 그 원인에 따라 행동할지, 행동하지 않을지 결정하는 자유를 가지고 있을 뿐이라고 주장한다. 양립 가능주의를 주장하는 학자들에 따르면 자유의지는 결정론의 사실 여부에 따라 자유의지의 여부가 결정되는 것이 아닌, 외부의 압력에 저항하고 자신의 원칙에 따라 생활할 수 있는 자율성에 가깝다는 입장이다. 따라서 결정론과 자유의지에 대한 논쟁을 끝내는 것은 쉽지 않다.

03. 윗글을 통해 추론한 내용으로 적절하지 않은 것은?

① 결정론과 자유의지가 양립할 수 있다고 보는 사람은 자유의지에 반대되는 말이 강제라고 하는 데 동의할 것이다.

② 결정론 옹호론자들은 인간이 행동하는 것에 대해 인간이 통제할 수 있는 영역 밖의 사건이 원인이 되어 발생한다고 볼 것이다.

③ 인간이 하는 행동에 원인이 없다는 말을 행동에 자유의지가 있었다고 해석한다면 행동의 원인이 외부에 있다고 보는 것과 같다.

④ 인간이 하는 행동의 원인을 미리 파악하면 앞으로 발생할 일도 예측할 수 있다는 것은 결정론의 입장이다.

⑤ 인간의 행동에 원인이 없다고 본다면 행동을 하게 된 이유도 없다고 해석해 인간의 행동에 자유의지가 있다고 보기 어렵다.

04. 윗글의 빈칸에 들어갈 단어로 가장 적절한 것은?

① 그러므로   ② 또는   ③ 그리고   ④ 예를 들면   ⑤ 하지만

05. 다음 안내문의 내용과 일치하는 것은?

[부동산 등기제도 안내]

1. 부동산 등기란?
- 국가가 법원등기관으로 하여금 등기부에 부동산의 표시와 그 부동산에 관한 권리관계를 기재하는 일로, 누구나 등기기록을 열람하거나 등기사항 증명서를 발급받아 보면 그 부동산에 관한 권리관계를 알 수 있도록 일반인에게 널리 공시하기 위한 것

  ※ 부동산에 관한 소유권 등의 권리관계가 발생하거나 그 권리가 이전 또는 변경되기 위해서는 등기가 되어야만 그 효력이 발생함

2. 부동산 등기의 종류

기입 등기	새로운 등기 원인을 근거로 하여 어떤 사항을 등기사항 증명서에 새로이 기입하는 등기 예 소유권 보존 및 이전 등기, 근저당권설정 등기
변경 등기	어떤 등기가 행하여진 후에 등기된 사항에 변경이 생겨서 변경사항을 기재하는 등기 예 소유권변경 등기, 근저당권변경 등기, 등기명의인표시변경 등기
경정 등기	이미 행하여진 등기에 대하여 그 절차에 착오가 있어 잘못 기재된 경우 바로 잡기 위해 하는 등기 예 소유권경정 등기, 근저당권경정 등기, 등기명의인표시경정 등기
말소 등기	이미 등기된 사항을 법률적으로 소멸시키기 위해 하는 등기 예 근저당권말소 등기, 전세권말소 등기
회복 등기	기존 등기가 부당하게 소멸된 경우 이를 부활하는 등기 예 근저당권말소회복 등기, 전세권말소회복 등기

3. 등기 가능 권리

부동산물권인 경우	소유권, 지상권, 지역권, 전세권, 저당권
부동산물권이 아닌 경우	부동산임차권과 부동산환매권 등

※ 부동산물권(토지 및 건물에 대한 물권) 중 점유권, 유치권은 점유를 본질로 하므로 등기할 권리가 아님

4. 등기할 사항

설정	당사자 간의 계약에 의하여 새로이 소유권 이외의 권리를 창설하는 것을 말함 예 근저당권설정, 저당권설정, 전세권설정, 지상권설정, 지역권설정 등
보존	미등기의 부동산에 대하여 소유권의 존재를 공시하기 위하여 처음으로 하는 등기로서 소유권만이 보존 등기를 할 수 있음 예 소유권보존
이전	어떤 자에게 귀속되어 있던 권리가 다른 자에게 옮겨가는 것으로, 이전은 소유권뿐 아니라 소유권 이외의 권리에도 인정됨 예 소유권이전, 전세권이전, 저당권이전 등
변경	권리의 내용변경(권리의 존속기간의 연장, 자료나 임료의 증감)인 실체법상의 변경 외에 부동산 표시의 변경이나 등기명의인 표시의 변경 등을 말함
처분의 제한	소유권자나 기타 권리자가 가지는 권리의 처분 기능을 제한하는 것으로, 공유물의 분할금지나 압류, 가압류, 가처분에 의한 처분금지 등이 해당됨
소멸	부동산이나 권리가 어떤 사유로 인하여 없어지는 것을 말함

5. 등기부 내용 수정

신청 착오인 경우	처음부터 등기신청을 잘못한 경우
등기관이 잘못 기재한 경우	등기 신청서에는 잘못이 없으나, 등기관이 등기부에 잘못 기록한 경우

※ 1) 등기는 일단 등기부에 기록되고 교합하여 등기가 완료되면 그 등기신청 절차에 착오가 있거나 등기기록에 착오가 있더라도 이를 함부로 고칠 수 없음

2) 다만, 신청 착오인 경우나 등기관이 잘못 기재한 경우에는 언제, 어떤 근거로 등기를 수정하는 것인지 알 수 있도록 새로운 등기란을 만들어 경정등기를 함

① 부동산 등기가 완료된 경우에는 신청 착오로 인해 등기신청 절차 자체에 착오가 생겼다고 하더라도 이를 수정할 수 없다.

② 소유권, 지상권, 지역권, 전세권, 저당권, 유치권은 모두 부동산에 관한 소유를 본질로 하여 권리관계를 기재할 수 있는 부동산물권에 해당한다.

③ 어떤 자에게 귀속되어 있던 권리가 다른 사람에게 옮겨간 사항을 등기할 경우 소유권뿐 아니라 소유권 이외의 권리관계에도 효력이 발생한다.

④ 이미 행하여진 등기에 대해 절차상의 착오로 내용이 잘못 기재된 경우 이를 바로 잡기 위해서는 변경 등기 신청을 해야 한다.

⑤ 법원등기관에 의해 부동산에 관한 권리관계가 기재된 등기사항 증명서는 해당 부동산에 관한 권리관계가 인정되는 사람에 한해 열람이 가능하다.

[06-07] 다음은 LH에서 게시한 ○○시 사랑주택 입주자 모집 공고문의 일부이다. 각 물음에 답하시오.

[○○시 사랑주택 입주자 모집 공고]

1. 신청 자격 및 순위

• 모집 공고일 현재 무주택세대구성원으로서 ○○시에 주민으로 등재된 만 65세 이상인 사람 중 아래 입주자 선정 자격의 어느 하나에 해당하는 사람

순위	유형	세부 자격 요건
1순위	수급자	「국민기초생활보장법」 제7조 제1항 제1호부터 제4호까지의 급여 중 어느 하나에 해당하는 급여를 받는 수급자 가구
	차상위계층	「국민기초생활보장법」 제2조 제10호에 따른 차상위계층
2순위	생계·의료급여수급자 선정 기준의 소득 인정액 이하인 자	− 국가유공자 등 예우 및 지원에 관한 법률에 따른 국가유공자 또는 그 유족 − 보훈보상대상자 지원에 관한 법률에 따른 보훈보상대상자 또는 그 유족 − 5·18 민주유공자 예우에 관한 법률에 따른 5·18 민주유공자 또는 그 유족 − 특수임무유공자 예우 및 단체설립에 관한 법률에 따른 특수임무유공자 또는 그 유족 − 참전 유공자예우 및 단체설립에 관한 법률에 따른 참전 유공자 ※ 위의 어느 하나에도 해당되지 않을 경우 신청 불가함
3순위	월평균 소득의 50% 이하인 자	해당 세대의 월평균 소득이 전년도 도시근로자 가구당 월평균 소득의 50% 이하인 사람으로서 「공공주택특별법 시행규칙」 제13조 제2항에 따른 영구임대주택의 자산 요건을 충족한 사람

2. 소득·자산 기준

• 소득 기준: 전년도 도시근로자 가구원 수별 가구당 월평균 소득액의 50% 이하

1인 가구	2인 가구	3인 가구	4인 가구	5인 가구	6인 가구
2,248,479원	2,906,622원	3,209,283원	3,600,405원	3,663,036원	3,889,913원

※ 1) 가구원 수는 해당 세대에 속한 자(세대구성원) 전원(임신 중인 경우 태아 포함)을 포함함
　 2) 월평균 소득액은 세전 금액으로서 해당 세대(세대구성원)의 월평균 소득액을 모두 합산한 금액임

• 자산 기준
 − 총자산: 세대구성원 전원이 보유하고 있는 총자산가액 합산 기준 24,200만 원 이하
 − 자동차: 세대구성원 전원이 보유하고 있는 개별 자동차가액 3,557만 원 이하

3. 자격검증대상(세대구성원)

• 아래의 세대구성원에 해당하는 사람 전원이 주택을 소유하고 있지 않은 세대의 구성원인 경우를 말하며, 배우자가 세대 분리된 경우 배우자 및 배우자가 속한 주민등록표등본의 무주택세대구성원까지 포함

자격검증대상(세대구성원)	세대구성원의 범위
무주택세대구성원	• 신청자 및 신청자의 배우자 • 신청자 또는 신청자의 배우자의 주민등록표에 등재되어 있는 사람 　− 신청자의 직계존비속 　− 신청자의 배우자의 직계존비속(단, 직계비속은 신청자의 주민등록표에 등재된 경우에 한함) 　− 신청자의 직계비속의 배우자(사위, 며느리 등) 　− 신청자의 배우자의 직계비속의 배우자

※ 주민등록표상 등록된 사람이면 세대주의 형제자매, 사위, 며느리, 장인, 장모, 시부모, 동거인도 공급 신청 가능함

- 아래에 해당하는 사람도 자격검증대상(세대구성원)에 포함

자격검증대상(세대구성원)	세대구성원의 범위
외국인 배우자	가족관계등록부에 등재되고 외국인 등록(또는 국내거소신고)을 한 사람 ※ 신청자와 동일 주소에 거주하지 않더라도 자격검증대상에 포함함
외국인 직계존·비속	가족관계등록부에 등재되고 외국인 등록(또는 국내거소신고)을 한 사람으로서 신청자 또는 분리배우자의 세대별 주민등록표등본에 기재되어 있거나, 외국인 등록증 상의 체류지(거소)가 신청자 또는 분리배우자의 세대별 주민등록표상 주소와 동일한 사람
태아	세대구성원에 포함되나 자격검증 예외

※ 1세대 1주택 신청·공급원칙에 따라 공공임대주택에 거주 중인 해당 세대 중 일부가 공급 신청 시에는 입주 전 세대 분리해야 함(단, 배우자 세대 분리는 중복 입주로서 본 임대주택 입주가 불가함)

4. 동일 순위 내 경합 시 입주자 선정 방법
- 동일 순위 내에서 경쟁이 있을 경우 아래 배점기준표에 따라 합산한 점수의 고득점자순으로 선정하며, 동일 점수인 경우 지역배점, 연령배점 순서에 따라 점수가 높은 순에 의해 선정

구분			배점(100점 만점)
연령배점(25점)	고령자	만 85세 이상	25점
		만 75세 이상~만 85세 미만	15점
		만 65세 이상~만 75세 미만	10점
지역배점(25점)	○○시 거주기간	3년 이상	25점
		1년 이상~3년 미만	20점
		1년 미만	10점
별도배점(50점)	단독세대주	단독세대주	50점

06. 위 안내문을 읽고 이해한 내용으로 가장 적절한 것은?

① ○○시에 주민으로 등재된 만 65세 이상이면서 국민기초생활보장법에 따른 차상위계층의 신청자는 무주택세대구성원이 아니어도 신청 가능하다.

② 동일 순위 내 경쟁이 있을 경우 ○○시에서 2년간 거주 중인 만 75세의 신청자는 35점이 합산된다.

③ 공공임대주택에 거주 중인 부부 중 1명이 입주 신청을 하기 위해서는 입주 전에 미리 세대 분리를 해야 한다.

④ 2명의 자녀와 함께 거주하는 맞벌이 부부가 보유한 총자산가액이 2억 5천만 원이면 자산 기준을 충족한다.

⑤ 신청자의 배우자가 신청자와 세대 분리된 경우 배우자의 직계비속은 배우자의 주민등록표에 등재된 경우에만 자격검증대상에 포함된다.

07. LH 콜센터에서 근무하는 귀하가 위 공고문을 토대로 ○○시 사랑주택 입주자 모집과 관련한 고객의 문의에 대해 답변한 내용으로 가장 적절하지 않은 것은?

① Q: 저는 ○○시에 주민으로 등재되어 있는 만 68세의 무주택세대구성원으로, 자녀 1명과 배우자와 함께 거주하고 있습니다. 저희 세대의 월평균 소득은 세전 300만 원 미만인데, 사랑주택 입주 신청을 위한 소득 기준을 충족하나요?

   A: 3인 가구의 소득 기준은 3인 가구 월평균 소득액의 50% 이하인 3,209,283원 이하를 충족하면 되므로 사랑주택 입주 신청을 위한 소득 기준을 충족합니다.

② Q: 저는 ○○시에 주민으로 등재되어 있는 만 70세의 무주택세대구성원으로, 외국인 배우자와 동일 주소지에 거주하고 있어 배우자의 국내거소신고가 되어 있으며, 배우자가 가족관계등록부에도 등재되어 있습니다. 사랑주택 입주 신청 시 저의 배우자도 자격검증대상에 포함되나요?

   A: 외국인 배우자의 경우 외국인 등록 또는 국내거소신고를 한 사람이면서 가족관계등록부에 등재되어 있다면 자격검증대상에 포함하고 있는 점 참고해 주시기 바랍니다.

③ Q: 저는 ○○시에 주민으로 등재되어 있는 만 65세의 무주택세대구성원으로, 아내, 아들, 그리고 임신 중인 며느리와 함께 거주 중인 세대주입니다. 저희 세대의 월평균 소득액은 세전 3,640,000원 이하인데, 사랑주택 입주 신청을 위한 소득 기준을 충족하나요?

   A: 태아는 세대구성원에서 제외되기 때문에 4인 가구의 소득 기준을 확인하셔야 합니다. 4인 가구의 경우 월평균 소득액이 3,600,405원 이하에 해당해야 하므로 소득 기준을 충족하지 않습니다.

④ Q: 저는 보훈보상대상자 지원에 관한 법률에 따른 보훈보상대상자로, 혼자 거주 중인 만 69세의 무주택세대구성원입니다. 사랑주택에 입주 신청하고자 하는데, 보유 자산 외 추가로 충족해야 하는 자격 요건을 알 수 있을까요?

   A: 보훈보상대상자 지원에 관한 법률에 따른 보훈보상대상자에 해당하실 경우 2순위 자격 요건을 충족합니다. 이와 더불어 ○○시에 주민으로 등록되어 있는지, 월평균 소득액이 2,248,479원 이하인지 확인해 주시기 바랍니다.

⑤ Q: 저는 현재 사랑주택 입주 자격 2순위에 해당하여 입주 신청 후 선정 결과를 기다리고 있습니다. 만약 동일 순위 내에서 저와 점수가 같은 경합자가 있을 경우 입주자 선정 기준은 어떻게 되나요?

   A: 동일 순위 내에서 같은 점수로 경합할 경우 배점기준표 내 항목 중에서도 지역배점이 더 높은 신청자가 선정될 확률이 높으며, 지역배점 또한 동일할 경우 연령배점이 높은 사람이 입주자로 선정됩니다.

08. 다음 글의 ㉠~㉤을 바르게 고쳐 쓴다고 할 때, 가장 적절하지 않은 것은?

신경세포(Neuron)는 중심부에 위치한 세포핵과 여기에서 ㉠ 뻐친 수많은 돌기로 구성되어 있는데, 돌기는 기능과 구조적인 특성에 따라 축삭돌기(Axon)와 수상돌기(Dendrite)로 나뉜다. 축삭돌기는 세포체로부터 나온 전기화학적 신경정보를 신경말단의 시냅스를 거쳐 다른 신경세포로 전달한다. (㉡) 수상돌기는 축삭돌기보다 길이가 상대적으로 짧고 가지의 수가 많은 돌기로, 다른 신경세포와 형성된 시냅스로부터 신경을 입력받아 세포체로 다시 전달하는 역할을 한다. 수상돌기는 나뭇가지와 비슷한 형태를 띠는데, 일반적으로 세포체에서 나온 ㉢ 여러개의 수상돌기는 다시 수많은 가지로 갈라지게 된다. 이러한 형태로 인해 수상돌기는 세포체에서 수십에서 수백 마이크로미터까지 형성되며, 하나의 신경세포가 만들어 낸 전체 수상돌기가 나무와 비슷한 형태이기 때문에 이를 일컬어 가지돌기 나무(Dendritic tree)라고도 부른다. 수상돌기로 형성된 나무는 신경세포를 구분하는 중요한 기준으로 작용한다는 특징이 있다. 성상세포의 경우 수상돌기의 나무가 별 모양이고, 추상세포의 경우 수상돌기의 나무가 피라미드 모양인 것이 대표적이다. 한편, 수상돌기의 가지를 자세히 살펴보면 표면에 가시가 ㉣ 침하해 있는데, 이는 흥분성 시냅스(Excitatory synapse)의 시냅스후(Postsynapse)로 기능한다. ㉤ 수상돌기의 가시 개수 및 크기는 신경세포가 발달한 과정과 시냅스가 활성화된 정도에 따라 변화하기 때문에 매우 다양하다. 특히 수상돌기의 가시 표면에는 시냅스후가 기능할 때 필요한 신경전달물질 수용체가 존재하며, 내부에는 분자신호전달과 수상돌기 가시 구조 조절 시 필요로 하는 다양한 단백질이 있는 것으로 알려져 있다.

① 어문 규범에 어긋난 표현이 사용된 ㉠을 '뻗친'으로 수정한다.
② 앞의 문장과 뒤의 문장이 자연스럽게 이어지도록 ㉡에 '반면에'를 넣는다.
③ 띄어쓰기가 올바르지 않은 ㉢은 '여러 개'로 띄어 쓴다.
④ 잘못된 어휘가 사용된 ㉣을 '돌출'로 수정한다.
⑤ 글의 전체적인 흐름과 어울리지 않는 ㉤은 삭제한다.

[09 – 10] 다음 글을 읽고 각 물음에 답하시오.

엘리베이터는 동력을 사용하여 사람이나 화물을 아래위로 나르는 장치를 말한다. 우리가 엘리베이터를 탈 때는 밀폐된 케이지(Cage)만 볼 수 있지만, 사실 숨겨진 공간에는 엘리베이터가 오르내릴 수 있도록 하는 길과 더불어 도르래, 줄, 카, 평형추를 비롯해 3만여 개의 부품이 존재한다.

엘리베이터는 용도, 속력, 구동 방식 등 다양한 기준으로 구분되며, 용도 측면에서는 엘리베이터를 이용하는 주체에 따라 승용, 화물용, 자동차용, 덤웨이터 등으로 나뉜다. 승용 엘리베이터는 사람이 탑승하는 엘리베이터를 말한다. 탑승 가능한 정원 수를 결정하는 기준은 승강기 안전 검사기준에 따라 달라지는데, 현재는 1인당 75kg으로 산정하여 정하고 있다. 예컨대 정격 하중이 1,050kg인 엘리베이터의 탑승 가능 정원 수는 14인이 되는 식이다.

화물용 엘리베이터와 자동차 엘리베이터는 말 그대로 각각 화물과 자동차를 옮길 때 사용하는 엘리베이터이다. 이 두 종류의 엘리베이터는 이름으로 인해 사람은 탑승하지 못한다고 생각할 수 있지만 화물만을 대상으로 한 엘리베이터를 제외하고 사람도 화물용 엘리베이터를 이용할 수 있으며, 화물만을 대상으로 한 엘리베이터라고 하더라도 운전자가 있는 화물을 엘리베이터로 옮기고자 한다면 사람도 운반할 수 있다.

덤웨이터는 병원이나 식당 등에서 소형 화물을 이동하고자 할 때 활용하는 작은 엘리베이터로, 케이지 바닥 면적이 1m² 이내이고 입구의 높이가 1.2m 이내인 관계로 사람은 탑승할 수 없다. 흔히 리프트라고도 불리는데, 3층까지만 올라가는 경우 적재 중량이 100kg을 넘지 않는 수동식을 활용하기도 하나 전동식 덤웨이터는 200kg에 달하는 중량을 적재할 수 있고, 버튼으로 손쉽게 조작하며 버저 등을 통해 운반된 물건의 도착을 알릴 수도 있다.

그렇다면 엘리베이터는 어떻게 작동하는 것일까? 가장 일반적인 로프식 엘리베이터를 기준으로 설명하면 다음과 같다. 엘리베이터 길의 가장 상단에는 도르래가 고정되어 있다. 고정된 도르래에는 쇠로 만들어진 두꺼운 로프가 연결되어 있는데, 이 로프의 한쪽 끝에는 사람 또는 화물이 탈 수 있는 케이지가, 반대쪽 끝에는 전동기의 부하를 낮추는 평형추가 연결되어 있다. 즉, (   )
다만, 정상적으로 작동하기 위해서 쇠줄은 최대 정원이 탑승한 케이지 무게의 2배 이상의 장력을 가져야 하며, 평형추의 무게는 최대 정원의 40~50%가 타고 있는 케이지의 무게 정도여야 한다.

쇠줄의 장력이나 평형추의 무게가 적절한데도 불구하고 쇠줄이 끊어질 경우 케이지가 추락해 큰 사고가 발생할 것이라 생각할 수 있다. 물론 희박한 확률이긴 하지만 쇠줄이 끊어진다고 해도 케이지가 자유 낙하할 일은 0에 수렴한다고 보아도 된다. 이는 엘리베이터 자체에 안전장치가 존재해 케이지의 이동 속도가 어느 정도 이상으로 올라가면 조속기에서 전원을 차단하고, 그 결과 비상정지 장치가 작동된다. 엘리베이터 길에는 일정 간격마다 가이드레일이 설치되어 있기 때문에 비상 장치가 작동되면 이 장치는 케이지가 자유 낙하하지 않도록 막는다. 또한 엘리베이터 바닥에는 바닥의 충격을 흡수하는 완충기가 있고, 이외에도 약 10개의 안전장치가 존재하므로 안심하고 엘리베이터를 이용해도 된다.

09. 윗글을 읽고 이해한 내용으로 가장 적절하지 않은 것은?

① 로프식 엘리베이터의 쇠줄이 끊어져 케이지가 밑으로 추락할 경우 조속기에서 전원을 차단할 것이다.

② 화물용 엘리베이터에 실은 화물을 옮길 때 운전자가 필요하다면 운전자도 화물용 엘리베이터에 탑승할 수 있다.

③ 정격 하중이 600kg인 승용 엘리베이터의 탑승 가능 정원 수는 현재 기준 8명이다.

④ 전동식 덤웨이터에 버저를 설치하기 위해서는 적재 중량이 100kg을 넘어서는 안 된다.

⑤ 탑승 가능 정원 수가 14인인 로프식 엘리베이터에서 쇠줄의 장력은 케이지 무게를 제외하고 2,100kg 이상이어야 한다.

10. 윗글의 빈칸에 들어갈 말로 가장 적절한 것은?

① 최대 하중이 큰 엘리베이터일수록 쇠줄에 연결된 평형추의 무게도 크다.

② 엘리베이터 길에는 평형추를 연결할 수 있는 여유 공간이 있어야만 한다.

③ 평형추는 케이지 무게를 감소시키는 역할을 하므로 엘리베이터의 필수 부품이다.

④ 케이지와 평형추는 서로 반대 방향으로 움직이게 된다.

⑤ 전동기가 작동하며 도르래에 연결된 로프를 감았다 푸는 방법을 통해 케이지가 움직이는 것이다.

11. 다음 보도자료를 통해 추론한 내용으로 가장 적절하지 않은 것은?

□ 국토교통부(장관 변○○)는 분양가상한제 적용주택 입주자의 거주의무기간 등을 내용으로 하는 「주택법 시행령」 개정안과 재건축부담금 관련 개시 시점 주택가액 조정 방법 등의 내용을 담은 「재건축초과이익 환수에 관한 법률 시행령」 개정안이 2월 16일 국무회의를 통과하였다고 밝혔다. 국무회의를 통과한 개정 시행령은 대통령 재가를 거쳐 2월 19일부터 시행될 예정이다.

「주택법 시행령」 개정안의 주요 내용

① 주택조합 총회의 조합원 직접 출석에 대한 예외: 감염병 예방을 위하여 여러 사람의 집합을 제한하거나 금지하는 조치가 해당 주택건설대지가 위치한 지역에 내려진 경우 주택조합 조합원이 총회 의결에 일정 비율 직접 출석해야 하는 요건의 예외를 인정하여 그 기간에는 전자적 방법으로 총회를 개최하여 의결권을 행사할 수 있도록 개선하였다.

② 분양가상한제 적용주택 제외 요건: 소규모 정비사업을 활성화하기 위해 LH 또는 지방공사가 정비구역 면적이 2만 m² 미만이거나 전체 세대수가 200세대 미만인 정비사업 또는 소규모주택정비사업의 시행자로 참여하고, 전체 세대수의 10% 이상을 임대주택으로 건설하는 경우 분양가상한제 적용대상에서 제외하도록 하였다.

③ 분양가상한제 적용주택 입주자의 거주의무기간: 주변 시세보다 저렴하게 공급되는 분양가상한제 적용주택에 대한 투기 수요를 차단하고 실수요자 중심으로 공급되도록 하기 위해 분양가상한제 적용주택 입주자의 거주의무기간을 아래 표와 같이 정하였다.

구분	분양 가격	거주의무기간
공공택지에서 건설·공급되는 주택	인근 지역 주택 매매 가격의 80% 미만	5년
	인근 지역 주택 매매 가격의 80~100%	3년
민간택지에서 건설·공급되는 주택	인근 지역 주택 매매 가격의 80% 미만	3년
	인근 지역 주택 매매 가격의 80~100%	2년

④ 분양가상한제 적용주택 입주자의 거주의무 예외 사유: 분양가상한제 적용주택을 공급받은 사람이 해당 주택의 거주의무기간 중 근무·생업·취학 또는 질병 치료를 위하여 해외에 체류하거나 세대원 전원이 다른 주택건설지역에 거주하는 등의 부득이한 사유가 있는 경우로서 LH 등의 확인을 받은 경우 그 기간은 해당 주택에 거주한 것으로 보도록 하는 거주의무 예외 사유를 정하였다.

⑤ 행복도시 이전기관 종사자에게 특별공급하는 주택의 전매제한 강화: 행정중심복합도시 이전기관 종사자가 특별공급받은 주택의 전매에 따른 시세 차익을 차단하고 실수요자 위주로 공급하기 위해 행정중심복합도시 이전기관 등에 종사하는 사람에게 특별공급한 경우 해당 주택의 전매제한기간을 투기과열지구는 5년에서 8년으로, 투기과열지구 외의 지역은 3년에서 5년으로 강화하였다.

□ 국토교통부는 이번 「주택법 시행령」 개정을 통해 수도권 분양가상한제 적용주택에 대한 투기 수요가 차단되고 실수요자 중심으로 주택이 공급되고 행정중심복합도시 이전기관 종사자의 전매에 따른 시세차익이 방지될 것으로 기대한다고 밝혔다.

※ 출처: 국토교통부 보도자료

① 민간택지에서 건설·공급되는 주택은 공공택지에서 건설·공급되는 주택보다 짧은 거주의무기간이 적용된다.

② 행정중심복합도시 이전기관 종사자에게 제공되는 특별공급 주택의 전매제한기간을 강화한 조치는 전매 시세 차익을 방지하고 실수요자 중심의 주택을 공급하는 것을 목적으로 한다.

③ 한국토지주택공사가 전체 세대수의 10분의 1 이상을 임대주택으로 건설하는 소규모주택정비사업의 시행자로 참여하는 경우 분양가상한제를 적용하지 않는다.

④ 주택건설대지가 위치한 지역에 감염병 예방을 위한 집합 금지 조치가 발령될 경우 조합원의 의결권 행사를 위해 주택조합 총회는 전자적 방식으로 개최된다.

⑤ 거주지가 분양가상한제 적용대상이더라도 유학을 위해 해외에 체류하는 경우 LH 등에 거주의무 예외 사유를 확인받는다면 해외에 체류하는 기간을 제외하고 거주의무기간이 산정된다.

[12 – 13] 다음 글을 읽고 각 물음에 답하시오.

'갑질'이란 사회·경제적 관계에서 우월적 지위에 있는 사람이 권한을 남용하거나, 우월적 지위에서 비롯되는 사실상의 영향력을 행사하여 상대방에게 행하는 부당한 요구나 처우를 의미한다. 국무조정실에서는 공공분야 갑질 근절 종합대책의 일환으로 '공공분야 갑질 근절을 위한 가이드라인'을 마련하고, 주요 갑질 유형별로 아래와 같은 판단 기준을 제시하였다.

[공공분야 갑질 행위 유형별 판단 기준]

행위 유형	판단 기준
법령 등 위반	법령, 규칙, 조례 등을 위반하여 자기 또는 타인의 부당한 이익을 추구하거나 불이익을 주었는지 여부
사적 이익 요구	우월적 지위를 이용하여 금품 또는 향응 제공 등을 강요·유도하였는지 여부, 사적으로 이익을 추구하였는지 여부
부당한 인사	특정인의 채용·승진·인사 등을 배려하기 위해 유·불리한 업무를 지시하였는지 여부
비인격적 대우	외모와 신체를 비하하는 발언, 욕설·폭언·폭행 등 비인격적인 언행을 하였는지 여부
기관 이기주의	발주기관 부담 비용을 시공사에 부담시키는 등 부당하게 기관의 이익을 추구하였는지 여부
업무 불이익	정당한 사유 없이 불필요한 휴일 근무 및 근무 시간 외 업무 지시, 부당한 업무 배제 등을 하였는지 여부
부당한 민원 응대	정당한 사유 없이 민원 접수를 거부하거나, 고의로 지연 처리 등을 하였는지 여부
기타	의사에 반한 모임 참여를 강요하였는지 여부, 부당한 차별 행위를 하였는지 여부

위와 같은 내용의 판단 기준은 중앙행정기관, 지방자치단체, 「공공기관의 운영에 관한 법률」에 따른 공공기관, 「지방공기업법」에 따른 지방공기업, 「지방자치단체 출자·출연 기관의 운영에 관한 법률」에 따른 지방자치단체 출자·출연 기관에 적용된다. 이외에도 중앙행정기관과 지방자치단체, 공공기관 등으로부터 공무를 위탁받아 진행하는 기관·개인이나 법인과 공무원으로 의제된 이에게도 적용된다. 정부에서는 공공분야의 각 기관에서 가이드라인을 토대로 하여 개별 기관의 특성에 맞는 자체 기준을 만들어 시행토록 하였다.

12. 윗글을 토대로 추론할 때, 갑질 행위 사례로 가장 적절하지 않은 것은?

① 상급자가 하급자에게 술값을 내도록 강요하고, 술자리 후 자신의 집까지 운전하라고 시키는 행위

② 물품 구매를 위한 계약 시 업체 선정 관련 절차와 규정을 지키지 않고 특정 업체를 선정하는 행위

③ 정당한 이유 없이 특정인에게 매시간 업무 일지를 작성하도록 지시하는 행위

④ 실제 업무 능력과 관계없이 대학 후배를 승진시키고자 근무 평정을 조작하는 행위

⑤ 하급자의 업무 지연으로 인해 마감일을 맞추지 못하게 되자 상급자가 해당자에게 야근을 하게 한 행위

13. 윗글을 토대로 추론할 때, 갑질 행위 유형 중 '비인격적 대우'에 해당하는 사례를 모두 고르면?

> ㉠ 강민지 대리는 평소 마음에 들지 않는 직원을 임의로 주요 업무에서 배제시키고, 시간이 오래 걸리는 단순 복사 업무를 해당 직원에게 몰아줬다.
> ㉡ 김수정 차장은 특정 팀원의 옷차림과 외모를 지적하며, 월급 받으면 옷이나 화장품 좀 사서 꾸미고 다니라며 사무실에서 공개적으로 비아냥거렸다.
> ㉢ 박한수 사원은 부장님이 이유도 없이 자신의 인사를 받아주지 않아 속상하던 와중 부서 회식에 자신만 부르지 않았음을 알게 되었다.
> ㉣ 윤소민 팀장은 채용 면접에서 한 지원자가 회사 임원의 자녀라는 사실을 알게 되었고, 해당 지원자의 최종 점수가 낮았음에도 불구하고 합격자로 선정하였다.
> ㉤ 최윤혁 과장은 상사로부터 자신보다 좋은 평가를 받은 후배에게 능력도 없으면서 잘난 척하지 말라며 마주칠 때마다 모욕적인 언행을 하였다.

① ㉠, ㉡   ② ㉡, ㉤   ③ ㉢, ㉣   ④ ㉠, ㉡, ㉤   ⑤ ㉢, ㉣, ㉤

14. 다음 안내문의 내용과 일치하지 않는 것은?

[전·월세 계약 절차 및 유의사항 안내]

1. 계약 전 유의사항

- 임대차 계약 전 등기부등본을 발급받아야 합니다.
- 근저당권, 가등기, 압류, 가압류, 가처분, 경매등기 등의 대상물건에 대한 권리관계를 확인해야 하며, 이 같은 내용이 있다면 계약하지 않는 것이 좋습니다.
- 아파트의 경우 근저당채권액과 전세보증금의 합계액이 매매가의 70% 이하, 다가구주택의 경우 근저당채권액과 전체 세입자들의 전세금의 합계액이 매매가의 60% 이하에 해당되어야 경매되더라도 보증금을 받을 수 있습니다. 다만, 이는 계약 시 참고사항이며, 최종적인 책임은 계약자 본인에게 있습니다.

2. 계약 시 유의사항

- 계약 시 상대방이 등기부상의 명의인인지 신분증으로 대조 확인해야 합니다.
- 대리인을 통한 계약인 경우에는 대리인의 주민등록증을 확인하고, 집주인의 인감도장이 날인된 위임장과 집주인의 인감증명서를 받아두어야 하며, 명의자의 배우자나 가족인 경우에도 위임장과 인감증명서를 받아두는 것이 안전합니다.
- 계약서 작성요령
  - 임대차보증금 및 월세금의 지급 날짜를 한글과 숫자로 나란히 기재합니다.
    - 예 금 칠십만 원(₩ 700,000)을 매달 이십오(25)일에 지급한다.
  - 월세에 대한 부가가치세를 임차인이 부담하는 경우 월세란에는 부가가치세를 포함한 금액을 기재하도록 하고, 월세가 선불인지 후불인지 확실히 정합니다.
  - 특약사항이 있는 경우 분쟁의 소지가 없도록 가능한 한 구체적으로 자세히 기재합니다.
    - 예 월세 계약기간 내 아파트 재개발로 인한 철거 일자 확정 시 합의사항 등
  - 계약서 내용 중 일부 문구를 정정하거나 삭제하는 경우에는 두 줄을 그어 표기하고 기재사항을 정정한 후 정정 날인을 합니다.
  - 계약조항이 모두 기재되면 이상이 없음을 확인한 후 기명날인하며, 계약서 각 장의 연결 부분에 당사자 모두 간인을 찍습니다.
  - 계약서는 계약 당사자 수만큼 작성하여 계약서 원본 각 1부씩 각자 보관합니다.

3. 계약 후 유의사항

- 임대차 계약 후에는 대항요건을 갖추기 위하여 전입신고를 하고, 확정일자를 받아야 합니다.
- 확정일자는 전입신고, 거주요건을 모두 충족해야 대항력 및 우선 변제권 등이 생깁니다.
- 확정일자 법적 효력 및 취득 방법
  - 임차인이 입주하고 주민등록 전입신고를 마치면 즉, 대항요건을 갖추고 나면 그 다음 날부터 임차주택이 다른 사람에게 양도 및 매각되더라도 새로운 집주인에게 임차권을 주장하여 임대기간이 끝날 때까지 거주할 수 있으며, 임대기간이 만료되더라도 임대보증금 전액을 반환받을 때까지 집을 비워주지 않을 수 있습니다.
  - 확정일자란 법원 등기소, 동사무소 등에서 주택임대차 계약이 체결되었음을 확인해 주기 위해 임대차 계약서의 여백에 도장을 날인해 줄 때의 날짜로, 확정일자를 주택의 인도 및 전입신고를 한 날과 같은 날 또는 그 이전에 갖춘 경우에는 우선 변제권 효력이 주택의 인도 및 전입신고를 한 날의 다음 날 오전 0시부터 발생하며, 주택의 인도 및 전입신고를 한 이후에 갖춘 경우에는 우선 변제권 효력이 확정일자 부여일에 발생합니다.
  - 대항요건과 주택임대차 계약서상에 확정일자를 갖춘 임차인은 임차주택이 경매·공매되는 경우에 임차주택의 환가대금에서 후순위 담보권자나 기타 일반 채권자에 우선하여 보증금을 변제받을 수 있습니다.

---

① 임차한 주택에서 거주 중 계약한 임차기간이 완료되기 전 집주인이 바뀌더라도 임차권을 주장하기 위해서는 대항요건을 갖추고 있어야 한다.

② 확정일자를 통한 우선 변제권 효력이 확정일자를 부여받은 당일 발생했다면 임차한 주택으로 전입신고를 하고 난 이후에 확정일자를 받았을 것이다.

③ 집주인이 아닌 대리인 자격의 중개업자와 임대차 계약을 체결해야 하는 경우에는 집주인의 인감도장이 날인된 위임장 및 집주인의 인감증명서, 집주인의 신분증을 확인해야 한다.

④ 임대차 계약을 체결한 다가구주택이 추후 경매에 넘어가더라도 보증금을 돌려받기 위해서는 근저당채권액과 전체 세입자들의 전세금을 합한 금액이 매매가의 60% 이하여야 한다.

⑤ 이미 체결한 계약서의 내용 중 임차인의 주소를 잘못 기입했을 경우에는 기존에 작성한 주소에 두 줄을 긋고 정정한 후 정정 날인해야 한다.

[15 – 16] 다음은 전세임대 계약 업무 수탁자 모집 공고문이다. 각 물음에 답하시오.

[전세임대 계약 업무 수탁자 모집 공고]

1. 개요
– 무주택 저소득층의 주거안정과 주거복지 서비스 향상을 위해 수행 중인 전세임대주택 사업과 관련하여 업무 효율성 및 고객 만족도 향상을 위해 권리 분석 및 전세 계약 업무를 수행할 법무법인을 공개 모집함

2. 모집 내용
1) 신청 자격: 사무소 주소지가 경상남도인 법무법인(변호사 포함)

구분	권역	지역	관할본부
1	창원 권역	창원시	
2	김해 권역	김해시, 양산시, 밀양시	경남지역본부
3	진주 권역	진주시, 사천시, 거제시, 통영시, 기타 군	

※ 희망 권역을 1~3순위까지 기재하되, 1순위 권역 중 법무사 사무소 소재지 또는 소재지의 연접시에 해당하는 지역이 1개 이상 있어야 함

2) 모집 수탁자 수: 3개 업체(3개 권역별 각 1개 업체 선정)
3) 수행기간: 20X1. 5. 1.~20X3. 4. 30.

3. 위탁 업무 및 수수료
1) 권리분석: 40,000원/건
2) 계약 체결: 평일 60,000원/건, 주말 80,000원/건
3) 확정일자 검인: 확정일자 + 계약 체결 업무 위임 시 1,000원/건, 확정일자 업무만 위임 시 50,000원/건
4) 대항력 조사: 30,000원/건
5) 분쟁민원 및 법률상담: 50,000원/건
6) 출장비: 이동거리를 기준으로 하되, 여건에 따라 50% 범위에서 조정 가능

거리	20km 미만	20km 이상 ~40km 미만	40km 이상 ~60km 미만	60km 이상 ~100km 미만	100km 이상
출장비	20,000원	40,000원	60,000원	80,000원	100,000원

※ 사무소가 소재한 시·군 외 지역에서 수행한 계약 체결, 대항력 조사 업무에 한하여 지급함

4. 기타사항
– 접수업체 수가 모집 수탁자 수에 미달할 경우 접수업체를 우선 선정하고, 선정자가 없는 권역에 대해서는 재공고 할 예정이며, 재공고에도 접수업체 수가 모집 수탁자 수에 미달할 경우 수의계약 진행함(단, 수의계약 대상자는 본 심사 60점 이상 업체에 한함)
– 권역별 1순위 신청자 중 고득점순으로 선정(평점 60점 이상)하며, 선정자가 없을 경우 후순위(2순위 → 3순위) 신청자 중 고득점순으로 선정함
– 공정한 심사를 위해 비계량 항목 평가 시 업체명을 비공개하여 진행함
– 선정심사 제안서는 기한 내에 제출 장소에 도달하여야 하며, 기한 내에 도달하지 않은 제안서는 선정심사 대상에서 제외됨
– 제출된 제안신청서 및 증빙서류는 반환하지 않음

15. 위 공고문의 내용과 일치하는 것은?

① 사무소 소재지 내에서 수행한 1건의 위탁 업무 수수료로 평일에 지급받은 건당 수수료에 20,000원이 추가된 금액을 지급받았다면 권리분석 업무를 수행했을 것이다.

② 희망 권역 신청 시 1순위로 김해 권역을 기재한 법무법인의 사무소는 김해시, 양산시, 밀양시 중 1개 지역에 소재지를 두고 있어야만 한다.

③ 선정심사 제안서를 제출했음에도 선정심사 대상에서 제외되었다면 접수 기한 내에 제안서가 제출 장소에 도달하지 못한 경우일 것이다.

④ 전세 계약 업무를 수행할 법무법인 선정심사를 진행할 때 심사의 공정함을 위해 비계량 항목 평가 시 법무법인명을 공개한다.

⑤ 수탁자로 선정된 변호사가 위탁 업무 수행으로 인한 출장비를 지급받았다면 업무 수행 장소가 사무소 소재지 내의 지역일 것이다.

16. LH에서 근무하는 귀하는 사무소의 주소지를 경상남도에 두고 있는 김 변호사로부터 전세임대 계약 업무 수탁자 신청과 관련된 문의를 받았다. 위 공고문을 근거로 판단할 때, 김 변호사의 문의에 대한 귀하의 답변 내용으로 가장 적절하지 않은 것은?

> 김 변호사: 안녕하세요. 이번 전세임대 계약 업무 수탁자 모집에 지원하기 전에 몇 가지 문의할 사항이 있습니다. 수탁자로 선정될 경우 업무 수행기간은 총 몇 년인가요?
>
> 귀   하: 네, ① 전세임대 계약 업무 수탁자로 선정될 경우 20X1년 5월 1일부터 2년간 업무를 수행하게 됩니다.
>
> 김 변호사: 수탁자는 권역별 1순위 신청자 중 최고득점자가 선정되는 것으로 알고 있는데, 1순위 신청자 중 선정자가 없을 경우 선정 기준은 어떻게 달라지나요?
>
> 귀   하: ② 기본적으로 권역별 1순위 신청자 중 평점 60점 이상 중에서도 고득점순으로 선정합니다. ③ 다만, 1순위 신청자 중에 선정자가 없을 경우에는 부득이 평점 60점 미만의 신청자 중 최고득점자가 선정됩니다.
>
> 김 변호사: 출장지에서의 업무 수행 시 이동거리에 따라 출장비를 지급받을 수 있는 것으로 알고 있는데, 출장비 조정도 가능한가요?
>
> 귀   하: 출장비는 기본적으로 계약 체결 및 대항력 조사 업무에 한하여 지급하며, 이동거리에 따라 지급되는 출장비가 다릅니다. ④ 그러나, 여건에 따라 이동거리에 맞춰 책정된 출장비의 50% 범위 내에서 조정이 가능합니다.
>
> 김 변호사: 신청 시 제출한 제안신청서 및 증빙서류를 반환받을 수 있는 방법이 있나요?
>
> 귀   하: ⑤ 원칙적으로 제출하신 제안신청서와 증빙서류 등은 반환하지 않는 점 양해해 주시면 감사하겠습니다.

[17 – 18] 다음은 시도별 자전거 안전시설 및 주차시설 설치현황에 대한 자료이다. 각 물음에 답하시오.

[시도별 자전거 안전시설 설치현황]

(단위: 개)

구분	2018년		2019년		2020년	
	안전표시판	횡단도	안전표시판	횡단도	안전표시판	횡단도
서울	24,636	1,821	26,615	1,958	29,038	2,370
부산	1,837	670	2,085	545	2,164	599
대구	2,505	545	2,583	555	2,771	584
인천	2,484	1,591	2,365	1,216	2,381	1,216
광주	893	166	575	166	585	166
대전	1,654	866	1,558	789	1,685	802
울산	315	231	427	235	464	244
세종	1,147	649	1,147	649	1,147	649
경기	14,150	5,633	14,336	5,922	15,507	6,048
강원	2,523	307	2,579	326	2,542	345
충북	3,071	1,641	3,097	1,642	2,199	2,115
충남	2,682	693	3,569	634	3,627	883
전북	3,527	257	3,603	364	3,850	386
전남	4,577	392	3,942	398	4,013	398
경북	5,869	932	5,868	1,335	5,883	1,286
경남	5,701	1,359	5,496	1,363	5,503	1,363
제주	3,189	431	3,202	457	2,016	157
전국	80,760	18,184	83,047	18,554	85,375	19,611

[시도별 자전거 주차시설 설치현황]

구분	2018년		2019년		2020년	
	주차장 (개)	주차 대수 (천 대)	주차장 (개)	주차 대수 (천 대)	주차장 (개)	주차 대수 (천 대)
서울	5,237	147	5,244	145	4,854	131
부산	986	12	1,146	15	1,034	14
대구	1,628	19	1,594	21	1,512	21
인천	553	14	544	9	1,761	26
광주	1,527	19	1,520	19	1,710	20
대전	791	9	747	8	756	8
울산	372	6	367	6	368	6
세종	659	10	701	10	701	10

경기	8,324	212	8,393	197	8,411	197
강원	1,703	22	1,987	24	1,969	24
충북	919	11	934	11	974	12
충남	7,851	43	3,002	48	3,064	51
전북	1,027	34	1,042	34	1,087	35
전남	1,290	17	1,655	20	1,674	21
경북	788	13	1,275	18	1,293	18
경남	3,171	72	3,183	72	3,189	72
제주	797	8	1,240	15	1,242	15
전국	37,623	668	34,574	672	35,599	681

※ 자전거 안전시설 수는 안전표시판과 횡단도 수의 합이며, 자전거 주차시설 수는 주차장 수를 의미함
※ 출처: KOSIS(행정안전부, 자전거이용현황)

17. 다음 중 자료에 대한 설명으로 옳은 것은?

① 2019년 이후 매년 전년 대비 전국의 주차장 수와 주차 대수는 증가하였다.

② 2020년 서울과 경기 안전표시판 수의 합은 전국 안전표시판 수의 55% 이상이다.

③ 제시된 지역 중 2020년에 주차장 수가 두 번째로 적은 지역의 주차장 1개당 주차 대수는 15대 미만이다.

④ 2018년부터 2020년까지 울산 주차장 수의 평균은 366개이다.

⑤ 제시된 지역 중 2018년에 주차 대수가 50천 대가 넘는 지역은 총 4곳이다.

18. 다음 중 자료에 대한 설명으로 옳지 않은 것을 모두 고르면?

ㄱ 2019년 전국의 안전표시판 수는 횡단도 수의 4배 이상이다.
ㄴ 제시된 지역 중 2018년에 횡단도 수가 가장 적은 지역은 2020년에도 횡단도 수가 가장 적다.
ㄷ 2020년 강원의 주차장 수는 2년 전 대비 15% 이상 증가하였다.
ㄹ 2019년 이후 대구의 자전거 안전시설 수와 자전거 주차시설 수의 증감 추이는 정반대이다.

① ㄱ   ② ㄴ   ③ ㄱ, ㄷ   ④ ㄴ, ㄹ   ⑤ ㄷ, ㄹ

[19 – 20] 다음은 회사별 전체 직원 수와 1일당 1인 음료 섭취량을 나타낸 자료이다. 각 물음에 답하시오.

[회사별 전체 직원 수]

(단위: 명)

구분	A 회사	B 회사	C 회사
2019년	50	20	60
2020년	50	20	50
2021년	65	30	60

[회사별 1일당 1인 음료 섭취량]

(단위: 백 mL)

구분	A 회사		B 회사		C 회사	
	전체	카페인	전체	카페인	전체	카페인
2019년	18	12	10	5	30	20
2020년	27	10	12	8	30	15
2021년	30	15	15	8	35	24

※ 1) 음료는 카페인 음료와 디카페인 음료로 구분됨
　 2) A~C 회사의 직원은 모두 매일 카페인 음료와 디카페인 음료 중 하나를 섭취함

19. 다음 중 자료에 대한 설명으로 옳지 않은 것은?

① A 회사의 1일당 1인 전체 음료 섭취량 대비 카페인 음료 섭취량 비율은 2019년이 2020년의 2배 미만이다.

② 2020년 B 회사 전체 직원의 1일당 음료 총섭취량은 전년 대비 20% 증가하였다.

③ 2021년 1일당 1인 디카페인 음료 섭취량이 10백 mL 이상인 회사의 2019년 전체 직원 수 합은 120명 미만이다.

④ 2021년 C 회사의 1일당 1인 디카페인 음료 섭취량의 전년 대비 감소율은 25% 미만이다.

⑤ 제시된 기간 동안 A 회사 전체 직원 수는 매년 B 회사 전체 직원 수의 2.5배 이하이다.

20. 다음 중 제시된 자료를 바탕으로 만든 그래프로 옳지 않은 것은?

① [A 회사 1일당 1인 디카페인 음료 섭취량]

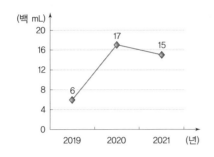

② [2021년 1일당 1인 카페인 음료 섭취량의 전년 대비 증가율]

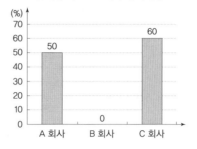

③ [2021년 전체 직원의 1일당 음료 총섭취량]

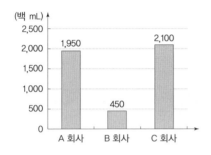

④ [C 회사 1일당 1인 카페인 음료와 디카페인 음료 섭취량 차이]

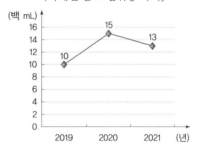

⑤ [2021년 전체 직원 수의 전년 대비 증가율]

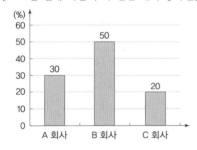

[21 - 22] 다음은 상위 수출입 기업의 수출액 및 무역집중도에 대한 자료이다. 각 물음에 답하시오.

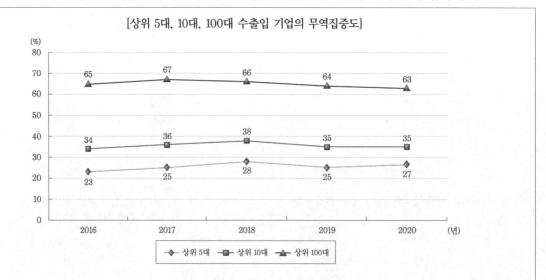

[상위 5대, 10대, 100대 수출입 기업의 무역집중도]

[상위 수출입 기업별 수출액]

(단위: 십억 달러)

구분	2016년	2017년	2018년	2019년	2020년
상위 5대	111.4	143.2	169.8	137.3	139.6
상위 10대	167.6	207.3	228.8	187.5	180.9
상위 20대	223.6	276.7	292.2	247.9	230.7
상위 50대	288.0	345.2	362.1	309.3	290.9
상위 100대	320.1	381.0	401.3	345.0	323.2
상위 500대	384.2	453.7	475.8	417.8	393.6
상위 1,000대	409.4	481.5	505.5	446.5	421.1
전체 기업	494.3	572.6	603.6	541.2	511.2

※ 무역집중도: 수출입 기업 중 상위 n개 기업이 전체 수출입에서 차지하는 정도
※ 출처: KOSIS(통계청/관세청, 기업특성별무역통계)

21. 다음 중 자료에 대한 설명으로 옳은 것은?

① 2017년 이후 상위 5대 수출입 기업의 무역집중도가 전년 대비 감소했던 해에 상위 5대 수출입 기업 수출액의 전년 대비 감소율은 20% 미만이다.

② 상위 5대, 10대, 100대 수출입 기업의 무역집중도가 가장 높았던 해는 모두 2018년이다.

③ 제시된 기간 동안 상위 5대 수출입 기업의 연평균 수출액은 140십억 달러 미만이다.

④ 2016년 대비 2017년 상위 50대 수출입 기업의 수출액 증가율은 20% 이상이다.

⑤ 2020년 상위 수출입 기업별 수출액은 전년 대비 모두 감소하였다.

22. 제시된 기간 동안 상위 6~10위 수출입 기업의 수출액이 가장 큰 해에 상위 500대 수출입 기업 수출액의 전년 대비 증가율은 얼마인가? (단, 소수점 둘째 자리에서 반올림하여 계산한다.)

① 4.9%　　　② 8.6%　　　③ 11.4%　　　④ 15.5%　　　⑤ 18.1%

[23 – 24] 다음은 지역별 토지 거래량에 대한 자료이다. 각 물음에 답하시오.

[지역별 토지 거래량]

(단위: 필지)

구분	2018년		2019년		2020년	
	상반기	하반기	상반기	하반기	상반기	하반기
A	4,050	4,100	4,180	4,240	4,370	4,400
B	1,700	1,800	1,820	1,870	1,890	1,930
C	7,200	8,100	8,890	9,750	10,600	11,200
D	1,250	1,400	1,350	1,370	1,420	1,450

23. 다음 중 자료에 대한 설명으로 옳지 않은 것은?

① 2020년 상반기 A~D 지역의 토지 거래량 합은 총 18,280필지이다.

② 2019년 하반기 C 지역의 토지 거래량은 전년 동 반기 대비 20% 이상 증가하였다.

③ 제시된 기간 동안 D 지역 대비 A 지역의 상반기 토지 거래량 비율은 매년 3.0 이상이다.

④ 제시된 기간 동안 A~D 지역의 토지 거래량은 각각 전 반기 대비 꾸준히 증가하였다.

⑤ 2019년부터 2020년까지 B 지역의 1년 평균 토지 거래량은 3,755필지이다.

24. 다음 중 제시된 자료를 바탕으로 만든 그래프로 옳은 것은?

① [2018년 토지 거래량]

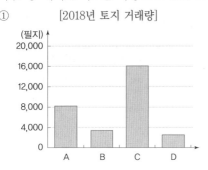

② [상반기 대비 하반기 토지 거래량의 증가량]

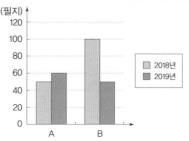

③ [2019년 토지 거래량]

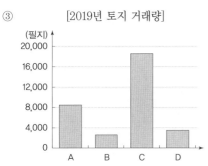

④ [전년 동 반기 대비 토지 거래량의 증가량]

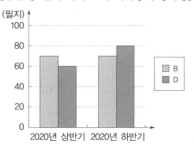

⑤ [2020년 토지 거래량]

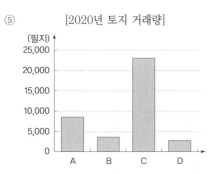

[25 – 27] 다음은 지역별 폐수 방류량에 대한 자료이다. 각 물음에 답하시오.

[지역별 사업장 수, 폐수 방류량]

구분	2017년		2018년		2019년	
	업소 수 (개소)	폐수 방류량 (천 m³/일)	업소 수 (개소)	폐수 방류량 (천 m³/일)	업소 수 (개소)	폐수 방류량 (천 m³/일)
서울	13	0.1	11	0.3	21	0.4
부산	893	68.3	876	71.1	945	69.7
대구	1,387	121.7	1,361	118.9	1,619	125.2
인천	984	24.9	806	22.7	925	27.5
광주	324	11.6	327	13.5	310	15.2
대전	214	33.3	220	40.9	238	38.2
울산	410	383.7	396	354.2	507	403.8
세종	44	2.6	44	11.4	39	11.4
경기	1,708	430.5	1,657	503.5	2,608	467.8
강원	114	13.0	105	13.8	98	14.1
충북	585	195.2	537	160.0	517	158.0
충남	252	328.7	362	316.6	386	340.7
전북	459	138.2	282	120.0	387	136.0
전남	262	215.4	268	137.3	289	286.0
경북	857	324.4	770	323.1	855	383.5
경남	1,156	56.3	1,115	53.9	1,085	55.4
제주	4	0.2	1	0.1	1	0.0
전국	9,666	2348.1	9,138	2261.3	10,830	2532.9

[전국 및 경기의 사업장 1개소당 폐수 방류량]

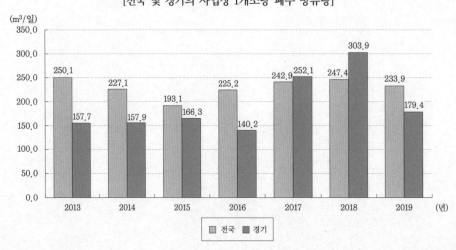

※ 출처: KOSIS(통계청/관세청, 기업특성별무역통계)

25. 다음 중 자료에 대한 설명으로 옳은 것은?

① 2017년 대비 2019년 전국의 폐수 방류량 증가량은 184.8천 m³/일이다.

② 2019년 대전의 사업장 1개소당 폐수 방류량은 경기보다 높다.

③ 2019년 제주를 제외하고 폐수 방류량이 50천 m³/일 미만인 지역의 폐수 방류량 평균은 20천 m³/일 이상이다.

④ 2019년 업소 수가 1,000개 이상인 지역의 폐수 방류량 합은 전국 폐수 방류량 대비 30% 이상이다.

⑤ 제시된 기간 동안 매년 전국의 1개소당 폐수 방류량은 경기의 1개소당 폐수 방류량보다 많다.

26. 2018년 이후 광주의 업소 수 증감률을 순서대로 바르게 나열한 것은? (단, 소수점 둘째 자리에서 반올림하여 계산한다.)

① -0.1%, -4.2%   ② 0.6%, -5.2%   ③ 0.6%, -4.2%   ④ 0.9%, -6.2%   ⑤ 0.9%, -5.2%

27. 2017년 전국의 업소 수가 전년 대비 8% 증가하였다면 2016년 전국의 폐수 방류량은 얼마인가?

① 2,015.54천 m³/일   ② 2,093.41천 m³/일   ③ 2,173.95천 m³/일

④ 2,214.23천 m³/일   ⑤ 2,256.29천 m³/일

28. A~E 5명은 12시, 13시, 14시 중 한 타임을 정해 영화를 관람하였다. 5명 중 1명만 거짓을 말하고, 12시 타임에 영화를 관람한 사람은 2명, 14시 타임에 영화를 관람한 사람은 1명일 때, 14시 타임에 영화를 관람한 사람은?

> - A: 나 또는 B는 12시 타임에 영화를 관람했다.
> - B: 나와 A는 1시간 간격으로 영화를 관람했다.
> - C: 나와 D는 12시 타임에 영화를 관람했다.
> - D: 14시 타임에 영화를 관람한 사람은 C, D, E가 아니다.
> - E: A와 C는 1시간 간격으로 영화를 관람했다.

① A   ② B   ③ C   ④ D   ⑤ E

29. A~F 6명 중 2명만 일요일에 출근을 하였으며, 일요일에 출근한 2명 중 1명은 퇴근하기 전에 고객을 만났다. 6명은 각각 한 가지 또는 두 가지씩 진술하고 있으며, 일요일에 출근한 사람은 자신의 모든 진술을 거짓으로 말하고, 출근하지 않은 사람은 자신의 모든 진술을 진실로 말하고 있다. 다음 조건을 모두 고려하였을 때, 항상 옳지 않은 것은?

> - A: C는 일요일에 출근을 했지만, 퇴근하기 전에 고객을 만나지는 않았어.
> - B: 나는 일요일에 출근을 하지 않았어.
> - C: 일요일에 출근을 한 사람은 B와 D야.
> - D: E는 진실을 말하고 있고, F는 거짓을 말하고 있어.
> - E: A는 일요일에 출근을 하지 않았고, D도 일요일에 출근을 하지 않았어.
> - F: D는 일요일에 출근을 했고, 퇴근하기 전에 고객도 만났어.

① E는 일요일에 출근을 하지 않았다.

② B는 진실을 말하고 있다.

③ 일요일에 출근을 한 뒤, 퇴근하기 전에 고객을 만난 사람은 F이다.

④ D는 거짓을 말하고 있다.

⑤ C는 일요일에 출근을 했지만, 퇴근하기 전에 고객을 만나지는 않았다.

30. 갑, 을, 병, 정, 무, 기 6명은 5층짜리 숙소에 각자 방을 1개씩 배정받았다. 다음 조건을 모두 고려하였을 때, 항상 옳은 것은?

- 편의점 및 사무실과 6명이 배정받은 방 외에 모든 방은 빈방이다.
- 갑보다 높은 층에 방을 배정받은 사람은 2명이다.
- 을보다 낮은 층에 방을 배정받은 사람은 1명이다.
- 5층에는 1명만 방을 배정받았다.
- 병과 정이 배정받은 방의 층수 차이는 3층이다.
- 무와 갑은 같은 층에 방을 배정받았다.
- 기가 배정받은 방과 같은 호수에 빈방은 없다.
- 을과 무는 서로 다른 호수의 방을 배정받았다.

	1호	2호
5층		
4층		사무실
3층		
2층		
1층	편의점	

① 을과 기가 배정받은 방의 층수 차이는 3층이다.
② 을과 정은 같은 호수의 방을 배정받았다.
③ 기는 5층 2호에 방을 배정받았다.
④ 무는 3층 1호에 방을 배정받았다.
⑤ 병은 1층 2호에 방을 배정받았다.

[31 – 32] 다음 안내문을 읽고 각 물음에 답하시오.

[LH 공공주택 인테리어 사진·영상 공모전 온라인 투표 참여 안내]

1. **공모전 개요**
   1) 주제: 나를 덧댄 라이프 스타일, 우리 집 언택트 집들이
   2) 공모 분야: 1인 가구, 다인 가구로 구분
   3) 추진 일정: 공고(7월 말) → 접수 마감(9월 초) → 심사(9월) → 당선작 발표(10월 말) → 당선작 시상(11월 중)
   4) 심사 방법: 서류 심사 → 예비 심사 → 본 심사 → 최종 당선작 결정
      ※ 1) 서류 심사 결과 최종 당선작의 4배수를, 예비 심사 결과 최종 당선작의 2배수를 선발할 예정
         2) 본 심사 기준(100점): 심미성, 활용성, 대중성, 창의성 각 25점 만점 기준
         3) 최종 당선작 결정 방법: 본 심사 점수 80%와 온라인 투표 점수 20%의 가중치를 적용함
   5) 포상 규모: 대상 1명(100만 원) 포함 총 13건

구분	분야	상금	비고
대상	구분 없음	100만 원	분야 관계없이 총 1건
최우수상	1인 가구	50만 원	분야별 1건
	다인 가구	50만 원	
우수상	1인 가구	30만 원	분야별 2건
	다인 가구	30만 원	
장려상	1인 가구	20만 원	분야별 3건
	다인 가구	20만 원	

2. **온라인 투표 참여 방법**
   1) 투표 참여 기간: 20XX. 9. 17.~20XX. 10. 4.
   2) 투표 방법: LH 홈페이지 내 온라인 투표 QR코드 접속 후 가장 선호하는 작품에 대해 분야별 1인당 3개씩 투표
   3) 참가상: 온라인 투표 참여자 중 100명을 추첨하여 모바일 마트 상품권 5천 원권 지급
   4) 참가 자격: 전 국민 누구나

31. 위 안내문을 근거로 판단한 내용으로 적절한 것은?

① 온라인 투표 참가상인 모바일 마트 상품권의 총액은 1인 가구 분야가 받는 장려상 상금의 합보다 많다.

② 예비 심사 대상으로는 총 52건의 작품이 선별될 것이다.

③ 온라인 투표 시에는 분야별로 1건씩만 투표 가능하다.

④ 공모전 수상작에 대한 총상금은 540만 원이다.

⑤ 공모전 수상작에 대한 시상은 공모전 당선작이 발표된 달에 진행된다.

32. 본 심사 및 온라인 투표 결과 A~E 중 점수가 가장 높은 작품이 대상을 수상했다고 할 때, 대상을 수상한 작품은? (단, 온라인 투표 점수는 100점을 만점으로 한다.)

구분	심미성	활용성	대중성	창의성	온라인 투표 점수
A	15점	22점	17점	20점	80점
B	17점	19점	21점	19점	88점
C	16점	15점	12점	24점	92점
D	19점	17점	16점	17점	90점
E	20점	16점	16점	21점	85점

① A   ② B   ③ C   ④ D   ⑤ E

33. 다음은 비주거용 녹색건축 본 인증 수수료 내역이다. 다음 수수료 내역을 토대로 판단할 때, 기존 건축물에 대한 비주거용 녹색건축 본 인증 수수료는? (단, 소수점은 절사하여 계산한다.)

[비주거용 녹색건축 본 인증 기준 수수료 내역]

구분	세부 항목	금액(원)	내역
인건비	서류 심사	(A)	• 기술사 1일 노임 단가 × 2인 × 3일 • 특급 기술자 1일 노임 단가 × 3인 × 3일 ※ 서류 심사 인건비는 기술사와 특급 기술자의 인건비 합계로 산출
	현장 심사	(B)	• 기술사 1일 노임 단가 × 2인 × 1일 • 특급 기술자 1일 노임 단가 × 3인 × 1일 ※ 현장 심사 인건비는 기술사와 특급 기술자의 인건비 합계로 산출
	행정 인건비	(C)	• 고급 기술자 1일 노임 단가 × 2인 × 10일 × 0.2
기술 경비	제작 및 비품	500,000	• 심의자료, 평가보고서, 사무용품비, 기자재비 등 ※ 기술 경비: 인증평가 시 인증기관이 보유한 기술의 사용 및 평가보고 등에 필요한 경비
간접 경비	인증서 등	781,000	• 인증서, 임차료 및 전력비 등 ※ 간접 경비: 인증평가 업무 수행을 위하여 간접적으로 요구되는 경비로서 인증기관 운영에 필요한 제반 경비
기타 경비	심의비 등	1,200,000	• 출장비: 실비 기준 • 심의비: 1,000,000원 ※ 심의비는 투입된 총인원을 기준으로 산출
비고			• 기준 수수료 = 인건비 + 기술 경비 + 간접 경비 + 기타 경비 • 기존 건축물 수수료 = 기준 수수료 인건비의 70% + 기술 경비 + 간접 경비 + 기타 경비 • 인건비: 건설 엔지니어링 기술자 1일 노임 단가를 기준으로 산정함

[건설 엔지니어링 기술자 노임 단가표]

구분	기술사	특급 기술자	고급 기술자	중급 기술자	초급 기술자	고급숙련 기술자	중급숙련 기술자	초급숙련 기술자
1일 단가	371,891원	292,249원	242,055원	220,497원	172,529원	207,510원	185,073원	162,285원

① 6,138,688원 ② 6,642,568원 ③ 7,235,421원 ④ 7,696,235원 ⑤ 8,385,481원

34. 다음 토지이용규제 기본법의 일부를 토대로 판단한 내용으로 옳지 않은 것은?

제15조(토지이용규제심의위원회)
① 지역·지구 등의 신설 등에 관한 사항을 심의하기 위하여 국토교통부에 토지이용규제심의위원회(이하 "위원회"라 한다)를 둔다.
② 위원회는 다음 각 호의 사항을 심의한다.
　1. 지역·지구 등의 신설에 관한 사항
　2. 지역·지구 등의 지정과 운영 실적 등에 대한 평가 결과에 관한 사항
　3. 지역·지구 등에서의 행위 제한 내용 및 절차에 대한 평가 결과에 관한 사항
　4. 지역·지구 등에서의 행위 제한 강화 등에 관한 사항
　5. 지역·지구 등 및 행위 제한 관련 제도개선 대책의 이행실적 점검·평가 결과에 관한 사항
　6. 그 밖에 위원장이 필요하다고 인정하여 회의에 부치는 사항

제16조(위원회의 구성 등)
① 위원회는 위원장과 부위원장 각 1명을 포함한 20명 이내의 위원으로 구성한다.
② 위원회의 위원장은 국토교통부장관이 되고, 부위원장은 환경부차관이 된다.
③ 위원장과 부위원장을 제외한 위원은 다음 각 호의 사람이 된다.
　1. 지역·지구 등을 관장하는 중앙행정기관 소속 공무원 중에서 대통령령으로 정하는 공무원
　2. 지역·지구 등의 지정과 관련하여 학식과 경험이 풍부한 사람으로서 대통령령으로 정하는 바에 따라 지역·지구 등을 관장하는 중앙행정기관의 장의 추천을 받아 국토교통부장관이 위촉하는 사람
④ 위촉위원의 임기는 2년으로 한다.

제17조(위원의 결격사유)
① 다음 각 호의 어느 하나에 해당하는 사람은 위원회의 위원이 될 수 없다.
　1. 미성년자·피성년후견인 또는 피한정후견인
　2. 파산선고를 받고 복권되지 아니한 사람
　3. 금고 이상의 형을 선고받고 그 집행이 끝나거나(집행이 끝난 것으로 보는 경우를 포함한다) 집행이 면제된 날부터 2년이 지나지 아니한 사람
　4. 금고 이상의 형의 집행유예를 선고받고 그 유예기간 중에 있는 사람
② 위원이 제1항 각 호의 어느 하나에 해당하게 된 때는 그날로 위원자격을 잃는다.

제18조(위원장 등의 직무)
① 위원회의 위원장은 위원회를 대표하고, 위원회의 업무를 총괄한다.
② 위원회의 부위원장은 위원장을 보좌하며, 위원장이 부득이한 사유로 직무를 수행할 수 없을 때는 그 직무를 대행한다.
③ 위원장과 부위원장이 모두 부득이한 사유로 직무를 수행할 수 없을 때는 위원장이 미리 지명한 위원이 그 직무를 대행한다.

---

① 토지이용규제심의위원회의 위원 전체는 20명 이내로 구성되어야 한다.
② 토지이용규제심의위원회의 위원이 위원회 활동 도중 금고 1년을 선고받았다면 해당 위원은 선고받은 날로 위원자격을 잃는다.
③ 토지이용규제심의위원회의 존재 목적은 지역 및 지구의 신설 등에 대한 사항을 심의하고자 함에 있다.
④ 토지이용규제심의위원회의 위원장과 부위원장이 해외 방문 일정으로 직무를 수행할 수 없다면 위원 중 직급이 가장 높은 사람이 위원장의 직무를 대행한다.
⑤ 토지이용규제심의위원회에서 환경부차관은 부위원장을 맡으며, 국토교통부장관은 위원장을 맡는다.

35.

다음 영구임대 퇴거 세대 원상복구비의 일부와 메일을 근거로 판단할 때, 세입자 박○○이 산정받은 비용은?
(단, 감가상각액과 메일에 제시된 내용 이외의 원상복구비용은 고려하지 않는다.)

[영구임대 퇴거 세대 원상복구비]

위치	교체	비용	위치	교체	비용
욕실	출입문짝(교체)	189,600원/개	거실 및 침실	출입문짝(교체)	189,600원/개
	도어록	16,900원/개		출입문짝(부분 보수)	19,000원
	컵대	28,700원/개		도어록	16,900원/개
	비누대	28,700원/개		장판	15,000원/m²
	수건걸이	41,900원/개		도배(벽체)	10,400원/m²
	휴지걸이	32,700원/개		도배(천장)	9,800원/m²
	타일(벽체)	81,300원/m²		석고보드	13,700원/m²
	타일(바닥)	81,700원/m²		방충망(스텐) 450 × 900	35,000원/개
	세면기 도기	122,500원/개		콘센트	14,100원/개
	세면기 수전	98,600원/개		스위치	13,800원/개
	세면기 폽업	25,100원/개	주방	배수홈통	17,200원/개
	샤워기 헤드	14,400원/개		식탁등	59,300원/개
	샤워기 메탈호스	12,200원/개		싱크 수전헤드	13,300원/개
	양변기(원피스)	271,900원/개		주방가구 경첩	5,800원/개

수신자	lessor@lh.or.kr
제목	퇴거 세대 원상복구비용 산정 요청

안녕하세요.
영구임대주택 세입자 박○○입니다. 문의사항이 있어 메일 드립니다.
거주하며 몇 가지 물건이 파손되었는데, 퇴거할 때 원상복구비용으로 얼마가 산정될지 확인하고 싶습니다. 욕실의 벽체 타일 3m²와 수건걸이, 휴지걸이는 각 1개씩 파손되었습니다. 침실의 출입문짝은 모서리 부분에만 약간의 손상이 있습니다. 또한, 거실의 스위치 2개가 망가졌고, 주방가구 경첩은 4개가 파손되었습니다. 만약 현재 파손된 물품들에 대해서만 원상복구가 이루어진다면, 원상복구비용으로 얼마가 들지 궁금합니다. 그럼 빠른 답변 기다리겠습니다.

① 194,500원   ② 388,300원   ③ 389,500원   ④ 558,900원   ⑤ 559,700원

36. 다음 결로방지 성능평가 수수료에 대한 자료를 근거로 판단할 때, 결로방지 성능평가 서류 접수 후 구체적인 검토와 시뮬레이션이 시행되지 않은 경우, 반환받을 수 있는 기본 수수료의 금액은?

[결로방지 성능평가 수수료]

1. 평가 수수료의 산정
   − 평가 수수료 = 기본 수수료 + 단위세대 유형별 개수 × 추가 수수료

2. 기본 수수료
   − 기본 수수료 = 인건비 + 경비 + 부가가치세

구분		내역				
		기술자 등급	단가	인원	투입율	일수
인건비	신청서류 검토	중급기술자	220,497원	1	0.5	3
	시뮬레이션	고급기술자	242,904원	2	0.5	7
	최종결과 확인	특급기술자	292,249원	1	0.5	5
경비	제반 경비	인건비의 10%				

※ 1) 1인당 인건비 = 단가 × 투입율 × 일수
   2) 부가가치세는 인건비와 경비를 합산한 금액의 10%임
   3) 모든 금액은 원 단위 절사하여 계산함

3. 추가 수수료
   − 추가 수수료는 단위세대 유형(평면타입)에 따라 추가로 시뮬레이션을 해야 하는 경우에 산정되며, 단위세대 유형별 개별 단가(벽체접합부, 창호에 대한 시뮬레이션을 모두 포함)는 750,000원 이내에서 산정함
   − 벽체접합부, 창호의 시뮬레이션 시험을 대신하여 결로방지 가이드라인에 규정된 사항을 활용하거나 물리적 시험성적서를 제출하고 그 적합 여부의 확인을 요청할 경우 또는 사업주체가 시뮬레이션을 수행하여 그 결과를 제출한 경우에는 단위세대 유형별 개별 단가의 30% 이내에서 산정함
   − 단위 세대 내에서 결로방지 가이드라인을 활용하거나, 사업주체가 수행한 별도 시뮬레이션 결과를 병행하여 제출하는 경우와 시험성적서(물리적 시험) 사용으로 인한 시뮬레이션 범위의 축소 등이 있는 경우에는 각각의 수행 비율에 따라 추가적으로 수수료를 조정할 수 있음

4. 평가 수수료의 반환
   − 성능평가기관은 평가의 취소 등의 사유가 발생할 경우, 성능평가 수수료의 환불 및 반환 사유를 확인하고 신청자에게 그 사유 등을 통지한 날로부터 2주 이내에 반환하여야 함
   가. 제출된 제반서류에 대한 검토가 완료된 후에는 기본 수수료는 제외하고 반환함. 다만, 서류만 접수하고 구체적인 검토와 시뮬레이션이 시행되지 않았을 경우에는 부가가치세를 포함한 기본 수수료의 90%, 추가 수수료는 전액을 반환함
   나. 시뮬레이션을 일부 수행한 경우에는 수행비율에 따라 비례 계산하여 반환 수수료를 산정하는 것을 원칙으로 함(예: 시뮬레이션 및 서류 확인 60% 수행 시, 수수료의 40%를 반환)
   다. 평가 수수료를 반환하는 경우, 그때까지 진행한 평가업무의 결과물도 함께 신청자에게 전달되어야 함. 다만, 가목의 단서 조항에 해당하는 경우에는 그러하지 않음

① 2,485,510원   ② 2,761,680원   ③ 3,007,450원   ④ 3,037,840원   ⑤ 3,341,620원

37. 다음 ○○지구 청년상가 창업팀 모집 안내문을 읽고 이해한 내용으로 가장 적절하지 않은 것은?

[○○지구 청년상가 창업팀 모집 안내]

1. 목적
　– 혁신적인 사업 아이디어를 지닌 청년들의 창업을 지원하고자 가나구와 LH(한국토지주택공사)가 공동으로
　　추진하는 청년창업지원사업의 일환으로, ○○지구 청년상가에 입주할 청년 창업팀을 모집하기 위함

2. 신청자격
　1) 신청대상
　　– 혁신적인 사업 아이디어를 보유하고, 지속적인 활동 의지가 있는 만 19세 이상~만 39세 이하 청년
　2) 신청제외대상
　　– 상가를 상업시설이 아닌 사무실 용도로 활용하는 경우
　　– 관련 법령상 창업이 불가능한 경우
　　– 금융기관 등으로부터 채무 불이행자로 규제 중인 경우
　　– 국세 및 지방세 체납 중인 경우
　　– 정부지원사업에 참여 제한으로 제재 중인 경우

3. 공간 개요
　1) 공간명: ○○지구 청년상가(가나구 별별로 123, 지상 1층)
　2) 임대조건 및 사용기간: 시세 대비 20% 수준, 2년

호수	임대보증금	월 임대료	임대 면적
101호	6,894,000원	288,000원	26.34m²

　※ 1) 관리비, 제세공과금, 임대료 월별 부과
　　 2) 2년 후 계약 연장을 원할 경우 LH 희망상가 임대조건(시세 대비 50% 수준)으로 갱신 계약 가능하며, 금번 계약기
　　　 간 포함 최장 10년까지 계약 가능

4. 지원 개요

구분	내용
공간 사용	101호(면적 26.34m²)
임대보증금	3,447,000원 지원(50% 자부담)
교육·컨설팅 지원	창업 과정에 필요한 교육, 컨설팅 연계
자원 연계	지역사회 및 민간자원 연계
홍보 지원	홍보 및 판로 지원 등

　※ 임대보증금 지원액은 가나구청이 LH에 직접 지급하며, 임대차계약(2년) 만료 후 전액 환수됨

5. 접수 및 문의
　1) 접수기간: 20XX. 1. 13.(월)~1. 28.(화) 18:00까지
　2) 접수방법: 이메일 접수(changup@ganagu.go.kr)

6. 주의사항
　– 임대차계약 체결 후 1개월 내 입주하지 않을 경우 입주 포기로 간주함
　– 임대차계약 체결 후 1개월 내 주사업장 소재지 ○○지구 청년상가로 이전 또는 사업자 등록 필요함
　– 계약서상 의무사항을 이행하지 않거나 폐업, 사업 기간 내 운영 포기 등 정상적인 운영이 이루어지지 않을
　　경우 계약 해지될 수 있으며, 그 경우 지원금 환수 및 사업 참여 제한 조치됨

---

① 청년상가 임대조건은 시세의 약 5분의 1 수준으로 저렴하며, 사용기간 종료 후 계약 연장을 원한다면 동일한 조건으로 갱신 계약을 체결하게 된다.

② 임대차계약이 완료되고 나서 한 달 내로 ○○지구 청년상가에 입주하지 않으면 입주를 포기하겠다는 의사를 표명한 것으로 여겨질 수 있다.

③ 만 19세 이상~만 39세 이하 청년으로 신청대상에 해당하더라도 상가를 사무실 용도로 활용하고자 한다면 신청이 거절될 수 있다.

④ 청년 창업팀 선정 후 임대차계약을 맺어도 지원내역 외에 관리비, 제세공과금, 임대료는 매달 따로 내야 한다.

⑤ 임대보증금 지원은 임대보증금의 절반 금액을 가나구청이 직접 LH에 지급하는 방식으로 이루어진다.

38. 다음 일반 토지 매입 안내문의 일부와 감정평가업자 갑, 을의 평가 방법을 근거로 판단할 때, A 토지의 최대 매입 금액은?

[일반 토지 매입 안내]

1. 일반 토지 매입의 정의
   - 토지를 처분하는 토지소유자로부터 토지를 매입하여 향후 공공 개발 사업 등에 직접 활용하거나, 해당 토지를 필요로 하는 실수요자에게 매각하는 제도

2. 매입 금액의 결정
   - 2인의 감정평가업자가 평가한 감정평가액을 산술평균한 금액 이내에서, 매입 대상 토지의 개별 여건 및 인근 토지의 거래 상황 등을 종합적으로 고려하여 결정함

3. 토지 매입 절차
   - 토지 매입 공고 → 매각 신청 접수 → 토지 조사 및 심사 → 매수 적격 통보 → 측량, 감정평가 예치금 입금 → 측량, 감정평가 → 금액 협의 → 계약 체결 → 예치금 반환 → 대금 지급 소유권 이전

[갑의 감정평가 방법]

- 평가금액 = 표준지 공시지가 × 표준지 공시지가 시점 수정 × 지역 요인 × 개별 요인 × 기타 요인

[을의 감정평가 방법]

- 평가금액 = 개별 공시지가 × 개별 공시지가 시점 수정 × 지역 요인 × 개별 요인 × 기타 요인

[A 토지 정보]

- 소재지: ○○시 ○○구 ○○동 123
- 면적: 150m^2
- 표준지 공시지가: 2,000,000원/m^2
- 표준지 공시지가 시점 수정: 1.05
- 개별 공시지가: 2,500,000원/m^2
- 개별 공시지가 시점 수정: 1.00
- 지역 요인: A 토지가 표준지 공시지가 및 개별 공시지가 토지의 인근 지역에 위치하여 동일하게 1.00으로 계산함
- 개별 요인: A 토지가 표준지 공시지가 및 개별 공시지가 토지보다 환경 조건이 20% 우세하고 다른 조건은 동일하여 개별 요인을 1.20으로 계산함
- 기타 요인: 그 밖의 요인으로 보정할 사항 없으므로 기타 요인은 1.00으로 계산함

① 378,000,000원　② 396,000,000원　③ 414,000,000원　④ 450,000,000원　⑤ 486,000,000원

39. 다음은 A 회사의 성과급 지급 규정과 A 회사의 직원인 갑~무의 회사 생활 정보이다. 제시된 내용을 근거로 판단할 때, 가장 많은 성과급을 지급받는 직원은?

[A 회사 성과급 지급 규정]

제1조(목적)

이 규정은 회사의 발전에 기여한 직원들에게 성과 보상으로 일정 금액을 지급함으로써 직원들의 업무 효율성, 책임감 및 조직 몰입을 향상시키는 것을 목적으로 한다.

제2조(정의)

1) 본 규정에서 성과급이란 지난 1년간 각 사원의 개인별 업무 평가 결과와 소속 부서별 업무 평가 결과를 백분위로 나타내 점수로 환산한 다음, 두 점수의 평균 점수를 산출해 그 결과에 맞는 성과 보상을 금전적으로 지급하는 금액을 말한다. 백분위별 평가 점수는 다음과 같다.

구분	상위 15% 이내	상위 15% 초과 30% 이내	상위 30% 초과 40% 이내	상위 40% 초과 50% 이내
점수	5점	4점	3점	2점

※ 업무 평가는 해당 연도 매출액, 전년도 대비 매출 증가율, 근무성적 등을 토대로 평가함

2) 평균 점수별 등급

구분	4.5~5점	3.5~4점	2.5~3점	0~2점
등급	S 등급	A 등급	B 등급	C 등급

제3조(지급 대상)

지급일을 기준으로 1년 이상 근무한 전 직원을 대상으로 한다.

제4조(지급액)

성과급은 아래 규정된 등급별 지급액에 따라 지급하도록 한다.

구분	S 등급	A 등급	B 등급	C 등급
지급액	월 급여액의 200%에 해당하는 금액	월 급여액의 160%에 해당하는 금액	월 급여액의 140%에 해당하는 금액	200만 원의 격려금

※ 해당 연도 매출액이 동일 업종 내 1위를 기록한 부서의 사원에게는 개인별로 150만 원의 인센티브가 추가로 지급됨

[20XX년 갑~무의 부서 내 업무 평가 결과 및 회사 생활 정보]

구분	갑	을	병	정	무
소속 부서	TV 사업부	자동차 사업부	생활가전 사업부	모바일 사업부	모바일 사업부
소속 부서 업무 평가 순위	1	4	3	2	2
개인별 업무 평가 순위	4/20	6/13	4/12	4/25	6/25
월 급여액	450만 원	500만 원	550만 원	475만 원	350만 원
근속연수	5년	8년	10년	3년	10개월

※ 1) A 회사는 총 8개의 부서로 구성되어 있으며, 개인별 업무 평가 순위는 소속 부서 내 부서원들을 기준으로 함
　 2) 20XX년 모바일 사업부는 동일 업종 내 매출액 1위를 기록하였음

① 갑　　　　　　② 을　　　　　　③ 병　　　　　　④ 정　　　　　　⑤ 무

40. 다음은 공익사업을 위한 토지 등의 취득 및 보상에 관한 법률의 일부이다. 이 법령을 잘못 이해한 사람은?

제75조(건축물 등 물건에 대한 보상)
① 사업시행자는 건축물·입목·공작물과 그 밖에 토지에 정착한 물건(이하 "건축물 등"이라 한다)에 대하여 이전에 필요한 비용(이하 "이전비"라 한다)으로 토지소유자나 관계인에게 보상하여야 한다. 다만, 다음 각 호의 어느 하나에 해당하는 경우에는 해당 물건의 가격으로 보상하여야 한다.
   1. 건축물 등을 이전하기 어렵거나 그 이전으로 인하여 건축물 등을 종래의 목적대로 사용할 수 없게 된 경우
   2. 건축물 등의 이전비가 그 물건의 가격을 넘는 경우
   3. 사업시행자가 공익사업에 직접 사용할 목적으로 취득하는 경우
② 농작물에 대한 손실은 그 종류와 성장의 정도 등을 종합적으로 고려하여 보상하여야 한다.
③ 토지에 속한 흙·모래 또는 자갈(흙·돌·모래 또는 자갈이 해당 토지와 별도로 취득 또는 사용의 대상이 되는 경우만 해당한다)에 대하여는 거래가격 등을 고려하여 평가한 적정가격으로 보상하여야 한다.
④ 분묘에 대하여는 이장(移葬)에 드는 비용 등을 산정하여 보상하여야 한다.
⑤ 사업시행자는 사업예정지에 있는 건축물 등이 제1항 제1호 또는 제2호에 해당하는 경우에는 관할 토지수용위원회에 그 물건의 수용 재결을 신청할 수 있다.
⑥ 제1항부터 제4항까지의 규정에 따른 물건 및 그 밖의 물건에 대한 보상액의 구체적인 산정 및 평가 방법과 보상기준은 국토교통부령으로 정한다.

제75조의2(잔여 건축물의 손실에 대한 보상 등)
① 사업시행자는 동일한 소유자에게 속하는 일단의 건축물의 일부가 취득되거나 사용됨으로 인하여 잔여 건축물의 가격이 감소하거나 그 밖의 손실이 있을 때에는 국토교통부령으로 정하는 바에 따라 그 손실을 보상하여야 한다. 다만, 잔여 건축물의 가격 감소분과 보수비(건축물의 나머지 부분을 종래의 목적대로 사용할 수 있도록 그 유용성을 동일하게 유지하는 데에 일반적으로 필요하다고 볼 수 있는 공사에 사용되는 비용을 말한다. 다만, 「건축법」 등 관계 법령에 따라 요구되는 시설 개선에 필요한 비용은 포함하지 아니한다)를 합한 금액이 잔여 건축물의 가격보다 큰 경우에는 사업시행자는 그 잔여 건축물을 매수할 수 있다.
② 동일한 소유자에게 속하는 일단의 건축물의 일부가 협의에 의하여 매수되거나 수용됨으로 인하여 잔여 건축물을 종래의 목적에 사용하는 것이 현저히 곤란할 때에는 그 건축물 소유자는 사업시행자에게 잔여 건축물을 매수하여 줄 것을 청구할 수 있으며, 사업인정 이후에는 관할 토지수용위원회에 수용을 청구할 수 있다. 이 경우 수용 청구는 매수에 관한 협의가 성립되지 아니한 경우에만 하되, 사업완료일까지 하여야 한다.
③ 제1항에 따른 보상 및 잔여 건축물의 취득에 관하여는 제9조 제6항 및 제7항을 준용한다.
④ 제1항 본문에 따른 보상에 관하여는 제73조 제2항을 준용하고, 제1항 단서 및 제2항에 따른 잔여 건축물의 취득에 관하여는 제73조 제3항을 준용한다.
⑤ 제1항 단서 및 제2항에 따라 취득하는 잔여 건축물에 대한 구체적인 보상액 산정 및 평가방법 등에 대하여는 제70조, 제75조, 제76조, 제77조, 제78조 제4항, 같은 조 제6항 및 제7항을 준용한다.

제76조(권리의 보상)
① 사업시행자는 광업권·어업권·양식업권 및 물(용수시설을 포함한다) 등의 사용에 관한 권리에 대하여는 투자비용, 예상 수익 및 거래가격 등을 고려하여 평가한 적정가격으로 어업인에게 보상하여야 한다.
② 제1항에 따른 보상액의 구체적인 산정 및 평가방법은 국토교통부령으로 정한다.

① 민정: 공익사업에 필요한 토지를 취득함에 따라 발생한 건축물의 이전비가 그 건축물의 가격보다 비싸다면 사업시행자는 해당 건축물의 가격으로 관계인에게 보상해야 해.

② 대호: 공익사업에 필요한 토지를 취득함에 따라 손실이 발생한 어업권에 대한 보상은 투자비용이나 예상 수익 등을 고려해 평가되는데, 구체적인 산정 방법은 국토교통부령으로 정해지지.

③ 유정: 동일한 소유자에게 속한 건축물의 일부가 사업시행자에 의해 사용됨에 따라 잔여 건축물에 손실이 발생했다면 사업시행자는 건축법에서 정하는 바에 따라 그 손실을 건축물 소유자에게 보상해야 해.

④ 영호: 사업예정지에 있는 공작물을 이전하기 어려운 상황이라면 사업시행자는 관할 토지수용위원회에 그 공작물의 수용 재결을 신청할 수 있어.

⑤ 유진: 공익사업에 필요한 토지를 취득함에 따라 농작물에 피해가 발생했다면 사업시행자는 보상 시 농작물의 종류와 성장 정도 등도 고려해야 해.

약점 보완 해설집 p.44

해커스잡

실전모의고사 5회

NCS 직업기초능력

직무역량

성명

수험번호

응시분야

감독관 확인

해커스 LH

한국토지주택공사

NCS + 전공

봉투모의고사

약점 보완 해설집

해커스잡

한국토지주택공사 직무능력검사 알아보기

1 직무능력검사 특징

1. 직무능력검사(NCS 직업기초능력평가 + 직무역량평가)는 영역 간 세부시간 구분 없이 110분 동안 진행된다.

2. 전 직무 직무역량평가(전공시험)가 시행되며, 직무역량 60문항 중 10문항은 단답형 주관식으로 출제된다.

3. 오답에 대한 감점은 없지만, 영역별 과락 기준이 있어 가산점을 제외한 NCS 직업기초능력 및 직무역량 평가 결과가 각각 만점의 40% 미만 시 과락(불합격) 처리된다.

[참고] 직무능력검사 시험 출제 영역

구분	문항 수	시간	평가 내용
NCS 직업기초능력	40문항	110분	의사소통능력, 수리능력, 문제해결능력 등
직무역량	60문항		모집 직무별 전공시험

※ 모집 직무별 전공시험 범위는 LH 홈페이지(lh.or.kr) 내 채용 공고 참고

2 NCS 직업기초능력 영역별 최신 시험 출제 경향

의사소통능력	1. 어법(접속사) 문제와 더불어 중심 내용 파악, 세부 내용 파악, 글의 구조 파악 등을 묻는 독해력 문제가 출제되었다. 2. 과학/윤리/철학 등 다양한 분야의 긴 지문이 제시되는 문제가 높은 비중으로 출제되는 편이다. 지문의 길이가 길고, 단순히 일치/불일치 내용을 판단하는 문제뿐만 아니라 추론을 해야 하는 문제가 출제되어 체감 난도가 높은 편이었다. 3. 2문제 이상이 묶인 묶음 문제의 출제 비중이 높았으며, 3개 영역 중 가장 높은 비중으로 출제되었다.
수리능력	1. 기초연산 문제는 출제되지 않았으며, 도표분석 문제만 출제되었다. 2. 증감률, 평균 등 다양한 소재의 자료가 제시되고, 관련 내용의 일치 여부나 수치 계산이 필요한 문제와 그래프 변환 문제가 출제되었다. 3. 2문제 이상이 묶인 묶음 문제의 출제 비중이 높았으며, 마지막 자리 단위까지 정확히 계산해야 하는 경우가 많아 체감 난도가 높은 편이었다.
문제해결능력	1. 조건을 기반으로 문제를 푸는 사고력 문제와 안내문, 보도자료 등의 자료를 기반으로 추론해야 하는 문제처리 문제가 출제되었다. 2. 조건추리 문제의 경우 한 문제당 제시되는 조건이 많아 체감 난도가 높은 편이었다. 3. 문제처리 문제는 제시된 글과 조건에 따라 문제 상황을 판단하거나 해결하는 PSAT형 문제로 출제되었고, LH 사업 관련 자료의 출제 비중이 높았으며, 그 외에도 대출, 보험금 계산이나 법조문 파악 등 다양한 소재의 문제가 출제되었다.

학습 플랜 & 취약 영역 분석표

· 하루에 1회씩 실전모의고사를 풀고 난 후, 아래 QR 코드를 통해 경쟁자와 나의 위치를 비교해보세요.

· 영역별로 맞힌 개수, 틀리거나 풀지 못한 문제 번호를 적고 나서 취약한 영역이 무엇인지 파악해보세요. 취약한 영역은 틀리거나 풀지 못한 문제를 다시 풀어보면서 확실히 극복하세요.

· NCS 직업기초능력 고난도 문제에 대비하고 싶다면, 해커스잡 사이트(ejob.Hackers.com)에서 제공하는 <LH 합격을 위한 고난도 PSAT형 모의고사>를 풀어보며 실력을 향상시켜 보세요.

1일	NCS 실전모의고사 1회		
학습 날짜	영역	맞힌 개수	틀리거나 풀지 못한 문제 번호
___ 월 ___ 일	의사소통능력	/15	
	수리능력	/14	
	문제해결능력	/11	

2일	NCS 실전모의고사 2회		
학습 날짜	영역	맞힌 개수	틀리거나 풀지 못한 문제 번호
___ 월 ___ 일	의사소통능력	/14	
	수리능력	/13	
	문제해결능력	/13	

3일	NCS 실전모의고사 3회		
학습 날짜	영역	맞힌 개수	틀리거나 풀지 못한 문제 번호
___ 월 ___ 일	의사소통능력	/15	
	수리능력	/12	
	문제해결능력	/13	

4일	NCS 실전모의고사 4회		
학습 날짜	영역	맞힌 개수	틀리거나 풀지 못한 문제 번호
___ 월 ___ 일	의사소통능력	/16	
	수리능력	/11	
	문제해결능력	/13	

5일	NCS 실전모의고사 5회		
학습 날짜	영역	맞힌 개수	틀리거나 풀지 못한 문제 번호
___ 월 ___ 일	의사소통능력	/16	
	수리능력	/11	
	문제해결능력	/13	

'바로 채점 및 성적 분석 서비스'로 바로 확인하는 내 위치! ▶

NCS 실전모의고사 1회

정답·해설

01 의사소통	02 의사소통	03 의사소통	04 의사소통	05 의사소통	06 의사소통	07 의사소통	08 의사소통	09 의사소통	10 의사소통
④	④	④	③	④	②	④	⑤	②	③
11 의사소통	12 의사소통	13 의사소통	14 의사소통	15 의사소통	16 수리	17 수리	18 수리	19 수리	20 수리
③	②	③	②	④	③	①	①	④	①
21 수리	22 수리	23 수리	24 수리	25 수리	26 수리	27 수리	28 수리	29 수리	30 문제해결
③	②	①	⑤	②	⑤	③	④	①	④
31 문제해결	32 문제해결	33 문제해결	34 문제해결	35 문제해결	36 문제해결	37 문제해결	38 문제해결	39 문제해결	40 문제해결
③	④	③	③	③	④	②	②	②	②

[01 - 02]

01 의사소통능력   정답 ④

2문단에서 포럼에서 LH는 그간 LH가 추진한 스마트시티 사업의 현황에 대해 설명하고 스마트시티 조성을 위한 노력과 고민을 공유했다고 하였으므로 LH는 포럼을 통해 그동안 추진한 LH 스마트시티 사업의 현황에 대한 설명과 더불어 스마트시티 조성을 위한 노력과 고민을 공유했음을 알 수 있다.

오답 체크

① 2문단에서 포럼은 총 3개의 세션으로 구분돼 진행되었으며, 이 중 2부에서는 스마트기술의 현재와 미래에 대해 각계 전문가들이 의견을 공유하였고, 3부에서는 LH 토지주택연구원에서 정부의 그린뉴딜 정책에 발맞춘 LH 스마트그린도시 계획에 대한 연구 내용을 발표했다고 하였으므로 적절하지 않다.

② 3문단에서 LH는 스마트시티 개발 노하우를 바탕으로 LH가 개발하는 모든 사업지구에 대해 스마트시티 특화 전략계획을 적용하였으며 이를 기반으로 한국형 스마트시티를 해외로 수출하기 위해 노력하고 있다고 하였으므로 적절하지 않다.

③ 4문단에서 LH는 시민이 직접 도시문제를 발굴하여 이를 민간이 보유한 스마트기술을 통해 해결하는 리빙랩을 세종시를 시작으로 전체 사업지구로의 확대 및 적용하는 것을 계획하고 있다고 하였으므로 적절하지 않다.

⑤ 3문단에서 LH는 지난 2000년대 초부터 사업지구에 U-City를 도입해왔으며, U-City 개발 노하우를 바탕으로 대한민국 스마트시티 개발 선도기관으로서의 역할을 수행하고 있다고 하였으므로 적절하지 않다.

02 의사소통능력   정답 ④

빈칸 앞에서는 국가시범도시로 지정된 세종 5-1 생활권에는 미래형 도시모델을 제시할 테스트베드 도시를 조성 중이며, 3기 신도시 사업지구에서는 지구별 스마트시티 특화모델을 계획해 이를 실현하고자 노력 중이라는 내용을 말하고 있고, 빈칸 뒤에서는 국가시범도시와 3기 신도시 스마트시티 개발 노하우를 토대로 LH가 개발하는 모든 사업지구에 스마트시티 특화 전략계획을 적용한다는 내용을 말하고 있다.

따라서 앞의 내용과 관련 있는 내용을 추가할 때 사용하는 접속어 '또한'이 들어가야 한다.

[03 - 04]

03 의사소통능력   정답 ④

2문단에서 공급물량의 60%는 다자녀가구, 신혼부부, 한부모가족 등이 포함된 대상자에게 우선 공급하며, 나머지 40%는 주거약자용을 포함하여 일반 공급한다고 하였으므로 통합공공임대주택은 신혼부부를 포함하는 대상자에게 우선 공급하며, 나머지 공급물량인 40%는 주거약자용을 포함하여 일반 공급한다는 것을 알 수 있다.

오답 체크

① 3문단에서 통합공공임대주택의 신청 및 접수는 LH청약센터 또는 모바일앱을 통해 온라인 접수만 가능하나, 인터넷 신청이 어려운 고령자 등에 한해 현장 접수가 가능하다고 하였으므로 적절하지 않다.

② 1문단에서 통합공공임대주택은 기존의 다양한 유형으로 공급되던 공공임대주택을 하나의 유형으로 통합한 주택이며, 임대료는 신청 세대의 소득 수준을 기준으로 상이하게 책정된다고 하였으므로 적절하지 않다.

③ 4문단에서 지하철 4호선 인덕원역이 단지 인근에 위치하고, 제2경인고속도로와 309번 지방도 등을 이용하여 인근 수도권으로의 접근이 쉬운 지역은 과천 지식정보타운 S-10BL이라고 하였으므로 적절하지 않다.

⑤ 2문단에서 통합공공임대주택을 신청하는 세대는 세대원의 수에 따라 신청할 수 있는 평형이 다르다고 하였으므로 적절하지 않다.

04 의사소통능력 　　　　　　　　　　정답 ③

빈칸 앞에서는 소득·자산 기준은 중위소득 150% 이하, 자산 2억 9200만 원 이하로 일원화되었다는 내용을 말하고 있고, 빈칸 뒤에서는 다양한 평형이 공급되어 실수요자의 선택권을 넓히고 거주 기간은 30년으로 늘어났다는 내용을 말하고 있다.

따라서 앞의 내용과 관련 있는 내용을 추가할 때 사용하는 접속어 '그뿐 아니라'가 들어가야 한다.

[05 - 06]
05 의사소통능력 　　　　　　　　　　정답 ④

한글 맞춤법 제11항에 따라 모음이나 'ㄴ' 받침 뒤에 이어지는 '렬, 률'은 '열, 율'로 적으므로 'ㅇ' 받침 뒤에 이어지는 '률'을 '율'로 바꿔 '경쟁율'로 수정하는 것은 가장 적절하지 않다.

오답 체크

① ㉠의 앞에서는 주택개발 공모리츠는 LH 공동주택용지를 사들여 주택을 건설 및 분양하는 개발사업의 이익을 공유하기 위한 사업이라는 내용을 말하고 있고, ㉠의 뒤에서는 부동산 투자회사 설립 공간을 마련하여 주택을 건설하는 개발사업을 추진한 바 있다는 내용을 말하고 있다. 따라서 물건 따위를 사들인다는 의미의 '매입'으로 고쳐 써야 한다.

② 이 글은 리츠의 자본조달 과정에서 국민을 대상으로 하는 주식공모의 비중을 기존 주택개발 리츠보다 확대하여 국민이 리츠 사업의 주주로 참여함으로써 안정적으로 배당금을 지급받을 수 있다는 주택개발 공모리츠 사업의 특징을 소개하며, 주택개발 공모리츠 사업을 시행할 민간사업자 공모 관련 내용을 설명하는 글이므로 일부 국민에게 토지이익 배당금을 지급함으로써 나타나는 국민의 근로의욕 저하 문제가 해결 과제로 남아 있다는 내용을 제시하고 있는 ㉢은 삭제해야 한다.

③ ㉣의 앞에서는 작년에 시행한 1차 시범공모의 공모대상과 올해 실시하는 주택개발 공모리츠 민간사업자 공모의 공모대상은 동일하다는 내용을 말하고 있고, ㉣의 뒤에서는 작년의 1차 시범공모의 공모주 비율을 10% 높여 50%로, 배당 수익률의 평가기준을 작년보다 10점 높여 80점으로, ESG 경영 실천계획 평가기준 또한 작년보다 40점 높여 100점으로 조정한다는 내용을 말하고 있다. 따라서 앞의 내용과 뒤의 내용이 상반될 때 쓰는 접속어 '그러나'로 바꿔 써야 한다.

⑤ ㉤의 앞에서 민간사업자는 금융사, 건설사, 각각 2개 이하의 업체가 공동으로 참여하는 방식으로 구성되어야 신청 가능하다고 하였으므로 건설 공사 따위의 수주에서 여러 기업체가 공동으로 참여하는 방식이나 그런 모임이라는 의미의 단어를 외래어 표기법에 따라 '컨소시엄'으로 표기해야 한다.

06 의사소통능력 　　　　　　　　　　정답 ②

3문단에서 이번 주택개발 공모리츠 평가기준 중 배당 수익 비율의 평가기준은 전년도에 실시된 1차 시범공모의 평가기준보다 10점을 더 높여 공모주 비율의 평가기준 점수와 동일한 80점으로 조정되었다고 함에 따라 1차 시범공모의 배당 수익 비율 평가기준은 70점이었음을 알 수 있고, ESG 경영 실천 계획 평가기준 또한 1차 시범공모의 평가기준보다 40점이 더 높은 100점으로 조정되었다고 함에 따라 1차 시범공모의 ESG 경영 실천 계획 평가기준은 60점이었음을 알 수 있으므로 1차 시범공모 배당 수익 비율의 평가기준과 ESG 경영 실천계획의 평가기준 모두 70점이었던 것은 아님을 알 수 있다.

오답 체크

① 2문단에서 주택개발 공모리츠는 리츠의 사업대상인 LH 공동주택용지를 사들여 해당 토지에 주택을 건설하고 분양하는 주택개발 리츠의 기본적인 사업구조는 유지해야 한다고 하였으므로 적절하다.

③ 4문단에서 주택개발 공모리츠 사업 대상지는 과천지식정보타운 S-2 공동주택용지로, 해당 지역은 우수한 생활 인프라와 더불어 교육 환경이 잘 갖춰져 있어 주거 선호도가 높다고 하였으므로 적절하다.

④ 1문단에서 2022년 시행될 주택개발 공모리츠는 추첨제로 진행되는 공동주택용지 공급방식의 부작용을 없애고 개발사업의 이익을 국민과 공유하기 위한 사업이라고 하였으므로 적절하다.

⑤ 3문단에서 민간사업자는 계량 평가와 비계량 평가를 통해 선정되며, 이 중에서도 비계량 평가항목에는 주식공모 및 재무계획, 개발계획, 주거·건설 ESG 경영 실천계획이 있다고 하였으므로 적절하다.

[07 - 09]
07 의사소통능력 　　　　　　　　　　정답 ④

4문단에서 궁녀는 품계에 따라 다양한 직급이 존재했으나 무수리는 궁녀의 종으로, 품계와 지위가 부여된 궁녀와는 다른 신분이었다고 하였으므로 궁녀의 종인 무수리도 내명부의 일원에 속하여 품계와 지위를 받았던 것은 아님을 알 수 있다.

오답 체크

① 5문단에서 궁녀로 입궁한 뒤에도 상당 기간 수련을 하고 나서야 정식 궁녀가 될 수 있었다고 하였으므로 적절한 내용이다.

② 6문단에서 궁녀들 중 왕의 승은을 입고 후궁이 되는 경우도 있었다고 하였으므로 적절한 내용이다.

③ 4문단에서 궁녀는 자신이 행하는 역할에 따라 관직과 품계를 하사받았으며, 사실상 조선시대의 유일한 여성 관리자라고 하였으므로 적절한 내용이다.

⑤ 5문단에서 궁녀는 궁녀가 된 이후부터 평생 궁에서 살면서 결혼이 금지되었으나, 늙고 병들었거나 모시던 상전이 승하하는 것과 같이 특별한 경우에는 궁 밖에 나갔다고 하였으므로 적절한 내용이다.

08 의사소통능력 　　　　　　정답 ⑤

2문단에서 가장 높은 후궁은 정1품의 빈(嬪)이라고 하였으므로 왕의 후궁 중 가장 높은 품계는 정1품의 빈임을 알 수 있다.

오답 체크

① 3문단에서 숙원의 품계는 종4품이라고 하였고, 4문단에서 상궁은 정5품이라고 하였으므로 적절하지 않은 내용이다.
② 3문단에서 후궁에게 품계를 줄 때는 왕의 자녀 출산 여부, 아들을 출산했는지 여부 등을 고려하였으나 고정된 기준은 아니었으며 시대 및 상황에 따라 유동적으로 결정되었다고 하였으므로 적절하지 않은 내용이다.
③ 2문단에서 궁궐 여성 가운데 가장 높은 신분이었던 왕비는 내명부를 총괄하기는 하나 소속되지는 않았다고 하였으므로 적절하지 않은 내용이다.
④ 1문단에서 외명부는 왕족 및 종친의 아내나 어머니, 문·무관의 아내나 어머니에게 주어지던 품계로, 남편과 자식의 품계에 따라 함께 부여되었다고 하였으므로 적절하지 않은 내용이다.

09 의사소통능력 　　　　　　정답 ②

빈칸 앞에서는 왕비는 품계를 초월한 존재임에 따라 내명부에 소속되지 않는다는 내용을 말하고 있고, 빈칸 뒤에서는 정식 비가 아닌 후궁은 일정한 품계를 받았다는 내용을 말하고 있다.
따라서 앞의 내용과 뒤의 내용이 상반될 때 사용하는 접속어 '반면에'가 들어가야 한다.

[10-11]
10 의사소통능력 　　　　　　정답 ③

'2. 행사 안내'에 따르면 행사 첫째 날에는 일반인이, 둘째 날에는 대학생 및 대학원생이 하루에 40명씩 참가하게 되므로 1일 기준 일반인과 대학생 각각 20명씩 참가하여 견학하는 것은 아님을 알 수 있다.

오답 체크

① '1. 목적'에 따르면 도시재생현장 견학 프로그램 시행 목적은 한국토지주택공사가 운영 및 지원하는 도시재생사업에 대하여 국민들의 이해와 공유의 장을 마련하기 위함에 있으므로 적절하다.
② '5. 코스별 특징'에 따르면 통영 리스타트 플랫폼은 폐조선소를 활용한 창업 지원형 도시재생뉴딜사업지이므로 적절하다.
④ '5. 코스별 특징'에 따르면 LH 토지주택 박물관은 우리 민족의 주거, 건축 및 토목기술이 전시되어 있으므로 적절하다.

⑤ '4. 경남권 도시재생현장 견학 프로그램 코스'에 따르면 마지막 일정으로 기념촬영, 기념품 증정 및 해산이 진행되므로 적절하다.

11 의사소통능력 　　　　　　정답 ③

'4. 경남권 도시재생현장 견학 프로그램 코스'에 따르면 10시부터 1시간 동안 진행되는 프로그램은 12월 16일에 일반인 대상으로 LH 토지주택 박물관 견학이 예정되어 있고, 12월 17일에는 대학생과 대학원생 대상으로 전문가 특강이 진행될 예정이므로 12월 17일에 LH 토지주택 박물관 견학이 가능하다는 답변은 가장 적절하지 않다.

[12-13]
12 의사소통능력 　　　　　　정답 ②

'3. 공급대상별 청약자격'에 따르면 주택청약 종합저축에 가입한 지 6개월이 경과하고, 청약저축 포함 납입 횟수가 6회 이상이어야 주택청약 종합저축에 따르는 청약자격을 갖추었다고 할 수 있으므로 적절한 내용이다.

오답 체크

① '4. 입주자 선정방법 - 2)'에 따르면 혼인기간이 2년 초과 7년 이내이거나 3세 이상 6세 이하 자녀를 둔 신혼부부 또는 3세 이상 6세 이하 자녀를 둔 한부모 가족뿐만 아니라 1단계 우선 공급에서 낙첨된 자 모두를 대상으로 가점제로 공급하므로 적절하지 않다.
③ '2. 공급대상'에 따르면 예비 신혼부부의 경우 공고일로부터 1년 이내에 혼인 사실을 증명할 수 있어야 청약을 신청할 수 있으므로 적절하지 않다.
④ '4. 입주자 선정방법 - 1)'에 따르면 우선 공급 시 가점을 부여하는 항목에는 가구소득, 해당 시·도 연속 거주기간, 주택청약 종합저축 납입 인정 횟수가 있으므로 적절하지 않다.
⑤ '4. 입주자 선정방법 - 1)'에 따르면 가점항목 중 가구소득에서 3점의 가점을 부여받기 위해서는 맞벌이 가정의 경우 가구소득이 80% 이하에 해당해야 하므로 적절하지 않다.

13 의사소통능력 　　　　　　정답 ③

'4. 입주자 선정방법 - 2)'에 따르면 태아 및 입양아를 포함하여 미성년 자녀의 수가 3명 이상일 경우 미성년 자녀 수 가점은 3점이므로 태아 1명을 포함한 미성년 자녀 수가 3명인 신혼부부의 경우 미성년 자녀 수에 대한 가점은 3점임을 알 수 있다.

오답 체크

① '4. 입주자 선정방법 - 2)'에 따르면 신청자가 만 30세 이전 혼인한 경우에는 혼인신고일부터 공고일 기준으로 세대구성원 전원이 계속하여 무주택인 기간을 합산해 1년 이상 3년 미만이라면 가점이 2점이므로 적절하지 않다.

② '4. 입주자 선정방법'에 따르면 1단계 우선 공급과 2단계 잔여 공급에서 모두 입주자저축 가입 확인서를 기준으로 24회 이상 주택청약 종합저축에 납입했음을 인정받아야 3점의 가점을 받으므로 적절하지 않다.

④ '4. 입주자 선정방법'에 따르면 해당 시·도 연속 거주기간은 1단계 우선 공급과 2단계 잔여 공급에서 모두 1년 미만일 경우 1점, 1년 이상 2년 미만일 경우 2점, 2년 이상일 경우 3점이 가점되므로 적절하지 않다.

⑤ '4. 입주자 선정방법 - 1)'에 따르면 2세 이하의 자녀를 둔 한부모 가족은 가점제로 우선 공급 대상자에 해당하므로 적절하지 않다.

14 의사소통능력 정답 ②

빈칸 앞에서 고전주의자들은 완전한 인간을 추구하면서 합리성과 질서를 중요하게 여겼다는 내용을 말하고 있고, 빈칸 뒤에서는 고전주의하에서 개성 또는 독창성보다 규범성과 보편성을 추구함에 따라 개성적인 것이 경시되고, 작가의 상상력 및 천재성이 평가절하되었다는 내용을 말하고 있다.

따라서 빈칸에는 완전한 인간을 추구하며 합리성과 질서를 중시한 고전주의자들에게 있어서 자연스럽고 일상적인 것들이 기발한 것보다 중시되었다는 내용이 들어가야 한다.

15 의사소통능력 정답 ④

한글 맞춤법 제2항에 따라 문장의 각 단어는 띄어 씀을 원칙으로 하므로 부정이나 반대의 뜻을 의미하는 부사 '아니'의 준말 '안'을 '안 될'로 붙여 쓰는 것은 가장 적절하지 않다.

오답 체크

① 이 글은 공동주택관리법의 시행령과 시행규칙의 개정으로 공동주택의 소유자와 세입자가 동대표가 될 수 있으며, 의무관리대상 공동주택 전환의 기준 완화에 대한 내용을 설명하는 글이므로 세입자의 의미와 잘못된 계약을 맺는 세입자가 많아 사회적으로 문제가 되고 있다는 내용을 제시하고 있는 ㉠은 삭제해야 한다.

② ㉡의 앞에서는 공동주택에 거주하는 세입자도 2번의 공고 이후에 후보가 없다면 동대표 후보가 될 수 있으나 3차 공고 이후 주택 소유자가 입후보하면 세입자는 후보 자격이 상실된다는 내용을 말하고 있고, ㉡의 뒤에서는 입주자대표회의 구성원 중 세입자가 절반을 넘으면 일부 의결사항은 세입자의 사전 동의를 받도록 하여 세입자의 권리침해를 막도록 하였다는 내용을 말하고 있다. 따라서 앞의 내용과 관련 있는 내용을 추가할 때 사용하는 접속어 '아울러'로 바꿔 써야 한다.

③ 한글 맞춤법 제6항에 따라 'ㄷ, ㅌ' 받침 뒤에 종속적 관계를 가진 '-이'나 '-히'가 올 적에는 그 'ㄷ, ㅌ'이 'ㅈ, ㅊ'으로 소리 나더라도 'ㄷ, ㅌ'으로 적어야 하므로 '같이'로 수정해야 한다.

⑤ ㉤의 앞에서는 비의무관리대상 공동주택 가운데 100세대가 넘는 단지는 관리비를 공개해야 한다는 내용을 말하고 있고 ㉤의 뒤에서는 관리비를 공개하지 않을 경우 위반 횟수에 따라 150~250만 원의 과태료가 부과된다는 내용을 말하고 있다. 따라서 실제로 행한다는 의미의 '이행(履行)'을 넣어야 한다.

16 수리능력 정답 ③

제시된 서울의 5개 권역 중 실거래 평균 가격이 가장 높은 권역은 매달 동남권이므로 옳은 설명이다.

오답 체크

① 수도권은 3월과 6월 지난달 대비 실거래 평균 가격이 감소하였으나, 지방은 증가하여 증감 추이가 동일하지 않으므로 옳지 않은 설명이다.

② 제시된 기간 동안 수도권의 실거래 평균 가격이 지방의 2배 이상인 달은 없으므로 옳지 않은 설명이다.

④ 서울 서남권의 실거래 평균 가격이 가장 높은 5월에 도심권의 지난달 대비 실거래 평균 가격 증가율은 $\{(836.4 - 772.6) / 772.6\} \times 100 ≒ 8.3\%$임에 따라 5% 이상이므로 옳지 않은 설명이다.

⑤ 지방 아파트의 $1m^2$당 전세 실거래 평균 가격은 1월 대비 6월에 $292.2 - 279.0 = 13.2$만 원 증가함에 따라 15만 원 미만으로 증가하였으므로 옳지 않은 설명이다.

17 수리능력 정답 ①

제시된 자료에 따르면 6월 서울 아파트 전세 실거래 평균 가격의 전월 대비 감소율은 $\{(753.2 - 745.6) / 753.2\} \times 100 ≒ 1\%$이고, 6월 서울 아파트 전세 실거래 평균 가격의 전월 대비 감소율과 7월 서울 아파트 전세 실거래 평균 가격의 전월 대비 감소율이 동일하므로 7월 서울 아파트 전세 실거래 평균 가격의 전월 대비 감소율도 1%이다. 이에 따라 7월 서울 아파트 전세 실거래 평균 가격은 $745.6 \times 0.99 ≒ 738$만 원/m^2이다.

따라서 7월 $83m^2$ 서울 아파트 전세 실거래 평균 가격은 $738 \times 83 ≒ 61,254$만 원이다.

18 수리능력 정답 ①

2016년 이후 남자의 5년간 연평균 주당 평균 근무시간은 $(46.2 + 46.4 + 46.6 + 46.7 + 46.8) / 5 = 46.54$시간이고, 여자의 5년간 연평균 주당 평균 근무시간은 $(45.2 + 46.4 + 46 + 45 + 44.7) / 5 = 45.46$시간임에 따라 차이는 $46.54 - 45.46 = 1.08$시간으로 1시간 이상이므로 옳지 않은 설명이다.

오답 체크

② 제시된 기간 동안 매년 주당 평균 근무시간은 30대 이상, 40대, 50대, 60대 이상 연령대로 가면서 적어지므로 옳은 설명이다.

③ 자연의 주당 평균 근무시간이 가장 많았던 해는 2019년이고, 공학의 주당 평균 근무시간이 가장 많았던 해는 2020년으로 동일하지 않으므로 옳은 설명이다.

④ 30대 이하 연령대의 주당 평균 근무시간이 50시간 미만인 2017년에 주당 평균 근무시간의 전년 대비 감소량은 $50.7 - 49.8 = 0.9$시간으로 1시간 미만이므로 옳은 설명이다.

⑤ 2019년 전체 주당 평균 근무시간인 46.6시간보다 적은 연령대는 60대 이상밖에 없으므로 옳은 설명이다.

[19-20]
19 수리능력　　　　　　　　　　　　　정답 ④

제시된 기간 동안 전체 매출액이 가장 큰 2019년에 전체 종사자 1명당 매출액은 44,540 / 21,737 ≒ 2.05억 원이므로 옳은 설명이다.

오답 체크

① 2019년 대비 2020년의 전시사업자 전체 매출액 감소율은 {(4,454 − 1,850) / 4,454} × 100 ≒ 58.5%이고, 2019년 대비 2020년의 전시사업자 전체 영업이익 감소율은 [{292 − (−101)} / 292] × 100 ≒ 134.6%로 감소율은 전시사업자 전체 매출액이 전시사업자 전체 영업이익보다 작으므로 옳지 않은 설명이다.
② 2019년 대비 2020년 전시시설업의 사업체 수는 1개 증가하였으므로 옳지 않은 설명이다.
③ 2020년 전시주최업의 여자 종사자 수는 남자 종사자 수보다 많으므로 옳지 않은 설명이다.
⑤ 2018~2020년 연도별 전시주최업 남자 종사자 수의 평균은 (2,462 + 2,618 + 1,547) / 3 = 2,209명이고, 전시디자인설치업 남자 종사자 수의 평균은 (2,416 + 2,804 + 1,855) / 3 ≒ 2,358명으로 전시주최업이 전시디자인설치업보다 더 적으므로 옳지 않은 설명이다.

20 수리능력　　　　　　　　　　　　　정답 ①

제시된 자료에 따르면 연도별 전체 사업체 1개당 종사자 수는 2018년에 21,074 / 2,770 ≒ 7.6명, 2019년에 21,737 / 3,077 ≒ 7.1명, 2020년에 9,934 / 2,128 ≒ 4.7명이므로 옳은 그래프는 ①이다.

[21-22]
21 수리능력　　　　　　　　　　　　　정답 ③

2020년 전체 남성 치료필요 인원 중 서울과 경기의 남성 치료필요 인원의 합은 {(173 + 310) / 1,217} × 100 ≒ 39.7%로 45% 미만이므로 옳지 않은 설명이다.

오답 체크

① 제시된 기간 동안 매년 전체 수검 인원은 남성이 여성보다 많으므로 옳은 설명이다.
② 2019년 대비 2020년 정상A 판정을 받은 남성 전체 인원은 120 − 113 = 7천 명 감소하였으므로 옳은 설명이다.
④ 2020년 여성 전체 구강검진 종합판정에서 가장 많은 판정이 정상A인 지역은 없으므로 옳은 설명이다.
⑤ 2020년 울산에서 정상A 판정을 받은 남성은 같은 지역에서 정상A 판정을 받은 여성의 21 / 13 ≒ 1.6배로 1.5배 이상이므로 옳은 설명이다.

22 수리능력　　　　　　　　　　　　　정답 ②

제시된 자료에 따르면 2019년 경기의 남성 수검 인원은 969천 명이고, 여성 수검 인원은 691천 명으로 전체 수검 인원은 969 + 691 = 1,660천 명이고, 2020년 경기의 남성 수검 인원은 805천 명이고, 여성 수검 인원은 544천 명으로 전체 수검 인원은 805 + 544 = 1,349천 명이다. 이에 따라 경기의 전체 수검 인원 중 남성 수검 인원의 비중은 2019년에 (969 / 1,660) × 100 ≒ 58.4%이고, 2020년에 (805 / 1,349) × 100 ≒ 59.7%이다.
따라서 2019년 경기의 전체 수검 인원 중 남성 수검 인원의 비중과 2020년 경기의 전체 수검 인원 중 남성 수검 인원의 비중의 차는 59.7 − 58.4 ≒ 1.3%p이다.

[23-24]
23 수리능력　　　　　　　　　　　　　정답 ①

㉠ 2014년 대비 2022년 전국 이륜차신고 건수의 증가량은 2,209.2 − 2,115.9 = 93.3천 대로 95천 대 미만이므로 옳은 설명이다.
㉡ 제시된 기간 동안 서울과 경기의 이륜차신고 건수 차이가 12천 대로 가장 적었던 2022년에 서울의 이륜차신고 건수는 전국 이륜차신고 건수의 (432.3 / 2,209.2) × 100 ≒ 19.6%로 20% 미만이므로 옳은 설명이다.

오답 체크

㉢ 전국의 이륜차신고가 가장 많았던 2021년에 이륜차신고 건수가 50천 대 미만인 지역은 광주, 대전, 세종, 제주이며, 4개 지역의 이륜차신고 건수 총합은 40.7 + 39.2 + 11.7 + 33.1 = 124.7천 대로 125천 대 미만이므로 옳지 않은 설명이다.
㉣ 2019년 이후 전년 대비 전국의 이륜차신고 건수 증감 추이는 증가, 증가, 증가, 감소이고, 서울의 이륜차신고 건수 증감 추이는 감소, 증가, 증가, 감소로 동일하지 않으므로 옳지 않은 설명이다.

24 수리능력　　　　　　　　　　　　　정답 ⑤

제시된 자료에 따르면 울산의 전년 대비 이륜차신고 건수 증감량은 2021년에 64.5 − 63.4 = 1.1천 대이지만 그래프에서는 1천 대보다 낮게 나타나므로 옳지 않은 그래프는 ⑤이다.

[25-27]
25 수리능력　　　　　　　　　　　　　정답 ②

㉠ 2020년 평균단가가 가장 높은 지역은 강원이며, 가장 낮은 지역은 대전으로 두 지역의 차이는 987.0 − 550.1 = 436.9원/m³이므로 옳지 않은 설명이다.

ⓔ 제시된 지역 중 2020년 평균단가가 700원/m³ 미만이면서 동시에 총괄단위원가가 800원/m³ 미만인 지역은 서울, 광주, 대전으로 총 3곳이므로 옳지 않은 설명이다.

오답 체크

ⓛ 제시된 기간 동안 전국의 현실화율이 가장 낮은 2020년에 전국의 평균단가는 (73.6 / 100) × 976.6 ≒ 718.8원/m³로 700원/m³ 이상이므로 옳은 설명이다.

ⓒ 2019년 전국의 평균단가는 (78.2 / 100) × 944.6 ≒ 738.7원/m³로 738.7원/m³보다 낮은 평균단가를 기록한 지역은 서울, 대구, 인천, 광주, 대전, 경기로 총 6곳이므로 옳은 설명이다.

26 수리능력
정답 ⑤

제시된 자료에 따르면 현실화율 = (평균단가 / 총괄단위원가) × 100임에 따라 대전의 현실화율은 2018년에 (556.4 / 576.0) × 100 ≒ 96.6%, 2019년에 (547.9 / 588) × 100 ≒ 93.2%, 2020년에 (550.1 / 597.9) × 100 ≒ 92.0%이다.

따라서 2018년부터 2020년까지 대전의 현실화율을 순서대로 바르게 나열한 것은 ⑤이다.

27 수리능력
정답 ③

제시된 지역 중 2020년 평균단가가 두 번째로 많은 지역은 전북이고, 전북의 총괄단위원가는 2018년에 1,270.2원/m³, 2020년에 1,313.9원/m³이다.

따라서 2020년 전북 총괄단위원가의 2년 전 대비 증가율은 {(1,313.9 - 1,270.2) / 1,270.2} × 100 ≒ 3.4%이다.

[28-29]
28 수리능력
정답 ④

2020년에 졸업자 대비 취업자의 비중은 인문이 (20.4 / 47.2) × 100 ≒ 43.2%, 사회가 (73.1 / 138.3) × 100 ≒ 52.9%, 교육이 (18.2 / 32.1) × 100 ≒ 56.7%, 공학이 (88.0 / 149.0) × 100 ≒ 59.1%, 자연이 (30.1 / 58.9) × 100 ≒ 51.1%, 의약이 (47.8 / 61.7) × 100 ≒ 77.5%, 예체능이 (34.9 / 66.3) × 100 ≒ 52.6%로 졸업자 대비 취업자의 비중이 50% 미만인 계열은 인문 계열 하나이므로 옳은 설명이다.

오답 체크

① 2018년 전체 취업률은 (332.8 / 555.8) × 100 ≒ 59.9%이고, 2019년 전체 취업률은 (323.0 / 550.4) × 100 ≒ 58.7%이며, 2020년 전체 취업률은 (312.4 / 553.5) × 100 ≒ 56.4%로 2018년이 가장 높으므로 옳지 않은 설명이다.

② 제시된 기간 동안 졸업자가 많은 순서대로 1위부터 3위까지 계열의 순서는 2018년에 사회, 공학, 예체능 순이고 2019년과 2020년에 공학, 사회, 예체능 순으로 동일하지 않으므로 옳지 않은 설명이다.

③ 제시된 기간 동안 공학 계열의 취업자가 가장 많은 2018년에 공학 계열 취업자는 90.6천 명이고, 가장 적은 2020년에 공학 계열 취업자는 88.0천 명임에 따라 공학 계열 취업자의 차는 90.6 - 88.0 = 2.6천 명이므로 옳지 않은 설명이다.

⑤ 제시된 계열 중 2019년 이후 전년 대비 졸업자가 꾸준히 증가한 계열은 공학 계열과 의약 계열로 2개이므로 옳지 않은 설명이다.

29 수리능력
정답 ①

2019년 취업 대상자가 가장 많은 공학 계열의 취업률은 (88.2 / 143.6) × 100 ≒ 61.4%이고, 2019년 취업 대상자가 가장 적은 교육 계열의 취업률은 (18.9 / 32.9) × 100 ≒ 57.4%이다.

따라서 2019년 공학 계열과 교육 계열의 취업률 차는 61.4 - 57.4 ≒ 4.0%p이다.

30 문제해결능력
정답 ④

제시된 조건에 따르면 B와 C는 첫 번째로 결승선에 도달하지 않았으므로 A, D, E 중 첫 번째로 결승선에 도달한 사람이 있고, A, D, E는 순서에 상관없이 연달아 결승선에 도달했으므로 B와 C는 각각 네 번째 또는 다섯 번째로 결승선에 도달했다. 이때, B가 C보다 먼저 결승선에 도달했으므로 B가 네 번째, C가 다섯 번째로 결승선에 도달했음을 알 수 있다. 또한, D는 세 번째로 결승선에 도달하지 않았으므로 첫 번째 또는 두 번째로 결승선에 도달했다. D가 도착한 순서에 따라 가능한 경우는 다음과 같다.

[경우 1] D가 첫 번째로 도달한 경우

첫 번째	두 번째	세 번째	네 번째	다섯 번째
D	A 또는 E	A 또는 E	B	C

[경우 2] D가 두 번째로 도달한 경우

첫 번째	두 번째	세 번째	네 번째	다섯 번째
A 또는 E	D	A 또는 E	B	C

따라서 C는 항상 다섯 번째로 도착하여 C보다 결승선에 늦게 도달한 사람은 없으므로 항상 옳지 않은 설명이다.

오답 체크

① 경우 2에 따르면 A는 D보다 늦게 결승선에 도달했을 수도 있으므로 항상 옳지 않은 설명은 아니다.

② 경우 1, 2에 따르면 B는 네 번째로 결승선에 도달했으므로 항상 옳은 설명이다.

③ 경우 1, 2에 따르면 E 다음으로 B가 결승선에 도달했을 수도 있으므로 항상 옳지 않은 설명은 아니다.

⑤ 경우 2에 따르면 D는 첫 번째로 결승선에 도달하지 않았을 수도 있으므로 항상 옳지 않은 설명은 아니다.

제시된 조건에 따르면 E 사 본사는 5층 건물로 층별로 1개 부서씩 배치되어 있으며, 홍보부와 총무부 사이에는 2개 부서가 배치되어 있고, 총무부는 기획부의 바로 위층에 배치되어 있으므로 홍보부가 5층, 총무부가 2층, 기획부가 1층에 배치되어 있거나 총무부와 기획부, 다른 1개 부서, 홍보부 순으로 배치되어 있어야 한다. 이때, 1층에는 생산부와 영업부, 홍보부 중 한 부서가 배치되어 있어 기획부가 1층에 배치될 수 없으므로 총무부와 기획부, 다른 1개 부서, 홍보부 순으로 배치되어 있음을 알 수 있다. 총무부의 배치 층수에 따라 가능한 경우는 다음과 같다.

[경우 1] 총무부가 5층에 배치된 경우

5층	총무부
4층	기획부
3층	생산부 또는 영업부
2층	홍보부
1층	생산부 또는 영업부

[경우 2] 총무부가 4층에 배치된 경우

5층	생산부 또는 영업부
4층	총무부
3층	기획부
2층	생산부 또는 영업부
1층	홍보부

따라서 기획부는 3층 또는 4층에 배치되어 있으므로 항상 옳지 않은 설명이다.

오답 체크

① 경우 2에 따르면 1층에 배치된 부서가 홍보부일 수도 있으므로 항상 옳지 않은 설명은 아니다.
② 경우 2에 따르면 영업부와 생산부 사이에 2개 부서가 배치되어 있을 수도 있으므로 항상 옳지 않은 설명은 아니다.
④ 경우 1에 따르면 5층에 배치된 부서가 총무부일 수도 있으므로 항상 옳지 않은 설명은 아니다.
⑤ 경우 2에 따르면 영업부와 총무부는 연속된 층에 배치되어 있을 수도 있으므로 항상 옳지 않은 설명은 아니다.

제시된 조건에 따르면 자기 자신은 등산을 하지 않았다는 A의 말과 A는 등산을 하지 않았다는 E의 말은 동일하므로 A와 E는 모두 진실을 말하고 있거나 모두 거짓을 말하고 있다. A와 E의 말이 모두 거짓일 경우, B, C, D의 진술은 모두 진실이어야 하지만 자기 자신과 D가 등산을 했다는 B의 말은 등산을 한 사람은 1명이라는 조건에 모순되어 B의 말은 항상 거짓이므로 A와 E는 진실을 말하고 있음을 알 수 있다. A와 E는 진실을 말하고 있으므로 C는 진실을 말하고, D는 거짓을 말하고 있다. 자기 자신과 D는 등산을 했다는 B의 말은 거짓이므로 B와 D 중 한 명은 등산을 하지 않았고, 나는 등산을 하지 않았다는 D의 말에 의해 등산을 한 사람은 D임을 알 수 있다. 따라서 등산을 한 사람은 D이다.

제시된 조건에 따르면 복합 쇼핑몰은 총 6층 건물이며, 대형마트, 여성복 매장, 남성복 매장, 식당가, 영화관, 웨딩홀은 모두 다른 층에 입점해 있고, 여성복 매장이 입점한 층과 남성복 매장이 입점한 층 사이에는 짝수개의 층이 있다고 하였으므로 여성복 매장이 입점한 층과 남성복 매장이 입점한 층 사이에는 2개 층이나 4개 층이 있다. 이때, 영화관은 홀수 층에 위치하고, 여성복 매장이 입점한 층수와 남성복 매장이 입점한 층수의 차는 영화관의 층수와 같고, 식당가와 영화관이 연속된 층에 입점해 있으며, 대형마트와 웨딩홀도 연속된 층에 입점해 있으므로 여성복 매장이나 남성복 매장이 위치할 수 있는 층은 1층과 4층 또는 1층과 6층이 된다. 여성복 매장이나 남성복 매장이 위치할 수 있는 층에 따라 가능한 경우는 다음과 같다.

[경우 1] 여성복 매장, 남성복 매장이 각각 1층이나 4층에 위치할 경우

6층	웨딩홀
5층	대형마트
4층	여성복 매장 또는 남성복 매장
3층	영화관
2층	식당가
1층	여성복 매장 또는 남성복 매장

[경우 2] 여성복 매장, 남성복 매장이 각각 1층이나 6층에 위치할 경우

6층	여성복 매장 또는 남성복 매장
5층	영화관
4층	식당가
3층	대형마트 또는 웨딩홀
2층	대형마트 또는 웨딩홀
1층	여성복 매장 또는 남성복 매장

따라서 대형마트는 1층에 입점해 있지 않으므로 항상 옳은 설명이다.

오답 체크

① 경우 2에 따르면 영화관은 5층에 입점해 있을 수도 있으므로 항상 옳은 설명은 아니다.
③ 경우 1, 2에 따르면 식당가는 영화관보다 낮은 층에 입점해 있으므로 항상 옳지 않은 설명이다.
④ 경우 2에 따르면 웨딩홀은 2층에 입점해 있을 수도 있으므로 항상 옳은 설명은 아니다.
⑤ 경우 1, 2에 따르면 여성복 매장은 4층 또는 6층에 입점해 있을 수도 있으므로 항상 옳은 설명은 아니다.

34 문제해결능력   정답 ③

창립기념일은 무선 마우스를 주문하는 날로부터 일주일 뒤이므로 주문 제작 기간이 10일인 B 마우스는 주문할 수 없다. 전 직원 540명에게 무선 마우스를 1개씩 선물하려면 540개의 무선 마우스를 주문해야 하며, 이 경우 A 마우스는 100개 단위로 문구 각인비가 산정되므로 600개의 문구 각인비를 고려해야 한다. 마우스 종류별 가격 정보에 따른 A, C, D 마우스에 회사 이름을 각인한 총비용은 다음과 같다.

구분	A 마우스	C 마우스	D 마우스
마우스 가격	32,000×540 =1,728만 원	37,000×540 =1,998만 원	34,000×540 =1,836만 원
문구 각인비	30,000×6 =18만 원	700×540 =37.8만 원	1,000×540 =54만 원
총 금액	1,728+18 =1,746만 원	1,998+37.8 =2,035.8만 원	1,836+54 =1,890만 원

무선 마우스 구매에 사용할 수 있는 예산은 2,000만 원임에 따라 총비용이 2,000만 원을 초과하는 C 마우스는 주문할 수 없으므로 A 마우스와 D 마우스 중 성능이 더 좋은 마우스를 주문해야 한다. 이때, 마우스 가격이 높을수록 마우스의 성능도 좋으므로 마우스 가격이 더 높은 D 마우스를 주문해야 한다.
따라서 하 대리가 무선 마우스를 주문하는 데 필요한 총 금액은 1,890만 원이다.

35 문제해결능력   정답 ③

'1. 녹색건축 인증 수수료의 산정'에 따르면 녹색건축 인증 수수료 = (총 인건비 + 기술 경비 + 간접 경비) × 주거용 건축물 가중치 + 기타 경비이고, 인건비는 서류심사 인건비, 현장심사 인건비, 행정 인건비를 모두 합한 금액이다. 인건비 = 노임 단가 × 인원수 × 투입률 × 일수임에 따라 서류심사 인건비가 371,000×2×1×3 = 2,226,000원, 현장심사 인건비가 264,000×3×1×10 = 7,920,000원, 행정 인건비가 209,000×2×0.2×10 = 836,000원이므로 총 인건비는 2,226,000+7,920,000+836,000 = 10,982,000원이며, 기술 경비와 간접 경비는 총 인건비의 10%임에 따라 각 10,982,000×0.1 = 1,098,200원이다.
'2. 주거용 건축물 가중치'에 따라 공동주택의 경우 연면적별 가중치와 세대수별 가중치 중 더 작은 가중치를 적용하여 녹색건축 인증 수수료를 산정하므로, 연면적 55,000m²에 대한 연면적별 가중치 0.8과 1,000세대에 대한 세대수별 가중치 1.0 중 더 작은 0.8을 적용한 녹색건축 인증 수수료는 (10,982,000 + 1,098,200 + 1,098,200) × 0.8 = 10,542,720원에 녹색건축 인증 1건에 대한 기타 경비 150,000원을 더해 10,542,720 + 150,000 = 10,692,720원이 된다.
따라서 건물 소유주 A가 지불해야 할 녹색건축 인증 수수료의 총액은 10,692,720원이다.

36 문제해결능력   정답 ④

'3. 층별 이용 안내'에 따르면 3층 테라스에서는 1층 카페에서 구입한 음료 외 음식물 섭취를 할 수 없다고 했으므로 옳은 내용이다.

오답 체크

① '3. 층별 이용 안내'에 따르면 공고문의 공고일 이전에 예약한 회의실에 한해 6인까지 이용 가능하므로 옳지 않은 내용이다.
② '3. 층별 이용 안내'에 따르면 연체된 도서의 경우 자료 열람실의 사서에게 직접 반납해야 하므로 옳지 않은 내용이다.
③ '2. 이용 시간 단축 안내'에 따르면 중간고사 기간의 주말에는 오후 1시부터 오후 8시까지 도서관을 이용할 수 있으므로 옳지 않은 내용이다.
⑤ '2. 이용 시간 단축 안내'에 따르면 주말의 경우 오후 12시와 오후 10시 30분에 1시간씩 총 두 차례의 소독이 이루어지므로 옳지 않은 내용이다.

37 문제해결능력

제9조 제3항에서 공공기관 등은 이용자의 요청에 의해 추가적으로 공공저작물을 만들거나 변형·가공·요약·발췌하여 제공할 의무를 갖지 않는다고 하였으므로 이용자가 변형 및 가공된 내용의 공공저작물을 받아보길 원하는 경우 반드시 공공기관이 해당 요청에 맞추어 저작물을 제공해 주어야 하는 것은 아니므로 옳지 않은 내용이다.

오답 체크

① 제6조 제1항에서 공공기관 등이 제3자에게 창작을 의뢰하거나 공동으로 창작하고자 계약을 맺을 때는 의뢰계약서 또는 공동창작을 위한 계약서에 저작권의 귀속관계에 대해 정확하게 적어야 한다고 하였으므로 옳은 내용이다.
③ 제4조 제2항에서 공공기관 등은 다른 법률에 특별히 규정된 경우를 제외하고 국민이 공공저작물을 자유롭게 이용할 수 있도록 제공하여야 한다고 하였으므로 옳은 내용이다.
④ 제10조에서 공공기관 등은 공공저작물을 출판 또는 발행하여 공공저작물에 대한 이용자의 접근성을 높일 수 있지만, 자유 이용으로 제공하는 공공저작물은 제3자가 독점적인 권리를 가지는 계약을 맺으면 안 된다고 하였으므로 옳은 내용이다.
⑤ 제6조 제3항에서 공공기관 등은 권리관계를 구체적으로 명시하지 않은 공공저작물에 대해서는 사후 권리처리를 통해 자유롭게 이용될 수 있도록 노력해야 한다고 하였으므로 옳은 내용이다.

[38 - 39]
38 문제해결능력

'[행정기관 및 공직 유관 단체 매뉴얼] - 2. 사례금 상한액'에 따르면 사립학교법인·언론사 임직원이 공직유관단체 임직원에도 중복하여 해당하는 경우 공무원, 공직유관단체 임직원 상한액 기준을 적용하므로 옳은 내용이다.

오답 체크

① '[행정기관 및 공직 유관 단체 매뉴얼] - 2. 사례금 상한액'에 따르면 강의료와 출연료, 원고료는 외부강의등 사례금에 포함되므로 옳지 않은 내용이다.
③ '[부정청탁 및 금품등 수수의 금지에 관한 법률] 제10조 제2항'에 따르면 공직자는 사례금을 받는 외부강의를 할 때에 외부강의 요청 명세 등을 소속기관장에게 그 외부강의를 마친 날부터 10일 이내에 서면으로 신고하여야 하므로 옳지 않은 내용이다.
④ '[행정기관 및 공직 유관 단체 매뉴얼] - 2. 사례금 상한액'에 따르면 사립학교 교직원, 사립학교법인·언론사 임직원도 사례금 총액의 제한이 없으므로 옳지 않은 내용이다.
⑤ '[부정청탁 및 금품등 수수의 금지에 관한 법률] 제11조 제1항 제3호'에 따르면 공무를 수행하기 위하여 민간부문에서 공공기관에 파견 나온 사람의 공무 수행에 관해서는 [부정청탁 및 금품등 수수의 금지에 관한 법률] 제5조부터 제9조까지를 준용해야 하므로 옳지 않은 내용이다.

39 문제해결능력

'[행정기관 및 공직 유관 단체 매뉴얼] - 1. 사례금 지급대상인 외부강의등(1회 기준)'에 따르면 지급주체, 강의 일자, 대상, 내용(주제) 중 어느 하나라도 다른 경우 사례금 지급 대상에 해당하며, 지급 주체가 같고 강의등 일자, 대상 및 내용(주제)이 동일하면 사례금 지급대상이 아니라고 하였으므로 구분 4는 사례금 지급대상이 아니다. 이때, 김다미 씨는 모든 강의에서 1시간 사례금 상한액으로 강의료를 지급받았으며 공직유관단체의 임원이므로 1시간 사례금 상한액인 30만 원을 지급받지만, 사례금 총액 한도 = 1시간 상한액 + 1시간 상한액의 50%이므로 1시간 30분 이상의 강의는 모두 $30 + (30 \times 0.5) = 45$만 원으로 지급받는다.

따라서 김다미 씨가 지급받을 수 있는 강의료는 $45 \times 3 = 135$만 원이다.

40 문제해결능력

김 팀장의 지시에 따르면 대여할 복합기는 총 3대이며, 출력 속도는 분당 25매 이상이 되어야 하므로 1, 2, 5, 7복합기는 대여하지 않는다. 또한, 복합기 3대 모두 1대당 흑백은 월 7,000매를 사용해야 하며, 이 중 디자인 팀에서 사용 예정인 1대는 컬러도 월 800매를 함께 사용하기 위한 복합기를 대여해야 하지만, 복합기는 모두 동일한 모델로 대여하지 않아도 되므로 복합기 모델별로 흑백 7,000매를 사용하는 경우와 흑백 7,000매에 컬러도 800매를 함께 사용하는 경우로 구분하여 비교한다. 이때, 3, 4, 6, 8복합기는 월 기본 매수가 흑백 6,300매일 때의 월 대여료가 흑백 2,700매에 3,600매를 추가할 때의 월 대여료보다 저렴하므로 월 기본 매수가 6,300매일 때의 월 대여료만 확인하며, 흑백과 컬러 추가 매수를 합산하여 월 대여료를 산정한다. 이에 따라 대여가 가능한 복사기 모델별 월 대여료는 다음과 같다.

구분	모델명	월 기본 매수	추가 매수당 가격	월 대여료
3	AH512	흑백 6,300매 컬러 700매	흑백 15원 컬러 120원	· 흑백만 사용 시: 84,000 + (15 × 700) = 94,500원 · 컬러 함께 사용 시: 84,000 + (15 × 700) + (120 × 100) = 106,500원
4	DC200	흑백 6,300매	흑백 20원	· 흑백만 사용 시: 60,000 + (20 × 700) = 74,000원
6	DC280	흑백 6,300매 컬러 700매	흑백 20원 컬러 110원	· 흑백만 사용 시: 94,000 + (20 × 700) = 108,000원 · 컬러 함께 사용 시: 94,000 + (20 × 700) + (110 × 100) = 119,000원
8	SQW550	흑백 6,300매 컬러 700매	흑백 10원 컬러 150원	· 흑백만 사용 시: 82,000 + (10 × 700) = 89,000원 · 컬러 함께 사용 시: 82,000 + (10 × 700) + (150 × 100) = 104,000원
9	ME1100	흑백 9,000매 컬러 1,000매	흑백 10원 컬러 100원	· 흑백만 사용 시: 100,000원 · 컬러 함께 사용 시: 100,000원
10	ME1700	흑백 9,000매 컬러 1,000매	흑백 10원 컬러 100원	· 흑백만 사용 시: 115,000원 · 컬러 함께 사용 시: 115,000원

흑백만 7,000매 사용하는 복합기는 4복합기를, 컬러도 800매를 함께 사용하는 복합기는 9복합기를 사용하는 것이 가장 저렴하고, 9복합기에는 팩스 옵션을 추가하여 1만 원 추가된다.

따라서 복합기 대여 업체에 지불해야 할 월 대여료의 총합은 (74,000 × 2) + (100,000 + 10,000) = 258,000원이다.

NCS 실전모의고사 2회

정답 · 해설

01 의사소통	02 의사소통	03 의사소통	04 의사소통	05 의사소통	06 의사소통	07 의사소통	08 의사소통	09 의사소통	10 의사소통
②	①	③	④	④	⑤	②	①	③	②
11 의사소통	**12 의사소통**	**13 의사소통**	**14 의사소통**	**15 수리**	**16 수리**	**17 수리**	**18 수리**	**19 수리**	**20 수리**
⑤	⑤	④	④	②	③	④	②	⑤	⑤
21 수리	**22 수리**	**23 수리**	**24 수리**	**25 수리**	**26 수리**	**27 수리**	**28 문제해결**	**29 문제해결**	**30 문제해결**
①	③	④	③	②	②	④	④	②	②
31 문제해결	**32 문제해결**	**33 문제해결**	**34 문제해결**	**35 문제해결**	**36 문제해결**	**37 문제해결**	**38 문제해결**	**39 문제해결**	**40 문제해결**
③	⑤	③	②	①	②	④	①	⑤	⑤

[01-02]

01 의사소통능력 정답 ②

2문단에서 2021년 말을 기준으로 LH는 전국 70% 수준의 공공임대주택을 보유하고 있으며, 생애주기별 맞춤형 주택 공급과 더불어 주거 취약계층을 위한 긴급 주거지원 등 주거안전망을 수립함으로써 서민 주거안정 사업을 지속적으로 추진할 수 있도록 법정자본금 증액을 위한 공사법 개정이 시급했다고 하였으므로 LH는 전국 70% 수준의 공공임대주택으로 구축한 주거안전망을 통해 서민 주거안정에 기여하고 있기 때문에 법정자본금 증액이 시급했음을 알 수 있다.

오답 체크

① 1문단에서 LH는 지난 2018년 이후부터 연평균 6.5만 호의 공공임대주택을 공급했다고 하였고, 2문단에서 향후에는 매년 평균 8만 호의 임대주택을 지속적으로 공급할 계획임을 밝혔으므로 적절하지 않다.

③ 1문단에서 LH는 작년 말에 책정한 납입자본금 누계액이 총 39조 9994억 원에 달했음을 밝히며 법정자본금이 40조 원에 근접했다고 하였으므로 적절하지 않다.

④ 1문단에서 LH는 임대주택 관련 사업을 추진하면서 정부 출자금, 주택도시기금, 자체 자금뿐 아니라 입주자의 임대보증금까지 활용하고 있다고 하였으므로 적절하지 않다.

⑤ 1문단에서 법정자본금을 50조 원으로 증액하는 한국토지주택공사법 개정안이 지난 11일 국회 본회의를 통과했다고 하였으므로 적절하지 않다.

02 의사소통능력 정답 ①

빈칸 앞에서는 LH가 2018년 이후 연 평균 65만 호의 공공임대주택을 공급했다는 내용을 말하고 있고, 빈칸 뒤에서는 지난 해 말에 납입자본금 누계액이 총 39조 9994억 원에 이르렀다는 내용을 말하고 있다.

따라서 앞의 내용을 심화하면서 다른 내용을 추가할 때 사용하는 접속어 '그리고'가 들어가야 한다.

[03-04]

03 의사소통능력 정답 ③

2문단에서 콘크리트의 강도는 골재들 간의 접촉 정도에 비례한다고 하였으며, 콘크리트를 구성하는 재료를 배합할 때 서로 다른 크기의 골재를 사용하면 콘크리트의 강도를 높일 수 있다고 하였으므로 배합 시 크기가 다양한 골재보다 비슷한 크기의 골재들을 사용하면 콘크리트의 강도가 높아지는 것은 아님을 알 수 있다.

오답 체크

① 3문단에서 콘크리트는 당기는 힘인 인장력, 크기가 같고 방향이 반대가 되도록 단면에 평행하게 작용하는 힘인 전단력에 매우 취약한 반면, 철근은 인장력과 전단력에도 쉽게 부서지지 않아 콘크리트의 단점을 보강하기 위해 등장했다고 하였으므로 적절한 내용이다.

② 4문단에서 철근과 콘크리트의 열팽창계수가 비슷하기 때문에 외부의 온도가 변함에도 쉽게 균열이 생기지 않는다고 하였으므로 적절한 내용이다.

④ 1문단에서 콘크리트는 시멘트와 자갈, 모래, 물, 소량의 혼화재료를 배합해서 만들어지며, 이들은 시간이 경과할수록 서로 결합하면서 굳어지는 수화 반응이 일어나 경화된 최종 콘크리트가 만들어진다고 하였으므로 적절한 내용이다.

⑤ 4문단에서 건설 현장에서 철근 콘크리트를 세울 때 정글짐과 같은 형태로 철근을 설계하는데, 이때 수평의 철근은 인장력을, 수직의 철근은 전단력을 강하게 만든다고 하였으므로 적절한 내용이다.

04 의사소통능력 정답 ④

빈칸 앞에서는 콘크리트의 강도와 밀도는 혼합된 재료의 비율에 따라 달라진다는 내용을 말하고 있고, 빈칸 뒤에서는 시멘트의 비율을 높일 경우 경화된 콘크리트의 내구성과 강도가 증가하고, 물의 함량을 높이면 경화된 콘크리트의 강도가 떨어진다는 내용을 말하고 있다.

따라서 앞의 내용에 대한 예시를 들 때 사용하는 접속어 '예컨대'가 들어가야 한다.

[05-06]
05 의사소통능력 정답 ④

3문단에서 기존에는 사업주체가 사용 검사권자에게 제출해야 했던 성능검사 결과를 바닥충격음 성능검사기관이 대신 제출할 수 있도록 규정함으로써 바닥충격음 성능검사 행정절차를 간소화하고자 했다고 하였으므로 사업주체 대신 바닥충격음 성능검사기관이 성능검사 결과를 제출하게 될 경우 바닥충격음 성능검사 행정절차가 더욱 복잡해지는 것은 아님을 알 수 있다.

오답 체크
① 4문단에서 바닥충격음 시험방식의 경우 경량충격음 시험방식은 현행과 같이 태핑머신으로 유지하나, 중량충격음 시험방식은 뱅머신에서 어린이 발소리 등 실생활 소음과 유사한 방식으로 변경한다고 하였으므로 적절하다.
② 5문단에서 바닥충격음 성능검사기준을 마련함으로써 바닥충격음 차단구조 성능등급 인정기준의 하한치 역시 바닥충격음 기준과 동일하게 경량충격음 49dB, 중량충격음 49dB로 조정했다고 하였으므로 적절하다.
③ 3문단에서 바닥충격음 성능검사 대상인 샘플가구를 선정할 때는 객관성 및 신뢰성 담보를 위해 컴퓨터 프로그램을 사용하여 무작위 방식을 적용하도록 했다고 하였으므로 적절하다.
⑤ 5문단에서 기존에는 바닥충격음 차단구조에 사용되는 완충재의 성능기준 등을 상세히 규정하고 있었지만, 고성능 완충재 등의 개발을 위해 일부 성능기준은 삭제했다고 하였으므로 적절하다.

06 의사소통능력 정답 ⑤

빈칸 앞에서는 바닥충격음 성능검사 대상 샘플가구 선정은 컴퓨터 프로그램을 활용해 무작위 방식으로 추출했다는 내용을 말하고 있고, 빈칸 뒤에서는 바닥충격음 성능검사 행정절차 간소화를 위한 규정을 새로 하였다는 내용을 말하고 있다.

따라서 앞의 내용과 관련 있는 내용을 추가할 때 사용하는 접속어 '게다가'가 들어가야 한다.

[07-08]
07 의사소통능력 정답 ②

이 글은 우주 쓰레기의 종류와 위험성을 소개하며 우주 쓰레기를 해결하기 위한 다양한 노력에 대해 설명하는 글이다.

따라서 '(나) 지구 궤도를 선회하고 있는 수많은 우주 쓰레기 → (라) 지구 주위를 도는 인공물에 심각한 피해를 줄 수 있는 우주 쓰레기 → (마) 지상에도 피해를 줄 수 있는 우주 쓰레기 → (다) 지상에 낙하한 우주 쓰레기로 인한 갈등과 유명무실한 우주 쓰레기 책임 조약 → (가) 우주 쓰레기 문제를 해결하기 위한 다양한 국제적 노력' 순으로 연결되어야 한다.

08 의사소통능력 정답 ①

빈칸 앞에서는 우주 쓰레기가 총알보다 빠른 속도로 지구 주위를 선회한다는 내용을 말하고 있고, 빈칸 뒤에서는 우주를 떠도는 1cm의 알루미늄 조각의 충돌 위력이 1.5t의 중형차가 시속 50km로 충돌할 때와 맞먹는다는 내용을 말하고 있다.

따라서 빈칸에는 아무리 작은 크기의 우주 쓰레기더라도 충돌 물체에 심각한 피해를 줄 수 있다는 내용이 들어가야 한다.

[09-10]
09 의사소통능력 정답 ③

'1. 행사 개요'에 따르면 행사는 12월 18일(수)부터 12월 20일(금)까지 3일간 진행되고, '3. 주요 행사 및 일정 - 2)'에 따라 스마트홈 기술교류 콘퍼런스는 행사 이틀째인 12월 19일(목)에 13시 30분부터 18시까지 진행되므로 스마트홈 관련 기술교류 콘퍼런스에 참석하려면 행사 마지막 날에 맞추어 가야 하는 것은 아님을 알 수 있다.

오답 체크
① '3. 주요 행사 및 일정 - 3)'에 따르면 이벤트관에서 공공주택 컬러 유니버설 디자인 도입의 이해에 대한 팝업 세미나가 진행되며 행사기간 및 시간 내 자유롭게 관람 가능하므로 적절하다.
② '2. 등록기간 및 방법'에 따르면 오전 9시부터 오후 4시까지 등록 신청할 수 있으며, 행사 당일 행사장 입구 유인 등록 데스크에서 현장 등록 신청서를 작성한 뒤에 입장할 수 있으므로 적절하다.

④ '3. 주요 행사 및 일정 – 3)'에 따르면 Session 3은 행사기간 및 시간 내에 자유롭게 관람할 수 있으므로 적절하다.

⑤ '3. 주요 행사 및 일정 – 1)'에 따르면 Session 1인 비전 선포식은 행사 첫째 날인 12월 18일(수)에 진행되므로 적절하다.

10 의사소통능력   정답 ②

'3. 주요 행사 및 일정 – 3)'에 따르면 비전 어워드관에서는 LH 하우징 디자인 어워드, 대한민국 공공주택 설계공모대전, 대학생 주택설계대전 등 설계공모 수상작이 전시되며, 비전 협력관에서는 중소기업 디자인 공모전 수상작과 모듈러 주택이 전시되므로 중소기업 디자인 공모전 수상작을 Session 3 비전 어워드관에서 행사가 종료될 때까지 자유롭게 관람할 수 있다는 답변은 가장 적절하지 않다.

11 의사소통능력   정답 ⑤

'2. 매입 대상'에 따르면 2개 이상 연접한 빈집 또는 빈집과 연접한 주택·나대지는 동시 매입 신청이 가능하다고 하였으므로 빈집이 아니더라도 매입 대상에 해당하는 빈집과 연접한 주택은 빈집과 함께 동시 매입을 신청할 수 있음을 알 수 있다.

① '6. 매입 가격'에 따르면 매입 가격은 LH가 선정한 감정평가업자 2인의 감정평가액을 산술평균한 금액 이내에서 매각 신청인과 협의를 통해 결정되며, 감정평가 수수료는 공사가, 측량 수수료는 소유자가 부담한다고 하였으므로 적절하지 않다.
② '3. 매입 지역'에 따르면 원칙적으로 재개발과 같이 개발예정지역 내의 토지 등에 편입된 빈집은 매입 제외 지역에 해당하지만 사업 인정 고시 전에는 매입할 수 있다고 하였으므로 적절하지 않다.
③ '8. 신청 서류'에 따르면 신청 서류 중에는 빈집 매각 신청서 및 매각 신청 유의서가 필요하며, 매각 신청서에는 본인 확인을 위해 본인의 인감도장을 날인하고 인감증명서를 첨부해야 한다고 하였으므로 적절하지 않다.
④ '7. 접수 방법'에 따르면 각 절차 진행 중 신청 빈집이 매입 기준에 부합하지 않을 경우 요건 충족을 위한 대기 및 재심사로 소요 기간이 길어지며, 이에 대한 진행사항은 수시로 안내하기 어렵다고 하였으므로 적절하지 않다.

12 의사소통능력   정답 ⑤

'2. 신청인'에 따르면 주거급여 수급가구의 가구원뿐만 아니라 친족, 기타 관계인, 담당 공무원이 대리 신청 가능하지만 위임장이 필요하며 담당 공무원의 직권 신청은 수급권자의 동의가 필요하다고 하였으므로 수급권자의 동의만 있다면 수급권자의 친부모나 담당 공무원이 대리 신청 가능한 것은 아님을 알 수 있다.

① '3. 신청 장소'에 따르면 신청 장소는 주거급여 수급가구 내 가구주(부모)가 거주하는 읍·면·동 주민센터라고 하였으므로 적절하다.
② '1. 지원 대상'에 따르면 청년 주거급여 분리지급은 임차급여 또는 수선유지급여를 지급받는 수급가구 내 만 19세 이상 30세 미만의 미혼 자녀이며, 기존 주거급여 수급가구는 변경 신청을 해야 한다고 하였으므로 적절하다.
③ '5. 지원 내용'에 따르면 청년 주거급여는 수급가구 내 분리지급이 원칙이기 때문에 부모 가구원의 급여가 미생성·중지될 경우 청년가구의 급여도 미생성된다고 하였으므로 적절하다.
④ '1. 지원 대상 – 추가 요건'에 따르면 청년 명의의 임대차 계약을 체결하고 임차료를 지불하는 청년에게 지급하며 전입 신고가 필수라고 하였으므로 적절하다.

[13-14]

13 의사소통능력   정답 ④

ⓔ이 있는 문장에서 총 13개소에서 상업용 태양광발전시설이 운영되고, 자가용 태양광설비를 포함하여 약 36MW가 도입됨에 따라 이전보다 연간 20,200t CO_2의 온실가스를 감소시켰다고 하였으므로 ⓔ을 양이 많아지거나 규모가 커진다는 의미의 '증대(增大)'로 수정하는 것은 적절하지 않다.

· 감축(減縮): 덜어서 줄임

① ㉠이 있는 문장에서 태양광발전설비를 통해 약 1,300t의 온실가스 배출을 저감할 수 있는데, 이는 소나무 약 20만 그루를 심는 효과와 유사하다고 하였으므로 ㉠에 초목을 심어 재배한다는 의미의 '식재(植栽)'가 들어가야 한다.
② ㉡의 앞에서는 태양광발전설비를 통해 연간 3,000MWh의 전력이 생산되어 약 1,300t의 온실가스 배출을 감소시킨다는 내용을 말하고 있고, ㉡의 뒤에서는 여름철 차량에 그늘막도 제공하고 우천 및 강설 시 비와 눈을 막아주는 역할도 한다는 내용을 말하고 있다. 따라서 앞의 내용과 관련 있는 내용을 추가할 때 사용하는 접속어 '또한'으로 바꿔야 한다.
③ 한글 맞춤법 제2항에 따라 문장의 각 단어는 띄어 써야 하므로 낱낱이라는 의미의 관형사 '각'은 뒤의 단어와 띄어 써야 한다.
⑤ 글의 흐름을 고려했을 때 행정중심복합도시건설청에서 행복도시 중앙공원 1단계와 국립세종수목원 주차장 안에 태양광발전시설 설치공사를 완료하였다는 내용의 ⓜ은 1문단의 맨 첫 문장 앞으로 옮겨야 한다.

14 의사소통능력　　　정답 ②

2문단에서 행정중심복합도시건설청의 태양광발전설비 설치 사업은 우수 디자인 선정을 위해 다양한 분야의 전문가 평가와 '행복도시 에너지·환경 자문단'의 자문을 통해 설계안을 확정하였다고 하였으므로 행복도시 태양광 설치 설계안이 산림청과 세종특별자치시의 의견에 의거하여 확정된 것은 아님을 알 수 있다.

오답 체크

① 1문단에서 우천 및 강설 때 비와 눈을 막아주는 역할을 한다고 하였으므로 적절하다.
③ 4문단에서 행정중심복합도시건설청 녹색에너지환경과장에 따르면 행복도시에 태양광에너지 외에도 다양한 신재생에너지원을 도입하여 저탄소 청정에너지도시를 조성하고자 노력할 것이라고 하였으므로 적절하다.
④ 1문단에서 태양광발전설비로 연간 700가구가량이 이용할 수 있는 3,000MWh의 전력량이 만들어진다고 하였으므로 적절하다.
⑤ 3문단에서 행정중심복합도시건설청에서는 2030년까지 전체 에너지 소비량의 25%를 신재생에너지로 도입하고자 태양광발전시설과 같은 여러 신재생에너지원을 지속적으로 확충했다고 하였으므로 적절하다.

[15 - 16]
15 수리능력　　　정답 ②

ⓒ 광주의 2020년 월별 대기오염도의 평균은 $(27 + 21 + 18 + 17 + 18 + 18 + 9 + 14 + 13 + 17 + 20 + 24) / 12 = 18\mu g/m^3$이므로 옳지 않은 설명이다.
ⓒ 8월 대구의 대기오염도는 부산의 대기오염도보다 낮으므로 옳지 않은 설명이다.

오답 체크

ⓞ 제시된 기간 중 전국의 대기오염도가 $26\mu g/m^3$로 가장 높았던 1월에 대기오염도는 대기오염도가 $12\mu g/m^3$로 가장 낮았던 7월 또는 9월의 $26 / 12 ≒ 2.2$배로 2배 이상이므로 옳은 설명이다.
ⓔ 5월에 대기오염도가 $20\mu g/m^3$로 가장 높았던 대구와 대기오염도가 $15\mu g/m^3$로 가장 낮았던 인천의 대기오염도 차이는 $20 - 15 = 5\mu g/m^3$이므로 옳은 설명이다.

16 수리능력　　　정답 ③

2020년 1월 대기오염도가 $29\mu g/m^3$로 가장 높은 서울의 2020년 월별 대기오염도의 평균은 $(29 + 28 + 25 + 21 + 19 + 21 + 13 + 14 + 11 + 17 + 24 + 27) / 12 = 20.75\mu g/m^3$이고, 2020년 1월 대기오염도가 $19\mu g/m^3$로 가장 낮은 울산의 2020년 월별 대기오염도의 평균은 $(19 + 19 + 17 + 17 + 19 + 19 + 12 + 17 + 14 + 15 + 17 + 19) / 12 = 17\mu g/m^3$이다.

따라서 2020년 1월 대기오염도가 가장 높은 서울과 가장 낮은 울산의 2020년 월별 대기오염도의 평균의 합은 $20.75 + 17 = 37.75\mu g/m^3$이다.

[17 - 19]
17 수리능력　　　정답 ④

ⓞ 제시된 지역 중 7~12월 동안 신규 분양세대 수가 0세대인 지역은 7월에 1개, 8월에 3개, 9월에 3개, 10월에 4개, 11월에 2개, 12월에 3개임에 따라 매달 1개 이상이므로 옳은 설명이다.
ⓒ 8월 이후 5대 광역시 및 세종특별자치시의 합계 신규 분양세대 수의 전월 대비 증감 추이는 감소, 감소, 증가, 증가, 감소이고, 전국의 신규 분양세대 수의 전월 대비 증감 추이는 감소, 감소, 증가, 증가, 증가로 동일하지 않은 달이 존재하므로 옳은 설명이다.
ⓒ 대구광역시의 신규 분양세대 수가 가장 많은 7월과 신규 분양세대 수가 가장 적은 9월의 신규 분양세대 수 차이는 $3,309 - 526 = 2,783$세대이므로 옳은 설명이다.

오답 체크

ⓔ 7~12월 월별 부산광역시 신규 분양세대 수의 평균은 $(656 + 0 + 456 + 0 + 1,190 + 144) / 6 ≒ 407.7$세대임에 따라 400세대 이상이므로 옳지 않은 설명이다.

18 수리능력　　　정답 ②

2021년 하반기 전국 신규 분양세대 수가 가장 적은 9월의 전월 대비 전국 신규 분양세대 수의 감소율은 $\{(14,248 - 11,378) / 14,248\} \times 100 ≒ 20\%$이다.

19 수리능력　　　정답 ③

2021년 11월 전국 신규 분양세대 수의 전월 대비 증가량은 $17,840 - 15,172 = 2,668$세대이고, 2021년 11월 5대 광역시 및 세종특별자치시의 전체 신규 분양세대 수의 전월 대비 증가량은 $2,709 - 1,875 = 834$세대이다.

따라서 2021년 11월 전국 신규 분양세대 수의 전월 대비 증가량은 5대 광역시 및 세종특별자치시의 전체 신규 분양세대 수의 전월 대비 증가량의 $2,668 / 834 ≒ 3.2$배이다.

[20 - 21]
20 수리능력　　　정답 ⑤

ⓞ 전체 점검선박의 2019년 대비 2021년 감소율은 $\{(2,994 - 1,823) / 2,994\} \times 100 ≒ 39.1\%$임에 따라 40% 미만이므로 옳은 설명이다.

ⓒ 제시된 기간 동안 전체 결함률이 두 번째로 높았던 2019년에 결함지적 척수가 가장 적은 지방청은 마산청이므로 옳은 설명이다.

ⓔ 제시된 기간 동안 지방청별 3개년 출항정지 척수의 합은 여수청이 47척으로 가장 커 2019~2021년 연도별 출항정지 척수의 평균도 가장 크므로 옳은 설명이다.

[오답 체크]

ⓒ 2021년 출항정지 척수가 가장 많은 여수청과 가장 적은 포항청의 출항정지율 차이는 $\{(17 / 210) \times 100\} - \{(1 / 100) \times 100\} \fallingdotseq 7.1\%p$ 임에 따라 5%p 이상이므로 옳지 않은 설명이다.

21 수리능력
정답 ①

제시된 자료에 따르면 2013년부터 2016년까지 연도별 전체 결함률의 전년 대비 증감량은 2013년에 $73.8 - 77.4 = -3.6\%p$, 2014년에 $74.4 - 73.8 = 0.6\%p$, 2015년에 $76.3 - 74.4 = 1.9\%p$, 2016년에 $73.7 - 76.3 = -2.6\%p$이므로 옳은 그래프는 ①이다.

[22-24]
22 수리능력
정답 ③

기업체가 50개 이하로 참여하고 있는 우주 산업 분야는 2019년과 2020년 모두 우주보험, 과학연구, 우주탐사이며, 참여 기업체 수의 합은 2019년과 2020년에 모두 17개로 동일하므로 옳은 설명이다.

[오답 체크]

① 우주 산업 분야 전체에 참여한 연구기관의 수는 2020년에 전년 대비 감소하였으므로 옳지 않은 설명이다.

② 제시된 기간 동안 매년 대학은 우주보험 분야에 참여하고 있지 않으므로 옳지 않은 설명이다.

④ 2020년 과학연구에 참여한 기업체, 연구기관, 대학 수의 총합 대비 연구기관의 비중은 $(14 / 51) \times 100 \fallingdotseq 27.5\%$로 30% 미만이므로 옳지 않은 설명이다.

⑤ 2020년 우주 산업 분야 전체에 참여한 기업체 수의 전년 대비 증가율은 $\{(389 - 359) / 359\} \times 100 \fallingdotseq 8.4\%$로 10% 미만이므로 옳지 않은 설명이다.

23 수리능력
정답 ④

2020년 우주 산업에 참여한 기업체가 가장 많은 분야는 위성활용 서비스 및 장비, 두 번째로 많은 분야는 지상장비로 두 분야의 2020년 참여 기업체 수의 합은 $165 + 87 = 252$개이고, 2019년 위성활용 서비스 및 장비와 지상장비 참여 기업체 수의 합은 $157 + 80 = 237$개이다.

따라서 2020년 위성활용 서비스 및 장비와 지상장비 참여 기업체 수 합의 전년 대비 증가율은 $\{(252 - 237) / 237\} \times 100 \fallingdotseq 6.3\%$이다.

24 수리능력
정답 ③

2019년 우주 산업 분야에 참여한 전체 기업체, 연구기관, 대학 중 위성체 제작이 차지하는 비중은 $(96 / 449) \times 100 \fallingdotseq 21.4\%$이고, 2019년 우주 산업 분야에 참여한 전체 기업체, 연구기관, 대학 중 우주탐사가 차지하는 비중은 $(17 / 449) \times 100 \fallingdotseq 3.8\%$이다.

따라서 2019년 우주 산업 분야에 참여한 전체 기업체, 연구기관, 대학 중 위성체 제작이 차지하는 비중과 2019년 우주 산업 분야에 참여한 전체 기업체, 연구기관, 대학 중 우주탐사가 차지하는 비중의 합은 $21.4 + 3.8 \fallingdotseq 25.2\%$이다.

[25-27]
25 수리능력
정답 ②

ⓒ 2017년 남자의 전체 졸업자 수에서 일반대학원을 졸업한 남자의 비중은 $(252 / 2,734) \times 100 \fallingdotseq 9.2\%$이고, 2017년 여자의 전체 졸업자 수에서 일반대학원을 졸업한 여자의 비중은 $(209 / 2,888) \times 100 \fallingdotseq 7.2\%$이므로 옳지 않은 설명이다.

ⓒ 제시된 기간 동안 남자의 전문대학 졸업자 수의 전년 대비 증감 추이는 증가, 감소, 감소, 증가이지만, 여자의 전문대학 졸업자 수의 전년 대비 증감 추이는 감소, 감소, 감소, 감소이므로 옳지 않은 설명이다.

[오답 체크]

ⓒ 제시된 기간 동안 전체 졸업자 수는 매년 여자가 남자보다 많으므로 옳은 설명이다.

ⓔ 2018년 여자의 전체 졸업자 수의 전년 대비 감소율은 $\{(2,888 - 1,633) / 2,888\} \times 100 \fallingdotseq 43.5\%$이므로 옳은 설명이다.

26 수리능력
정답 ②

2019년 전문대학 졸업자 수가 전년 대비 10% 증가하면 $(746 + 942) \times 1.1 \fallingdotseq 1,857$백 명이고, 2019년 일반대학원 졸업자 수가 전년 대비 10% 감소하면 $(245 + 205) \times 0.9 = 405$백 명이다.

따라서 2019년 전문대학과 일반대학원 졸업자 수의 합은 $1,857 + 405 \fallingdotseq 2,262$백 명이다.

27 수리능력
정답 ④

제시된 자료에 따르면 2016년 남자의 전문대학 졸업자 수는 784백 명이지만, 그래프에서는 남자의 전문대학 졸업자 수가 800백 명보다 높게 나타나므로 옳지 않은 그래프는 ④이다.

⏱ 빠른 문제 풀이 Tip
④ 자료의 증감 추이를 통해 2016년 남자의 전문대학 졸업자 수는 전년 대비 감소했으나 그래프에서는 증가한 것을 확인할 수 있다.

제시된 조건에 따르면 기획팀은 홀수 층에서 근무하고, 가장 높은 층에서 근무하며, 기획팀과 같은 층에서 근무하는 팀은 없으므로 기획팀은 5층에서 근무한다. 또한, 두 건물의 1층에는 어떤 팀도 근무하지 않으므로 나머지 팀은 2층, 3층, 4층 중 한 곳에서 근무한다. 이때, A 건물에서 경영지원팀은 회계팀의 바로 아래층에서 근무하므로 경영지원팀과 회계팀은 각각 2층과 3층 또는 3층과 4층에서 근무하고, 홍보팀은 2층 또는 4층에서 근무한다. A 건물에서 홍보팀이 근무하는 층의 B 건물에서는 영업 1팀과 영업 2팀 모두 근무하지 않으므로 홍보팀이 근무하는 층에 따라 가능한 경우는 다음과 같다.

[경우 1] 홍보팀이 2층에서 근무하는 경우

구분	A 건물	B 건물
6층		
5층		기획팀
4층	회계팀	영업 1팀 또는 영업 2팀
3층	경영지원팀	영업 1팀 또는 영업 2팀
2층	홍보팀	
1층		

[경우 2] 홍보팀이 4층에서 근무하는 경우

구분	A 건물	B 건물
6층		
5층		기획팀
4층	홍보팀	
3층	회계팀	영업 1팀 또는 영업 2팀
2층	경영지원팀	영업 1팀 또는 영업 2팀
1층		

따라서 영업 1팀이 4층에서 근무하는 경우 회계팀은 4층에서 근무하므로 항상 옳지 않은 설명이다.

오답 체크

① 경우 1, 2에 따르면 홍보팀은 항상 짝수 층에서 근무하므로 항상 옳은 설명이다.
② 경우 1, 2에 따르면 영업 1팀은 3층에서 근무하지 않을 수도 있으므로 항상 옳지 않은 설명은 아니다.
③ 경우 1에 따르면 기획팀 바로 아래층에는 영업 1팀 또는 영업 2팀이 근무할 수도 있으므로 항상 옳지 않은 설명은 아니다.
⑤ 경우 1, 2에 따르면 짝수 층에 근무하는 팀은 항상 3팀이므로 항상 옳은 설명이다.

제시된 조건에 따르면 첫 번째로 초록색 가방을 진열하고 일곱 번째로 빨간색 모자를 진열하며, 네 번째로 진열하는 상품은 모자이다. 또한, 같은 종류의 제품을 연달아 진열하지 않으므로 파란색 모자와 노란색 모자가 각각 두 번째 또는 네 번째로 진열된다. 이때 파란색 모자와 주황색 신발을 연달아 진열하므로 주황색 신발을 세 번째 또는 다섯 번째로 진열하며, 주황색 신발의 진열 순서에 따라 가능한 경우는 다음과 같다.

[경우 1] 주황색 신발을 세 번째로 진열하는 경우

첫 번째	두 번째	세 번째	네 번째	다섯 번째	여섯 번째	일곱 번째	여덟 번째
초록색 가방	파란색 모자 또는 노란색 모자	주황색 신발	파란색 모자 또는 노란색 모자			빨간색 모자	
가방	모자	신발	모자	가방 또는 신발	가방 또는 신발	모자	가방 또는 신발

[경우 2] 주황색 신발을 다섯 번째로 진열하는 경우

첫 번째	두 번째	세 번째	네 번째	다섯 번째	여섯 번째	일곱 번째	여덟 번째
초록색 가방	노란색 모자		파란색 모자	주황색 신발		빨간색 모자	
가방	모자	가방 또는 신발	모자	신발	가방	모자	가방 또는 신발

경우 1에서 하늘색 가방은 다섯 번째, 여섯 번째, 여덟 번째 중 한 곳에 진열되고, 경우 2에서 하늘색 가방은 세 번째, 여섯 번째, 여덟 번째 중 한 곳에 진열된다.
따라서 빨간색 모자와 하늘색 가방 사이에 노란색 모자는 진열되지 않으므로 항상 옳지 않은 설명이다.

오답 체크

① 경우 1, 2에 따르면 여덟 번째로 신발이 진열될 수도 있으므로 항상 옳지 않은 설명은 아니다.
③ 경우 1에 따르면 파란색 모자가 두 번째로 진열되는 경우가 있을 수도 있으므로 항상 옳지 않은 설명은 아니다.
④ 경우 1에 따르면 여섯 번째로 신발을 진열하면 여덟 번째에는 가방이 진열될 수 있으므로 항상 옳지 않은 설명은 아니다.
⑤ 경우 1에 따르면 하늘색 가방을 다섯 번째로 진열하면, 검은색 가방이 여덟 번째로 진열될 수 있으므로 항상 옳지 않은 설명은 아니다.

제시된 조건에 따르면 기숙사는 총 7층 건물이며, 층별로 1명씩 입주해 있고, A는 1층에 입주해 있지 않으며, A와 연속된 층에 입주한 신입사원은 없다. 이때, E는 7층에 입주해 있으므로 A는 2층, 3층, 4층, 5층 중 한 층에 입주해 있다. 이때, B는 A보다 높은 층에 입주해 있으므로 A가 입주해 있는 층은 5층이 아니고, A가 4층에 입주해 있으면 D는 1층에 입주해 있어야 하지만 신입사원 중 가장 낮은 층에 입주한 사람은 D가 아니므로 A가 입주해 있는 층은 4층도 아님을 알 수 있다. 또한 D가 입주한 층과 A가 입주한 층 사이에는 2개의 층이 있고, C가 입주한 층과 B가 입주한 층 사이에는 1명의 신입사원이 입주해 있으므로 A가 입주한 층수에 따라 가능한 경우는 다음과 같다.

[경우 1] A가 2층에 입주한 경우

7층	E
6층	B 또는 C
5층	D
4층	B 또는 C
3층	
2층	A
1층	

[경우 2] A가 3층에 입주한 경우

7층	E
6층	D
5층	B
4층	
3층	A
2층	
1층	C

따라서 D는 A보다 높은 층에 입주해 있으므로 항상 옳지 않은 설명이다.

오답 체크

① 경우 1에 따르면 C는 6층에 입주해 있을 수도 있으므로 항상 옳지 않은 설명은 아니다.
③ 경우 2에 따르면 2층에 입주한 사람은 없을 수도 있으므로 항상 옳지 않은 설명은 아니다.
④ 경우 2에 따르면 A는 3층에 입주해 있을 수도 있으므로 항상 옳지 않은 설명은 아니다.
⑤ 경우 1, 2에 따르면 D와 B는 항상 연속된 층에 입주해 있으므로 항상 옳은 설명이다.

제시된 조건에 따르면 F는 거짓을 말하고 있다는 B의 진술과 자신은 대전으로 출장을 다녀왔다는 F의 진술이 서로 모순되므로 B와 F 중 한 명의 진술은 반드시 거짓임을 알 수 있다. 먼저 B의 진술이 진실인 경우 B는 대전으로 출장을 다녀왔으며, A와 B 중 적어도 한 명은 진실을 말하고 있다는 E의 진술도 진실이므로 E도 대전으로 출장을 다녀왔다. 이에 따라 대전으로 출장을 다녀온 B, E를 제외한 모든 사람의 진술은 거짓이 되어 D와 E 중 적어도 한 명은 부산으로 출장을 다녀왔다는 A의 진술은 거짓이므로 D는 광주로 출장을 다녀왔고, A는 광주로 출장을 다녀오지 않았다는 C의 진술과 자신과 C는 같은 지역으로 출장을 다녀왔다는 D의 진술도 거짓이므로 A는 광주, C와 F는 부산으로 출장을 다녀왔다. 다음으로 B의 진술이 거짓인 경우 F는 대전으로 출장을 다녀왔다. 이때, A와 B 중 적어도 한 명은 진실을 말하고 있다는 E의 진술이 진실이면 A의 진술도 진실이 되어 두 사람이 진실을 말하고 있다는 조건에 모순되므로 E의 진술은 거짓이며, A의 진술도 거짓이다. 또한, 자신과 C는 같은 지역으로 출장을 다녀왔다는 D의 진술이 진실이면 C의 진술도 진실이 되어 두 사람이 진실을 말하고 있다는 조건에 모순되므로 D의 진술은 거짓이고, A, B, D, E의 진술이 모두 거짓이므로 C의 진술이 진실이다. 이에 따라 C는 대전으로 출장을 다녀왔고, A의 진술에 따라 D와 E는 광주, C의 진술에 따라 A와 B는 부산으로 출장을 다녀왔으므로 가능한 경우는 다음과 같다.

[경우 1] B의 진술이 진실인 경우

구분	A	B	C	D	E	F
진술	거짓	진실	거짓	거짓	진실	거짓
출장 지역	광주	대전	부산	광주	대전	부산

[경우 2] B의 진술이 거짓인 경우

구분	A	B	C	D	E	F
진술	거짓	거짓	진실	거짓	거짓	진실
출장 지역	부산	부산	대전	광주	광주	대전

따라서 D는 광주로 출장을 다녀왔으므로 항상 옳은 설명이다.

오답 체크

① 경우 2에 따르면 E는 광주로 출장을 다녀왔을 수도 있으므로 항상 옳은 설명은 아니다.
② 경우 1, 2에 따르면 C와 F는 대전 또는 부산으로 같은 지역 출장을 다녀왔으므로 항상 옳지 않은 설명이다.
④ 경우 2에 따르면 A와 B는 부산으로 같은 지역 출장을 다녀왔을 수도 있으므로 항상 옳은 설명은 아니다.
⑤ 경우 1에 따르면 C는 부산으로 출장을 다녀왔을 수도 있으므로 항상 옳은 설명은 아니다.

32 문제해결능력
정답 ⑤

제시된 자료에 따르면 갑은 신규 분양되는 아파트에 청약하여 84A 타입에 당첨되었고, 당첨된 아파트의 발코니를 확장하고, 추가 선택 품목으로 천장형 시스템 에어컨, 공기 청정 환기 장치를 선택하였으므로 10월 20일에 납부해야 할 추가 선택 품목 계약 금액의 중도금은 2,400,000 + 700,000 + 220,000 = 3,320,000원이고, 입주 시 납부해야 할 추가 선택 품목 계약 금액의 잔금은 8,400,000 + 2,450,000 + 770,000 = 11,620,000원이다. 이때, 아파트 공급 금액의 중도금은 6회에 걸쳐 동일 금액을 납부하므로 10월 20일에 납부해야 할 아파트 공급 금액의 중도금은 제시된 아파트 공급 금액의 중도금 총액을 6으로 나눠준 금액임에 따라 아파트 공급 금액의 계약금과 동일하다. 84A 타입의 층별로 10월 20일에 납부해야 할 중도금의 총액과 입주 시 납부해야 할 잔금의 총액은 다음과 같다.

구분	10월 20일 납부해야 할 중도금의 총액	입주 시 잔금의 총액	차이
1층	27,060,000 + 3,320,000 = 30,380,000원	81,180,000 + 11,620,000 = 92,800,000원	92,800,000 − 30,380,000 = 62,420,000원
2층	27,760,000 + 3,320,000 = 31,080,000원	83,280,000 + 11,620,000 = 94,900,000원	94,900,000 − 31,080,000 = 63,820,000원
3층	28,260,000 + 3,320,000 = 31,580,000원	84,780,000 + 11,620,000 = 96,400,000원	96,400,000 − 31,580,000 = 64,820,000원
4층	28,760,000 + 3,320,000 = 32,080,000원	86,280,000 + 11,620,000 = 97,900,000원	97,900,000 − 32,080,000 = 65,820,000원
5층	29,260,000 + 3,320,000 = 32,580,000원	87,780,000 + 11,620,000 = 99,400,000원	99,400,000 − 32,580,000 = 66,820,000원
6층 이상	29,760,000 + 3,320,000 = 33,080,000원	89,280,000 + 11,620,000 = 100,900,000원	100,900,000 − 33,080,000 = 67,820,000원

따라서 10월 20일에 납부해야 할 중도금의 총액과 잔금의 총액 차이가 66,820,000원인 층은 5층이므로 갑이 입주할 층은 5층이다.

[33 - 34]
33 문제해결능력
정답 ③

'4. 유의 사항'에 따르면 채용형 인턴 합격 후 인턴 기간 동안 채용에 부적격하다고 인정될 때에는 인턴 성적을 0점 처리하고 정규직 전환 대상에서 제외되며, 부적격자를 포함한 전체 인원 중 인턴 성적이 우수한 순으로 최대 80% 인원만 정규직 전환 가능하여 부적격자에 해당하지 않더라도 인턴 성적이 하위 10%인 경우 정규직 전환이 불가능하므로 옳은 내용이다.

① '1. 모집 분야 및 선발 인원'에 따르면 인사 2명, 총무 3명, 회계 1명, 전산 1명으로 총 7명을 모집하며, '2. 전형 단계'에 따라 서류전형은 모집 분야별로 선발 인원의 8배수 이내 인원을 선발하여 서류전형 동점자가 없다면 서류전형에 합격한 사람은 최대 7 × 8 = 56명이므로 옳지 않은 내용이다.
② '2. 전형 단계'에 따르면 인성면접 일시는 20XX. 5. 13.(목) 14시이고, 직무면접 일시는 20XX. 5. 14.(금) 14시로 인성면접은 직무면접을 진행하기 바로 전날 진행하므로 옳지 않은 내용이다.
④ '3. 채용 우대 사항'에 따르면 특별 우대 대상자가 면접전형에서 부여받는 가산점은 지원자 점수의 5%, 체험형 인턴 우대 대상자가 면접전형에서 부여받는 가산점도 지원자 점수의 5%로 두 지원자의 면접전형 점수가 동일하다면 면접전형에서 부여받는 가산점도 동일하므로 옳지 않은 내용이다.
⑤ '4. 유의 사항'에 따르면 입사지원서 및 자기소개서에 기재한 내용, 제출 서류 기재 사항이 허위 혹은 위·변조임이 판명될 경우 영구적으로 지원 불가 및 입사 제한되므로 옳지 않은 내용이다.

34 문제해결능력
정답 ②

'3. 채용 우대 사항'에 따르면 특별 우대는 국민기초생활수급자, 다문화 가족, 이전지역인재 등으로 특별 우대 대상자인 B, D, F, G는 서류전형과 필기전형은 지원자 점수의 10%씩, 면접전형은 지원자 점수의 5% 가산점이 부여된다. 또한, 체험형 인턴 우대는 인턴 기간이 6개월 이상으로 ○○공사 체험형 인턴 수료자에 한하여 전형별로 지원자 점수의 5%씩 가산점을 부여받는다. 이때, A는 인턴 기간이 8개월이지만 △△공사에서 체험형 인턴을 수료하여 체험형 인턴 우대 대상자가 아니고, E는 ○○공사에서 체험형 인턴을 수료하였지만 기간이 4개월로 6개월 미만이므로 체험형 인턴 우대 대상자가 아니며, C는 ○○공사에서 6개월 체험형 인턴을 수료하여 체험형 인턴 우대 대상자이므로 전형별로 지원자 점수의 5%씩 가산점을 부여받는다. 이에 따라 가산점을 적용한 최종 합격자별 총점은 다음과 같다.

구분	서류 전형	필기 전형	면접 전형	총점
A	84점	82점	83점	84 + 82 + 83 = 249점
B	81 × 1.1 = 89.1점	75 × 1.1 = 82.5점	74 × 1.05 = 77.7점	89.1 + 82.5 + 77.7 = 249.3점
C	82 × 1.05 = 86.1점	78 × 1.05 = 81.9점	80 × 1.05 = 84점	86.1 + 81.9 + 84 = 252점
D	76 × 1.1 = 83.6점	79 × 1.1 = 86.9점	78 × 1.05 = 81.9점	83.6 + 86.9 + 81.9 = 252.4점
E	83점	85점	81점	83 + 85 + 81 = 249점
F	77 × 1.1 = 84.7점	76 × 1.1 = 83.6점	80 × 1.05 = 84점	84.7 + 83.6 + 84 = 252.3점
G	75 × 1.1 = 82.5점	83 × 1.1 = 91.3점	72 × 1.05 = 75.6점	82.5 + 91.3 + 75.6 = 249.4점

따라서 총점이 250점 이상인 합격자는 C, D, F로 총 3명이다.

35 문제해결능력 정답 ①

'2. 전형 단계'에 따르면 전형별 만점은 100점이며, 그중 서류전형은 어학성적 50점, 자격증 30점, 자기소개서 20점을 합한 값으로 결정된다. '3. 어학성적 환산 기준'에 따라 갑~무의 어학성적을 환산하면 갑과 병은 TOEIC 성적이 900점 이상임에 따라 각 50점, 을이 (870 / 990) × 50 ≒ 44점, 정이 (810 / 990) × 50 ≒ 41점, 무가 (720 / 990) × 50 ≒ 36점을 받게 된다. 또한 '4. 자격증 환산 기준'에 따라 갑~무의 자격증 점수는 갑이 10점, 을이 30점, 병이 25점, 정이 20점, 무가 35점이 되지만, 자격증 점수는 최대 30점을 넘을 수 없으므로 무의 자격증 점수는 30점이 된다. 이에 따른 갑~무의 전형별 점수의 총합은 다음과 같다.

구분	전형별 점수의 총합
갑	(50 + 10 + 20) + 90 + 78 = 248점
을	(44 + 30 + 18) + 85 + 69 = 246점
병	(50 + 25 + 20) + 88 + 82 = 265점
정	(41 + 20 + 20) + 89 + 76 = 246점
무	(36 + 30 + 18) + 76 + 74 = 234점

이때, 개인별 특이사항에 따라 저소득층, 북한이탈주민, 다문화 가족에 해당하는 갑, 을, 정은 지원자 필기전형 점수의 10%가 가산점으로 적용되고, ○○공사 체험형 인턴 수료자인 병과 무 중 우수 수료자에 해당하는 병의 경우 면접전형 만점의 5%가 가산점으로 적용된다. 이에 따라 가산점을 적용한 지원자의 최종 점수는 갑이 248 + 9 = 257점, 을이 246 + 8.5 = 254.5점, 병이 265 + 5 = 270점, 정이 246 + 8.9 = 254.9점, 그리고 무가 234점이 된다.
따라서 갑~무 중 전형별 점수의 총점이 두 번째로 높은 사람은 갑이다.

36 문제해결능력 정답 ③

제27조 제4항에 따르면 윤리위원회를 구성하는 위원의 3분의 1 이상은 해당 동물실험과 이해관계가 없는 사람이어야 하므로 옳지 않은 내용이다.

오답 체크
① 제25조 제3항에 따르면 동물실험 시행기관의 장은 동물실험을 하려면 윤리위원회의 심의를 거쳐야 하므로 옳은 내용이다.
② 제27조 제3항에 따르면 윤리위원회는 수의사로서 농림축산식품부령으로 정하는 자격기준에 맞는 자를 한 명 이상 포함하여야 하므로 옳은 내용이다.
④ 제28조 제2항에 따르면 농림축산식품부장관은 윤리위원회가 제26조 및 제27조에 따라 구성·운영되지 아니할 때에는 해당 동물실험시행기관의 장에게 대통령령으로 정하는 바에 따라 기간을 정하여 해당 윤리위원회의 구성·운영 등에 대한 개선명령을 할 수 있으므로 옳은 내용이다.

⑤ 제26조 제1항 제3호 따르면 윤리위원회는 동물실험 시행기관의 장에게 실험동물의 보호와 윤리적인 취급을 위하여 필요한 조치를 요구할 수 있으므로 옳은 내용이다.

[37 - 38]
37 문제해결능력 정답 ④

'2. 지원 대상 주택 및 지역별 지원 한도'에 따르면 광역시의 호당 최고 지원 한도액은 9,500만 원이며, 전세금 총액은 호당 지원 한도액의 150% 이내로 제한하므로 9,500 × 1.5 = 14,250만 원이므로 광역시 전세임대주택의 전세 금액이 1억 2000만 원일 때 전세금 총액이 지원 한도액의 150%를 초과하는 것은 아님을 알 수 있다.

오답 체크
① '2. 지원 대상 주택 및 지역별 지원 한도'에 따르면 대학생이 청년 전세임대주택에 지원하기 위해서는 지원 주택이 대학 소재 지역 내에 위치한 전용면적 60m² 이하 주택이어야 하므로 적절하다.
② '3. 기본 임대조건'에 따르면 3순위자의 임대 보증금은 200만 원이며, 월 임대료는 전세 지원금 중 임대 보증금을 제외한 금액에서 2.5%에 해당하는 액수를 12개월로 나누어 계산함에 따라 (32,000,000 - 2,000,000) × 0.025 / 12 = 62,500원을 월 임대료로 납부해야 함을 알 수 있으므로 적절하다.
③ '5. 임대기간'에 따르면 입주 후 혼인한 사람은 최초 2회 재계약 이후 무주택세대구성원으로서 해당 세대의 월평균소득이 전년도 도시근로자 가구당 월평균소득의 105% 이하이며, 국민임대주택 자산 기준을 충족하는 경우 2년 단위로 7회 연장할 수 있으므로 적절하다.
⑤ '4. 보증금 지원액 규모별 지원 금리'에 따르면 5천만 원을 초과하는 보증금 지원액의 연 단위 지원 금리는 1순위자의 경우 2%, 3순위자의 경우 3%이므로 1순위자의 월 임대료는 6,000 × 0.02 / 12 = 10만 원이고, 3순위자의 월 임대료는 6,000 × 0.03 / 12 = 15만 원이므로 적절하다.

38 문제해결능력 정답 ①

'2. 지원 대상 주택 및 지역별 지원 한도'에 따르면 임대 보증금 외 3개월 치 월세에 해당하는 금액을 임대 보증금으로 추가 납부하는 경우 보증부 월세 주택에 대해 지원 가능하며, '3. 기본 임대조건'에 따르면 2순위자의 임대 보증금은 100만 원이므로 월세 20만 원의 보증부 월세 전세임대주택으로 임차했다고 할 때의 임대 보증금은 100 + (20 × 3) = 160만 원이다.
이때 '4. 보증금 지원액 규모별 지원 금리'에 따르면 보증금 지원액은 전세 지원금에서 임대 보증금을 제외한 금액을 의미하므로 전세 지원금이 5,000만 원이라고 할 때 보증금 지원액은 5,000만 원 - 160만 원 = 4,840만 원이며, 보증금 지원액이 3천만 원 초과~5천만 원 이하임에 따라 지원 금리는 연 1.5%임을 알 수 있다.

'3. 기본 임대조건'에 따르면 월 임대료는 보증금 지원액 × 지원 금리 / 12(개월)로 계산하므로 2순위자가 전세 지원금 5,000만 원, 월세 20만 원의 보증부 월세 전세임대주택으로 임차했다고 할 때, 월 임대료는 48,400,000 × 0.015 / 12 = 60,500원이다.

39 문제해결능력   정답 ⑤

제28조 제3항 제2호에서 미공개정보를 타인에게 이용하게 한 공사의 임원 및 직원이 이를 통해 5억 원 이상 50억 원 미만의 이익을 얻었을 경우에는 3년 이상의 유기징역에 처해진다고 하였으므로 공사의 미공개정보를 타인에게 공개하여 이용하게 한 공사 직원이 이를 통해 약 40억 원의 이익을 얻었을 경우 최대 무기징역형에 처해질 수 있는 것은 아님을 알 수 있다.

오답 체크

① 제26조 제1항에서 공사의 임원 및 직원에 해당하지 않게 된 날부터 10년이 경과하지 않은 자를 포함한 임원 및 직원은 일반인에게 공개되지 않은 공사의 업무와 관련한 정보 즉, 미공개정보를 주택이나 토지 등의 매매, 그 밖의 거래에 이용하거나 타인에게 이용하게 해서는 안 된다고 하였으므로 적절하다.
② 제22조에서 공사의 임원 또는 직원이나 그 직에 있었던 자는 그 직무상 알게 된 비밀을 누설하거나 도용해서는 안 된다고 하였고, 제28조 제1항에서 제22조를 위반한 자는 2년 이하의 징역 또는 2천만 원 이하의 벌금에 처한다고 하였으므로 적절하다.
③ 제26조에서 공사는 소속 임직원이 공공개발사업 추진 과정에서 개발정보를 이용하여 위법·부당한 거래행위 및 투기행위를 했는지의 여부를 감시하기 위하여 준법감시관을 둔다고 하였으므로 적절하다.
④ 제28조 제2항에서 공사의 임직원으로부터 미공개정보를 취득하여 얻은 이익 또는 회피한 손실액이 없거나 산정하기 곤란한 경우 또는 그 위반행위로 얻은 이익 또는 회피한 손실액의 5배에 해당하는 금액이 10억 원 이하인 경우에는 벌금의 상한액을 10억 원으로 한다고 하였으므로 적절하다.

40 문제해결능력   정답 ⑤

[갑 사원의 해외 출장 시 지출 내역 및 비용]에 따르면 갑 사원은 3월 6일 인청공항발 도쿄행 편도 항공권 예매에 360,000KRW를 지출하였고, 3월 7일부터 도쿄 □□호텔에서 2박을 하며 27,000 × 2 = 54,000JPY를 지출한 뒤 3월 9일 도쿄발 시드니행 편도 항공권 예매에 106,000JPY를 지출하였다. 이때 일본과 대한민국의 1달러당 환율을 비교하면 120:1,200, 즉, 1:10임에 따라 1JYP당 원화의 환율은 10KRW이므로 일본에서 지출한 54,000 + 106,000 = 160,000JPY는 160,000 × 10 = 1,600,000KRW임을 알 수 있다. 또한, 갑 사원은 3월 11일 시드니에서 모바일 유심칩 구매에 30AUD를 지출하고 3월 11일부터 시드니 ☆☆호텔에서 1박을 하며 140AUD를 지출하였으며, 3월 12일 시드니발 인천공항행 편도 항공권 예매에 700AUD를 지출하였다. 호주와 대한민국의 1달러당 환율을 비교하면 1.2:1,200, 즉, 1:1,000임에 따라 1AUD당 원화의 환율은 1,000KRW이므로 호주에서 지출한 30 + 140 + 700 = 870AUD는 870 × 1,000 = 870,000KRW임을 알 수 있다. 따라서 갑 사원이 본사로부터 지급받게 되는 해외 출장비는 360,000 + 1,600,000 + 870,000 = 2,830,000KRW이다.

NCS 실전모의고사 3회

정답 · 해설

01 의사소통	02 의사소통	03 의사소통	04 의사소통	05 의사소통	06 의사소통	07 의사소통	08 의사소통	09 의사소통	10 의사소통
④	②	⑤	①	④	③	②	③	④	④
11 의사소통	12 의사소통	13 의사소통	14 의사소통	15 의사소통	16 수리	17 수리	18 수리	19 수리	20 수리
③	②	④	④	④	⑤	①	③	④	⑤
21 수리	22 수리	23 수리	24 수리	25 수리	26 수리	27 수리	28 문제해결	29 문제해결	30 문제해결
②	④	⑤	⑤	①	③	④	②	④	①
31 문제해결	32 문제해결	33 문제해결	34 문제해결	35 문제해결	36 문제해결	37 문제해결	38 문제해결	39 문제해결	40 문제해결
③	③	④	④	①	③	③	④	④	④

[01-02]

01 의사소통능력　　　　　정답 ④

이 글은 공기 중에서의 소리 전달 속도를 비롯하여 아파트와 같은 범용 주택의 바닥 시공 시 사용될 수 있는 자재의 소리 전달 속도를 설명하고 층간 소음 발생을 억제할 수 있는 방법에 대해서 설명하는 내용이므로 이 글의 중심 내용으로 가장 적절한 것은 ④이다.

오답 체크

① 1문단에서 소리가 전달되는 속도는 소리를 전달하는 물질인 매질에 따라 다양하다고 하였으므로 적절하지 않은 내용이다.
② 5문단에서 층간 소음 발생을 억제하기 위해서는 애초에 소리가 발생하지 않도록 해야 한다고 하였으므로 적절하지 않은 내용이다.
③ 1문단에서 공기 중에서 소리의 속도는 초속 340m이고, 고무판의 소리 전달 속도는 초속 35m이며 이로 인해 고무판이 층간 소음을 억제하기에 효과적이라고 하였으므로 적절하지 않은 내용이다.
⑤ 글 전체에서 층간 소음으로 인한 이웃 간의 갈등 해결을 위해 마련해야 하는 소음에 대한 법적 기준에 대해서는 다루고 있지 않으므로 적절하지 않은 내용이다.

02 의사소통능력　　　　　정답 ②

빈칸 앞에서는 아파트에서 소리가 아래층에 전달되지 않게 하려면 일차적으로 콘크리트가 진동되지 않도록 해야 한다는 내용을 말하고 있고, 빈칸 뒤에서는 우리나라는 아파트 바닥에 마감모르터를 시공하는 습식 난방이 기본이고 이는 방음 성능이 거의 없다는 내용을 말하고 있다.

따라서 앞의 내용과 뒤의 내용이 상반될 때 사용하는 접속어 '그런데'가 들어가야 한다.

[03-04]

03 의사소통능력　　　　　정답 ⑤

2문단에서 정체되어 있는 장승포의 노후 주거지역에 새로운 활력을 불어넣기 위해 구성한 사업에는 노후주택의 집수리와 지붕 개량 사업, 상습침수지역에 배수관로와 역류방지시설물 설치 등이 있다고 하였으므로 도시재생 뉴딜사업의 일환으로 노후주택을 수리할 예정이나, 역류방지시설물 등의 공공시설 개선을 진행하지 않는 것은 아님을 알 수 있다.

오답 체크

① 4문단에서 거제시는 장승포가 도시재생 뉴딜사업을 기반으로 지역 공동체를 강화하고 지속 가능한 경쟁력을 갖출 수 있도록 적극 지원하겠다고 밝혔으므로 적절하다.
② 5문단에서 국토교통부는 경남 거제를 시작으로 올해부터 100곳 이상의 도시재생 뉴딜사업이 본격적으로 준공될 예정이라고 하였으므로 적절하다.
③ 1문단에서 장승포는 한국전쟁 당시 흥남철수작전에서 피란민 1만 4천 명을 태운 메러디스 빅토리호가 도착한 마을로, 피란살이의 삶과 애환을 간직하고 있다고 하였으므로 적절하다.
④ 3문단에서 경남 거제시 장승포에는 주민들을 위한 산책로뿐 아니라 볼거리를 제공함으로써 관광자원으로도 활용될 것으로 기대된다고 하였으므로 적절하다.

04 의사소통능력　　　정답 ①

빈칸 앞에서는 노후주택에 대하여 집수리와 지붕 개량 사업을 진행하였다는 내용을 말하고 있고, 빈칸 뒤에서는 상습침수지역과 골목길 개선 내용을 말하고 있다.

따라서 앞의 내용에 더해 어떤 내용을 추가적으로 설명할 때 사용하는 접속어 '아울러'가 들어가야 한다.

[05~06]

05 의사소통능력　　　정답 ④

'4. 기타사항'에 따르면 제출된 제안서는 일체 반환되지 않고, 제안서 관련 모든 비용은 사업에 참가한 사람이 부담해야 하므로 제안서를 제출한 이후에는 돌려받을 수 없고, 제안서와 관련된 모든 비용은 사업 참가자가 부담해야 함을 알 수 있다.

오답 체크

① '3. 사업참가 신청서류 및 제안서 제출 – 1)'에 따르면 접수는 등기우편으로만 가능하나 등기우편으로 제출할 수 없을 경우 방문 접수를 허용하며, 팩스 및 온라인 접수는 불가능하므로 적절하지 않은 내용이다.
② '2. 사업참가 자격'에 따르면 「전자상거래 등에서의 소비자보호에 관한 법률」에 따른 통신 판매사업자로서 자동차 대여사업 면허 보유업체와 차량 제공 계약을 체결한 업체도 사업에 참가할 수 있으므로 적절하지 않은 내용이다.
③ '3. 사업참가 신청서류 및 제안서 제출 – 3)'에 따르면 제안서는 등기우편 접수와 별도로 LH 웹하드에도 등록해야 하며, 제출기한 내에 파일이 등록되어야만 유효하므로 적절하지 않은 내용이다.
⑤ '1. 사업 개요 – 2)'에 따르면 사업기간이 종료된 이후 사업 운영성과 점검 결과 총점이 85점 이상일 경우 최대 2년까지 재협약 및 연장이 가능하므로 적절하지 않은 내용이다.

06 의사소통능력　　　정답 ③

'3. 사업참가 신청서류 및 제안서 제출 – 1)'에 따르면 사업참가 신청서류와 제안서는 2020년 7월 3일 금요일 오후 4시까지 등기우편으로 접수해야 하며, 제출 마감일의 우체국 소인이 찍힌 등기우편까지 유효하므로 제출기한 안에 등기우편이 도착해야만 참가 신청이 유효하다는 답변은 가장 적절하지 않다.

[07~08]

07 의사소통능력　　　정답 ②

글 전체에서 얼음이 미끄러운 이유에 대해 학자별로 상이한 원리를 들어 다양한 측면으로 나누어 설명하고 있다.

08 의사소통능력　　　정답 ③

1문단에서 얼음 표면에 존재하는 분자들은 얼음이 본래 지니는 규칙적인 정렬 구조를 유지하지 못해 물과 비슷한 비정렬적인 구조를 가진다고 하였으므로 얼음 내부의 분자 구조가 얼음 표면의 분자 구조와 달리 물과 비슷한 분자 구조를 가진다는 것은 아님을 알 수 있다.

오답 체크

① 2문단에서 켈빈은 얼음에 압력이 가해지면 녹는점이 낮아지면서 얼음을 녹일 수 있다고 주장했다고 하였으며, 3문단에서 로젠버그는 얼음에 가하는 압력만으로는 물의 녹는점에 영향을 크게 줄 수 없다는 이유로 켈빈의 주장을 반박했다고 하였으므로 적절한 내용이다.
② 4문단에서 미국 한 연구소의 과학자인 소모자이가 얼음 표면에 전자를 쏘았을 때 영하 148℃까지는 물과 충돌하는 모습을 관찰한 사실을 통해 표면 녹음 현상을 주장했다고 하였으므로 적절한 내용이다.
④ 3문단에서 보든과 휴의 주장에 따라 마찰로 인한 열에너지는 얼음을 녹여 수막 형성을 촉진해 미끄러지게 만든다고 하였으므로 적절한 내용이다.
⑤ 5문단에서 물 분자는 액체에서 고체로 변할 때 육각형 구조를 형성하게 되는데, 이를 형성하지 못할 경우 얼음 표면에 얇은 물 분자 상태로 존재하게 된다고 하였으므로 적절한 내용이다.

09 의사소통능력　　　정답 ④

'4. 시상내역'에 따르면 3위는 상금 300만 원, 4위는 상금 200만 원을 수상하며 상금의 경우 부가세뿐만 아니라 과제에 대한 제안 내용 등 제안서에 명시된 계획이나 아이디어 일체에 대한 사용권이 포함되므로 3, 4위 수상자가 받는 상금에는 과제 내용과 제안서에서 제시하고 있는 아이디어 전부에 대한 사용권이 모두 포함되어 있음을 알 수 있다.

오답 체크

① '3. 공모방식 – 1)'에 따르면 공모방법은 □□지구에 대한 과제 1, 과제 2를 모두 수행해야 하며, 과제 1의 경우 대상지구 중 1개 BL의 대지 일부에 저층과 중층 주동설계 및 특화를 진행하면 되므로 적절하지 않다.
② '2. 응모방법 – 1)'에 따르면 응모방법은 한국토지주택공사 본사 8층 미래주택기획처에 방문하거나 E-mail로 접수해야 하므로 적절하지 않다.
③ '1. 목적'에 따르면 □□지구 설계 아이디어 공모전의 시행 목적은 지역 특색을 반영한 유기적인 공간계획을 만들기 위함에 있으므로 적절하지 않다.
⑤ '2. 응모방법 – 2)'에 따르면 응모하기 위해서는 공고일 기준 만 45세 이하인 건축사이면서 최근 5년 내 신진건축상이나 젊은 건축가상 등 수상 경력이 있어야 하고, 공동주택 설계 경험이 있는 건축가로서 협회로부터 추천을 받은 자여야 하므로 적절하지 않다.

10 의사소통능력 정답 ④

한글 맞춤법 제30항에 따라 뒷말의 첫소리가 본래 된소리나 거센소리이면 사이시옷을 받치어 적지 않으므로 ㄹ을 '아랫쪽'으로 수정하는 것은 가장 적절하지 않다.

오답 체크

① 한글 맞춤법 제11항에 따라 모음이나 'ㄴ' 받침 뒤에 이어지는 '렬, 률'은 '열, 율'로 적으므로 ㄱ은 '백분율'로 수정하는 것이 적절하다.
② ㄴ에서 '-하'는 '그것과 관련된 조건이나 환경'의 뜻을 더하는 접미사로 사용되었으므로 '기상현상하에서는'으로 수정하는 것이 적절하다.
③ ㄷ에서 '로서'는 지위나 신분 또는 자격을 나타내는 격 조사이므로 어떤 일의 수단이나 도구를 나타내는 격 조사 '로써'로 수정하는 것이 적절하다.
⑤ 한글 맞춤법 제51항에 따라 부사의 끝음절이 분명히 '이'로만 나는 것은 '-이'로 적고, '히'로만 나거나 '이'나 '히'로 나는 것은 '-히'로 적으므로 '일일이'로 수정하는 것이 적절하다.

[11-12]

11 의사소통능력 정답 ③

빈칸 앞에서 열전 반도체는 전기에너지를 열에너지로 바꿀 수 있는 특징을 지니기 때문에 열전 반도체에 전기를 흘려 주면 그 반대 방향은 발열되고 전기가 흐르는 방향은 냉각된다는 내용을 말하고 있다. 따라서 열에너지를 갖고 있는 전자가 흩어져 있는 열전 반도체에 전기를 흘려 주면 이 전자는 전기의 흐름과는 반대 방향으로 모이므로 빈칸에는 전자가 모이게 되는 쪽은 발열되고, 전자가 모이지 않은 쪽은 냉각된다는 내용이 들어가야 한다.

12 의사소통능력 정답 ②

빈칸 앞에서는 열전 반도체의 제백 효과가 우주에서도 사용되고 있으며 이는 전기에너지를 생성하는 기둥처럼 생긴 안쪽에 핵분열이 일어나도록 만들고 그 주변은 열전 반도체로 날개처럼 감싸 만든다는 내용을 말하고 있고, 빈칸 뒤에서는 이로 인해 우주에서 전기가 발생하게 된다는 내용을 말하고 있다.
따라서 앞의 내용이 뒤의 내용의 조건이 될 때 사용하는 접속어 '그러면'이 들어가야 한다.

13 의사소통능력 정답 ④

'1. 공모대상'에 따르면 정부 인증 신기술에 해당하는 성능인증제품, 우수조달제품, 신제품, NET 제품, 혁신제품은 물품 제조나 공사 발주 시 필요하다고 인정되어 정부, 공공기관 등이 직접 공급하는 주요 자재를 의미하는 지급자재와 지급자재 외 모든 자재를 의미하는 사급자재 모두 공모대상에 포함되므로 성능인증제품으로 공모에 신청하기 위해서는 해당 자재가 정부 및 공공기관이 직접 공급하는 주요 자재에 해당해야 하는 것은 아님을 알 수 있다.

오답 체크

① '4. 공모신청 제한'에 따르면 해당 공모의 공고일 기준으로 1년 전에 시행된 신기술 공모에서 미 채택된 신기술은 신청이 불가능하나, 미 채택된 기준이 공모업체 자격 부적합 혹은 신기술의 요건 부적격이라면 공모신청이 가능하므로 적절하다.
② '2. 공모업체 자격'에 따르면 지난 2년 동안의 재무제표 부채비율이 1,000% 이상인 경우 공모에 신청할 자격이 주어지지 않으나, 기준이 되는 시점 이후에 설립된 신생 법인기업의 경우 발급 가능한 재무제표에 한해 제출하면 되므로 적절하다.
③ '3. 신기술의 요건'에 따르면 국내 특허 또는 실용신안을 등록한 자재인 특허자재로 공모신청을 하기 위해서는 공모신청을 하는 업체가 보유한 공장에서 직접 생산하고 있는 자재여야 하므로 적절하다.
⑤ '2. 공모업체 자격'에 따르면 신기술에 대한 권리를 가진 개인사업자를 제외한 법인기업이어야 공모에 신청할 자격이 부여되며, 기업신용평가등급이 CCC+ 이하인 경우라면 다른 공모 자격에 적합하더라도 신청이 불가능하므로 적절하다.

[14-15]

14 의사소통능력 정답 ④

이 글은 사막에 존재하는 오아시스가 만들어지는 방법에 대해 소개하고, 오아시스가 존재하는 도시들이 번영을 누릴 수 있었던 이유에 대해 설명하는 글이다.
따라서 '(다) 지하수에 의해 만들어지는 오아시스 → (라) 지하수가 존재하는 지역에서 오아시스를 지속하기 위한 노력 → (가) 산맥의 영향으로 만들어지는 오아시스 → (마) 오아시스 마을들이 큰 도시로 성장할 수 있었던 이유 → (나) 중국의 역사서에 존재하는 오아시스 지역의 번영' 순으로 연결되어야 한다.

15 의사소통능력 정답 ④

(다)문단에서 지하수에 의해 생성된 샘 오아시스는 지하수 분포 지대 중 대체로 고도가 낮은 곳에 만들어진다고 하였으므로 지하수에 의해 형성된 샘 오아시스는 지하수 분포 지대 중에서도 고도가 높은 곳에 만들어지는 것은 아님을 알 수 있다.

① (라)문단에서 오아시스가 위치한 지역에 거주하는 사람들은 모래 폭풍으로 인한 오아시스의 오염이나 사라지는 상황이 발생하는 것을 예방하기 위해 오아시스 주변에 대추야자 나무와 같은 큰 나무들을 심기도 한다고 하였으므로 적절한 내용이다.
② (가)문단에서 타클라마칸 사막에 있는 오아시스는 주변의 거대한 산맥의 영향으로 만들어지는데, 비구름이 산맥을 넘지 못해 많은 양의 비를 뿌려 오아시스를 만들었으며 이로 인해 타클라마칸 사막의 오아시스 마을 대부분은 사막 외곽지역에 형성되어 있다고 하였으므로 적절한 내용이다.
③ (마)문단에서 오아시스 도시들은 실크로드의 중심지로, 실크로드를 따라 사막을 건너는 상인들이 중간에 쉬어 가기 위해 들렀던 곳이었기 때문에 큰 도시로 성장할 수 있었다고 하였으므로 적절한 내용이다.
⑤ (나)문단에서 오아시스가 없었다면 동서를 이어 주는 무역 로드인 실크로드가 탄생할 수 없었을 것이라고 하였으므로 적절한 내용이다.

[16-18]
16 수리능력   정답 ⑤

제시된 기간 중 신재생 및 기타 에너지 소비량이 천연가스 소비량의 2배 미만이었던 달은 $550 / 313 ≒ 1.8$배였던 6월뿐이므로 옳은 설명이다.

① 1월부터 3월까지 전체 에너지 소비량 합은 $12,201 + 11,338 + 12,498 = 36,037$천 toe로 4월부터 6월까지 전체 에너지 소비량 합인 $12,008 + 12,197 + 11,934 = 36,139$천 toe보다 $36,139 - 36,037 = 102$천 toe 적으므로 옳지 않은 설명이다.
② 1월부터 3월까지 소비량이 많은 순서대로 1위부터 3위까지의 순서는 매월 석유, 석탄, 전력 순으로 같으므로 옳지 않은 설명이다.
③ 제시된 기간 동안 석유의 소비량이 가장 많은 3월에 소비량이 가장 많은 에너지 종류는 석유와 석탄뿐이므로 옳지 않은 설명이다.
④ 1월 대비 6월 천연가스 소비량의 증가량은 $313 - 268 = 45$천 toe이므로 옳지 않은 설명이다.

17 수리능력   정답 ①

제시된 자료에 따르면 2021년 4월 도시가스 소비량은 690천 toe이고, 2개월 전인 2021년 2월 도시가스 소비량은 801천 toe이다. 따라서 2021년 2월 대비 2021년 4월 도시가스 소비량의 감소율은 $\{(801 - 690) / 801\} × 100 ≒ 14\%$이다.

18 수리능력   정답 ③

제시된 자료에 따르면 2월부터 6월까지 전체 에너지 소비량의 전월 대비 증감량은 2월에 $11,338 - 12,201 = -863$천 toe, 3월에 $12,498 - 11,338 = 1,160$천 toe, 4월에 $12,008 - 12,498 = -490$천 toe, 5월에 $12,197 - 12,008 = 189$천 toe, 6월에 $11,934 - 12,197 = -263$천 toe이므로 옳은 그래프는 ③이다.

[19-20]
19 수리능력   정답 ③

제시된 기간 동안 CO_2 배출량이 가장 적었던 2015년에 CO_2 배출량은 총배출량의 $(634.3 / 692.5) × 100 ≒ 91.6\%$임에 따라 90% 이상이므로 옳은 설명이다.

① 2016년 이후 순배출량과 총배출량의 전년 대비 증감 추이는 동일하므로 옳지 않은 설명이다.
② 제시된 기간 동안 HFCs 배출량이 가장 많았던 2017년에 HFCs 배출량은 PFCs 배출량의 $9.6 / 2.1 ≒ 4.6$배임에 따라 4배 초과이므로 옳지 않은 설명이다.
④ 제시된 기간 동안 CH_4 연평균 배출량은 $(27.2 + 27.3 + 27.9 + 28.0 + 27.5) / 5 ≒ 27.6$백 만$tCO_2$이고, N_2O 연평균 배출량은 $(13.1 + 13.1 + 13.9 + 14.4 + 14.3) / 5 ≒ 13.8$백 만$tCO_2$로 CH_4 연평균 배출량은 N_2O 연평균 배출량의 $27.6 / 13.8 ≒ 2.0$배임에 따라 2배 이상이므로 옳지 않은 설명이다.
⑤ 2015년 4번째로 배출량이 많은 온실가스는 SF_6이므로 옳지 않은 설명이다.

20 수리능력   정답 ⑤

LULUCF 배출량이 가장 많았던 2019년에 총배출량의 전년 대비 변화량은 $727.1 - 701.4 = 25.7$백 만tCO_2이다.

[21-22]
21 수리능력   정답 ②

㉠ 제시된 기간 중 전체 공사금액이 가장 많은 2020년에 전체 공사금액의 전년 대비 증가율은 $\{(35,130 - 22,327) / 22,327\} × 100 ≒ 57.3\%$임에 따라 55% 이상이므로 옳은 설명이다.
㉣ 제시된 기간 동안 공사건수가 가장 많은 지역은 매년 아시아로 동일하므로 옳은 설명이다.

ⓒ 2021년 공사건수 1건당 공사금액은 중동이 11,224 / 34 ≒ 330.1 백만 달러, 아시아가 9,257 / 300 ≒ 30.9백만 달러, 태평양·북미가 3,934 / 23 ≒ 171.0백만 달러, 유럽이 4,604 / 64 ≒ 71.9백만 달러, 아프리카가 200 / 35 ≒ 5.7백만 달러, 중남미가 1,399 / 45 ≒ 31.1 백만 달러로 중동이 가장 많으므로 옳지 않은 설명이다.

ⓔ 2018~2021년 연도별 전체 공사건수의 평균은 (662 + 667 + 567 + 501) / 4 ≒ 599.3건으로 600건 미만이므로 옳지 않은 설명이다.

22 수리능력
정답 ④

제시된 자료에 따르면 2021년 전체 공사건수는 501건, 유럽의 공사건수는 64건이다.
따라서 2021년 전체 공사건수에서 유럽의 공사건수가 차지하는 비중은 (64 / 501) × 100 ≒ 13%이다.

[23-24]
23 수리능력
정답 ⑤

2018~2020년 연도별 전체 GMP 지정업체 수의 평균은 (281 + 320 + 393) / 3 ≒ 331.3개로 330개 이상이므로 옳은 설명이다.

① 2019년 전체 건강기능식품 판매업 업체 수는 전년 대비 감소하였으므로 옳지 않은 설명이다.
② 2020년 건강기능식품 판매업이 5,000개 미만인 지역은 서울, 부산, 경기를 제외한 나머지 14개 지역이며, 이 지역의 2020년 평균 건강기능식품 판매업 업체 수는 {91,489 - (24,819 + 5,966 + 24,547)} / 14 ≒ 2,583개로 2,500개 이상이므로 옳지 않은 설명이다.
③ 2020년 건강기능식품 제조업 업체 중 GMP 지정업체 비중이 100% 인 지역은 건강기능식품 제조업 업체 수와 GMP 지정업체 수가 같은 지역으로 인천, 울산, 세종 3곳이므로 옳지 않은 설명이다.
④ 제시된 기간 동안 전체 GMP 지정업체 수 중 경기의 GMP 지정업체 수가 차지하는 비중은 2018년에 (80 / 281) × 100 ≒ 28.5%, 2019 년에 (93 / 320) × 100 ≒ 29.1%, 2020년에 (103 / 393) × 100 ≒ 26.2%로 매년 30% 미만이므로 옳지 않은 설명이다.

24 수리능력
정답 ⑤

전체 건강기능식품 제조업 업체 1개당 판매업 업체 수는 2018년에 87,349 / 500 ≒ 174.7개, 2019년에 81,559 / 508 ≒ 160.5개, 2020년에 91,489 / 521 ≒ 175.6개로 2020년에 가장 많다.
따라서 2020년 제조업 업체 1개당 판매업 업체 수는 약 175.6개 이다.

[25-27]
25 수리능력
정답 ①

1~6월 월별 석도강판 생산량의 평균은 (43 + 49 + 44 + 54 + 45 + 52) / 6 ≒ 47.8천 톤이므로 옳지 않은 설명이다.

② 선재 생산량 대비 중후판 생산량의 비율은 5월이 763 / 298 ≒ 2.56, 6월이 699 / 287 ≒ 2.44로 5월이 6월보다 크므로 옳은 설명이다.
③ 제시된 기간 동안 조강 생산량에서 전기로강 생산량이 차지하는 비중은 매달 25% 이상이므로 옳은 설명이다.
④ 1분기 H형강 생산량의 합은 230 + 264 + 302 = 796천 톤으로 1분기 봉강 생산량의 합인 247 + 263 + 284 = 794천 톤보다 크므로 옳은 설명이다.
⑤ 제시된 기간 동안 열연강판 생산량이 다른 달에 비해 가장 많은 8월에 컬러강판 생산량도 다른 달에 비해 가장 많으므로 옳은 설명이다.

26 수리능력
정답 ③

제시된 자료에 따르면 5~8월 철강재 생산량의 전월 대비 변화율은 5월에 {(5,972 - 6,260) / 6,260} × 100 ≒ -4.6%, 6월에 {(5,545 - 5,972) / 5,972} × 100 ≒ -7.2%, 7월에 {(6,203 - 5,545) / 5,545} × 100 ≒ 11.9%, 8월에 {(6,370 - 6,203) / 6,203} × 100 ≒ 2.7%이므로 옳은 그래프는 ③이다.

① 3월 강관 생산량은 410천 톤이지만 그래프에서는 400천 톤보다 낮게 나타나므로 옳지 않은 그래프이다.
② 1~8월 동안 컬러강판의 생산량이 150천 톤 미만인 시기는 130천 톤인 6월뿐이지만 그래프에서는 4월, 5월, 6월의 생산량이 150천 톤보다 낮게 나타나므로 옳지 않은 그래프이다.
④ 3월 조강 생산량 중 전로강의 비중은 (3,846 / 5,784) × 100 ≒ 66.5%, 전기로강의 비중은 (1,938 / 5,784) × 100 ≒ 33.5%이지만 그래프에서는 전로강의 비중은 69.1%, 전기로강의 비중은 30.9%로 나타나므로 옳지 않은 그래프이다.
⑤ 6월 냉연강판 1톤당 열연강판 생산량은 1,192 / 559 ≒ 2.1톤이지만 그래프에서는 2톤보다 낮게 나타나므로 옳지 않은 그래프이다.

27 수리능력
정답 ④

제시된 자료에 따르면 H형강 생산량은 1월에 230천 톤, 6월에 300천 톤이다.
따라서 1월 대비 6월 H형강 생산량의 증가율은 {(300 - 230) / 230} × 100 ≒ 30%이다.

28 문제해결능력　　　　　　　　정답 ②

제시된 조건에 따르면 A가 빨간색을 선택할 경우, A는 빨간색을 선택하지 않거나 주황색을 선택한다는 조건에 의해 주황색도 선택하게 되어 한 가지 색을 선택한다는 조건에 모순되므로 A는 빨간색을 선택하지 않는다. A가 노란색이나 파란색을 선택할 경우, A는 주황색을 선택하거나 초록색을 선택한다는 조건을 만족시키지 못하므로 A는 노란색과 파란색을 선택하지 않는다. A가 초록색을 선택할 경우, A는 초록색을 선택하지 않거나 노란색을 선택한다는 조건에 의해 노란색도 선택하게 되어 한 가지 색만을 선택한다는 조건에 모순되므로 A는 초록색을 선택하지 않는다.

따라서 A가 고른 모자의 색상은 주황색임을 알 수 있다.

29 문제해결능력　　　　　　　　정답 ④

제시된 조건에 따르면 갑은 거짓을 말하고 나머지 3명은 진실을 말하고 있으므로 을의 발표 순서는 두 번째이고, 갑과 정의 발표 순서는 네 번째가 아니다. 이에 따라 네 번째로 발표하는 사람은 병이고, 갑과 정은 첫 번째 또는 세 번째로 발표한다.

1번 주자	2번 주자	3번 주자	4번 주자
갑 또는 정	을	갑 또는 정	병

따라서 발표 순서가 정해지는 사람은 2명이므로 항상 옳은 설명이다.

오답 체크

① 첫 번째로 발표한 사람이 정일 수도 있으므로 항상 옳은 설명은 아니다.
② 정은 을보다 발표 순서가 빠를 수도 있으므로 항상 옳은 설명은 아니다.
③ 병은 을보다 발표 순서가 느리므로 항상 옳지 않은 설명이다.
⑤ 정보다 발표 순서가 빠른 사람이 없을 수도 있으므로 항상 옳은 설명은 아니다.

30 문제해결능력　　　　　　　　정답 ①

제시된 조건에 따르면 A~H 8명은 1층에서 엘리베이터에 탑승하였고, 모든 사람은 2~5층에서 하차하였다. G는 5층에서 하차하였고, G와 같은 층에서 하차한 사람은 1명임에 따라 5층에서 하차한 사람은 2명이다. 또한, 가장 많은 사람이 하차한 층은 3층이고, D와 같은 층에서 하차한 사람은 없으므로 D는 2층 또는 4층에서 하차하였다. 이때, E보다 먼저 하차한 사람은 4명이므로 E는 2층과 5층에서 하차할 수 없으며, E가 3층에서 하차할 경우 2층에서 8명의 절반인 4명이 하차해야 하지만, 이는 가장 많은 사람이 하차한 층이 3층이라는 조건에 모순되므로 E는 4층에서 하차하였다. 이에 따라 D는 2층에서 하차하였고, E보다 먼저 하차한 사람은 4명이므로 3층에서 3명이 하차하였으며 4층에서 2명이 하차하였다. 또한, A와 C는 같은 층에서 하차함에 따라 A와 C는 3층에서 하차하였고, D는 F 바로 아래층에서 먼저 하차하여 F는 3층에서 하차하였다. 이에 따라 층별로 하차한 사람을 나타내면 다음과 같다.

구분	하차한 사람
5층	G, B 또는 G, H
4층	E, B 또는 E, H
3층	A, C, F
2층	D

따라서 F보다 늦게 하차한 사람은 B, E, G, H 4명이므로 항상 옳은 설명이다.

오답 체크

② D보다 먼저 하차한 사람은 없으므로 항상 옳지 않은 설명이다.
③ 4층에서 하차한 사람은 E와 H일 수도 있으므로 항상 옳은 설명은 아니다.
④ 2명이 하차한 층은 4층과 5층이므로 항상 옳지 않은 설명이다.
⑤ H는 E보다 늦게 하차하거나, 동일하게 하차하므로 항상 옳지 않은 설명이다.

31 문제해결능력　　　　　　　　정답 ③

제시된 조건에 따르면 출근 시간이 같은 사람은 없고, 사람들이 출근한 시각은 10분 단위이며, 가장 먼저 출근한 사람은 8시 20분에 출근하였다. 이때, 주임은 대리보다 늦게 출근하였으며, 대리는 부장보다 늦게 출근하였고, 사원은 과장과 대리보다 먼저 출근하였으므로 가장 먼저 출근한 사람은 사원 또는 부장임을 알 수 있다. 사원이 가장 먼저 출근한 사람인 경우, 과장이 두 번째로 먼저 출근한 사람이면 부장은 세 번째로 먼저 출근한 사람이므로 부장과 과장이 출근한 시각의 차는 30분이라는 조건에 모순되고, 부장이 두 번째로 먼저 출근한 사람이면 부장과 과장 사이에는 2명의 사람이 출근하여 과장이 가장 늦게 출근하는 사람이지만 이는 과장은 가장 늦게 출근한 사람이 아니라는 조건에 모순된다. 이에 따라 부장이 가장 먼저 출근한 사람이며, 사원은 과장과 대리보다 먼저 출근하였으므로 사원이 두 번째로 먼저 출근하였고, 부장과 과장 사이에는 2명의 사람이 출근하였으므로 과장이 네 번째로 먼저, 대리가 세 번째로 먼저, 주임이 가장 늦게 출근하였다.

따라서 대리가 출근한 시각은 8시 40분이다.

32 문제해결능력　　　　　　　정답 ②

'3. 평가 방법'에 따르면 기초금액인 8,500만 원의 ±3%인 8,245~8,755만 원 범위 내에서 ○○공사가 선정한 복수예비가격 중 각 업체가 2개씩 추첨한 결과 가장 많이 선택된 2개의 복수예비가격의 평균이 예정가격으로 결정되며, [업체별 복수예비가격 추첨 결과]에 따라 각 세 번씩 추첨된 8,350만 원, 8,450만 원이 가장 많이 선택되었으므로 예정가격은 (8,350 + 8,450) / 2 = 8,400만 원이 되고, 낙찰하한가는 예정가격의 85%인 8,400 × 0.85 = 7,140만 원이 된다. 1차 평가에 따라 예정가격 이하이면서 낙찰하한가 이상으로 입찰서를 제출한 업체 중 최저가격을 제출한 업체부터 순서대로 3곳이 2차 평가 대상자로 선정되므로 낙찰하한가인 7,140만 원보다 낮은 가격을 입찰 가격으로 제출한 A 업체를 제외하고 7,600만 원을 제출한 D 업체, 7,800만 원을 제출한 B 업체, 8,200만 원을 제출한 C 업체가 2차 평가 대상으로 선정된다.

이에 따라 B, C, D 업체의 2차 평가 점수는 B 업체가 9 + 20 + 18 = 47점, C 업체가 9 + 19 + 19 = 47점, D 업체가 10 + 16 + 20 = 46점으로 B 업체와 C 업체가 가장 높은 점수를 받게 되지만, 2차 평가 점수가 동일한 업체가 있을 경우 입찰 가격이 더 낮은 업체가 최종 선정되므로 B와 C 업체 중 입찰 가격이 7,800만 원으로 더 낮은 B 업체가 최종 선정된다.

따라서 ○○공사의 지하철 광고 대행업체로 선정될 기업은 B 업체이다.

33 문제해결능력　　　　　　　정답 ④

시애틀 지사에서 근무하는 A 사원은 뉴욕 지사에서 근무하는 B 사원에게 시애틀 시각을 기준으로 3월 18일 오전 10시에 회의 자료를 이메일로 보낸다. 이때, 뉴욕 시각은 시애틀 시각보다 3시간이 빠르므로 뉴욕 시각을 기준으로 B 사원이 회의 자료를 받는 시각은 3월 18일 오후 1시이다. B 사원이 회의 자료를 받은 직후 베이징을 경유하여 서울에 도착하고, 비행 경유지에서 1시간을 대기하므로 총 이동시간은 13 + 1 + 2 = 16시간임에 따라 B 사원이 서울에 도착하는 시각은 뉴욕 시각을 기준으로 3월 19일 오전 5시이며, 서울 시각은 뉴욕 시각보다 14시간 빠르다.

따라서 B 사원이 서울에 도착하여 확인할 현지 시각은 3월 19일 오후 7시이다.

34 문제해결능력　　　　　　　정답 ①

ⓒ '3. 지원대상'에 따르면 유기·무농약농산물 인증을 받은 농업인은 직불금 지원 대상에 해당하므로 '2. 직불금 지급단가 및 기간'에 따라 유기 상품에 대한 직불금으로 논 5ha와 채소밭 3ha에 대하여 1년에 (700 × 5) + (1,400 × 3) = 7,700천 원을 지원받는다. 이때, 유기 직불금 지급 기간은 5년이며, 유기 직불금 지급기간 이후 유기 지속 직불은 논 350천 원/ha, 채소밭 650천 원/ha를 제공하므로 유기 직불금 지급기간인 5년 후 1년간 추가로 지급받은 직불금은 (350 × 5) + (650 × 3) = 3,700천 원이다. 따라서 농업인이 6년간 지원받은 총직불금은 (7,700 × 5) + (3,700 × 1) = 42,200천 원이므로 옳은 내용이다.

오답 체크

ⓐ '3. 지원대상'에 따르면 유기·무농약농산물 인증을 받지 못한 농업인 및 법인은 지원대상에 해당하지 않아 친환경농업 직불금을 지원받을 수 없으므로 옳지 않은 내용이다.

ⓒ '2. 직불금 지급단가 및 기간'에 따르면 논 1ha, 과수원 2ha에 대하여 무농약 직불금을 3년간 받았다면, 해당 농업인이 지원받은 총 직불금은 {(500 × 1) + (1,200 × 2)} × 3 = 8,700천 원이므로 옳지 않은 내용이다.

ⓔ '4. 신청방법'에 따르면 친환경농업 직불금은 농지소재지의 읍·면사무소에 방문 및 우편, FAX로만 신청할 수 있으므로 옳지 않은 내용이다.

35 문제해결능력　　　　　　　정답 ⑤

제시된 자료에 따르면 현석이는 단팥빵 30개, 슈크림빵 20개, 모카빵 10개, 소시지빵 15개로 총 75개의 빵을 할인받아 총가격이 가장 저렴한 제과점에서 구매한다. A 제과점에서 빵을 구매하면 단팥빵은 1,400 × 30 = 42,000원, 슈크림빵은 1,600 × 20 = 32,000원, 모카빵은 20개 미만인 10개를 구매하여 할인받지 못하므로 3,100 × 10 = 31,000원, 소시지빵은 10개 구매 시마다 소시지빵을 2개 증정하여 13개만 구매함에 따라 2,200 × 13 = 28,600원이므로 총가격은 42,000 + 32,000 + 31,000 + 28,600 = 133,600원이다. B 제과점에서 빵을 구매하면 총 (1,200 × 30) + (1,500 × 20) + (3,400 × 10) + (2,600 × 15) = 36,000 + 30,000 + 34,000 + 39,000 = 139,000원에서 총 10만 원 이상 구매 시 1만 원 할인되므로 총가격은 139,000 - 10,000 = 129,000원이다. C 제과점에서 빵을 구매하면 단팥빵은 1,500 × 30 = 45,000원, 슈크림빵은 20개 이상 구매 시 슈크림빵이 40% 할인되어 (2,000 × 20) × 0.6 = 24,000원, 모카빵은 2,800 × 10 = 28,000원, 소시지빵은 2,100 × 15 = 31,500원이므로 총가격은 45,000 + 24,000 + 28,000 + 31,500 = 128,500원이다. D 제과점에서 빵을 구매하면 단팥빵은 20개 이상 구매 시 단팥빵이 30% 할인되어 (1,400 × 30) × 0.7 = 29,400원, 슈크림빵은 1,900 × 20 = 38,000원, 모카빵은 4개 구매 시마다 모카빵을 1개 증정하여 8개만 구매함에 따라 3,100 × 8 = 24,800원, 소시지빵은 2,400 × 15 = 36,000원이므로 총가격은 29,400 + 38,000 + 24,800 + 36,000 = 128,200원이다. E 제과점에서 빵을 구매하면 빵 종류에 관계없이 60개 이상 구매 시 전체 15% 할인되므로 총가격은 {(1,600 × 30) + (1,700 × 20) + (3,200 × 10) + (2,400 × 15)} × 0.85 = (48,000 + 34,000 + 32,000 + 36,000) × 0.85 = 127,500원이다.

따라서 현석이가 빵을 구매할 제과점은 E 제과점이다.

[36-37]

36 문제해결능력　　　　　　　　정답 ③

'3. 교육 수강 안내'에 따르면 바리스타 심화 주말반 정원은 8명이고, '4. 유의 사항'에 따라 정원의 60% 미만 신청 시 해당 교육이 폐강되어 8 × 0.6 = 4.8명 이상인 5명이 신청할 경우 폐강되지 않으므로 옳은 내용이다.

오답 체크

① '3. 교육 수강 안내'에 따르면 바리스타 기초 주말반 교육은 주 2회로 매회 3시간 30분씩 12주 동안 진행되어 모두 이수하는 데 소요되는 시간은 총 (3.5 × 2) × 12 = 84시간이므로 옳지 않은 내용이다.
② '3. 교육 수강 안내'에 따르면 바리스타 2급 평일반 교육의 정원은 5명이고, '4. 유의 사항'에 따라 주민등록상 주소지가 ○○구인 경우 수강료에서 10% 할인되며, 타구인 경우 수강료 할인 대상에서 제외되어 수강생이 모두 ○○구민일 때 수강생들이 지불한 총수강료가 최소임에 따라 지불한 총수강료는 (250,000 × 0.9) × 5 = 1,125,000원이므로 옳지 않은 내용이다.
④ '2. 신청 대상 및 방법'에 따르면 토요일과 일요일은 방문 신청이 불가하며, 20XX년 2월 13일은 토요일임에 따라 방문 신청이 불가능하므로 옳지 않은 내용이다.
⑤ '3. 교육 수강 안내'에 따르면 바리스타 1급 평일반 교육은 15주 동안 교육이 진행되며, '4. 유의 사항'에 따라 교육 이수율 80% 이상 시 지불한 수강료의 50% 금액을 환급해 주므로 15 × 0.8 = 12주 동안 교육을 빠짐없이 이수하면 수강료의 절반을 환급 받을 수 있으므로 옳지 않은 내용이다.

37 문제해결능력　　　　　　　　정답 ②

'4. 유의 사항'에 따르면 주민등록상 주소지가 ○○구인 경우 수강료에서 10% 할인, 타구인 경우 수강료 할인 대상에서 제외되며, 교육 이수율 80% 이상 시 지불한 수강료의 50% 금액을 환급한다. 이때, 정원의 60% 미만 신청 시 해당 교육은 폐강되므로 모든 교육의 평일반은 5 × 0.6 = 3명 이상, 바리스타 2급과 바리스타 1급의 주말반은 10 × 0.6 = 6명 이상, 바리스타 기초와 바리스타 심화의 주말반은 8 × 0.6 ≒ 5명 이상 신청 시 해당 교육이 개설된다. 이에 따라 개설된 교육은 바리스타 2급 평일반, 바리스타 1급 주말반, 바리스타 기초 평일반, 바리스타 심화 주말반이며, 개설된 교육의 수강생이 모두 교육을 100% 이수하였을 때 교육별 수강생들에게 환급해줘야 할 금액은 다음과 같다.

구분		환급 금액
바리스타 2급	평일반	(250,000 × 0.9 × 0.5 × 3) + (250,000 × 0.5 × 2) = 587,500원
	주말반	폐강
바리스타 1급	평일반	폐강
	주말반	(320,000 × 0.9 × 0.5 × 4) + (320,000 × 0.5 × 5) = 1,376,000원
바리스타 기초	평일반	(350,000 × 0.9 × 0.5 × 2) + (350,000 × 0.5 × 1) = 490,000원
	주말반	폐강
바리스타 심화	평일반	폐강
	주말반	(500,000 × 0.9 × 0.5 × 3) + (500,000 × 0.5 × 4) = 1,675,000원

따라서 수강생들에게 환급해줘야 할 총금액은 587,500 + 1,376,000 + 490,000 + 1,675,000 = 4,128,500원이다.

38 문제해결능력　　　　　　　　정답 ④

제8조 제1항에서 고위공직자는 그 직위에 임용되기 전 3년 이내에 민간 부문에서 업무 활동을 한 경우, 그 활동 내역을 그 직위에 임용되거나 임기를 개시한 날부터 30일 이내에 소속기관장에게 제출해야 하며, 같은 조 제4항에 따라 소속기관장은 다른 법령에서 정보공개가 금지되지 아니하는 범위에서 업무 활동 내역을 공개할 수 있다고 하였으므로 정보공개가 금지되지 않은 범위라 해도 고위공직자의 업무 활동 내역을 공개하여서는 안 된다는 것은 아님을 알 수 있다.

오답 체크

① 제6조 제1항 제1호에서 부동산을 직접적으로 취급하는 공공기관의 공직자는 본인 또는 배우자가 소속 공공기관의 업무와 관련된 부동산을 보유하고 있거나 매수하는 경우 소속기관장에게 그 사실을 서면으로 신고하여야 한다고 하였으므로 적절하다.
② 제8조 제1항에서 고위공직자는 그 직위에 임용되거나 임기를 개시하기 전 3년 이내에 민간 부문에서 업무 활동을 한 경우, 재직하였던 법인과 업무 관련 내용을 그 직위에 임용되거나 임기를 개시한 날부터 30일 이내에 소속기관장에게 제출하여야 한다고 하였으므로 적절하다.
③ 제7조 제1항에서 부동산 보유 신고를 받은 소속기관장은 해당 공직자의 직무수행에 지장이 있다고 인정하는 경우에는 직무수행의 일시 중지 명령, 직무 대리자 또는 직무 공동수행자의 지정, 직무 재배정 또는 전보 등의 조치를 하여야 한다고 하였으므로 적절하다.
⑤ 제7조 제4항에서 부동산 보유 또는 매수 신고를 받은 소속기관장은 해당 부동산의 보유·매수가 이 법 또는 다른 법률에 위반되는 것으로 의심될 경우 지체 없이 수사기관·감사원·감독기관 또는 국민권익위원회에 신고하거나 고발하여야 한다고 하였으므로 적절하다.

39 문제해결능력   정답 ③

제7조에 따르면 부서별 청렴 마일리지 점수는 (부서원별 개인 청렴 마일리지 점수의 합 + 부서 청렴 마일리지 점수) / 부서원 수를 적용하여 구한다. 제5조 제1항에 따라 부서원별 청렴 마일리지 점수를 환산하면, 김미연이 청탁 신고로 50점과 인권 윤리 통합 교육 참석으로 100점을 받아 총 50 + 100 = 150점, 박채린이 청렴 콘텐츠 공모 대회 우수상 수상으로 70점, 최영진이 인권 윤리 통합 교육 사내 강사이면서 사전 교육 1회 참석으로 20점과 인권 윤리 통합 교육 3회 진행으로 100 × 3 = 300점을 받아 총 320점, 고현승이 윤리 경영 아이디어 등록으로 50점이 된다. 이에 따라 A 부서의 부서원별 개인 청렴 마일리지 점수의 합은 150 + 70 + 320 + 50 = 590점이다.

A 부서의 부서 청렴 마일리지 점수는 자체 청렴도 측정 결과 평가군 내 2위로 4 × 15 = 60점, 청렴 옴부즈맨 제언 사항의 권고 이행으로 4 × 5 = 20점, 관리자가 인정한 부서별 윤리활동 관련 자료 등록으로 4 × 5 = 20점을 합한 60 + 20 + 20 = 100점이지만, 부서원 중 박채린과 고현승이 행동 강령 위반에 따라 각각 견책과 정직 처분을 받았으므로 제5조 제2항에 의거해 누적된 감점 비율인 6 + 12 = 18%가 부서 청렴 마일리지 점수에서 차감된다. 이에 따라 부서 청렴 마일리지의 최종 점수는 100 × 0.82 = 82점이 된다.

따라서 A 부서의 부서 평균 청렴 마일리지 점수는 (590 + 82) / 4 = 168점이다.

40 문제해결능력   정답 ④

'3. 업체 선정방법'에 따르면 항공권 발권 대행 여행사로 최종 선정되는 업체는 1차 제안 평가 점수와 2차 제안 평가 점수를 합산한 최종 점수가 가장 높은 2개 업체이다. 이때, 선정된 업체의 항공권 발행 수수료율은 최종으로 선정된 2개 업체에서 제안한 수수료율을 산술평균한 값으로 하되, 이를 수용하지 않으면 차순위 업체로 최종 선정 업체를 변경하여 수수료율을 재계산하여야 한다.

이에 따라 A~E 업체 각각이 받은 최종 점수를 계산하면 A 업체는 60 + 23 = 83점, B 업체는 58 + 24 = 82점, C 업체는 59 + 25 = 84점, D 업체는 58 + 22 = 80점, E 업체는 61 + 23 = 84점을 받게 되어 최종 점수를 기준으로 C 업체와 E 업체가 상위 2개 업체가 된다. C 업체와 E 업체에서 제안한 항공권 발행 수수료율을 산술평균하면 최종 수수료율은 (1.30 + 1.70) / 2 = 1.50%가 되지만 C 업체가 계약 가능한 최대 수수료율인 1.45%를 초과하여 C 업체는 이를 수용하지 않아 최종적으로 선정되지 않는다. 이때, C 업체와 E 업체 다음으로 최종 점수가 높았던 A 업체가 C 업체를 대신하여 선정되며, 이에 따라 항공권 발행 수수료율을 재계산하면 (1.50 + 1.70) / 2 = 1.60%가 되고, 이는 A 업체와 E 업체가 계약할 수 있는 최대 수수료율을 만족한다.

따라서 항공권 발권 대행 여행사로 A 업체와 E 업체가 계약하므로 최종으로 결정되는 항공권 발행 수수료율은 1.60%이다.

NCS 실전모의고사 4회

정답 · 해설

01 의사소통	02 의사소통	03 의사소통	04 의사소통	05 의사소통	06 의사소통	07 의사소통	08 의사소통	09 의사소통	10 의사소통
①	③	②	④	②	④	⑤	⑤	③	①

11 의사소통	12 의사소통	13 의사소통	14 의사소통	15 의사소통	16 의사소통	17 수리	18 수리	19 수리	20 수리
④	⑤	④	①	⑤	④	⑤	③	①	⑤

21 수리	22 수리	23 수리	24 수리	25 수리	26 수리	27 수리	28 문제해결	29 문제해결	30 문제해결
④	④	④	①	③	②	⑤	②	②	⑤

31 문제해결	32 문제해결	33 문제해결	34 문제해결	35 문제해결	36 문제해결	37 문제해결	38 문제해결	39 문제해결	40 문제해결
②	⑤	⑤	④	②	④	⑤	⑤	③	③

[01-02]
01 의사소통능력
정답 ①

2문단에서 리튬 이온 전지의 재사용을 위한 충전 시 전지를 완전히 방전시키지 않아도 충전이 가능하다고 하였으므로 리튬 이온 전지의 재사용을 위해 충전할 때는 전지가 완전히 방전되었는지 확인한 후에 충전해야 하는 것은 아님을 알 수 있다.

오답 체크
② 5문단에서 액체 전해질보다 고체 전해질의 에너지 밀도가 더 높기 때문에 고체 전해질로 구성된 전지의 충전 시간이 더 짧다고 하였으므로 적절한 내용이다.
③ 1문단에서 2차 전지에 아연 금속을 사용하면 전지의 재사용을 위한 충전 시 아연 주변으로 많은 불순물이 생길 수 있다고 하였으므로 적절한 내용이다.
④ 3문단에서 제조 직후부터 열화가 진행되는 리튬 이온 전지는 사용하지 않는 순간에도 계속해서 노화가 진행되며, 전지의 보관 온도가 높을수록 노화의 속도는 빨라진다고 하였으므로 적절한 내용이다.
⑤ 4문단에서 리튬 이온 전지를 오랜 기간 사용하기 위해서는 사용 후 가급적 빨리 충전하는 것이 좋으며, 습도가 낮은 곳에 보관해야 한다고 하였으므로 적절한 내용이다.

02 의사소통능력
정답 ③

빈칸 앞에서는 고체 전해질은 액체 전해질보다 에너지 밀도가 높아 완충 시 전기차의 최대 주행 거리를 늘릴 수 있다는 내용을 말하고 있고, 빈칸 뒤에서는 고체 전해질은 액체 전해질보다 전도성이 낮아 효율성이 떨어져 기술적으로 어려움이 따른다는 내용을 말하고 있다.
따라서 앞의 내용과 뒤의 내용이 상반될 때 사용하는 접속어 '그러나'가 들어가야 한다.

[03-04]
03 의사소통능력
정답 ②

제시된 글은 반려동물이 노인의 고통과 외로움을 해소하는 데 도움을 주며, 인지능력 저하 속도를 늦추는 등의 긍정적인 영향을 줄 수 있기 때문에 반려동물을 기르는 노인은 그렇지 않은 노인보다 건강한 노후 생활을 영위할 가능성이 높다고 하였으므로 1인 가구 또는 고령화 증가 추세로 인해 집에 홀로 남겨진 반려동물의 우울증 증세 발현 문제를 중요하게 생각해봐야 한다는 설명은 논지를 강화하는 내용으로 가장 적절하지 않다.

04 의사소통능력

정답 ④

빈칸 앞에서는 반려동물은 일상생활에 활력소가 되어 스트레스로 인해 병원을 찾는 횟수를 줄이는 등의 역할을 하고 반려동물과 함께 생활해 온 노인의 인지 점수가 그렇지 않은 경우보다 더 느리게 감소한다는 내용을 말하고 있고, 빈칸 뒤에서는 노화 진행 속도를 더디게 하기 위해서는 노년기의 건강한 생활 습관이 필수적이라는 내용을 말하고 있다.

따라서 앞의 내용을 심화하면서 다른 내용을 추가할 때 사용하는 접속어 '이리하여'가 들어가야 한다.

[05-06]

05 의사소통능력

정답 ②

이 글은 바닷물에 녹아 있는 염류와 염류의 발생 원인 및 어느 바닷물이나 염류가 차지하는 구성비가 일정하다는 염분비 일정의 법칙을 설명하는 글이다.

따라서 '(라) 바닷물이 짠 이유 → (가) 바닷물에 녹아 있는 염류 → (마) 바닷물에 염류가 녹아 있는 이유(1): 지구 발생 초기의 산성비 → (다) 바닷물에 염류가 녹아 있는 이유(2): 암석의 풍화 및 화산 활동 → (나) 염분비 일정의 법칙' 순으로 연결되어야 한다.

06 의사소통능력

정답 ④

(나)문단에서 바닷물에 녹아있는 염류의 양은 지역에 따라 차이가 있다고 하였으므로 바닷물에 용해된 염류의 양이 지역에 관계없이 모두 동일한 것은 아님을 알 수 있다.

오답 체크

① (마)문단에서 지구 대기에 녹아있던 산성비가 내려 암석을 녹였고, 이로 인해 암석을 구성하는 원소 중 물에 잘 녹는 물질이 바다로 흘러 들어가 염류를 이루게 되었다고 하였으므로 적절한 내용이다.
② (다)문단에서 염소, 황산염 등의 물질은 맨틀 상부에서 그 기원을 확인할 수 있어 화산 활동으로 인해 생성된 것으로 여겨진다고 하였으므로 적절한 내용이다.
③ (라)문단에서 바닷물은 짠맛이 나기 때문에 그대로 섭취할 수 없으며, 담수화 과정을 거쳐야 마실 수 있다고 하였으므로 적절한 내용이다.
⑤ (가)문단에서 바닷물에는 다양한 물질들이 용해되어 있으며, 그중 생물학적인 활동으로 인하여 발생된 부산물도 포함된다고 하였으므로 적절한 내용이다.

07 의사소통능력

정답 ⑤

제14조 제3항에 따르면 사업주는 직장 내 성희롱의 사실 확인을 위한 조사 기간 동안 피해근로자등의 보호를 위해 필요한 경우 해당 피해근로자등에 대하여 근무장소의 변경 등 적절한 조치를 해야 하지만, 피해근로자등의 의사에 반하는 조치를 해서는 안 된다고 하였으므로 직장 내 성희롱 피해 사실에 대한 조사가 끝나기 전까지 피해근로자를 보호하기 위해 필요 시 사업주 임의로 해당 피해근로자의 근무장소 변경 등의 조치를 취할 수 있는 것은 아님을 알 수 있다.

오답 체크

① 제14조 제7항에서 직장 내 성희롱 발생 사실을 조사한 사람, 조사 내용을 보고 받은 사람 또는 그 밖에 조사 과정에 참여한 사람은 조사 과정에서 알게 된 비밀을 피해근로자등의 의사에 반하여 타인에게 누설해서는 안 되지만, 조사 관련 내용을 사업주에게 보고하거나 관계 기관의 요청에 따라 필요 정보를 제공하는 경우는 제외한다고 하였으므로 적절하다.
② 제14조의2 제2항에서 사업주는 근로자가 제1항에 따른 피해를 주장하거나 고객 등으로부터 성적 요구 등에 따르지 않음을 근거로 하거나 그 밖의 불이익한 조치를 해서는 안 된다고 하였으므로 적절하다.
③ 제2조 제4호에서 근로자란 사업주에게 고용된 사람과 취업할 의사를 가진 사람을 의미한다고 하였으므로 적절하다.
④ 제13조 제1항에서 사업주는 직장 내 성희롱을 예방하고 근로자가 안전한 근로환경에서 일할 수 있는 여건을 조성하기 위해 직장 내 성희롱 예방 교육을 매년 실시해야 한다고 하였으므로 적절하다.

[08-09]

08 의사소통능력

정답 ⑤

2문단에서 반론 보도의 청구는 당사자 능력이 없는 기관이나 단체라고 하더라도 불공정 보도와 직접적인 이해관계가 있을 경우에는 그 대표자가 반론 보도를 청구할 수 있다고 하였으므로 불공정 보도 내용과 직접적인 이해관계가 있다고 하더라도 당사자 능력이 없는 기관의 대표자는 반론 보도 청구의 주체가 될 수 없다는 것은 아님을 알 수 있다.

오답 체크

① 3문단에서 보도된 기사의 내용이 사실과 달라 잘못된 부분을 바로잡기 위한 정정 보도 청구는 해당 기사를 보도한 언론사가 스스로 해당 기사의 내용이 잘못되었음을 밝히고, 정정 기사를 게재하거나 방송해 줄 것을 요구하는 것이라고 하였으므로 적절한 내용이다.
② 4문단에서 언론 보도로 인해 피해를 입은 당사자는 언론사와의 협의, 언론중재위원회에 조정 신청, 법원에 소송 제기하는 방법으로 피해를 구제받을 수 있으며, 세 가지 절차 중 어떤 것을 먼저 거쳐도 상관없기 때문에 위원회의 조정을 거치지 않아도 법원에 소송을 제기할 수 있다고 하였으므로 적절한 내용이다.

③ 4문단에서 추후 보도 청구는 언론에 범죄혐의자 또는 범인으로 보도된 당사자가 자신의 혐의가 없는 경우로 밝혀졌을 경우 그 사실을 안 날로부터 3개월 이내에 청구해야 한다고 하였으므로 적절한 내용이다.

④ 1문단에서 반론권은 사실과 다른 기사의 정정 보도를 요청할 수 있는 권리만을 말하는 것이 아니라 해당 기사에 언급된 당사자가 기사와 다른 내용을 게재하거나 방송할 수 있는 권리까지를 포함한다고 하였으므로 적절한 내용이다.

09 의사소통능력　　　　　　정답 ③

빈칸 앞에서는 언론의 보도로 피해를 입은 사람은 해당 언론사에 반론 보도를 청구해야 한다는 내용을 말하고 있고, 빈칸 뒤에서는 사실적 주장에 관한 언론 보도에 대해 반론 보도를 청구하는 경우에는 고의 및 과실이나 위법성을 요구하지 않는다는 내용을 말하고 있다. 따라서 앞의 내용과 뒤의 내용이 상반될 때 사용하는 접속어 '다만'이 들어가야 한다.

10 의사소통능력　　　　　　정답 ①

'5대 전략'의 편안하고 안전한 생활국토 만들기에서 수요자 맞춤형 주거정책을 시행한다고 하였으므로 부동산 가격을 인상시켜 공급자의 수익을 보장하는 사업이 시행되는 것은 아님을 알 수 있다.

오답 체크

② '5대 전략'의 편리하고 스마트한 첨단국토 만들기에서 교통 단절구간을 연결하고, 대도시권 혼잡을 개선하며 첨단기술을 활용하여 국토관리가 개선되도록 한다고 하였으므로 적절하다.

③ '5대 전략'의 개성과 경쟁력을 갖춘 균형국토 만들기에서 노후 산단 재생과 신규 모델을 확산한다고 하였으므로 적절하다.

④ '5대 전략'의 세계와 함께 번영하는 평화국토 만들기에서 신경제구상을 통한 평화 안착과 인프라 연결 등 경제협력을 지속하며 글로벌 교류 국가의 위상이 더 높아지도록 할 것이라고 하였으므로 적절하다.

⑤ '5대 전략'의 아름답고 지속가능한 매력국토 만들기에서 계획적으로 토지를 이용함으로써 정갈한 공간을 만들고, 도시경관 향상으로 매력적인 공간을 확산하며 지속가능한 국토환경을 조성한다고 하였으므로 적절하다.

11 의사소통능력　　　　　　정답 ④

'3. 공모대상 주택 – 3)'에서 어르신 맞춤형 공동체주택 중 농어촌형의 주요 특징으로 고령자 맞춤형 편의시설이 설치되어 있고 생활 SOC 운영을 지원한다고 하였으므로 농어촌형 어르신 맞춤형 공동체주택에서 생활 SOC 운영을 지원함을 알 수 있다.

오답 체크

① '5. 결과 발표'에서 수상작은 20XX년 6월 19일 금요일에 공사 홈페이지에 게시되며, 수상자 개인에게 따로 통보된다고 하였으므로 적절하지 않다.

② '3. 공모대상 주택 – 1)'에서 도심 비주거시설 활용 청년사회주택은 오래된 고시원을 매입하고 리모델링하여 공유오피스와 셰어하우스 형태로 예술인 청년에게 공급한다고 하였으므로 적절하지 않다.

③ '6. 시상내역'에서 상금에 대한 제세공과금은 수상자 본인이 부담해야 한다고 하였으므로 적절하지 않다.

⑤ '2. 공모기간 및 공모자격 – 2)'에서 대한민국 국민이라면 누구나 신청할 수 있다고 하였으나 '4. 응모방법'에 따라 붙임 1의 응모신청서를 작성하여 이메일로 신청해야 하므로 적절하지 않다.

[12 - 13]
12 의사소통능력　　　　　　정답 ⑤

이 글은 지문의 특징과 장점을 소개하며 지문의 역사와 지문을 인식하는 대표적인 방식에 대해 설명하는 글이다.

따라서 '(마) 다양한 분야에서 활용되고 있는 지문의 특징 → (라) 지문의 역사(1): 헨리 폴즈와 프랜시스 골턴이 입증한 지문의 상이성 → (가) 지문의 역사(2): 라이브 스캔 시스템의 개발로 맞이한 지문 인식 기술의 전환기 → (다) 지문 인식의 방식(1): 반도체 방식 → (나) 지문 인식의 방식(2): 광학식' 순으로 연결되어야 한다.

13 의사소통능력　　　　　　정답 ④

(다)문단에서 지문 인식의 대표적인 방식 중 하나인 반도체 방식은 피부가 가진 전기 전도 특성을 이용하는 것으로, 실리콘 칩 표면에 손끝을 접촉시키면 지문이 남는 원리를 적용하여 전기 신호로 지문의 모양을 읽는 방식이라고 하였으므로 반도체 지문 인식 방식은 사람 피부가 가진 전기 전도 특성을 이용하여 전기 신호로 지문을 읽어들이는 것임을 알 수 있다.

오답 체크

① (마)문단에서 타인과 같은 모양의 지문을 가질 확률이 낮으며 지문은 24주째 태아 때부터 만들어지기 시작한다고 하였으므로 적절하지 않은 내용이다.

② (라)문단에서 지문의 상이성을 최초로 파악한 인물은 영국의 외과의사 헨리 폴즈이며, 지문 분류 방법인 와상문, 제상문, 궁상문 등의 방법을 소개한 인물은 영국의 유전 통계학자 프랜시스 골턴이라고 하였으므로 적절하지 않은 내용이다.

③ (나)문단에서 지문 인식 기술 방식의 기본 구조는 모두 센서 기능을 통해 지문을 촬영하는 입력부와 데이터베이스와 현재 사용자의 지문을 대조함으로써 본인 여부를 판단하는 인증부로 구성되어 있다고 하였으므로 적절하지 않은 내용이다.

⑤ (라)문단에서 1892년 영국의 유전 통계학자 프랜시스 골턴이 『핑거프린트』라는 책을 통해 사람마다 지문이 모두 다르다는 점을 통계적으로 입증했다고 하였고, (가)문단에서 1960년대 후반 라이브 스캔 시스템 기술이 개발되면서 지문의 특징점이 더욱 세분화되었다고 하였으므로 적절하지 않은 내용이다.

[14-15]

14 의사소통능력   정답 ①

2문단에서 이번 사업에서는 선도사업과 달리 한국토지주택공사 외에도 지역 실정 등을 적극 반영할 수 있도록 다른 공공기관과의 공동 사업 시행이 가능해진다고 하였으므로 선도사업에서 지역 실정을 반영하기 위해 한국토지주택공사 외에도 여러 공공기관이 참여한 것은 아님을 알 수 있다.

② 1문단에서 국토교통부, 교육부, 중소벤처기업부가 캠퍼스 혁신파크 사업을 추진하며 이는 3개 부처의 공동 사업이라고 하였으므로 적절하다.
③ 3문단에서 공모 사업에 선정된 대학은 도시첨단산업단지 조성비와 산학연 혁신허브의 건축비 일부를 국비로 지원받으며 그 금액은 수도권약 95억 원, 지방 약 190억 원이라고 하였으므로 적절하다.
④ 2문단에서 선도사업과 달리 이번 공모에서는 사업 효과성 제고를 위해 정부 정책·사업과의 연계성을 평가하는 '산업단지로서의 개발 타당성' 및 '지자체의 행·재정적 지원 의지' 항목의 평가 배점이 강화되었다고 하였으므로 적절하다.
⑤ 3문단에서 서울은 산업입지법 제7조의2에 따라 인구 과밀 방지 등을 위해 도시첨단산업단지 지정이 불가능하여 서울에 소재한 캠퍼스를 제외한 대학 및 산업대학이 신청대상이라고 하였으므로 적절하다.

15 의사소통능력   정답 ⑤

2문단에서 '산업단지로서의 개발 타당성'의 평가 배점은 20%만큼 강화하고, '지자체의 행·재정적 지원 의지'의 평가 배점은 50%만큼 강화한다고 하였으므로 변경된 평가 지표에 따른 배점은 '산업단지로서의 개발 타당성'이 $25 \times 1.2 = 30$점, '지자체의 행·재정적 지원 의지'가 $10 \times 1.5 = 15$점이 된다.
따라서 ㉠은 30, ㉡은 15이다.

16 의사소통능력   정답 ④

4문단에서 LH 건설기술본부장이 올해 2월 코로나19로 인한 공사 정지 시 건설현장 계약조정 방안을 시행한 데 더해 초미세먼지 대응 건설현장 계약조정 지침을 추가로 시행함으로써 건설사들의 부담이 완화될 것으로 기대한다고 하였으므로 LH에서 초미세먼지 대응 건설현장 계약조정 지침을 먼저 시행하고, 이후 코로나19로 인한 공사 정지 시 건설현장 계약조정 방안을 시행하는 것은 아님을 알 수 있다.

① 3문단에서 LH의 초미세먼지 대응 건설현장 계약조정 지침에 따르면 일시 정지 조치를 하지 않아도 미세먼지 때문에 작업이 진행되기 어려워 불가피하게 공사가 잠시 지연되었다면 지체 배상금을 부과하지 않는다고 하였으므로 적절하다.
② 1문단에서 정부에서는 미세먼지와 관련 질환이 증가함에 따라 미세먼지 피해를 사회 재난으로 규정한 바 있고, 이를 위한 대책으로 국토교통부에서는 초미세먼지 재난 위기대응 실무 매뉴얼을 시행하였다고 하였으므로 적절하다.
③ 3문단에서 LH에서는 미세먼지 위기경보가 발령될 경우 건설현장 살수 및 진공흡입 조치, 미세먼지 발생 작업의 공사시간 조정 및 폐질환자, 고령자 등에 대한 근로자 안전조치를 진행하여 피해 방지를 위해 노력하고 있다고 하였으므로 적절하다.
⑤ 2문단에서 초미세먼지 위기경보 발령 등으로 건설공사가 중단되어 전체 공사기간 중 작업 불가능 일수가 최초 계약에 반영된 작업 불가능 일수를 초과하게 되면, 초과한 일수만큼 계약기간을 연장할 수 있다고 하였으므로 적절하다.

[17-19]

17 수리능력   정답 ⑤

2019년과 2020년 원문보기 건수는 어문이 가장 많으므로 옳지 않은 설명이다.

① 공유 저작물 전체의 조회, 원문보기, 다운로드 건수의 합은 2020년이 $28,699 + 6,851 + 7,341 = 42,891$천 건이고, 2018년이 $14,631 + 981 + 4,900 = 20,512$천 건으로 2020년이 2018년의 $42,891 / 20,512 ≒ 2.1$배로 2배 이상이므로 옳은 설명이다.
② 2020년 컴퓨터프로그램 다운로드 건수는 전년 대비 $1,679 - 143 = 1,536$천 건 증가하여 1,500천 건 이상 증가하였으므로 옳은 설명이다.
③ 2020년 조회, 원문보기, 다운로드 건수의 합은 음악이 $2,455 + 24 + 1,613 = 4,092$천 건이고, 미술이 $3,284 + 29 + 670 = 3,983$천 건으로 음악이 미술보다 $4,092 - 3,983 = 109$천 건 더 많으므로 옳은 설명이다.
④ 2018년 대비 2019년 사진 조회 건수의 증가율은 $\{(13,387 - 6,612) / 6,612\} \times 100 ≒ 102.5$%로 100% 이상이므로 옳은 설명이다.

18 수리능력   정답 ③

제시된 자료에 따르면 2020년 전체 다운로드 건수는 7,341천 건이고 이 중 사진 다운로드 건수는 2,391천 건이다.
따라서 2020년 전체 다운로드 건수에서 사진이 차지하는 비중은 $(2,391 / 7,341) \times 100 ≒ 32.6$%이다.

19 수리능력 　　　　　정답 ①

제시된 자료에 따르면 연도별 영상 조회 건수와 영상 다운로드 건수의 차는 2018년에 436 - 196 = 240천 건, 2019년에 984 - 62 = 922천 건, 2020년에 1,648 - 203 = 1,445천 건이므로 옳은 그래프는 ①이다.

[20 - 22]
20 수리능력 　　　　　정답 ⑤

ⓒ 2020년 전국의 나노융합산업 사업체 1개당 매출액은 (148.4 × 1,000) / 862 ≒ 172.2십억 원으로 170십억 원 이상이므로 옳지 않은 설명이다.
ⓒ 2020년 대구광역시의 나노융합산업 사업체 수는 2016년 대비 감소하였으므로 옳지 않은 설명이다.
ⓔ 2019년 전국 나노융합산업 사업체 수는 전년 대비 809 - 775 = 34개 증가하였으므로 옳지 않은 설명이다.

오답 체크
ⓐ 제시된 기간 동안 나노매출액 대비 나노수출액의 비중은 2016년에 20.8 / 135.1 × 100 ≒ 15.4%, 2017년에 28.3 / 145.2 × 100 ≒ 19.5%, 2018년에 37.1 / 151.2 × 100 ≒ 24.5%, 2019년에 37 / 142.5 × 100 ≒ 26.0%, 2020년에 35.8 / 148.4 × 100 ≒ 24.1%로 매년 30% 미만이므로 옳은 설명이다.

21 수리능력 　　　　　정답 ④

제시된 자료에 따르면 2020년 나노융합산업 총 매출액의 전년 대비 증가율은 {(148.4 - 142.5) / 142.5} × 100 ≒ 4.1%이고, 2020년 나노융합산업 총 매출액의 전년 대비 증가율과 2021년 나노융합산업 총 매출액의 전년 대비 증가율이 동일하므로 2021년 나노융합산업 총 매출액의 전년 대비 증가율도 4.1%이다.
따라서 2021년 나노융합산업 총 매출액은 148.4 × 1.041 ≒ 154.5조 원이다.

22 수리능력 　　　　　정답 ④

제시된 자료에 따르면 2019년 전국 나노융합산업 사업체 수는 809개이고, 경기도를 제외한 나머지 지역의 나노융합산업 사업체 수의 합은 120 + 24 + 22 + 34 + 10 + 96 + 7 + 2 + 10 + 36 + 35 + 21 + 11 + 31 + 21 + 1 = 481개이다.
따라서 2019년 경기도의 나노융합산업 사업체 수는 809 - 481 = 328개이다.

[23 - 25]
23 수리능력 　　　　　정답 ④

2020년 평일과 주말의 TV 수상기 평균 이용시간은 (176 + 223) / 2 = 199.5분이고, 2021년 4월에 TV 장르별 시청시간이 199.5분 미만인 장르는 기타를 제외하고 스포츠, 교육, 어린이로 총 3개이므로 옳은 설명이다.

오답 체크
① 2021년 6월 전체 시청률은 0.56 + 0.37 + 1.57 + 0.84 + 0.49 + 0.09 + 0.15 + 0.19 = 4.26%이고, 전체 시청률에서 드라마·영화 장르의 시청률이 차지하는 비중은 (1.57 / 4.26) × 100 ≒ 36.9%로 40% 미만이므로 옳지 않은 설명이다.
② 2021년 5월에 시청시간이 가장 긴 장르는 오락 장르이므로 옳지 않은 설명이다.
③ 2018년 TV 수상기 평일 이용시간은 전년 대비 증가하였으나, 주말 이용시간은 전년 대비 감소하여 증감 추이가 서로 동일하지 않으므로 옳지 않은 설명이다.
⑤ 2021년 6월 교육 장르 시청시간의 전월 대비 감소율은 {(16.2 - 11.3) / 16.2} × 100 ≒ 30.2%로 35% 미만이므로 옳지 않은 설명이다.

⏱ 빠른 문제 풀이 Tip
④ 2020년 평일과 주말의 TV 수상기 이용시간은 각각 176분과 223분으로 평일과 주말의 평균 이용시간은 176분 초과 223분 미만임을 알 수 있다. 2021년 4월에 TV 장르별 시청시간이 176분 초과 223분 미만인 장르는 없으므로 장르별 시청시간이 176분 이하인 스포츠, 교육, 어린이 장르 총 3개가 2021년 4월 시청시간이 2020년 평일과 주말의 TV 수상기 평균 이용시간보다 짧음을 알 수 있다.

24 수리능력 　　　　　정답 ①

전체 TV 장르 중 정보, 교육, 드라마·영화 장르를 제외한 2021년 2분기 월별 시청시간의 평균은 보도 장르가 (1,272.7 + 1,185.0 + 1,162.1) / 3 ≒ 1,206.6분, 오락 장르가 (1,231.6 + 1,341.5 + 1,096.4) / 3 ≒ 1,223.2분, 스포츠 장르가 (29.7 + 22.2 + 32.1) / 3 ≒ 28.0분, 어린이 장르가 (29.6 + 31.0 + 29.0) / 3 ≒ 29.9분, 기타 장르가 (1.2 + 4.7 + 0.6) / 3 ≒ 2.2분이므로 A에 들어갈 항목은 오락, B에 들어갈 항목은 스포츠, C에 들어갈 항목은 보도, D에 들어갈 항목은 어린이이다.
따라서 A~D를 바르게 연결한 것은 ①이다.

25 수리능력

정답 ③

제시된 자료에 따르면 평일 TV 수상기 이용시간은 2017년에 164분, 2020년에 176분이다.

따라서 2020년 평일 TV 수상기 이용시간의 2017년 대비 증가율은 {(176 − 164) / 164} × 100 ≒ 7.3%이다.

[26-27]

26 수리능력

정답 ②

제시된 기간 동안 전체 학생범죄자 수가 가장 많은 2016년의 전체 학생범죄자 수는 전체 학생범죄자 수가 가장 적은 2020년의 전체 학생범죄자 수의 92,347 / 72,647 ≒ 1.27배이므로 옳은 설명이다.

오답 체크

① 제시된 기간 동안 학생범죄자 수가 가장 많은 죄종은 폭력범죄로 매년 동일하므로 옳지 않은 설명이다.

③ 2020년 학생범죄자 수가 1,000명 미만인 죄종은 마약범죄, 보건범죄, 환경범죄, 노동범죄, 안보범죄, 선거범죄, 병역범죄 총 7개 죄종이며, 평균 학생범죄자 수는 (321 + 229 + 2 + 0 + 6 + 59 + 50) / 7 ≒ 95.3명으로 100명 미만이므로 옳지 않은 설명이다.

④ 제시된 기간 동안 매년 학생범죄자 수가 1만 명 이상인 죄종은 절도범죄, 폭력범죄, 교통범죄 총 3개이므로 옳지 않은 설명이다.

⑤ 2016년 대비 2020년에 학생범죄자 수가 증가한 지능범죄, 풍속범죄, 마약범죄, 보건범죄, 안보범죄, 선거범죄 중 지능범죄, 풍속범죄, 보건범죄, 안보범죄, 선거범죄는 제시된 기간 동안 학생범죄자 수가 전년 대비 감소한 해가 존재하므로 옳지 않은 설명이다.

27 수리능력

정답 ⑤

2019년 강력범죄 학생범죄자 수는 3,175명이고 구속률은 4.13%이므로 2019년에 구속된 강력범죄 학생범죄자 수는 3,175 × 0.0413 ≒ 131명이다. 또한 2020년 강력범죄 학생범죄자 수는 2,539명이고 구속률은 5.08%이므로 2020년에 구속된 강력범죄 학생범죄자 수는 2,539 × 0.0508 ≒ 129명이다.

따라서 2019년과 2020년에 구속된 강력범죄 학생범죄자 수의 합은 131 + 129 ≒ 260명이다.

28 문제해결능력

정답 ②

제시된 조건에 따르면 강사들은 101호와 102호에 배정하며, 강사와 신입사원은 같은 층에 배정할 수 없으므로 103호에는 아무도 배정되지 않고, 신입사원은 2층부터 배정된다. 이때, 호실 배정은 남자 신입사원부터 하며, 아래층부터 층마다 호수가 낮은 호실 순서대로 배정하고, 누수 문제로 인해 연수 기간 동안 303호에는 배정할 수 없으므로 남자 신입사원은 201호, 202호, 203호, 301호, 302호에 각각 2명씩, 401호에 1명이 배정된다. 또한, 여자 신입사원과 남자 신입사원은 같은 층에 배정할 수 없으므로 402호, 403호에는 아무도 배정되지 않고, 여자 신입사원은 501호, 502호에 각각 2명씩, 503호에 1명이 배정된다. 이에 따라 각 호실에 배정되는 인원은 다음과 같다.

구분	1호	2호	3호
5층	여자 신입사원 2명	여자 신입사원 2명	여자 신입사원 1명
4층	남자 신입사원 1명	–	–
3층	남자 신입사원 2명	남자 신입사원 2명	배정 불가
2층	남자 신입사원 2명	남자 신입사원 2명	남자 신입사원 2명
1층	강사 2명	강사 1명 또는 2명	–

따라서 가장 적은 인원이 배정되는 층은 4층이므로 항상 옳은 설명이다.

① 1층에는 강사 3명이 배정될 수도 있으므로 항상 옳은 설명은 아니다.
③ 302호에는 남자 신입사원 2명이 배정되므로 항상 옳지 않은 설명이다.
④ 3호실에 배정되는 인원은 203호에 남자 신입사원 2명, 503호에 여자 신입사원 1명으로 총 3명이므로 항상 옳지 않은 설명이다.
⑤ 남자 신입사원은 2층에 6명, 3층에 4명, 4층에 1명이 배정되므로 항상 옳지 않은 설명이다.

29 문제해결능력

정답 ②

제시된 조건에 따르면 문서를 유출한 사람은 1명이고, 5명 중 2명이 거짓을 말하고 있으므로 D의 말이 진실이라는 B의 말에 따라 B와 D가 모두 거짓을 말하고 있거나, E가 범인이라는 C와 E의 말에 따라 C와 E가 모두 거짓을 말하고 있음을 알 수 있다. 이때, B와 D의 말이 모두 거짓일 경우 C가 문서를 유출한 사람이 되어야 하지만 이는 E가 문서를 유출했다는 C와 E의 말에 모순되므로 B와 D의 말은 모두 진실임을 알 수 있다. 이에 따라 C와 E의 말이 모두 거짓이므로 E는 문서를 유출한 사람이 아니고, B 또는 E가 문서를 유출한 사람이라는 A의 말이 진실이므로 B가 문서를 유출한 사람이 된다.
따라서 문서를 유출한 사람은 B이다.

30 문제해결능력

정답 ⑤

제시된 조건에 따르면 A는 D보다 먼저 결승선을 통과했고, C와 D 사이에 2명이 통과했으므로 A, C, D 순서 또는 A, D, C 순서 또는 C, A, D 순서로 결승선을 통과했음을 알 수 있다. 이때 B와 E 사이에는 1명이 통과했으므로 A, C, D 순서 또는 A, D, C 순서로 결승선을 통과할 수 없다. 또한, B와 E는 가장 먼저 결승선을 통과한 사람이 아니므로 C는 첫 번째, A는 두 번째, D는 네 번째로 결승선을 통과했다. 이에 따라 5명이 결승선을 통과한 순서는 다음과 같다.

첫 번째	두 번째	세 번째	네 번째	다섯 번째
C	A	B 또는 E	D	B 또는 E

따라서 C는 첫 번째, B는 세 번째 또는 다섯 번째로 결승선을 통과했으므로 항상 옳지 않은 설명이다.

① E는 세 번째 또는 다섯 번째로 결승선을 통과했으므로 항상 옳지 않은 설명은 아니다.
② B가 세 번째 또는 다섯 번째, D는 네 번째로 결승선을 통과했으므로 항상 옳지 않은 설명은 아니다.
③ C는 첫 번째로 결승선을 통과했으므로 항상 옳은 설명이다.
④ D는 네 번째, E는 세 번째 또는 다섯 번째로 결승선을 통과했으므로 항상 옳은 설명이다.

31 문제해결능력

정답 ②

'1. 대출 대상'에 따르면 대출 신청은 배우자와 자신의 소득을 합한 연 소득이 5,000만 원 이하이면서 배우자와 자신의 자산을 합한 총자산이 3.25억 원 이하여야 하므로 본인과 배우자의 합산 연 소득이 5,000만 원을 초과하는 을과 총자산이 3.25억 원을 초과하는 정은 청년전용 전세자금 대출 대상에서 제외되어야 하지만, 다자녀 가구에 해당하는 을은 본인과 배우자의 소득을 합한 금액이 5,500만 원으로 6,000만 원을 넘지 않으므로 청년전용 전세자금을 위한 대출을 신청할 수 있다. 또한, 만 18세로 19세 미만에 해당하는 병과 임차 전용면적이 101.9m^{2}로 85m^{2}를 초과하는 무 역시 대출 대상 요건을 충족하지 않지만, 셰어하우스에 입주하는 경우 세대주 기준과 임차 전용면적을 만족하지 않아도 대출 신청이 가능하므로 병과 무 모두 대출을 신청할 수 있다. 이에 따라 정을 제외한 갑, 을, 병, 무가 청년전용 전세자금을 위한 대출 진행 시 적용되는 금리는 다음과 같다.

구분	기본금리	우대금리	최종 금리
갑	1.5%	0.5% + 0.3% = 0.8%	0.7%
을	2.1%	0.7%	1.4%
병	1.5%	0.3%	1.2%
무	1.8%	0.5%	1.3%

이때, 최종 금리가 1% 미만인 갑의 최종 금리는 1%로 하며 갑, 을, 병, 무 중 최종 금리가 가장 낮은 사람은 최종 금리가 1%인 갑이므로 갑이 받을 수 있는 최대 대출 한도는 호당 대출한도 8,000만 원과 전세금액의 80%인 8,500 × 0.8 = 6,800만 원 중 더 적은 금액인 6,800만 원이다.
따라서 갑~무 중 가장 낮은 금리로 청년전용 전세자금 대출을 받을 수 있는 사람의 최대 대출 한도는 6,800만 원이다.

32 문제해결능력

정답 ⑤

[법무사 위임 수수료 지급 기준]에 따르면 수수료는 등기하는 경우에 따라 건설호수 구간별 호당 단가를 적용하여 건설호수 × 호당 단가로 산정한다. [국민 임대 아파트 건설 대상 호수]에서 건물과 대지를 동시에 등기하는 총호수는 29A형 24 + 72 = 96호와 29B형 40호의 합이므로 96 + 40 = 136호이고, 건물만 등기하는 39A형의 총호수는 32 + 170 = 202호이며, 대지만 등기하는 46A형의 총호수는 11 + 49 = 60호이다. 이때, [붙임]에 따라 건물과 대지를 동시에 등기하는 경우는 총 136호로 101~200호에 해당하여 호당 단가인 23천 원을 적용한 수수료 23 × 136 = 3,128천 원을 지급받는다. 또한, [붙임]에 따라 건물만 등기하는 경우는 총 202호로 201~300호에 해당하여 호당 단가인 18천 원을 적용한 수수료는 18 × 202 = 3,636천 원이지만, 최저 수수료인 3,800천 원 미만이므로 최저 수수료인 3,800천 원을 지급받으며, [붙임]에 따라 대지만

등기하는 경우는 총 60호로 51~100호에 해당하여 호당 단가인 18천 원을 적용한 수수료는 $18 \times 60 = 1,080$천 원으로 최저 수수료인 1,150천 원 미만이므로 최저 수수료인 1,150천 원을 지급받는다. 따라서 법무사가 지급받을 수수료 총액은 $3,128 + 3,800 + 1,150 = 8,078$천 원이다.

[33 - 34]

33 문제해결능력 정답 ③

'5. 응모신청 및 응모작품 제출 방법'에서 작품 제출은 2022. 1. 27.(목) 10~17시 시간 내 도착분에 한하며, 응모작품 제출은 택배, 퀵서비스 등의 우편으로는 송부할 수 없고 접수자 본인이 직접 제출해야 한다고 하였으므로 미술작품을 제출하고자 할 때 접수자 본인의 직접 제출이 아닌 우편으로 미술작품을 제출하고자 한다면 시간 내 도착분에 한해 접수된다는 답변은 적절하지 않다.

오답 체크
① '3. 공모 자격'에서 공고일 기준 만 19세 이상이면서 미술작품의 제작 및 설치가 가능한 자가 미술작품 공모에 응모 가능하다고 하였으므로 적절하다.
② '3. 공모 자격'에서 LH 현장에서 미술작품이 미준공 처리되어 미준공 판정일로부터 3년이 경과되지 않은 경우 및 당해 연도에 LH가 시행한 공모에 3회 이상 당선된 경우에는 공모 참여 불가하다고 하였으므로 적절하다.
④ '6. 응모작품 제출도서'에서 작품 성격상 작품 모형으로 도판을 대체할 수 있다고 인정되는 경우에는 도판 대신 작품 모형을 제출할 수 있다고 하였으므로 적절하다.
⑤ '7. 기타 사항'에서 당선 작가에게는 해당 미술작품에 대한 제작 및 설치를 할 수 있는 시공 권한을 부여하지만, 별도의 실시 설계비는 지급되지 않는다고 하였으므로 적절하다.

34 문제해결능력 정답 ②

'4. 공모 일정'에 따르면 당선 예정작은 심사위원 8인의 평가 결과, 최고점과 최저점을 제외한 합산 점수가 가장 높은 작품으로 선정되므로 최고점과 최저점을 제외한 A~E에 대한 평가 점수는 다음과 같다.

구분	평가 점수
A	$82 + 78 + 76 + 75 + 81 + 73 = 465$점
B	$85 + 78 + 79 + 85 + 83 + 82 = 492$점
C	$85 + 87 + 74 + 80 + 75 + 79 = 480$점
D	$90 + 67 + 74 + 78 + 87 + 71 = 467$점
E	$83 + 79 + 83 + 84 + 85 + 76 = 490$점

따라서 미술작품 심사 결과 당선 예정작으로 선정된 작품은 B이다.

35 문제해결능력 정답 ②

2문단에 따르면 5차 신혼희망타운 사전청약 신청자의 거주지역은 서울이 43.8%, 경기·인천이 56.1%이므로 경기·인천에 거주하는 사람의 비율이 서울에 거주하는 사람의 비율보다 $56.1 - 43.8 = 12.3\%p$ 더 많아 13%p를 넘지 않으므로 옳지 않은 내용이다.

오답 체크
① 3문단에 따르면 2기 신도시 등에 공공분양 1,300가구와 민간분양 3,200가구 등 총 4,500가구 규모의 사전청약 물량이 신규로 공급될 예정이며, 그중 민간분양 가구에 대한 신규 사전청약 신청 건수가 15,000건일 경우 경쟁률은 $15,000 / 3,200 ≒ 4.7$ 대 1이므로 옳은 내용이다.
③ [5차 신혼희망타운 사전청약 접수 결과]에 따르면 남양주 왕숙2 $55m^2$ 타입의 공급 물량에 대한 경쟁률은 $3,305 / 483 ≒ 6.8$ 대 1이므로 옳은 내용이다.
④ 1문단에 따르면 인천 가정2 지구는 당해 지역 100%로 491가구를 공급하여 680명이 접수해 조기에 마감되었으며, 해당 지구의 경쟁률은 $680 / 491 ≒ 1.4$ 대 1임에 따라 2 대 1보다 낮으므로 옳은 내용이다.
⑤ [5차 신혼희망타운 사전청약 접수 결과]에 따르면 전체 공급 물량인 $577 + 5 + 483 + 284 + 491 = 1,840$건에 대한 신청 건수는 $2,005 + 215 + 3,305 + 1,734 + 680 = 7,939$건이므로 옳은 내용이다.

36 문제해결능력 정답 ④

제11조 제6항에서 리모델링 주택조합을 제외한 주택조합은 그 구성원을 위하여 건설하는 주택을 조합원에게 우선 공급할 수 있다고 하였으므로 적절하다.

오답 체크
① 제11조 제3항 제1호에서 주택단지 전체를 리모델링하고자 하는 경우에는 주택단지 전체의 구분소유자와 의결권의 각 3분의 2 이상의 결의와 각 동의 구분소유자와 의결권의 각 과반수의 결의를 증명하는 서류를 첨부해야 한다고 하였으므로 적절하지 않다.
② 제11조 제1항에서 제5항에 따른 직장주택조합을 제외하고 주택조합을 설립하거나, 해산, 인가받은 내용을 변경하기 위해서는 관할 시장·군수·구청장에게 인가를 받아야 한다고 하였으므로 적절하지 않다.
③ 제11조 제9항에서 제명된 조합원을 포함한 탈퇴한 조합원은 조합규약으로 정하는 바에 따라 부담한 비용의 환급을 청구할 수 있다고 하였으므로 적절하지 않다.
⑤ 제11조 제2항에서 주택을 마련하기 위하여 주택조합설립 인가를 받으려는 자는 해당 주택건설대지의 80% 이상에 해당하는 토지의 사용권원과 해당 주택건설대지의 15% 이상에 해당하는 토지 소유권을 모두 확보해야 한다고 하였으므로 적절하지 않다.

37 문제해결능력　　　정답 ④

'2. 공모 일정 및 절차'에 따르면 작품 및 보고서를 방문 또는 택배로 접수하는 경우 접수 마감일 12:00까지 도착분에 한하여 유효하므로, 11월 5일 오후 2시에 LH에 직접 방문하여 접수하고자 하는 참가자의 작품과 보고서는 신청이 거절됨을 알 수 있다.

오답 체크

① '3. 시상 내역'에 따르면 상금 및 해외 견학에 따른 제세공과금은 수상자 본인이 부담해야 하므로 적절하지 않다.
② '1. 공모 개요 - 1)'에 따르면 대학생으로 구성된 팀은 지속가능하고 더 나은 삶을 위한 미래 인프라 조성 주제로만 공모전에 참가할 수 있으므로 적절하지 않다.
③ '3. 시상 내역 - 2)'에 따르면 해외 견학 기회는 대학생 부문에서 수상한 팀당 1명에게만 제공하므로 적절하지 않다.
⑤ '3. 시상 내역 - 1)'에 따르면 대학생 부문과 업체 부문에서 수상하는 팀의 수는 서로 같고, 상금의 경우 모든 상에서 업체 부문 참가자가 받는 상금이 대학생 부문 참가자가 받는 상금보다 많으므로 적절하지 않다.

38 문제해결능력　　　정답 ⑤

조성원가(원/m²) = 최종사업비 / 최종유상 가처분면적임을 적용하여 구한다.
최종사업비는 150,000 + 250,000 + 29,300 + 7,300 + 1,100 + 6,200 + 106,000 + 100 = 550,000백만 원이고, 최종유상 가처분면적은 유상공급 대상면적에서 존치부지 차감면적을 뺀 580,000 - 80,000 = 500,000m²이므로 조성원가 = 550,000백만 / 500,000 = 1,100,000원/m²이다.
따라서 A 도시 첨단산업단지의 조성원가는 1,100,000원/m²이다.

[39 - 40]
39 문제해결능력　　　정답 ③

'5. 심사 기준 및 우수작 시상 내역'에 따르면 심사 기준에 대한 최종 점수는 출품작이 논문일 경우 평가 기준인 창의성, 논리성, 관련성에 대해 각 40%, 30%, 30%의 가중치를 적용하여 환산하고, 출품작이 인포그래픽일 경우 평가 기준인 창의성, 논리성, 관련성, 가능성에 대해 각 30%, 20%, 20%, 30%의 가중치를 적용하여 환산한다. 이에 따라 학생 부문에서 우수작으로 선정돼 상을 받은 6인의 최종 점수는 다음과 같다.

구분		최종 점수
논문	유서영	$(87 \times 0.4) + (89 \times 0.3) + (89 \times 0.3) = 88.2$점
	최성우	$(91 \times 0.4) + (89 \times 0.3) + (90 \times 0.3) = 90.1$점
	김민정	$(90 \times 0.4) + (76 \times 0.3) + (78 \times 0.3) = 82.2$점
인포그래픽	장현석	$(78 \times 0.3) + (93 \times 0.2) + (95 \times 0.2) + (80 \times 0.3)$ $= 85$점
	이다인	$(84 \times 0.3) + (76 \times 0.2) + (88 \times 0.2) + (78 \times 0.3)$ $= 81.4$점
	박경민	$(93 \times 0.3) + (90 \times 0.2) + (86 \times 0.2) + (91 \times 0.3)$ $= 90.4$점

이때, 우수작에 대한 시상은 출품 형식과 관계없이 장관상, 기관장상, 장려상 순으로 이루어지며, 학생 부문의 경우 각각의 상에 대해 장관상 1명, 기관장상 2명, 장려상 3명의 수상자를 선정하므로 학생 부문에서 우수작으로 선정돼 상을 받은 6인 중 최종 점수가 1~3번째로 높은 박경민, 최성우, 유서영을 제외하고 4번째로 높은 장현석이 장려상을 받은 학생 중 최종 점수가 가장 높은 사람이 된다. 따라서 장려상을 받은 학생 중 최종 점수가 가장 높은 사람의 최종 점수는 85점이다.

40 문제해결능력　　　정답 ③

'4. 접수 방법'에 따르면 인포그래픽의 경우 시뮬레이션 이미지를 포함한 데이터를 반드시 제출해야 하므로 인포그래픽으로 공모하면서 데이터를 제출하고 필요시 인포그래픽의 시뮬레이션 이미지를 포함할 수 있다는 답변은 가장 적절하지 않다.

오답 체크

① '2. 공모 일정'에 따르면 접수 기간은 20XX년 6월 27일부터 20XX년 7월 1일까지이며 '4. 접수 방법'에 따라 논문 출품 시 응모 신청서와 공모 제안서를, 인포그래픽 출품 시 응모 신청서와 공모 제안서, 인포그래픽을 온라인 제출해야 한다고 하였으므로 적절하다.
② '3. 공모 자격'에 따르면 대학교 휴학생은 학생 부문으로 접수 가능하며, '4. 접수 방법'에 따라 학생 부문 응모자의 경우 휴학 증명서를 등기우편으로 제출해야 한다고 하였으므로 적절하다.
④ '5. 심사 기준 및 우수작 시상 내역'에 따르면 학생 부문에서 최종 점수가 가장 높은 사람에게 국토교통부 장관상을, 일반 부문에서 최종 점수가 가장 높은 사람에게 통일부 장관상을 시상한다고 하였으므로 적절하다.
⑤ '5. 심사 기준 및 우수작 시상 내역'에 따르면 장려상 수상자에게 한 명당 20만 원 상당의 상품권을 부상으로 지급한다고 하였으므로 적절하다.

NCS 실전모의고사 5회

정답 · 해설

01 의사소통	02 의사소통	03 의사소통	04 의사소통	05 의사소통	06 의사소통	07 의사소통	08 의사소통	09 의사소통	10 의사소통
④	①	③	⑤	③	②	③	⑤	④	⑤
11 의사소통	12 의사소통	13 의사소통	14 의사소통	15 의사소통	16 의사소통	17 수리	18 수리	19 수리	20 수리
⑤	⑤	②	③	③	③	③	②	④	④
21 수리	22 수리	23 수리	24 수리	25 수리	26 수리	27 수리	28 문제해결	29 문제해결	30 문제해결
①	⑤	④	②	①	⑤	①	②	④	①
31 문제해결	32 문제해결	33 문제해결	34 문제해결	35 문제해결	36 문제해결	37 문제해결	38 문제해결	39 문제해결	40 문제해결
②	②	④	④	②	③	①	③	④	③

[01-02]

01 의사소통능력 정답 ④

2문단에서 우라늄과 플루토늄의 핵분열 과정에서 발생하는 열을 연료로 활용하는 원자력 발전은 화석 연료와 비교하면 소량으로도 많은 양의 에너지를 얻을 수 있다고 하였으므로 우라늄이나 플루토늄을 활용하여 전력을 생산하는 원자력 발전이 화석 연료 대비 다량의 연료를 이용해야만 에너지를 생산할 수 있는 것은 아님을 알 수 있다.

오답 체크

① 3문단에서 원자로를 활용한 발전 방식은 안전성 측면에서 불리하여 대형 사고가 유발되며, 미국 스리마일섬의 원자력 발전소 사고와 우크라이나 체르노빌 원자력 발전소 사고, 일본 후쿠시마 원자력 발전소 사고가 대표적이라고 하였으므로 적절한 내용이다.

② 1문단에서 우라늄-235나 플루토늄-239와 같은 원자의 핵을 활용하여 생성된 중성자는 원자핵과 충돌할 때 발생하는 핵분열 과정에서 질량은 감소하고 많은 양의 에너지가 발생하여 전력 생산에 효과적이기 때문에 이를 토대로 한 방식이 원자력 발전이라고 하였으므로 적절한 내용이다.

③ 4문단에서 방사능 사고로 인해 사람이 강력한 방사능에 노출되면 세포 조직이 손상되고 이로 인해 여러 질병에 걸릴 수 있다고 하였으므로 적절한 내용이다.

⑤ 5문단에서 기후변화와 환경오염 문제 발생으로 미래 세대를 위해서 원자력 발전소를 멈춰야 한다고 주장하는 사람들이 많으며, 이러한 주장과 후쿠시마 발전소 사고로 인해 원자력 발전을 포기하는 국가가 늘어날 것으로 예측된다고 하였으므로 적절한 내용이다.

02 의사소통능력 정답 ①

빈칸 앞에서는 원자력 발전소의 폭발 사고가 발생하면 광범위한 지역에 방사능이 퍼져 사람의 세포 조직을 손상시키고 질병을 유발시킨다는 내용을 말하고 있고, 빈칸 뒤에서는 사고 발생 지역은 피해 복구가 힘들다는 내용을 말하고 있다.

따라서 앞의 내용과 관련 있는 내용을 추가할 때 사용하는 접속어 '게다가'가 들어가야 한다.

[03-04]

03 의사소통능력 정답 ③

4문단에서 양립 불가능주의의 입장에서 생각해보면 인간의 모든 행동에 원인이 있다는 말은 자유의지가 없다는 말로 해석되며 곧 원인이 없는 행동은 자유의지가 존재한다는 말과 같은 의미가 되지만, 결정론의 주장과는 달리 행동의 원인이 내부에 있게 된다고 하였으므로 인간의 행동에 원인이 없다고 하여 이를 자유의지가 있다고 해석하면 행동의 원인이 외부에 있다고 보는 것과 같아지는 것은 아님을 알 수 있다.

오답 체크

① 5문단에서 결정론과 자유의지가 양립할 수 있다고 보는 입장에서는 자유의지와 상반되는 말을 원인이 아니라 강제라고 보기 때문에 자유의지와 결정론은 공존할 수 있음을 주장한다고 하였으므로 적절한 내용이다.

② 2문단에서 결정론을 따르면 인간의 모든 행동은 결국 인간이 태어나기도 전의 일이 원인이 되며, 이러한 사전 조건은 인간이 통제할 수 없는 영역에 포함된다고 하였으므로 적절한 내용이다.

④ 1문단에서 결정론에 따르면 세상의 모든 일은 사전 조건과 자연 법칙으로 결정되기 때문에 사전 조건과 자연 법칙을 사전에 알 수만 있다면 앞으로 어떤 일이 일어날지 예상할 수 있다고 하였으므로 적절한 내용이다.

⑤ 3문단에서 비결정론의 입장에서 볼 때 인간의 행동에는 원인이 없다고 할 수 있는데, 이럴 경우 행동을 하게 된 이유 또한 없다고 할 수 있으며 아무런 이유 없이 한 행동은 자유로운 행동이라고 볼 수 없다고 하였으므로 적절한 내용이다.

04 의사소통능력 　　　　　　　　　 정답 ⑤

빈칸 앞에서는 자유의지의 합리성을 주장하려면 세상의 모든 일에는 원인이 없다는 입장인 비결정론을 주장해야 한다는 내용을 말하고 있고, 빈칸 뒤에서는 비결정론의 주장에 따르더라도 자유의지가 보장되지 않는다는 내용을 말하고 있다.
따라서 앞의 내용과 뒤의 내용이 상반될 때 사용하는 접속어 '하지만'이 들어가야 한다.

05 의사소통능력 　　　　　　　　　 정답 ③

'4. 등기할 사항 – 이전'에 따르면 소유권이전, 전세권이전, 저당권이전과 같은 사항을 등기하는 이전 등기는 어떤 자에게 귀속되어 있던 권리가 다른 사람에게 옮겨가는 것으로, 이전으로 인한 등기는 소유권뿐 아니라 소유권 이외의 권리에도 인정되므로 어떤 자에게 귀속되어 있던 권리가 다른 사람에게 옮겨간 사항을 등기할 때는 소유권뿐 아니라 소유권 이외의 권리관계에도 효력이 발생함을 알 수 있다.

오답 체크

① '5. 등기부 내용 수정'에 따르면 등기가 일단 등기부에 기록되고 교합하여 등기가 완료되고 나면 그 등기신청 절차에 착오가 있더라도 이를 함부로 고칠 수는 없으나, 신청 착오인 경우에는 언제, 어떤 근거로 등기를 수정하는 것인지 확인할 수 있도록 새로운 등기란을 만들어 경정 등기를 하게 되므로 적절하지 않다.

② '3. 등기 가능 권리'에 따르면 부동산물권인 경우는 소유권, 지상권, 지역권, 전세권, 저당권이며, 부동산물권 중에서도 점유권, 유치권은 점유를 본질로 하는 권리이기 때문에 등기 가능한 권리에 해당하지 않으므로 적절하지 않다.

④ '2. 부동산 등기의 종류'에 따르면 변경 등기는 어떤 등기가 행하여진 후에 등기된 사항에 변동이 발생해 변경사항을 기재하는 등기를 말하며, 이미 행하여진 등기에 대해 그 절차에 착오가 발생하여 잘못 기재된 경우를 바로 잡기 위해 하는 등기는 경정 등기이므로 적절하지 않다.

⑤ '1. 부동산 등기란?'에 따르면 부동산 등기는 국가가 법원등기기관으로 하여금 등기부에 부동산의 표시와 그 부동산에 관한 권리관계를 기재하는 일을 말하며, 부동산 등기는 누구나 등기기록을 열람하거나 등기사항 증명서를 발급받을 수 있으며, 이를 통해 해당 부동산에 관한 권리관계를 알 수 있으므로 적절하지 않다.

[06-07]
06 의사소통능력 　　　　　　　　　 정답 ②

'4. 동일 순위 내 경합 시 입주자 선정방법'에 따르면 연령이 만 75세 이상~만 85세 미만에 해당되면 15점을, ○○시 거주기간이 1년 이상~3년 미만에 해당되면 20점을 합산하므로 동일 순위 내 경쟁이 있을 경우 ○○시에서 2년간 거주 중인 만 75세의 신청자는 총 35점이 합산됨을 알 수 있다.

오답 체크

① '1. 신청 자격 및 순위'에 따르면 사랑주택에 입주 신청을 하기 위해서는 ○○시에 주민으로 등재된 만 65세 이상인 사람 중 수급자, 차상위계층, 생계·의료급여수급자 선정 기준의 소득 인정액 이하인 자, 월평균 소득의 50% 이하인 자 중 어느 하나에 해당해야 하며, 모집 공고일 현재 무주택세대구성원이어야 하므로 적절하지 않다.

③ '3. 자격검증대상(세대구성원)'에 따르면 1세대 1주택 신청 및 공급 원칙에 따라 공공임대주택에 거주하고 있는 해당 세대 중 일부가 공급 신청을 할 때는 입주 전에 세대 분리를 해야 한다고 하였으나, 배우자 세대의 경우 세대 분리를 하더라도 중복 입주로 간주하기 때문에 입주가 불가능하므로 적절하지 않다.

④ '2. 소득·자산 기준 – 자산 기준'에 따르면 세대구성원 전원이 보유하고 있는 총자산가액 합산 기준은 24,200만 원 이하이므로 적절하지 않다.

⑤ '3. 자격검증대상(세대구성원)'에 따르면 신청자의 배우자의 직계비속이 자격검증대상에 포함되는 경우는 직계비속이 신청자의 주민등록표에 등재되어 있을 때이므로 적절하지 않다.

07 의사소통능력 　　　　　　　　　 정답 ③

'2. 소득·자산 기준 – 소득 기준'에 따르면 월평균 소득액은 세대구성원의 월평균 소득액을 모두 합산한 세전 금액이며, 이때 세대구성원은 임신 중인 경우 태아를 포함한 세대구성원 전원을 말하는 것으로, 부부와 부부의 아들, 임신 중인 며느리까지 포함한 세대구성원은 총 5인이므로 4인 가구의 세전 월평균 소득액인 3,600,405원 이하에 해당하여 소득 기준을 충족하지 않는다는 답변은 가장 적절하지 않다.

08 의사소통능력 정답 ⑤

ⓜ의 뒤에서 수상돌기의 가시 표면에는 신경전달물질 수용체가 있어 시냅스후가 기능할 때 활용되고, 가시 내부에는 여러 단백질이 있어 분자신호전달 및 수상돌기 가시 구조 조절 시 활용된다고 하였으므로 수상돌기의 가시 개수와 크기가 신경세포의 발달 과정 및 스냅스의 활성화된 정도에 따라 변화하여 다양하다는 내용의 ⓜ을 삭제하는 것은 가장 적절하지 않다.

오답 체크
① 뻗치다는 가지나 덩굴, 뿌리 따위가 길게 자라난다는 의미의 '뻗다'를 강조하여 이르는 말인 '뻗치다'의 잘못된 표현이므로 ⓖ을 '뻗친'으로 수정해야 한다.
② ⓛ의 앞에서는 축삭돌기의 역할에 대해 설명하고 있고, ⓛ의 뒤에서는 축삭돌기의 특징 대비 수상돌기의 특징을 설명하고 있다. 따라서 앞의 내용과 뒤의 내용이 상반될 때 사용하는 접속어 '반면에'를 넣어야 한다.
③ 한글 맞춤법 제42항에 따라 의존 명사는 띄어 써야 하므로 낱으로 된 물건을 세는 단위라는 의미의 의존 명사 '개'는 '여러 개'로 띄어 써야 한다.
④ ⓔ이 있는 문장에서 수상돌기의 표면에 가시가 튀어나와 있다고 하였으므로 쑥 내밀거나 불거져 있다는 의미의 '돌출'로 수정해야 한다.
  · 침하(沈下): 건물이나 자연물이 내려앉거나 꺼져 내려감

[09-10]
09 의사소통능력 정답 ④

4문단에서 전동식 덤웨이터는 200kg 정도의 중량을 적재할 수 있으며, 버튼으로 손쉽게 조작 가능하고 버저를 통해 운반된 물건의 도착을 알리는 것이 가능하다고 하였으므로 전동식 덤웨이터에 버저를 설치하기 위해 덤웨이터의 적재 중량이 100kg을 넘어선 안 되는 것은 아님을 알 수 있다.

오답 체크
① 6문단에서 엘리베이터에는 자체적인 안전장치가 존재해 케이지의 이동 속도가 어느 정도 이상으로 빨라지면 조속기에서 전원을 차단해 비상정지 장치가 작동된다고 하였으므로 적절하다.
② 3문단에서 화물만을 대상으로 한 엘리베이터라고 하더라도 운전자가 있는 화물을 엘리베이터로 옮기고자 할 경우 사람도 운반할 수 있다고 하였으므로 적절하다.
③ 2문단에서 승용 엘리베이터의 탑승 가능한 정원 수를 결정하는 기준은 1인당 75kg으로 산정하여 정한다고 하였으며, 정격 하중이 600kg인 승용 엘리베이터의 탑승 가능 정원 수는 600 / 75 = 8명이므로 적절하다.
⑤ 5문단에서 로프식 엘리베이터가 정상적으로 작동하기 위해 쇠줄은 최대 정원이 탑승한 케이지 무게의 2배 이상의 장력을 가져야 하며, 1문단에서 탑승 가능 정원 수가 14인인 엘리베이터의 정격 하중은 1,050kg이라고 하였으므로 적절하다.

10 의사소통능력 정답 ⑤

빈칸 앞에서는 엘리베이터의 작동 원리를 로프식 엘리베이터 기준으로 설명하면 양쪽 끝에 케이지와 평형추가 각각 연결된 로프가 도르래에 연결되어 있다는 내용을 말하고 있다.
따라서 빈칸에는 전동기가 작동하며 도르래에 연결된 쇠줄을 감거나 푸는 방법으로 케이지가 움직인다는 내용이 들어가야 한다.

11 의사소통능력 정답 ⑤

[「주택법 시행령」 개정안의 주요 내용] - ④에서 분양가상한제 적용 주택을 공급받은 사람이 해당 주택의 거주의무기간 중 취학을 위해 해외에 체류한 경우로 LH 등의 확인을 받은 경우 그 기간은 해당 주택에 거주한 것으로 인정한다고 하였으므로 거주지가 분양가상한제 적용대상이어도 유학을 위해 해외에 체류하는 경우 LH 등에 거주의무 예외 사유를 확인받으면 해외 체류 기간을 제외하고 거주의무기간이 산정되는 것은 아님을 알 수 있다.

오답 체크
① [「주택법 시행령」 개정안의 주요 내용] - ③에서 공공택지에서 건설·공급되는 주택의 거주의무기간은 3년, 5년인 반면 민간택지에서 건설·공급되는 주택의 거주의무기간은 2년, 3년이라고 하였으므로 적절하다.
② [「주택법 시행령」 개정안의 주요 내용] - ⑤에서 행복도시 이전기관 종사자가 특별공급받은 주택의 전매에 따른 시세 차익을 차단하고 실수요자 위주로 공급하기 위해 행정복중심복합도시 이전기관 등의 종사자에게 특별공급한 경우 해당 주택의 전매제한기간을 강화했다고 하였으므로 적절하다.
③ [「주택법 시행령」 개정안의 주요 내용] - ②에서 소규모 정비사업 활성화를 위해 LH 또는 지방공사가 정비구역 면적이 2만 m^2 미만이거나 전체 세대수가 200세대 미만인 정비사업 또는 소규모주택정비사업의 시행자로 참여하고, 전체 세대수의 10% 이상을 임대주택으로 건설할 경우 분양가상한제 적용대상에서 제외한다고 하였으므로 적절하다.
④ [「주택법 시행령」 개정안의 주요 내용] - ①에서 감염병 예방을 위해 여러 사람의 집합 제한·금지 조치가 해당 주택건설대지가 위치한 지역에 내려진 경우 일정 비율의 주택조합 조합원이 총회 의결에 직접 출석해야 하는 요건의 예외가 인정되어 그 기간에는 전자적 방법으로 총회를 개최하여 의결권을 행사할 수 있다고 하였으므로 적절하다.

[12~13]

12 의사소통능력   정답 ⑤

정당한 사유 없이 불필요하게 근무 시간 외 업무를 지시할 경우 업무 불이익 유형에 해당하지만, 마감일을 맞춰야 하는 긴급한 상황에서 하급자에게 야근으로 지연된 업무를 처리하도록 한 것은 갑질 행위 사례에 해당하지 않는다.

오답 체크
① 상급자가 우월적 지위를 이용하여 하급자로부터 금품 또는 향응 제공을 유도하였으므로 사적 이익 요구 유형에 해당하는 갑질 행위 사례이다.
② 물품 구매를 위한 계약을 진행하면서 업체 선정을 위한 절차와 규정을 위반하였으므로 법령 등 위반 유형에 해당하는 갑질 행위 사례이다.
③ 정당한 이유 없이 특정인에게 매시간 업무 일지를 작성하도록 시키는 부당한 차별 행위를 하였으므로 기타 유형에 해당하는 갑질 행위 사례이다.
④ 대학 후배를 승진시키기 위해 근무 평정을 조작하는 업무를 하였으므로 부당한 인사 유형에 해당하는 갑질 행위 사례이다.

13 의사소통능력   정답 ②

갑질 행위 유형 중 비인격적 대우에는 상급자가 하급자의 인격이나 외모 등을 비하하는 인격 비하 행위와 상급자가 하급자에게 욕설·폭언·폭행·불필요한 신체접촉 등을 하는 모욕적인 언행이 포함된다. 따라서 갑질 행위 유형 중 비인격적 대우에 해당하는 사례는 ⓒ, ⑩이다.

오답 체크
㉠ 정당한 이유 없이 특정 직원에게 주요 업무를 시키지 않고 단순 복사 업무만을 몰아주며 부당하게 업무를 배제하였으므로 업무 불이익 유형에 해당하는 갑질 행위 사례이다.
ⓒ 이유도 없이 인사를 받아주지 않고 부서 회식에도 부르지 않는 등 부당한 차별 행위를 하였으므로 기타 유형에 해당하는 갑질 행위 사례이다.
㉣ 최종 점수가 낮았음에도 불구하고 임원 자녀인 지원자를 합격자로 선정하였으므로 부당한 인사 유형에 해당하는 갑질 행위 사례이다.

14 의사소통능력   정답 ③

'2. 계약 시 유의사항'에 따르면 대리인과 임대차 계약을 진행할 경우에는 집주인의 인감도장이 날인된 위임장과 집주인의 인감증명서뿐 아니라 대리인의 주민등록증을 확인해야 하므로 집주인이 아닌 대리인과 임대차 계약 체결 시 집주인의 인감도장이 날인된 위임장과 집주인의 인감증명서, 집주인의 신분증을 확인해야 하는 것은 아님을 알 수 있다.

오답 체크
① '3. 계약 후 유의사항'에 따르면 임차인이 입주한 후 대항요건을 갖추고 나면 대항요건을 갖춘 바로 다음 날부터 임차주택이 다른 사람에게 양도되거나 매각되더라도 새로운 집주인에게 임차권을 주장하여 최초 계약한 임대기간이 만료될 때까지 거주할 수 있으므로 적절하다.
② '3. 계약 후 유의사항'에 따르면 확정일자를 주택의 인도 및 전입신고를 한 이후에 갖춘 경우에는 우선 변제권 효력이 확정일자를 부여받은 날에 발생하므로 적절하다.
④ '1. 계약 전 유의사항'에 따르면 다가구주택의 경우 추후 경매되더라도 보증금을 돌려받기 위해서는 근저당채권액과 전체 세입자들의 전세금의 합계액이 매매가의 60% 이하에 해당되어야 하므로 적절하다.
⑤ '2. 계약 시 유의사항'에 따르면 계약서 내용 중 일부 문구를 정정하거나 삭제해야 하는 경우에는 두 줄을 그어 표기하고 기재사항을 정정한 후 정정 날인을 하므로 적절하다.

[15~16]

15 의사소통능력   정답 ③

'4. 기타사항'에 따르면 선정심사 제안서는 제안서 접수 기한 내에 제출 장소에 도달해야 하며, 접수 기한 내에 도달하지 못한다면 선정심사 대상에서 제외되므로 선정심사 제안서를 제출했음에도 선정심사 대상에서 제외되었다면 제안서가 접수 기한 안에 제출 장소에 도달하지 못한 경우에 해당함을 알 수 있다.

오답 체크
① '3. 위탁 업무 및 수수료'에 따르면 권리분석의 건당 수수료는 평일 및 주말에 상관없이 40,000원이고, 평일에 수행한 계약 체결 업무의 건당 수수료는 60,000원, 주말에 수행한 계약 체결 업무의 건당 수수료는 평일보다 20,000원이 더 많은 80,000원이므로 적절하지 않다.
② '2. 모집 내용 – 1)'에 따르면 희망 권역 1순위로 김해 권역을 신청하기 위해서는 법무법인의 사무소 소재지 또는 소재지의 연접시에 해당하는 지역이 김해시, 양산시, 밀양시 중 1개 이상이 있으면 되므로 적절하지 않다.
④ '4. 기타사항'에 따르면 심사의 공정함을 위해 비계량 항목을 평가할 때는 업체명을 공개하지 않으므로 적절하지 않다.
⑤ '3. 위탁 업무 및 수수료 – 6)'에 따르면 출장비는 사무소가 소재한 시·군 외 지역의 출장지에서 계약 체결 및 대항력 조사 업무를 수행했을 때에 한하여 지급하므로 적절하지 않다.

16 의사소통능력   정답 ③

'4. 기타사항'에 따르면 권역별 1순위 신청자 중 선정자가 없을 경우에는 후순위 신청자 중 고득점순으로 선정되므로 1순위 신청자 중 선정 기준에 따른 선정자가 없을 경우에는 1순위 신청자 중 60점 미만의 신청자 중에서 최고득점자가 선정된다는 답변은 가장 적절하지 않다.

① '2. 모집 내용 – 3)'에 따르면 수행기간은 20X1년 5월 1일부터 20X3년 4월 30일까지로 총 2년이므로 적절하다.

② '4. 기타사항'에 따르면 전세임대 계약 업무 수탁자 선정 시 평점 60점 이상의 권역별 1순위 신청자 중 고득점순으로 선정하므로 적절하다.

④ '3. 위탁 업무 및 수수료 – 6)'에 따르면 출장비는 이동거리를 기준으로 책정하되, 여건에 따라서 50% 내의 범위 내에서 조정할 수 있으므로 적절하다.

⑤ '4. 기타사항'에 따르면 제출한 제안신청서 및 증빙서류는 반환하지 않으므로 적절하다.

[17-18]

17 수리능력 정답 ③

제시된 지역 중 2020년에 주차장 수가 두 번째로 적은 세종의 주차장 1개당 주차 대수는 10,000 / 701 ≒ 14.3대로 15대 미만이므로 옳은 설명이다.

① 2019년 전국의 주차장 수는 34,574개로 2018년 전국의 주차장 수인 37,623개보다 감소하였으므로 옳지 않은 설명이다.

② 2020년 서울과 경기의 안전표지판 수의 합은 29,038 + 15,507 = 44,545개로 전국 안전표지판 수의 (44,545 / 85,375) × 100 ≒ 52.2%로 55% 미만이므로 옳지 않은 설명이다.

④ 2018년부터 2020년까지 울산 주차장 수의 평균은 (372 + 367 + 368) / 3 = 369개이므로 옳지 않은 설명이다.

⑤ 2018년의 주차 대수가 50천 대가 넘는 지역은 서울, 경기, 경남 총 3곳이므로 옳지 않은 설명이다.

18 수리능력 정답 ②

ⓒ 제시된 지역 중 2018년에 횡단도 수가 가장 적은 지역은 광주이고, 2020년에 횡단도 수가 가장 적은 지역은 제주이므로 옳지 않은 설명이다.

㉠ 2019년 전국의 안전표지판 수는 횡단도 수의 83,047 / 18,554 ≒ 4.5배로 4배 이상이므로 옳은 설명이다.

ⓒ 2020년 강원의 주차장 수는 2년 전 대비 {(1,969 – 1,703) / 1,703} × 100 ≒ 15.6% 증가하였으므로 옳은 설명이다.

㉣ 2019년 이후 대구의 자전거 안전시설 수는 2018년에 2,505 + 545 = 3,050개, 2019년에 2,583 + 555 = 3,138개, 2020년에 2,771 + 584 = 3,355개로 지속적으로 증가하였고, 자전거 주차시설 수는 1,628개, 1,594개, 1,512개로 지속적으로 감소하여 증감 추이가 정반대이므로 옳은 설명이다.

[19-20]

19 수리능력 정답 ④

C 회사의 1일당 1인 디카페인 음료 섭취량은 2020년에 30 – 15 = 15백 mL이고, 2021년에 35 – 24 = 11백 mL로 2020년 대비 감소율은 {(15 – 11) / 15} × 100 ≒ 26.6%이므로 옳지 않은 설명이다.

① A 회사의 1일당 1인 전체 음료 섭취량 대비 카페인 음료 섭취량 비율은 2019년에 12 / 18 ≒ 0.67이고, 2020년에 10 / 27 ≒ 0.37로 2019년이 2020년의 0.67 / 0.37 ≒ 1.8배이므로 옳은 설명이다.

② B 회사 전체 직원의 1일당 음료 총섭취량은 2019년에 20 × 10 = 200백 mL이고, 2020년에 20 × 12 = 240백 mL로 2019년 대비 {(240 – 200) / 200} × 100 = 20% 증가하였으므로 옳은 설명이다.

③ 2021년 1일당 1인 디카페인 음료 섭취량은 A 회사가 30 – 15 = 15백 mL, B 회사가 15 – 8 = 7백 mL, C 회사가 35 – 24 = 11백 mL로, 1일당 1인 디카페인 음료 섭취량이 10백 mL 이상인 A 회사와 C 회사의 2019년 전체 직원 수 합은 50 + 60 = 110명이므로 옳은 설명이다.

⑤ 2019년과 2020년에 A 회사의 전체 직원 수는 B 회사의 50 / 20 = 2.5배이고, 2021년에는 65 / 30 ≒ 2.2배이므로 옳은 설명이다.

20 수리능력 정답 ④

제시된 자료에 따르면 C 회사의 1일당 1인 디카페인 음료 섭취량은 2019년에 30 – 20 = 10백 mL, 2020년에 30 – 15 = 15백 mL, 2021년에 35 – 24 = 11백 mL이다. 이에 따라 C 회사의 1일당 1인 카페인 음료와 디카페인 음료 섭취량의 차이는 2019년에 20 – 10 = 10백 mL, 2020년에 15 – 15 = 0백 mL, 2021년에 24 – 11 = 13백 mL이다.

따라서 옳지 않은 그래프는 ④이다.

① A 회사의 1일당 1인 디카페인 음료 섭취량은 2019년에 18 – 12 = 6백 mL, 2020년에 27 – 10 = 17백 mL, 2021년에 30 – 15 = 15백 mL이므로 옳은 그래프이다.

② 2021년 1일당 1인 카페인 음료 섭취량의 전년 대비 증가율은 A 회사가 {(15 – 10) / 10} × 100 = 50%, B 회사가 {(8 – 8) / 8} × 100 = 0%, C 회사가 {(24 – 15) / 15} × 100 = 60%이므로 옳은 그래프이다.

③ 2021년 전체 직원의 1일당 음료 총섭취량은 A 회사가 65 × 30 = 1,950백 mL, B 회사가 30 × 15 = 450백 mL, C 회사가 60 × 35 = 2,100백 mL이므로 옳은 그래프이다.

⑤ 2021년 전체 직원 수의 전년 대비 증가율은 A 회사가 {(65 – 50) / 50} × 100 = 30%, B 회사가 {(30 – 20) / 20} × 100 = 50%, C 회사가 {(60 – 50) / 50} × 100 = 20%이므로 옳은 그래프이다.

[21-22]

21 수리능력 　　　　정답 ①

2017년 이후 상위 5대 기업의 무역집중도가 전년 대비 감소했던 2019년에 상위 5대 기업 수출액의 전년 대비 감소율은 {(169.8 - 137.3) / 169.8} × 100 ≒ 19.1%로 20% 미만이므로 옳은 설명이다.

> **오답 체크**
>
> ② 상위 100대 기업의 무역집중도가 가장 높았던 해는 2017년이므로 옳지 않은 설명이다.
>
> ③ 제시된 기간 동안 상위 5대 기업의 연평균 수출액은 (111.4 + 143.2 + 169.8 + 137.3 + 139.6) / 5 = 140.26십억 달러로 140십억 달러 이상이므로 옳지 않은 설명이다.
>
> ④ 2016년 대비 2017년 상위 50대 수출입 기업의 수출액 증가율은 {(345.2 - 288.0) / 288.0} × 100 ≒ 19.9%로 20% 미만이므로 옳지 않은 설명이다.
>
> ⑤ 2020년 상위 5대 수출입 기업은 수출액이 전년 대비 증가하였으므로 옳지 않은 설명이다.

22 수리능력 　　　　정답 ⑤

상위 6~10위 수출입 기업의 수출액은 2016년에 167.6 - 111.4 = 56.2십억 달러, 2017년에 207.3 - 143.2 = 64.1십억 달러, 2018년에 228.8 - 169.8 = 59.0십억 달러, 2019년에 187.5 - 137.3 = 50.2십억 달러, 2020년에 180.9 - 139.6 = 41.3십억 달러로 2017년에 가장 크다.

따라서 2017년 상위 500대 수출입 기업 수출액의 전년 대비 증가율은 {(453.7 - 384.2) / 384.2} × 100 = 18.1%이다.

[23-24]

23 수리능력 　　　　정답 ④

2019년 상반기 D 지역의 토지 거래량은 2018년 하반기 대비 감소하였으므로 옳지 않은 설명이다.

> **오답 체크**
>
> ① 2020년 상반기 A~D 지역의 토지 거래량 합은 총 4,370 + 1,890 + 10,600 + 1,420 = 18,280필지이므로 옳은설명이다.
>
> ② 2019년 하반기 C 지역의 토지 거래량은 전년 동 반기 대비 {(9,750 - 8,100) / 8,100} × 100 ≒ 20.4% 증가하였으므로 옳은 설명이다.
>
> ③ D 지역 대비 A 지역의 상반기 토지 거래량 비율은 2018년에 4,050 / 1,250 ≒ 3.2, 2019년에 4,180 / 1,350 ≒ 3.1, 2020년에 4,370 / 1,420 ≒ 3.1로 매년 3.0 이상이므로 옳은 설명이다.
>
> ⑤ 2019년부터 2020년까지 B 지역의 1년 평균 토지 거래량은 {(1,820 + 1,870) + (1,890 + 1,930)} / 2 = 3,755필지이므로 옳은 설명이다.

24 수리능력 　　　　정답 ②

제시된 자료에 따르면 2018년 상반기 대비 하반기 토지 거래량의 증가량은 A 지역이 4,100 - 4,050 = 50필지, B 지역이 1,800 - 1,700 = 100필지이고, 2019년 상반기 대비 하반기 토지 거래량의 증가량은 A 지역이 4,240 - 4,180 = 60필지, B 지역이 1,870 - 1,820 = 50필지이므로 옳은 그래프는 ②이다.

> **오답 체크**
>
> ① 2018년 C 지역의 토지 거래량은 7,200 + 8,100 = 15,300필지이지만, 이 그래프에서는 16,000필지보다 높게 나타나므로 옳지 않은 그래프이다.
>
> ③ 2019년 토지 거래량은 B 지역이 1,820 + 1,870 = 3,690필지, D 지역이 1,350 + 1,370 = 2,720필지로 B 지역이 D 지역보다 크지만, 이 그래프에서는 B 지역이 D 지역보다 낮게 나타나므로 옳지 않은 그래프이다.
>
> ④ 2019년 상반기 대비 2020년 상반기 D 지역의 토지 거래량의 증가량은 1,420 - 1,350 = 70필지, 2019년 하반기 대비 2020년 하반기 B 지역의 토지 거래량의 증가량은 1,930 - 1,870 = 60필지이므로 옳지 않은 그래프이다.
>
> ⑤ 2020년 C 지역의 토지 거래량은 10,600 + 11,200 = 21,800필지이지만, 이 그래프에서는 22,500필지보다 높게 나타나므로 옳지 않은 그래프이다.

[25-27]

25 수리능력 　　　　정답 ①

2017년 대비 2019년 전국의 폐수 방류량 증가량은 2,532.9 - 2,348.1 = 184.8천 m³/일이므로 옳은 설명이다.

> **오답 체크**
>
> ② 2019년 대전의 사업장 1개소당 폐수 방류량은 (38.2 × 1,000) / 238 ≒ 160.5m³/일로 경기보다 낮으므로 옳지 않은 설명이다.
>
> ③ 2019년 제주를 제외하고 폐수 방류량이 50천 m³/일 미만인 지역은 서울, 인천, 광주, 대전, 세종, 강원 6개 지역이며, 폐수 방류량 평균은 (0.4 + 27.5 + 15.2 + 38.2 + 11.4 + 14.1) / 6 = 17.8천 m³/일로 20천 m³/일 미만이므로 옳지 않은 설명이다.
>
> ④ 2019년 업소 수가 1,000개 이상인 대구, 경기, 경남 지역의 폐수 방류량 합은 전국 대비 {(125.2 + 467.8 + 55.4) / 2,532.9} × 100 ≒ 25.6%로 30% 미만이므로 옳지 않은 설명이다.
>
> ⑤ 2017년과 2018년 경기의 1개소당 폐수 방류량은 전국의 1개소당 폐수 방류량보다 많으므로 옳지 않은 설명이다.

26 수리능력
정답 ⑤

제시된 자료에 따르면 2018년 이후 광주의 업소 수 증감률은 2018년에 {(327 − 324) / 324} × 100 ≒ 0.9%, 2019년에 {(310 − 327) / 327} × 100 ≒ −5.2%이다.

따라서 2018년 이후 광주의 업소 수 증감률을 순서대로 바르게 나열한 것은 ⑤이다.

27 수리능력
정답 ①

2017년 전국의 업소 수가 전년 대비 8% 증가하였다면 2016년 전국의 업소 수는 9,666 / 1.08 = 8,950개소이고, 2016년 전국의 사업장 1개소당 폐수 방류량은 225.2m³/일이다.

따라서 2016년 전국의 폐수 방류량은 225.2 × 8,950 = 2,015,540 m³/일 = 2,015.54천 m³/일이다.

28 문제해결능력
정답 ②

제시된 조건에 따르면 12시 타임에 영화를 관람한 사람은 2명, 14시 타임에 영화를 관람한 사람은 1명이므로 13시 타임에 영화를 관람한 사람은 2명이다. 이때, 자기 자신 또는 B가 12시 타임에 영화를 관람했다는 A의 말과 자기 자신과 D가 12시 타임에 영화를 관람했다는 C의 말이 서로 모순되므로 A와 C 중 1명이 거짓을 말하고 있음을 알 수 있다. C의 말이 거짓일 경우 A와 B의 말은 모두 진실이므로 A와 B가 각각 12시 타임 또는 13시 타임에 영화를 관람했다. 하지만 이는 14시 타임에 영화를 관람한 사람이 C, D, E가 아니라는 D의 말에 모순되므로 C의 말은 진실이다. 이에 따라 A는 거짓을 말하고 있으므로 A와 B는 둘 다 12시 타임에 영화를 관람하지 않았고, 자기 자신과 D가 12시 타임에 영화를 관람했다는 C의 말과 A와 C는 1시간 간격으로 영화를 관람했다는 E의 말에 따라 C와 D는 12시 타임에, A는 13시 타임에 영화를 관람했다. 또한, 자기 자신과 A는 1시간 간격으로 영화를 관람했다는 B의 말에 따라 B는 14시 타임에, 나머지 E는 13시 타임에 영화를 관람했음을 알 수 있다.

구분	12시	13시	14시
영화를 관람한 사람	C, D	A, E	B

따라서 14시 타임에 영화를 관람한 사람은 B이다.

29 문제해결능력
정답 ④

제시된 조건에 따르면 일요일에 출근한 사람은 자신의 모든 진술을 거짓으로 말하고, 출근하지 않은 사람은 자신의 모든 진술을 진실로 말하고 있다고 하였으므로 거짓을 말하는 사람은 2명이다. 또한, D는 일요일에 출근을 하지 않았다는 E의 진술과 D는 일요일에 출근을 했다는 F의 진술이 모순되므로 2명 중 1명은 거짓을 말하고 있

음을 알 수 있다. 먼저, E의 진술이 거짓인 경우, A와 D는 일요일에 출근을 하였으므로 A와 D의 진술도 모두 거짓이 되지만 이는 거짓을 말하는 사람이 2명이라는 조건에 모순되므로 E의 진술은 거짓이 아니다. 이에 따라 F의 진술이 거짓이며, E의 진술에 따라 A와 D는 모두 일요일에 출근을 하지 않았으므로 A와 D의 진술도 진실이다. C는 일요일에 출근을 했지만, 퇴근하기 전에 고객을 만나지는 않았다는 A의 진술에 따라 C의 진술은 거짓이다. 이때, 자신은 일요일에 출근을 하지 않았다는 B의 진술도 진실이므로 일요일에 출근을 한 사람은 C와 F이며, 퇴근하기 전에 고객을 만난 사람은 F이다. 따라서 D는 거짓을 말하고 있지 않으므로 항상 옳지 않은 설명이다.

오답 체크
① E는 일요일에 출근을 하지 않았으므로 항상 옳은 설명이다.
② B는 진실을 말하고 있으므로 항상 옳은 설명이다.
③ 일요일에 출근을 한 뒤, 퇴근하기 전에 고객을 만난 사람은 F이므로 항상 옳은 설명이다.
⑤ C는 일요일에 출근을 했지만, 퇴근하기 전에 고객을 만나지는 않았으므로 항상 옳은 설명이다.

30 문제해결능력
정답 ①

제시된 조건에 따르면 8개의 방 중 6명이 배정받아 2개의 방은 빈방이고, 갑보다 높은 층에 방을 배정받은 사람은 2명이며, 5층에는 1명만 방을 배정받았으므로 갑은 3층에 방을 배정받았음을 알 수 있다. 이때 무와 갑은 같은 층에 방을 배정받았고, 을보다 낮은 층에 방을 배정받은 사람은 1명이므로 무는 3층, 을은 2층에 방을 배정받았다. 또한, 병과 정이 배정받은 방의 층수 차이는 3층이므로 병과 정은 1층 2호 또는 4층 1호에 방을 배정받았다. 기가 배정받은 방과 같은 호수에 빈방은 없으므로 기가 배정받은 방에 따라 가능한 경우는 다음과 같다.

[경우 1] 기가 5층 1호에 방을 배정받은 경우

	1호	2호
5층	기	빈방
4층	병 또는 정	사무실
3층	갑	무
2층	을	빈방
1층	편의점	병 또는 정

[경우 2] 기가 5층 2호에 방을 배정받은 경우

	1호	2호
5층	빈방	기
4층	병 또는 정	사무실
3층	무	갑
2층	빈방	을
1층	편의점	병 또는 정

따라서 을은 2층, 기는 5층에 방을 배정받아 을과 기가 배정받은 방의 층수 차이는 3층이므로 항상 옳은 설명이다.

오답 체크

② 을은 2층 1호 또는 2층 2호, 정은 1층 2호 또는 4층 1호에 방을 배정받았으므로 항상 옳은 설명은 아니다.
③ 기는 5층 1호 또는 5층 2호에 방을 배정받았으므로 항상 옳은 설명은 아니다.
④ 무는 3층 1호 또는 3층 2호에 방을 배정받았으므로 항상 옳은 설명은 아니다.
⑤ 병은 1층 2호 또는 4층 1호에 방을 배정받았으므로 항상 옳은 설명은 아니다.

[31 - 32]

31 문제해결능력   정답 ②

'1. 공모전 개요 - 4) 심사 방법'에 따르면 서류 심사 결과 최종 당선작의 4배수를 선발할 예정이고, '1. 공모전 개요 - 5) 포상 규모'에 따라 최종 당선작은 총 13건이 선발되므로 예비 심사 대상으로는 총 13×4=52건의 작품이 선별될 것임을 알 수 있다.

오답 체크

① '2. 온라인 투표 참여 방법 - 3) 참가상'에 따르면 온라인 투표 참여자 중 100명을 추첨하여 모바일 마트 상품권 5천 원권을 지급함에 따라 모바일 마트 상품권의 총액은 50만 원이고, '1. 공모전 개요 - 5) 포상 규모'에 따라 1인 가구 분야의 장려상은 20만 원씩 3건에 대해 총 60만 원의 상금이 지급되므로 적절하지 않다.
③ '2. 온라인 투표 참여 방법 - 2) 투표 방법'에 따르면 가장 선호하는 작품에 대해 분야별 1인당 3개씩 투표 가능하므로 적절하지 않다.
④ '1. 공모전 개요 - 5) 포상 규모'에 따르면 최종 당선작 13건의 상금은 100 + 50 + 50 + {(30 + 30) × 2} + {(20 + 20) × 3} = 440만 원이므로 적절하지 않다.
⑤ '1. 공모전 개요 - 3) 추진 일정'에 따르면 당선작 발표는 10월 말에, 당선작 시상은 11월 중에 진행되므로 적절하지 않다.

32 문제해결능력   정답 ②

'1. 공모전 개요 - 4) 심사 방법'에 따르면 최종 당선작 결정은 본 심사 점수 80%와 온라인 투표 점수 20%의 가중치를 적용한다. 이때, 본 심사는 심미성, 활용성, 대중성, 창의성에 대해 각 25점을 만점으로 점수가 매겨지므로 A~E의 본 심사 점수와 최종 당선작 결정 방법에 따라 가중치를 적용한 총점은 다음과 같다.

구분	본 심사 점수	총점
A	15 + 22 + 17 + 20 = 74점	(74 × 0.8) + (80 × 0.2) = 75.2점
B	17 + 19 + 21 + 19 = 76점	(76 × 0.8) + (88 × 0.2) = 78.4점
C	16 + 15 + 12 + 24 = 67점	(67 × 0.8) + (92 × 0.2) = 72점
D	19 + 17 + 16 + 17 = 69점	(69 × 0.8) + (90 × 0.2) = 73.2점
E	20 + 16 + 16 + 21 = 73점	(73 × 0.8) + (85 × 0.2) = 75.4점

따라서 대상을 수상한 작품은 B이다.

33 문제해결능력   정답 ④

[비주거용 녹색건축 본 인증 기준 수수료 내역]에 따르면 서류 심사 인건비와 현장 심사 인건비는 기술사와 특급 기술자의 인건비 합계로 산출하며, 인건비는 건설 엔지니어링 기술자 1임 노임 단가를 기준으로 산정한다. 이때, 서류 심사 인건비는 (기술사 1일 노임 단가 × 2인 × 3일) + (특급 기술자 1일 노임 단가 × 3인 × 3일)이고, 현장 심사 인건비는 (기술사 1일 노임 단가 × 2인 × 1일) + (특급 기술자 1일 노임 단가 × 3인 × 1일)임에 따라 서류 심사 인건비는 (371,891 × 2 × 3) + (292,249 × 3 × 3) = 4,861,587원, 현장 심사 인건비는 (371,891 × 2 × 1) + (292,249 × 3 × 1) = 1,620,529원이다. 또한, 행정 인건비는 고급 기술자 1일 노임 단가 × 2인 × 10일 × 0.2임에 따라 242,055 × 2 × 10 × 0.2 = 968,220원이므로 총인건비는 4,861,587 + 1,620,529 + 968,220 = 7,450,336원이다. 이때, 기존 건축물 수수료는 기준 수수료 인건비의 70%만 적용하므로 기존 건축물 수수료의 인건비는 7,450,336 × 0.7 ≒ 5,215,235원이고, 기술 경비는 500,000원, 간접 경비는 781,000원, 기타 경비는 1,200,000원이다.

따라서 기존 건축물에 대한 비주거용 녹색건축 본 인증 수수료는 5,215,235 + 500,000 + 781,000 + 1,200,000 = 7,696,235원이다.

34 문제해결능력   정답 ④

제18조 제3항에서 위원장과 부위원장이 모두 부득이한 사유로 직무를 수행할 수 없을 때는 위원장이 미리 지명한 위원이 그 직무를 대행한다고 하였으므로 위원 중 가장 직급이 높은 위원이 위원장의 직무를 대행하는 것은 아님을 알 수 있다.

오답 체크

① 제16조 제1항에서 위원회는 위원장과 부위원장 각 1명을 포함한 20명 이내의 위원으로 구성된다고 하였으므로 적절하다.
② 제17조 제2항에서 제17조 제1항 각 호에 해당하게 된 때는 그날로 위원자격을 잃는다고 하였으며, 금고 1년 선고는 제17조 제1항 제4호에 해당하므로 적절하다.
③ 제15조 제1항에서 지역·지구 등의 신설 등에 관한 사항을 심의하기 위하여 국토교통부에 토지이용규제심의위원회를 둔다고 하였으므로 적절하다.
⑤ 제16조 제2항에서 위원회의 위원장은 국토교통부장관이 되고, 부위원장은 환경부차관이 된다고 하였으므로 적절하다.

35 문제해결능력 정답 ②

제시된 이메일에 따라 박○○이 원상복구로 교체해야 하는 항목은 욕실의 벽체 타일 3m², 수건걸이 1개, 휴지걸이 1개이고 거실 및 침실의 출입문짝에 대한 부분 보수, 스위치 2개와 주방의 가구 경첩 4개이다.

따라서 '영구임대 퇴거 세대 원상복구비'에 따라 박○○이 산정받은 원상복구비용은 $(81,300 \times 3) + 41,900 + 32,700 + 19,000 + (13,800 \times 2) + (5,800 \times 4) = 388,300$원이다.

36 문제해결능력 정답 ③

'2. 기본 수수료'에 따르면 기본 수수료 = 인건비 + 경비 + 부가가치세이고, 경비는 인건비의 10%, 부가가치세는 인건비와 경비를 합산한 금액의 10%이다. 또한, 모든 금액은 원 단위 절사하여 계산하므로 부가가치세를 포함하여 산정한 기본 수수료는 다음과 같다.

구분		금액
인건비	신청서류 검토	$220,497 \times 0.5 \times 3 ≒ 330,740$원
	시뮬레이션	$(242,904 \times 2) \times 0.5 \times 7 ≒ 1,700,320$원
	최종결과 확인	$292,249 \times 0.5 \times 5 ≒ 730,620$원
인건비 합계		$330,740 + 1,700,320 + 730,620 ≒ 2,761,680$원
경비	제반 경비	$2,761,680 \times 0.1 ≒ 276,160$원
부가가치세		$(2,761,680 + 276,160) \times 0.1 ≒ 303,780$원
기본 수수료		$2,761,680 + 276,160 + 303,780 ≒ 3,341,620$원

이때, '4. 평가 수수료의 반환'에 따라 서류만 접수하고 구체적인 검토와 시뮬레이션이 시행되지 않았을 경우에는 부가가치세를 포함한 기본 수수료의 90%를 반환한다.

따라서 반환받을 수 있는 기본 수수료의 금액은 $3,341,620 \times 0.9 ≒ 3,007,450$원이다.

37 문제해결능력 정답 ①

'3. 공간 개요'에 따르면 ○○지구 청년상가의 임대조건은 시세 대비 20% 수준이며, 2년의 사용기간이 지난 후 계약 연장을 원할 경우 LH 희망상가 임대조건인 시세 대비 50% 수준으로 최장 10년까지 갱신 계약을 체결할 수 있으므로 청년상가 사용기간이 종료된 이후 계약 연장을 원한다고 하더라도 항상 동일한 조건에 갱신 계약을 다시 체결할 수 있는 것은 아님을 알 수 있다.

오답 체크

② '6. 주의사항'에 따르면 임대차계약 체결 이후 1개월 내에 입주하지 않는다면 입주 포기로 간주되므로 적절하다.
③ '2. 신청자격'에 따르면 신청대상은 만 19세 이상~만 39세 이하 청년으로, 신청대상에 해당하더라도 상가를 상업시설이 아닌 사무실 용도로 활용하는 경우 신청제외대상이 될 수 있으므로 적절하다.

④ '3. 공간 개요 – 2)'에 따르면 ○○지구 청년상가의 임대조건에 따라 관리비, 제세공과금, 임대료는 월별로 부과되므로 적절하다.
⑤ '4. 지원 개요'에 따르면 임대보증금 지원은 임대보증금인 6,894,000원의 50%인 3,447,000원이 지원되며, 지원되는 금액은 가나구청이 LH에 직접 지급하므로 적절하다.

38 문제해결능력 정답 ③

[일반 토지 매입 안내]에 따르면 2인의 감정평가업자가 평가한 감정평가액을 산술평균한 금액 이내에서 매입 금액을 결정하므로 A 토지의 최대 매입 금액은 2인의 감정평가업자가 평가한 감정평가액을 산술평균한 금액이다. 이때, 갑의 감정평가 방법에 따라 평가한 감정평가액은 $(2,000,000 \times 1.05 \times 1.00 \times 1.20 \times 1.00) \times 150 = 378,000,000$원이고, 을의 감정 평가 방법에 따라 평가한 감정평가액은 $(2,500,000 \times 1.00 \times 1.00 \times 1.20 \times 1.00) \times 150 = 450,000,000$원이다.

따라서 A 토지의 최대 매입 금액은 $(378,000,000 + 450,000,000) / 2 = 414,000,000$원이다.

39 문제해결능력 정답 ④

[A 회사 성과급 지급 규정] 제2조에 따르면 성과급은 업무 평가 결과의 평균 점수로 결정된 등급에 맞게 차등 지급된다. 이때, 제3조에 따라 성과급은 지급일을 기준으로 1년 이상 근무한 직원에게 제공되므로 근속연수가 10개월인 무는 성과급 지급 대상에서 제외된다. 갑의 경우 소속 부서인 TV 사업부의 업무 평가 결과가 8개 부서 중 1등으로 상위 12.5%에 해당됨에 따라 소속 부서 평가 점수로 5점을, 개인별 업무 평가 결과가 20명 중 4등으로 상위 20%에 해당됨에 따라 개인 업무 평가 점수로 4점을 받는다. 이에 따라 갑의 업무 평가 결과에 대한 평균 점수는 $(5 + 4) / 2 = 4.5$점이므로 S 등급을 받게 되어 월 급여의 200%에 해당하는 $450 \times 2 = 900$만 원을 성과급으로 지급받게 된다.

을의 경우 소속 부서인 자동차 사업부의 업무 평가 결과가 8개 부서 중 4등으로 상위 50%에 해당됨에 따라 소속 부서 평가 점수로 2점을, 개인별 업무 평가 결과가 13명 중 6등으로 상위 46%에 해당됨에 따라 개인 업무 평가 점수로 2점을 받는다. 이에 따라 을의 업무 평가에 대한 평균 점수는 $(2 + 2) / 2 = 2$점이므로 C 등급을 받게 되어 200만 원의 격려금을 지급받게 된다.

병의 경우 소속 부서인 생활가전 사업부의 업무 평가 결과가 8개 부서 중 3등으로 상위 37.5%에 해당됨에 따라 소속 부서 평가 점수로 3점을, 개인별 업무 평가 결과가 12명 중 4등으로 상위 33%에 해당됨에 따라 개인 업무 평가 점수로 3점을 받는다. 이에 따라 병의 업무 평가 결과에 대한 평균 점수는 $(3 + 3) / 2 = 3$점이므로 B 등급을 받게 되어 월 급여의 140%에 해당하는 $550 \times 1.4 = 770$만 원을 성과급으로 지급받게 된다.

정의 경우 소속 부서인 모바일 사업부의 업무 평가 결과가 8개 부서 중 2등으로 상위 25%에 해당됨에 따라 소속 부서 평가 점수로 4점을, 개인별 업무 평가 결과가 25명 중 4등으로 상위 16%에 해당됨에 따라 개인 업무 평가 점수로 4점을 받는다. 이에 따라 정의 업무 평가 결과에 대한 평균 점수는 (4 + 4) / 2 = 4점이므로 A 등급을 받게 되어 월 급여의 160%에 해당하는 475 × 1.6 = 760만 원을 성과급으로 지급받게 된다. 또한 모바일 사업부가 20XX년 동일 업종 내 매출액 1위를 기록하였으므로 150만 원의 인센티브를 추가로 지급받게 되어 총 760 + 150 = 910만 원의 성과급을 지급받게 된다. 따라서 가장 많은 성과급을 지급받는 직원은 정이다.

40 문제해결능력   정답 ③

제75조의2 제1항에서 사업시행자는 동일한 소유자에게 속하는 일단의 건축물의 일부가 취득되거나 사용됨으로 인하여 잔여 건축물의 가격이 감소하거나 그 밖의 손실이 있을 때에는 국토교통부령으로 정하는 바에 따라 그 손실을 보상하여야 한다고 하였으므로 건축법에서 정하는 바에 따라 손실을 보상하는 것은 아님을 알 수 있다.

오답 체크

① 제75조 제1항 제2호에서 건축물 등의 이전비가 그 물건의 가격을 넘는 경우 사업시행자는 해당 물건의 가격으로 보상하여야 한다고 하였으므로 적절하다.
② 제76조에서 공익사업을 위한 토지 취득으로 손실이 발생한 어업권 및 물 등의 사용에 관한 권리에 대하여는 투자비용, 예상 수익 및 거래가격 등을 고려하여 평가한 적정가격으로 보상하여야 하고, 구체적인 보상액 산정 방법은 국토교통부령으로 정한다고 하였으므로 적절하다.
④ 제75조 제5항에서 사업시행자는 건축물 등을 이전하기 어렵거나 그 이전으로 인하여 건축물 등을 종래의 목적대로 사용할 수 없게 된 경우 관할 토지수용위원회에 그 물건의 수용 재결을 신청할 수 있다고 하였으므로 적절하다.
⑤ 제75조 제2항에서 농작물에 대한 손실은 그 종류와 성장의 정도 등을 종합적으로 고려하여 보상하여야 한다고 하였으므로 적절하다.

한국토지주택공사 최종 합격을 위한
추가 학습 자료 4종

취업 인강
단과강의 20% 할인 쿠폰

475A 7FE6 K2C0 4000

이용방법

해커스잡 사이트(ejob.Hackers.com) 접속 후 로그인 ▶
사이트 메인 우측 상단 [나의정보] 클릭 ▶
[나의 쿠폰 - 쿠폰/수강권 등록]에 쿠폰번호 입력 ▶
강의 결제 시 쿠폰 적용

* 쿠폰 유효기간 : 2025년 12월 31일까지
* 한 ID당 1회에 한해 등록 및 사용 가능
* 단과 강의 외 이벤트 강의·프로모션 강의 적용불가 / 쿠폰 중복할인 불가

LH 한국토지주택공사
취업성공전략 강의
무료 수강권

C780 7FE7 KA42 C000

이용방법

해커스잡 사이트(ejob.Hackers.com) 접속 후 로그인 ▶
사이트 메인 우측 상단 [나의정보] 클릭 ▶
[나의 쿠폰 - 쿠폰/수강권 등록]에 쿠폰(인증)번호 입력 후
[마이클래스]에서 수강

* 쿠폰 유효기간 : 2025년 12월 31일까지(등록 후 30일간 수강 가능)
* 한 ID당 1회에 한해 등록 및 사용 가능

LH 합격을 위한
고난도 PSAT형 모의고사(PDF)

2PGT 78QT E57X 45XZ

이용방법

해커스잡 사이트(ejob.Hackers.com) 접속 후 로그인 ▶
사이트 메인 중앙 [교재정보 - 교재 무료자료] 클릭 ▶
교재 확인 후 이용하길 원하는 무료자료의 다운로드 버튼 클릭 ▶
쿠폰번호 입력 후 다운로드

* 이 외 쿠폰 관련 문의는 해커스 고객센터(02-537-5000)로 연락 바랍니다.

FREE 무료 바로 채점 및 성적 분석 서비스

바로 이용 ▶

이용방법

해커스잡 사이트(ejob.Hackers.com) 접속 후 로그인 ▶ 사이트 메인 상단 [교재정보 - 교재 채점 서비스] 클릭 ▶
교재 확인 후 채점하기 버튼 클릭

* 2025년 12월 31일까지 사용 가능

수많은 선배들이 선택한
—— 해커스잡 ——
ejob.Hackers.com

①

실시간으로
확인하는
공기업 채용 속보

②

해커스공기업
스타강사의
취업 무료 특강

③

상식·인적성·한국사
무료 취업 자료

④

공기업 취업
선배들의 살아있는
합격 후기

해커스 LH 한국토지주택공사 NCS+전공 봉투모의고사

개정 4판 1쇄 발행 2024년 6월 21일

지은이	해커스 NCS 취업교육연구소
펴낸곳	㈜챔프스터디
펴낸이	챔프스터디 출판팀

주소	서울특별시 서초구 강남대로61길 23 ㈜챔프스터디
고객센터	02-537-5000
교재 관련 문의	publishing@hackers.com
	해커스잡 사이트(ejob.Hackers.com) 교재 Q&A 게시판
학원 강의 및 동영상강의	ejob.Hackers.com

ISBN	978-89-6965-490-8 (13320)
Serial Number	04-01-01

취업강의 1위,
해커스잡 ejob.Hackers.com

해커스잡

- LH 합격을 위한 고난도 PSAT형 모의고사(교재 내 응시권 수록)
- 공기업 취업 전문가의 **한국토지주택공사 취업성공전략** 동영상강의
- 내 점수와 석차를 확인하는 **무료 바로 채점 및 성적 분석 서비스**
- 공기업 전문 스타강사의 **취업 인강**(교재 내 인강 할인쿠폰 수록)

[취업강의 1위] 헤럴드 선정 2018 대학생 선호 브랜드 대상 '취업강의' 부문 1위

해커스 LH

한국토지
주택공사
NCS + 전공
봉투모의고사

경영/경제 전공
실전모의고사 & 정답·해설

해커스잡

경영 전공 실전모의고사

01. 다음 ㉠~㉤ 중 공식적 집단이 아닌 것을 모두 고르면?

> - 언론인이 되고 싶었던 윤미는 노력 끝에 A방송사와 B방송사 모두 최종 합격하였지만 A방송사에는 기자로, B방송사에는 아나운서로 지원한 바 있어 고민 끝에 ㉠ B방송사에 입사하기로 하였다.
> - 아직 자신의 미래를 결정하지 못한 미라는 수능을 치른 후 선생님과 부모님의 조언에 따라 ㉡ 유명 대학의 경영학과를 선택하여 입학하게 되었다.
> - 우여곡절 끝에 원하던 기업에 취직한 영준은 회사 사람들과 친목을 도모하고자 ㉢ 사내 산악회에 가입하였다.
> - ㉣ 댄스 동호회의 회원인 주영은 다른 지역으로 이사했음에도 불구하고 매주 동호회 모임에 빠지지 않고 참석한다.
> - 오랫동안 소믈리에를 꿈꿔왔던 수정은 현실의 벽에 부딪혀 주류회사에 취직하였지만, 회사에서 매주 ㉤ 와인 시음 모임을 주최한다는 것을 알고 바로 신청하였다.

① ㉠, ㉡   ② ㉡, ㉢   ③ ㉢, ㉣   ④ ㉠, ㉡, ㉤   ⑤ ㉢, ㉣, ㉤

02. 다음 중 인수합병에 대한 설명으로 적절하지 않은 것은?

① 자산인수는 대상 기업의 자산을 취득함으로써 경영권을 확보하는 인수합병 방법이다.

② 역합병은 적자 기업을 인수하면서 마치 적자 기업이 흑자 기업을 합병하는 것처럼 조작해 세금을 면제받는 것을 말한다.

③ 주식인수를 할 때는 주식회사를 설립하거나 신주 발행 시 자본금을 낸 사람과 협의를 거쳐 인수 주식의 수를 확정한다.

④ 흡수합병 시에는 상법 절차에 따라 합병된 회사가 전부 없어지고, 신설된 회사가 소멸 회사의 권리 및 사원을 이어받는다.

⑤ 간이합병과 소규모합병 시에는 주주총회의 승인 없이 이사회의 승인만으로 합병이 이루어질 수 있다.

03. 다음 중 매슬로가 제시한 욕구 5단계에서 SNS를 통해 친구, 가족 등 사람들과의 친밀감을 높이고자 사진 및 동영상을 공유하는 행동과 가장 관련 있는 것은?

① 생리적 욕구   ② 안전 욕구   ③ 사회적 욕구   ④ 존경의 욕구   ⑤ 자아실현의 욕구

04. 다음 각 설명에 해당하는 BCG 매트릭스 용어가 차례대로 나열된 것은?

> ㉠ 시장 성장률과 상대적 시장 점유율이 모두 높아 계속해서 투자가 필요한 사업
> ㉡ 시장 성장률은 높지만 시장 점유율이 낮아 시장 확대를 위한 투자 전략을 필요로 하는 상태로, 기업의 전략에 따라 성장사업이 될 수도 있고 사양사업이 될 수도 있는 사업
> ㉢ 시장 성장률과 시장 점유율이 모두 낮아 철수가 필요한 사업
> ㉣ 투자 비용을 전부 회수하고 많은 이익을 내고 있는 상태로, 시장 점유율은 높으나 시장 성장률은 낮은 사업

	㉠	㉡	㉢	㉣
①	Star	Dog	Question mark	Cash cow
②	Cash cow	Star	Question mark	Dog
③	Star	Question mark	Dog	Cash cow
④	Cash cow	Question mark	Dog	Star
⑤	Question mark	Star	Cash cow	Dog

05. 다음 중 양도성예금증서의 금리를 일컫는 말로 적절한 것은?

① CD금리　　　　② 리보금리　　　　③ 콜금리　　　　④ 기준금리　　　　⑤ 표면금리

06. 다음 중 SWOT 분석에 대한 설명으로 적절하지 않은 것은?

① 경영 전략적 환경분석 방법 중 하나로, 기업이 시장에서 경쟁우위를 확보하기 위해 사용된다.
② 기업 외부의 기회 요인과 내부의 강점을 접목한 SO 전략은 기업 성과에 직접적인 영향을 미칠 수 있다.
③ 외부 기술 도입이나 핵심 역량 개발 등을 통해 기회 요인을 활용하는 것은 WT 전략에 해당한다.
④ 후발주자는 대개 WO 전략을 먼저 활용하여 시장 내 경쟁력을 확보하고자 하는 경향이 있다.
⑤ ST 전략은 기업의 강점을 토대로 외부로부터의 위험 요인을 줄이거나 제거하고자 할 때 활용된다.

07. 다음 중 간트 차트(Gantt chart)의 특징으로 적절하지 않은 것은?

① 작업 일정을 막대로 도식화하여 표현하는 도구이다.

② 계획과 통제기능이 동시에 이루어질 수 있도록 설계되었다.

③ 주로 생산·재고·원가관리 시 활용된다.

④ 계획과 실적을 한눈에 확인할 수 있다.

⑤ 작업들 간의 유기적인 관련성을 파악하기에 용이하다.

08. 다음 중 목표관리(MBO)에서 목표의 특징으로 적절하지 않은 것은?

① 목표는 구체적이어야 한다.

② 목표는 측정 가능해야 한다.

③ 목표는 달성 가능하면서도 도전적이어야 한다.

④ 목표는 과정 지향적이어야 한다.

⑤ 목표는 평가 기간 이내에 처리할 수 있어야 한다.

09. 다음 중 갈등에 대한 설명으로 적절하지 않은 것은?

① 전통적인 입장에서 갈등은 조직에 해를 입혀 발생 시 바로 처리해야 하는 요소로 여겨진다.

② 조직 내 갈등 관리는 개인의 성과 외에도 조직 목표 달성 여부에 영향을 줄 수 있다.

③ 갈등은 개인의 정서나 동기가 다른 정서 및 동기와 모순되어 표현이 저지될 때 발생한다.

④ 갈등은 창의적인 직무 수행 및 민주적인 의사결정에 부정적인 영향을 미친다.

⑤ 외부 집단과의 갈등이 발생했을 경우 내부 집단의 응집력이 향상된다는 장점이 있다.

10. 다음 중 막스 베버(Max Weber)가 제시한 관료제적 관리의 특징으로 적절하지 않은 것은?

① 분업에 의한 전문화   ② 공식적 규칙에 의한 관리   ③ 의사결정의 권한 구조

④ 피라미드형 계층 조직   ⑤ 차별적 성과급제

11. 다음 중 사업포트폴리오 분석의 한계에 대한 설명으로 옳은 것을 모두 고르면?

> ㉠ 사업포트폴리오 분석을 통해 수익성이 낮은 사업부를 제거할 경우, 그 여파가 수익성이 좋은 사업부까지 미쳐 악영향을 줄 수 있다.
> ㉡ 사업포트폴리오 분석을 위한 방법들은 내부적 자원만 고려하고 있다.
> ㉢ 사업포트폴리오 분석은 이분법적 분류를 사용함으로써 사업 단위의 유형을 너무 단순화하고 있다.
> ㉣ 사업포트폴리오 분석 과정에서 각 부분에 주관적인 요소가 개입할 수 있다.

① ㉠   ② ㉠, ㉡   ③ ㉡, ㉢   ④ ㉠, ㉡, ㉣   ⑤ ㉠, ㉡, ㉢, ㉣

12. 다음 중 경영전략에 대한 설명으로 적절한 것은?

① VRIO 분석은 기업이 가지고 있는 자산에 대하여 내부보유가치(Value), 보유한 자산의 희소성(Rarity), 모방 가능성의 정도(Imitability), 운영(Operation)의 관점에 입각한다.

② SWOT 분석은 현재 기업이 보유하고 있는 자원과 역량을 분석하는 인과적 분석방법이다.

③ 산업구조분석은 수직적 힘으로 산업 내 경쟁, 신규 진입자, 대체재의 존재를 고려하고, 수평적 힘으로 공급자와 소비자의 교섭력을 고려한다.

④ 균형성과표는 주주와 고객을 위한 외부적인 측정치와 내부 프로세스의 개선, 학습과 성장이라는 내부적인 측정치 간에 균형을 이루어야 한다.

⑤ BCG 매트릭스에서 상대적 시장점유율이 1보다 크다는 것은 해당 사업부가 시장에서 가장 높은 성장률을 나타내고 있음을 의미한다.

13. 다음 중 경영자와 기업에 대한 설명으로 적절한 것은?

① 자본 증식 및 수익 극대화를 주로 추구하는 전문경영자와 달리 소유경영자는 기업의 성장과 더불어 부의 공정한 분배에도 관심을 갖는다.

② 민츠버그가 분류한 경영자의 역할 중 의사결정자 역할에는 외형적 대표자, 리더, 교신자 등이 포함된다.

③ 카츠는 경영자의 역할 수행을 위한 능력을 개념적 능력, 인간적 능력, 기술적 능력의 세 가지로 분류하였다.

④ 기업윤리는 특수한 사업 행동에 적용되는 윤리적 사고라는 점에서 사회적 윤리와는 구분된다.

⑤ 자본금이 균등한 주식으로 분할되는 주식회사의 주주는 출자액 범위 내에서 회사의 적자, 채무, 리스크 등에 관한 책임을 지지 않는다.

14. 다음 중 지식경영에 대한 설명으로 적절하지 않은 것은?

① 지식경영의 구성 요소에는 조직문화, 조직전략, 프로세스, 정보기술 등이 있다.

② 지식경영 프로세스는 지식생산, 지식공유, 지식저장, 지식활용의 순서로 이루어진다.

③ SECI 모형에서 사회화(Socialization)는 한 사람의 암묵지가 다른 사람의 암묵지로 변환되는 과정을 말한다.

④ 일반적으로 지식의 창출과 공유는 동시에 발생한다.

⑤ 지식경영은 학습조직(Learning organization)에서 발전된 개념이다.

15. 다음 중 귀인(Attribution)에 대한 설명으로 적절하지 않은 것은?

① 내적 귀인에는 능력, 노력 등이 포함되고, 외적 귀인에는 과업의 난이도, 운 등이 포함된다.

② 높은 합의성, 낮은 특이성, 낮은 일관성을 지각할수록 외적 환경 요인에 귀인하는 경향을 보인다.

③ 합의성은 개인의 성과가 다른 사람의 성과와 얼마나 일치하느냐와 관련된 내용이다.

④ 행위자 – 관찰자 효과가 발생하는 이유는 자존적 편견과 관련되어 있다.

⑤ 개인의 특정 과업에 대한 성과는 다른 과업에 대한 성과와의 차이가 클수록 특이성이 높다.

16. 다음 중 산업구조분석에 대한 설명으로 옳지 않은 것을 모두 고르면?

> ㉠ 산업에 영향을 미치는 5개 요인은 산업 간 경쟁, 진입장벽, 대체재의 존재, 소비자의 교섭력, 공급자의 교섭력이다.
> ㉡ 높은 고정비용이 진입장벽을 형성하는 경우에는 산업 수익률이 높아진다.
> ㉢ 산업의 집중도가 낮을수록 산업 내 경쟁이 치열해져 산업 수익률은 높아진다.
> ㉣ 철수장벽으로는 특수한 자산, 철수에 따른 고정비 부담, 감정적인 집착, 정부 정책, 기업의 전략적 선택 등을 예로 들 수 있다.

① ㉠, ㉡   ② ㉠, ㉢   ③ ㉠, ㉣   ④ ㉡, ㉢   ⑤ ㉡, ㉣

17. 다음 중 경영일반의 개념에 대한 설명으로 적절한 것은?

① 서비스는 소멸성을 가지지만, 서비스를 소비한 결과에 해당하는 서비스 결과는 지속성을 가진다.

② 경영학에서 투입에 대한 산출의 비율을 의미하는 효과성은 자원의 활용과 밀접하게 관련되어 있다.

③ 경영의사결정은 의사결정의 성격에 따라 정성적 의사결정과 정량적 의사결정으로 구분할 수 있다.

④ 경영환경은 기업이 속해 있는 시장 또는 산업의 경계에 따라 내부환경과 외부환경으로 구분된다.

⑤ 환경풍부성이 높아질수록 환경불확실성도 함께 높아진다.

18. 다음 중 고전적 조직화에 대한 설명으로 적절하지 않은 것은?

① 맥그리거의 XY 이론 중 X 이론에 근거하여 조직구조를 형성하는 것을 말한다.

② 라인 조직, 라인-스태프 조직, 기능별 조직이 대표적인 예이다.

③ 조직의 공식적 요인뿐만 아니라 비공식적 요인도 중요시하는 조직구조이다.

④ 감독 범위의 원칙과 계층 단축화의 원칙은 서로 모순된다.

⑤ 각 조직 구성원의 직무 분담과 권한 및 책임의 상호관계를 명확히 해야 한다.

19. 다음 중 서비스(Service)의 특징으로 적절하지 않은 것은?

① 높은 고객접촉 정도   ② 노동 집약적   ③ 품질측정 용이

④ 소규모 설비   ⑤ 짧은 반응시간

20. 다음 중 주식회사에 대한 설명으로 가장 적절한 것은?

① 정관의 변경, 자본의 증감, 영업의 양도 등은 이사회의 권한에 해당한다.

② 사외이사제도는 이사회의 투명성과 기업의 사회성을 제고하기 위한 제도이다.

③ 신주의 발행, 사채의 모집, 이사와 회사 간의 거래에 대한 승인 등은 감사의 권한에 해당한다.

④ 부채에 대해서는 주주가 무한책임을 진다.

⑤ 주식회사의 의결권은 1인 1표를 원칙으로 한다.

21. 다음 중 경영학 이론에 대한 설명으로 옳지 않은 것을 모두 고르면?

> ㉠ 테일러의 과학적 관리법에서는 작업자를 금전적 수입의 극대화에만 관심을 갖는 경제인으로 가정한다.
> ㉡ 포드는 경영이념상 고임금 저노무비의 원칙을 강조하였다.
> ㉢ 페욜의 일반관리론에 따르면 관리과정은 '계획화 → 조직화 → 지휘 → 통제 → 조정'의 순으로 이루어진다.
> ㉣ 관료제 조직은 규범의 명확화, 노동의 분화, 역량 및 전문성에 근거한 인사, 공과 사의 구분, 계층의 원칙, 문서화 등의 특성을 갖는다.
> ㉤ 조직을 시스템 관점에서 분류하였을 때 폐쇄시스템의 경계는 모호하고, 개방시스템의 경계는 명확하다.

① ㉠, ㉡   ② ㉡, ㉢   ③ ㉡, ㉣   ④ ㉠, ㉡, ㉢   ⑤ ㉡, ㉢, ㉤

22. 다음 중 조직설계에 대한 설명으로 적절하지 않은 것은?

① 수평적 분화는 '라인부문의 형성 → 전문스태프의 형성 → 관리스태프의 형성'의 순으로 진행된다.
② 모든 조건이 동일할 경우 통제의 범위가 넓을수록 평면구조가 형성되며, 통제의 범위가 좁을수록 수평적 분화가 발생하여 고층구조가 형성된다.
③ 계층제의 원칙에는 감독범위의 원칙, 계층단축화의 원칙, 명령일원화의 원칙 등이 포함된다.
④ 위원회 조직은 경영 정책이나 특정한 문제해결에 관련되는 여러 사람을 각 계층으로부터 선출하여 구성한 위원회가 조직 내에 상시적으로 설치되어 있는 조직형태를 말한다.
⑤ 프로세스 조직은 리엔지니어링에 의해 고객 입장에서 기존의 업무처리절차를 재설계하여 획기적인 경영성과를 도모하도록 설계된 조직이다.

23. 다음 중 파생상품에 대한 설명으로 가장 적절하지 않은 것은?

① 옵션은 미리 정해진 만기일에만 권리를 행사할 수 있는 유럽형 옵션과 정해진 기간 내에는 언제든지 권리를 행사할 수 있는 미국형 옵션으로 나눌 수 있다.
② 옵션 매수자는 시장가격의 변동에 따라 자신에게 유리할 경우 권리를 행사할 수 있고, 만일 자신에게 불리하다면 언제든지 권리를 포기할 수 있다.
③ 옵션은 상대적으로 매도자에게 불리한 계약이기 때문에 옵션 매수자는 매도자에게 일정 금액의 프리미엄을 제공한다.
④ 선물은 옵션과 달리 의무의 성격이 강하며, 거래 대상인 기초자산에 따라 농산물, 에너지 등의 상품선물과 통화, 금리, 주가지수 등의 금융선물로 나뉜다.
⑤ 선도거래(Forwards)와 선물거래(Futures)는 개념상 유사하나, 선도거래는 계약단위와 만기일 등이 표준화되어 있고 선물거래는 당사자 간의 합의에 의해 거래조건이 성립된다는 차이점이 있다.

24. 다음 중 자본자산 가격결정모형(CAPM)에 대한 설명으로 가장 적절하지 않은 것은?

① 모든 투자자의 개별 주식에 대한 기대수익률과 위험에 대한 기대가 동일하다는 전제를 기반으로 한다.

② 증권시장이 경쟁시장일 경우 예상되는 위험 프리미엄은 베타계수에 비례한다.

③ CAPM의 기본 가정에 따르면 자본시장은 소득세, 거래비용, 정보비용과 같은 마찰적 요인의 영향을 받는 불완전시장이다.

④ 수학 계산식을 통해 개별 위험자산의 균형수익률을 제시했다는 점에서 의의가 있다.

⑤ 시장의 기대수익률은 무위험자산의 수익률과 시장 포트폴리오 투자 시 발생하는 개별 위험자산의 위험 프리미엄을 더한 값이다.

25. 다음 ㉠, ㉡에 들어갈 말이 올바르게 연결된 것은?

> 외부의 이해 관계자에게 기업에 대한 재무적 정보를 전달하기 위하여 회계원칙에 따라 작성한 보고서를 재무제표라 한다. 일반기업회계기준에 따르면 재무제표는 (㉠)와 (㉡)를 포함하여 총 5가지로 구성된다. 종전에 대차대조표로 불렸던 (㉠)는 일정 시점에 기업의 재정상태를 보여주는 재무제표다. 차변에는 자산이, 대변에는 자본 및 부채가 기재된다. (㉡)는 일정 기간의 경영성과를 나타내는 재무제표로, 일정 기간에 이루어진 거래 또는 사건을 통해 발생한 수익, 비용, 순이익에 관한 정보를 제공한다.

	㉠	㉡
①	재무상태표	현금흐름표
②	재무상태표	손익계산서
③	자본변동표	현금흐름표
④	자본변동표	재무상태표
⑤	손익계산서	자본변동표

26. 다음 중 포지셔닝(Positioning)에 대한 설명으로 적절하지 않은 것은?

① 제품의 경쟁 상대는 표적 시장을 어떻게 결정하느냐에 따라 달라질 수 있다.

② 시간의 흐름에 따라 소비자의 욕구가 변화할 경우 리포지셔닝이 필요하다.

③ 효과적인 포지셔닝을 위해서는 잠재 소비자의 성향 파악보다는 제품 개발이 우선되어야 한다.

④ 기업의 브랜드나 제품 등이 경쟁 상대보다 소비자에게 긍정적으로 인식되도록 노력하는 것이다.

⑤ 소비자의 욕구 중심의 소비자 포지셔닝과 경쟁사의 전략 중심의 경쟁적 포지셔닝으로 구분된다.

27. 다음 중 광고에 대한 특징으로 적절하지 않은 것은?

① 상품이나 서비스의 존재를 알려 수요를 촉진하는 방법이다.

② 전달되는 지역에 따라 국제 광고, 전국 광고 등으로 구분된다.

③ 일반적으로 불특정 다수에게 표준화된 정보를 제공한다.

④ 주목적은 상업 광고를 통해 영리를 얻고자 하는 데 있다.

⑤ 전달 매체는 신문, 잡지, 라디오 등 매우 다양한 편이다.

28. 다음 소비자 구매 의사 결정 과정에 대한 설명으로 적절하지 않은 것은?

① 소비자가 현실에서 느끼는 만족 수준이 낮아지면 ㉠이 일어난다.

② ㉡은 정보의 출처에 따라 내부 탐색과 외부 탐색으로 나눌 수 있다.

③ ㉢은 자신의 요구에 맞는 여러 대안에 대해 가격 및 품질, 사후 관리 등을 평가하는 단계이다.

④ 일반적으로 고관여 제품일수록 ㉡과 ㉢이 생략되거나 간소화되고 바로 ㉣이 이루어진다.

⑤ ㉤에서 구매한 제품이 불만족스럽다고 판단할 경우 부정적 구전 효과로 이어질 수 있다.

29. 다음 각 사례와 관련 있는 마케팅 전략을 차례대로 연결한 것은?

> - 캐나다에서는 밀셰어(Mealshare)와 제휴한 레스토랑을 방문해 지정된 메뉴를 시키면 같은 가치의 한 끼 식사가 어려운 이웃에게 제공된다.
> - 지하철 좌석 밑에 타원 두 개가 겹쳐진 형태의 하트 모양 스티커를 부착하자 사람들이 다리를 꼬거나 벌리지 않고 스티커에 발을 맞춰 다소곳하게 앉아 있게 되었다.

① 코즈 마케팅 – 넛지 마케팅
② 코즈 마케팅 – 데카르트 마케팅
③ 코즈 마케팅 – 바이럴 마케팅
④ 앰부시 마케팅 – 넛지 마케팅
⑤ 앰부시 마케팅 – 바이럴 마케팅

30. 다음 중 잠재적 수요상황에서 사용 가능한 마케팅 전략으로 적절한 것은?

① 전환마케팅   ② 자극마케팅   ③ 개발마케팅   ④ 유지마케팅   ⑤ 대항마케팅

31. 다음 중 기업집단화에 대한 설명으로 적절하지 않은 것은?

① 수평적 통합은 같은 산업에서 생산활동 단계가 비슷한 기업 간에 이루어지는 통합을 의미한다.
② 트러스트(Trust)를 통한 기업집단화가 이루어지면 각각의 기업은 독립성을 잃게 된다.
③ 생산업체가 유통업체를 통합하는 것은 후방 통합에 해당한다.
④ 콘체른(Konzern)은 수평적으로는 물론 수직적 또는 다각적으로 결합되기도 한다.
⑤ 수평적 통합은 경쟁을 회피할 목적으로 이루어진다.

32. 다음 중 인적판매에 대한 설명으로 적절한 것은?

① 아이디어, 상품 및 서비스 등의 유료 형태를 취한 비인적 노출 및 촉진활동이다.
② 시간과 비용의 낭비가 크다.
③ 저비용과 신뢰성의 특징을 가진다.
④ 재화나 서비스의 판매를 촉진하기 위한 비교적 단기적인 동기부여 수단이다.
⑤ 쌍방향 의사소통을 통해 자사의 재화와 서비스를 구매할 수 있도록 권유하고 설득하는 과정이다.

33. 다음 중 유통의 본원적 기능으로 적절하지 않은 것은?

① 판매기능   ② 보관기능   ③ 금융기능   ④ 구매기능   ⑤ 운송기능

34. 다음 중 소비자행동에 대한 설명으로 옳지 않은 것을 모두 고르면?

> ㉠ 일상적 문제해결은 고객들이 동일제품을 반복 구매하여 그 제품에 대한 상당한 경험을 가지고 있고 제품의 성능에 대해 매우 만족하고 있을 때 발생하고, 수정재구매가 일상적 문제해결에 해당한다.
> ㉡ 소비자는 관여도가 높을수록 일상적 문제해결의 행동을 보이며, 관여도가 낮을수록 포괄적 문제해결의 행동을 보인다.
> ㉢ 습관적 구매행동은 구매하는 제품에 대하여 비교적 저관여 상태이며 제품의 각 상표 간 차이가 뚜렷한 제품을 구매하는 경우에 발생한다.
> ㉣ 관여도는 제품 혹은 사람에 따라 그 수준이 다르게 나타나는 상대적이고 주관적인 개념이다.

① ㉠, ㉡   ② ㉠, ㉢   ③ ㉡, ㉣   ④ ㉠, ㉡, ㉢   ⑤ ㉡, ㉢, ㉣

35. 다음 중 마케팅 조사를 위한 자료의 측정 척도와 해당 척도의 사용 예가 적절하지 않게 연결된 것의 개수는?

> ㉠ 명목척도 – 성별 분류
> ㉡ 명목척도 – 시장구역 분류
> ㉢ 서열척도 – 판매 지역 및 상표 분류
> ㉣ 등간척도 – 광고인지도 측정
> ㉤ 등간척도 – 상표선호도 조사
> ㉥ 비율척도 – 시장점유율 조사

① 1개   ② 2개   ③ 3개   ④ 4개   ⑤ 5개

36. 다음 중 제품에 대한 설명으로 적절한 것은?

① 확장제품에는 포장, 제품 특징, 디자인, 품질 수준, 브랜드명 등이 포함된다.

② 제품은 구매욕구에 따라 소비재와 산업재로 구분할 수 있으며, 소비재는 다시 편의품, 선매품, 전문품, 미탐색품으로 분류된다.

③ 포장은 시각적 소구, 정보, 감성적 소구, 취급용이성의 특성을 갖추어야 한다.

④ 신제품 수용과정은 '인지 → 관심 → 시용 구매 → 평가 → 수용'의 순으로 이루어진다.

⑤ 신제품 개발과정은 일반적으로 '아이디어 창출 및 심사 → 제품 개념 개발 및 테스트 → 마케팅 믹스 개발 → 사업성 분석 → 시장테스트 → 시제품 생산 → 출시'의 순서로 진행된다.

37. 다음 중 촉진(Promotion)에 대한 설명으로 가장 적절하지 않은 것은?

① 광고모델이 신뢰성을 갖고 있다고 생각하면 소비자들은 동일화(Identification) 과정을 거쳐 메시지를 수용한다.

② 홍보는 광고보다 비용과 통제가능성이 상대적으로 낮은 반면에 신뢰성은 비교적 높다.

③ 매체 결정에서 표적청중을 명확히 정의하기 어려운 경우에는 일반적으로 빈도(Frequency)보다 도달률(Reach)을 높이는 것이 바람직하다.

④ 광고는 푸시(Push)보다는 풀(Pull) 촉진활동에 더 가깝다.

⑤ GRP(Gross Rating Point)는 도달범위(Reach)에 빈도(Frequency)를 곱한 것이다.

38. 다음 중 고압적 마케팅(Push marketing)이 근거를 두는 마케팅 개념으로 적절한 것은?

① 생산 개념(Production oriented concept)

② 제품 개념(Product oriented concept)

③ 판매 개념(Selling oriented concept)

④ 마케팅 개념(Marketing oriented concept)

⑤ 사회지향적 마케팅 개념(Social marketing oriented concept)

39. 다음 중 노동조합원과 노동조합원이 아닌 노동자 모두에게 노동조합의 조합회비를 징수하는 숍 제도로 적절한 것은?

① 유지 숍(Maintenance shop)

② 에이전시 숍(Agency shop)

③ 우선 숍(Preferential shop)

④ 유니언 숍(Union shop)

⑤ 오픈 숍(Open shop)

40. 다음 중 권력 수준의 결정요인에서 권력 수준에 미치는 영향이 다른 것은?

① 불확실성의 대처 능력

② 자원의 조달 및 통제 능력

③ 중심성

④ 대체 가능성

⑤ 희소성

41. 다음 중 태도와 가치관에 대한 설명으로 적절하지 않은 것은?

① 가치관이 구체적인 개념이라면 태도는 가치관에 비해 보다 광범위하고 포괄적인 개념이다.

② 같은 태도의 두 사람이 있더라도 이들의 태도는 각각 다른 가치관에서 비롯되었을 수 있다.

③ 태도는 잠재되어 있는 가치관을 기반으로 형성된다.

④ 태도와 가치관 모두 장기간 지속되지만 가치관은 한번 정립되면 좀처럼 변화하지 않는 반면, 태도는 작은 원인으로도 자주 변화한다.

⑤ 하나의 가치관에서 비롯된 두 개의 태도가 서로 상충할 수도 있다.

42. 다음 중 토마스(Thomas)의 갈등관리전략에서 공식적인 권위를 사용하여 복종을 유도하고, 자신에 대한 관심은 지나친 반면 상대방에 대해 무관심한 사람이 자기중심적으로 행동하는 것은?

① 회피전략　　　　② 경쟁전략　　　　③ 협력전략　　　　④ 수용전략　　　　⑤ 타협전략

43. 노동조합이 시행할 수 있는 쟁의행위 중에서 가장 강력한 방법은?

① 직장폐쇄(Lockout)　　　　② 피케팅(Picketing)　　　　③ 불매운동(Boycott)

④ 태업(Sabotage)　　　　⑤ 파업(Strike)

44. 다음 중 동기부여에 대한 설명으로 옳지 않은 것을 모두 고르면?

> ㉠ 매슬로는 결핍 욕구뿐만 아니라 진행 욕구의 중요성을 강조하였다.
> ㉡ 허츠버그는 조직구조 측면에서 노사나 인사 담당 부서의 위생요인 담당 부문과 동기요인 담당 부문을 통합할 것을 제안하였다.
> ㉢ 맥클리랜드는 인간의 욕구는 후천적으로 학습된 것이기 때문에 인간의 행동에 영향을 미치는 욕구의 서열은 사람마다 다르다고 주장하였다.
> ㉣ 브룸은 기대이론에서 동기부여의 강도를 기대감, 수단성, 유의성의 합으로 설명하였다.
> ㉤ 데시는 인지적 평가이론을 통해 어떤 직무에 대하여 내재적 동기가 유발되어 있는 경우에 외재적 보상이 주어지면 내재적 동기가 감소된다고 주장하였다.

① ㉠, ㉡　　　　② ㉠, ㉢　　　　③ ㉡, ㉣　　　　④ ㉠, ㉡, ㉣　　　　⑤ ㉡, ㉢, ㉤

45. 다음 중 인사평가에 대한 설명으로 적절하지 않은 것은?

① 인사평가의 구성요건 중 타당성은 평가결과의 공개, 다면평가, 평가자 교육 등을 통해서 증대시킬 수 있다.

② 인사평가기법 중 대표적인 절대평가 방법에는 평정척도법, 대조표법, 중요사건기록법 등이 있고, 대표적인 상대평가 방법에는 서열법, 강제할당법 등이 있다.

③ 인사평가 시 발생하는 오류 중 투영효과와 지각적 방어는 평가자와 피평가자 모두에게서 발생할 수 있다.

④ 1차 평가자와 2차 평가자 사이의 의사소통을 감소시킴으로써 2차 평가자의 오류를 줄일 수 있다.

⑤ 고도의 지식 및 기술을 요하는 직무가 많아지고 조직구조가 점점 수평조직으로 변해가면서 다면평가제도의 필요성이 증대되고 있다.

46. 다음 중 보상관리에 대한 설명으로 옳은 것을 모두 고르면?

> ㉠ 보상의 안정성을 실현하기 위한 원칙에는 생활보장의 원칙, 노동대가의 원칙, 고정임금과 변동임금의 균형원칙 등이 있다.
> ㉡ 보상은 경제적 보상과 비경제적 보상으로 구분할 수 있는데, 임금과 복리후생이 경제적 보상의 가장 대표적인 예에 해당한다.
> ㉢ 외부공정성은 임금체계에 반영되고, 내부공정성은 임금수준에 반영된다.
> ㉣ 종업원의 생계비는 실태생계비와 이론생계비로 구분할 수 있으며, 실태생계비가 이론생계비보다 높게 나타나서 노동조합의 입장에서는 실태생계비를 기준으로 기업과 임금교섭을 하려는 경향이 강하다.

① ㉠, ㉡   ② ㉠, ㉢   ③ ㉠, ㉣   ④ ㉡, ㉢   ⑤ ㉡, ㉣

47. 다음 중 호손연구(Hawthorne studies)에 대한 설명으로 적절하지 않은 것은?

① 호손공장에서 메이요(E. Mayo)와 뢰슬리스버거(F. Roethlisberger)를 중심으로 행한 일련의 연구들이다.

② 조명실험, 배전기 전선작업장 실험, 면접 연구, 계전기 조립작업장 실험 순으로 진행되었다.

③ 공장의 공식집단과는 별도로 자생적으로 형성된 비공식집단이 존재함을 발견하였다.

④ 생산성 향상에 대한 고전적인 접근에서 벗어나 인간적인 측면에 초점을 맞추는 계기가 되어 경영적 사고가 변환되는 전환점이 되었다.

⑤ 인간관계운동(Human relations movement)의 등장에 기여하였다는 의의가 있다.

48. 직무평가방법 중 서열법의 주관성을 완화하기 위해 활용하는 방법으로 적절하지 않은 것은?

① 교대서열법　　② 쌍대비교법　　③ 요소비교법　　④ 위원회방법　　⑤ 등급법

49. 다음 중 직무급의 장점에 대한 설명으로 적절하지 않은 것은?

① 직무 간 공정한 임금 격차를 유지할 수 있고 노동의 공헌 측면에서 임금 배분을 공정하게 할 수 있다.

② 종업원의 생계비를 보장하여 기업에 대한 귀속의식이 확대됨과 동시에 종업원의 고용안정과 생활 보장을 이룩할 수 있다.

③ 동일 노동에 동일 임금이라는 원칙을 적용하여 부가가치의 상승 없이 임금이 상승하는 불합리성을 제거할 수 있다.

④ 노동력을 적재적소에 배치하여 효율적으로 이용할 수 있다.

⑤ 기업의 입장에서는 특수업무를 처리할 수 있는 인적자원의 확보가 용이해진다.

50. 다음 중 노사관계와 경영참여에 대한 설명으로 적절하지 않은 것은?

① 오픈 숍은 노동조합의 안정도 측면에서는 가장 취약한 제도이며, 사용자에 의한 노동조합 약화 수단으로 작용할 수 있다.

② 노사관계는 '착취적 노사관계 → 온정적 노사관계 → 완화적 노사관계 → 민주적 노사관계'의 순으로 발전되어 왔다.

③ 기업별 노동조합은 산업 내 다양한 직종들의 특수성에 부합한 임금과 근로조건을 결정하는 데 한계가 있어 조직의 응집력이 약해질 가능성이 있다.

④ 경영참여제도의 유형은 크게 의사결정참여, 이익참여, 자본참여로 구분할 수 있다.

⑤ 경영참여제도의 도입으로 인해 경영권의 침해, 노동조합 약체화, 근로자의 경영참여 능력 부족 등의 문제가 제기된다.

51. 다음 설명에 해당하는 집단의사결정기법은?

> 특정한 테마에 대한 회의를 진행하며 구성원들의 자유로운 토론을 통해 창조적인 아이디어가 제시될 수 있도록 하는 방법으로, 타인의 아이디어에 비판하지 않는 것이 특징이다.

(   )

52. 다음 설명과 관련 있는 용어는?

> 동일 업종의 기업이 경쟁의 제한 또는 완화를 목적으로 가격, 생산량, 판로 따위에 대하여 협정을 맺어 형성하는 독점 형태를 말한다. 대표적인 기구로는 석유수출국기구(OPEC)가 있다.

(   )

53. 다음 설명에 해당하는 회사는?

> 모든 사원이 기업의 채무에 대해 직접·무한·연대책임을 지면서 각 사원이 회사를 대표하며 업무를 집행하고, 출자자 상호 간의 신뢰 관계를 중심으로 설립된 기업을 의미한다.

(   )

54. 시장 포트폴리오에 따르면 무위험자산의 수익률이 3%이고 기대수익률이 11%일 때, ○○기업 주식의 기대수익률[%]은? (단, ○○기업 주식의 베타계수는 1.5이다.)

(   )

55. A기업은 작년 말 주주들에게 1주당 4,000원의 배당금을 지급하였다. A기업은 과거부터 매년 8%씩 성장하였고 향후에도 동일한 비율로 계속 성장할 것으로 가정한다면 투자자의 요구수익률이 16%일 때, 올해 초 A기업의 1주당 가치[원]는?

(   )

56. (주)한국은 당기 초 기계장치를 1,000,000[원]에 취득하였다. 이 자산의 내용연수는 4년, 잔존가치는 500,000[원]이며, 연수합계법으로 감가상각한다. 결산은 기말에 연 1회만 한다고 할 때, 당기에 계상될 (주)한국의 감가상각비[원]는?

(   )

57. 다음 설명에 해당하는 설계방식은?

> 제품설계와 공정설계를 마케팅, 엔지니어링, 생산부서 간의 공통 활동으로 통합하여 진행하는 시스템을 의미한다. 이는 제품의 설계, 기술, 생산, 마케팅, 서비스 등의 전 과정을 거칠 때 서로 다른 부서들로부터 다기능 팀 (Multi-functional team)을 구성하고 팀워크를 토대로 함께 협력하는 제품 개발 방식으로, 병렬적 설계과정에 해당한다.

( )

58. 다음 설명에 해당하는 교육훈련방법은?

> 피교육자가 직무를 수행하면서 관리·감독자에 의해 지도 교육을 받는 교육훈련방법을 말한다. 이 훈련방법 하에서 모든 관리·감독자는 업무 수행 시 지휘 감독을 함과 동시에 부하 직원이자 피교육자의 직무수행능력 향상을 위한 훈련을 진행한다. 이에 따라 관리·감독자와 피교육자 사이의 친밀도가 높고 낭비되는 시간이 적다는 장점이 있으나, 교육을 담당하는 관리·감독자의 높은 자질이 요구될 뿐만 아니라 교육훈련이 체계적으로 이루어지기 어렵다는 단점이 있다.

( )

59. 다음 설명에 해당하는 공식적 의사소통의 유형은?

> 집단 구성원들의 중심인물이 존재하고 있는 경우에 나타나는 유형으로, 주로 리더와 같은 중심인물에게 의사를 전달하고 중심인물은 의견을 모아 다시 구성원들에게 의사를 전달하는 형태이다.

(   )

60. 다음 설명에 해당하는 인사평가방법은?

> 주로 관리자 계층의 선발을 위하여 기업에서 사용하는 방법으로, 다수의 피평가자를 특정 장소에 며칠간 합숙시키면서 훈련받은 관찰자들이 이들을 집중적으로 관찰하고 평가하여 관리자 선발이나 승진 의사결정 시 신뢰성 및 타당성을 높이고자 시행되는 체계적인 선발방법을 의미한다. 이 방법은 관리자를 신규로 선발할 때가 아니더라도 기존 관리자의 공정한 평가와 인력개발을 위해서도 활용되나 비용이 많이 발생한다는 단점이 있다.

(   )

01	02	03	04	05	06	07	08	09	10
⑤	④	③	③	①	③	⑤	④	④	⑤
11	12	13	14	15	16	17	18	19	20
⑤	④	③	②	②	②	①	③	③	②
21	22	23	24	25	26	27	28	29	30
⑤	②	⑤	③	③	③	④	④	①	③
31	32	33	34	35	36	37	38	39	40
③	⑤	③	④	①	③	①	③	②	④
41	42	43	44	45	46	47	48	49	50
①	②	⑤	③	①	①	②	⑤	②	③
51	52	53	54	55	56	57	58	59	60
브레인스토밍	카르텔	합명회사	15	54,000	200,000	동시설계	OJT	수레바퀴형	평가센터법

01
정답 ⑤

공식적 집단은 조직에서 의도적으로 만든 집단이며, 비공식적 집단은 조직 구성원들의 요구에 따라 자발적으로 형성된 집단이다.
따라서 공식적 집단이 아닌 것을 모두 고르면 ㉢, ㉣, ㉤이다.

02
정답 ④

흡수합병은 합병 회사 가운데 한 회사가 다른 회사를 흡수하는 방식이며, 상법 절차에 따라 합병된 회사가 전부 없어지고 신설된 회사가 소멸 회사의 권리 및 사원을 수용하는 방식은 신설합병이므로 적절하지 않다.

03
정답 ③

매슬로의 욕구단계이론에 따르면 인간은 사회적으로 조직을 이루고 사회적인 상호과정을 거쳐 원활한 인간관계를 유지하고자 하는 사회적 욕구가 있으며, 타인으로부터 자신이 가치 있는 사람이라고 인정받고 싶어 한다.
따라서 친밀한 관계의 사람들과 사진이나 동영상을 공유하는 행동은 사회적 욕구와 관련 있다.

04
정답 ③

㉠은 Star, ㉡은 Question mark, ㉢은 Dog, ㉣은 Cash cow에 대한 설명이다.

05
정답 ①

양도성예금증서는 양도 가능한 정기예금증서로 CD라고 불리며, 양도성예금증서가 발행되어 유통시장에서 거래될 때 적용되는 금리는 CD금리이다.

06
정답 ③

WT 전략은 외부의 위협 요인과 기업 내부의 약점을 고려하여 위기를 극복하는 데 중심을 둔 전략으로, 내·외부적으로 불리한 상황을 타개하고자 사업 부문을 정리하거나 기존 시장에서 철수하는 등의 방어적 전략을 취하는 것이 일반적이며, 외부의 기술을 도입하거나 핵심 역량을 개발하는 것은 기업 외부의 기회 요인과 내부의 약점을 매칭시키는 WO 전략에 해당하므로 적절하지 않다.

07
정답 ⑤

간트 차트는 각 작업의 계획을 수립하고 파악할 때 용이하나, 복잡하고 세밀한 일정 계획 시 적용하기 어렵고, 작업들 간의 유기적인 연관성을 파악하기 어려우므로 적절하지 않다.

08
정답 ④

목표를 설정할 때는 SMART 원칙에 따라 구체적이고(Specific), 측정 가능하고(Measurable), 달성 가능하면서 도전적이어야 하고(Achievable), 결과 지향적이고(Results-oriented), 평가 기간 이내에 처리 가능한 시간 제약적(Time-bounded) 원칙을 고려해야 하므로 적절하지 않다.

09
정답 ④

갈등은 조직에 부정적인 영향뿐만 아니라 창의적인 직무 수행, 민주적인 의사결정에 도움을 주는 등 조직에 긍정적인 영향을 미치기도 하므로 적절하지 않다.

10
정답 ⑤

막스 베버(Max Weber)가 제시한 관료제적 관리는 공정한 평가에 따라 합리적인 방식으로 조직을 경영한다는 특징이 있으며, 차별적 성과급제는 테일러(F. W. Taylor)가 제시한 과학적 관리의 특징에 해당하므로 적절하지 않다.

11
정답 ⑤

사업포트폴리오 분석의 한계에 대한 설명으로 옳은 것을 모두 고르면 ㉠, ㉡, ㉢, ㉣이다.

12
정답 ④

균형성과표는 기업 전체의 이윤을 극대화하고 개별 사업 단위 혹은 기능별 부서의 목표를 연결하기 위하여 도입된 개념으로, 주주와 고객을 위한 외부적인 측정치와 내부 프로세스의 개선, 학습과 성장이라는 내부적인 측정치 사이에 균형을 이루어야 하므로 적절하다.

[오답 체크]
① VRIO 분석은 기업이 가지고 있는 자산에 대하여 내부 보유가치(Value), 보유한 자산의 희소성(Rarity), 모방가능성의 정도(Imitability), 조직(Organization)의 관점에 입각하므로 운영(Operation)은 적절하지 않다.
② SWOT 분석은 현재 기업이 보유하고 있는 자원과 역량을 분석하는 기술적 방법이므로 적절하지 않다.
③ 산업구조분석은 산업을 구성하는 다섯 가지의 힘 중 수평적 힘으로 산업 내 경쟁, 신규 진입자, 대체재의 존재를 고려하고, 수직적 힘으로 공급자의 교섭력과 소비자의 교섭력을 고려하므로 적절하지 않다.
⑤ BCG 매트릭스에서 상대적 시장점유율이 1보다 크다는 것은 해당 사업부가 시장에서 가장 높은 시장점유율을 차지하고 있음을 의미하므로 적절하지 않다.

13
정답 ③

카츠는 경영자에게 요구되는 능력을 개념적 능력, 인간적 능력, 기술적 능력으로 구분하였으므로 적절하다.

[오답 체크]
① 기업의 출자와 경영 기능을 동시에 수행하는 소유경영자는 보편적으로 자본 증식과 수익 극대화를 추구하는 반면, 출자 여부와 상관없이 독립적으로 기업을 경영하는 전문경영자는 기업의 성장뿐만 아니라 부의 공정한 분배에도 관심을 가지므로 적절하지 않다.
② 민츠버그는 경영자의 역할을 대인관계 역할, 의사결정자 역할, 정보전달 역할로 구분하였다. 이 중 외형적 대표자, 리더, 교신자 등이 포함되는 역할은 대인관계 역할이며, 의사결정자 역할에는 기업가, 분쟁의 해결자, 자원의 배분자, 협상가 등이 포함되므로 적절하지 않다. 추가로 경영자의 역할 중 정보전달 역할에는 감시자, 전달자, 대변인 등이 포함된다.
④ 기업윤리는 모든 상황에 보편적으로 적용되는 사회적 윤리를 특수한 사업 행동에 적용하는 것으로, 사회적 윤리와 구분되는 개념이 아니므로 적절하지 않다.
⑤ 주식회사는 자본금이 균일한 주식으로 분할되고 출자자인 주주는 주식의 인수가액을 한도로 출자 의무를 가지는 회사로, 주주 모두가 유한 책임사원으로서 출자액 범위 내에서 회사의 적자, 채무, 리스크에 관한 책임을 지므로 적절하지 않다.

14
정답 ②

지식경영 프로세스는 지식생산, 지식저장, 지식공유, 지식활용의 순서로 이루어지므로 적절하지 않다.

15
정답 ②

높은 합의성, 높은 특이성, 낮은 일관성을 지각할수록 외적 환경 요인에 귀인하는 경향을 보이며, 낮은 합의성, 낮은 특이성, 높은 일관성을 지각할수록 내적 환경 요인에 귀인하는 경향을 보이므로 적절하지 않다.

16
정답 ②

㉠ 산업에 영향을 미치는 5개 요인은 산업 내 경쟁, 진입장벽(신규 진입자의 존재), 대체재의 존재, 소비자의 교섭력, 공급자의 교섭력이므로 옳지 않다.
㉢ 산업의 집중도가 낮을수록 경쟁적인 시장이며 산업의 집중도가 높을수록 독과점시장이 되기 때문에 산업의 집중도가 낮을수록 산업 내 경쟁이 치열해져 산업 수익률이 낮아지게 되므로 옳지 않다.
따라서 산업구조분석에 대한 설명으로 옳지 않은 것은 ㉠, ㉢이다.

17 정답 ①

서비스는 재고 축적이 불가능한 소멸성을 가지지만, 서비스를 소비한 결과에 해당하는 서비스 결과는 지속성을 가지므로 적절하다.

② 경영학에서 투입에 대한 산출의 비율을 의미하며 자원의 활용과 밀접하게 연관되어 있는 개념은 효율성이며, 효과성은 기업이 설정한 목표의 달성 여부를 의미하는 개념이므로 적절하지 않다.
③ 경영의사결정은 의사결정의 성격에 따라 정형적(구조적) 의사결정과 비정형적(비구조적) 의사결정으로 구분할 수 있고, 정보의 유형에 따라 정성적 의사결정과 정량적 의사결정으로 구분할 수 있으므로 적절하지 않다.
④ 경영환경은 기업이 속해 있는 시장 또는 산업의 경계에 따라 미시적 환경과 거시적 환경으로 구분할 수 있고, 기업의 경계에 따라 내부환경과 외부환경으로 구분할 수 있으므로 적절하지 않다.
⑤ 조직이 보유하고 있는 자원의 양을 의미하는 환경풍부성이 높아지면 환경불확실성은 낮아지므로 적절하지 않다.

18 정답 ③

고전적 조직화는 조직의 공식적 요인만을 중요시하고, 비공식적 요인은 무시하는 조직구조이므로 적절하지 않다.

19 정답 ③

품질측정이 용이한 것은 재화의 특징이므로 적절하지 않다.

🔍 더 알아보기

재화와 서비스의 특징

구분	재화(Goods)	서비스(Service)
성격	유형의 제품	무형의 제품
재고 축적 여부	재고 축적 가능	재고 축적 불가능
고객접촉 정도	낮은 고객접촉 정도	높은 고객접촉 정도
반응시간	긴 반응시간	짧은 반응시간
시장 규모	넓은 시장	좁은 시장
설비의 규모	대규모 설비	소규모 설비
통제/관리의 형태	집권적	분권적
집약도의 성격	자본 집약적	노동 집약적
품질의 측정	품질측정 용이 (객관적)	품질측정 곤란 (주관적)

20 정답 ②

사외이사제도는 이사회의 투명성과 기업의 사회성을 제고하기 위한 제도이므로 가장 적절하다.

① 정관의 변경, 자본의 증감, 영업의 양도 등은 주주총회의 권한에 해당하므로 적절하지 않다.
③ 신주의 발행, 사채의 모집, 이사와 회사 간의 거래에 대한 승인 등은 이사회의 권한에 해당하므로 적절하지 않다.
④ 주주는 출자액인 주금액을 한도로 회사의 자본위험으로부터 발생하는 채무에 대해서 책임을 짐에 따라 부채에 대해서 주주가 유한책임을 진다고 할 수 있으므로 적절하지 않다.
⑤ 자본결합체인 주식회사의 의결권은 1주 1표가 원칙이고, 인적결합체인 협동조합의 의결권은 1인 1표가 원칙이므로 적절하지 않다.

21 정답 ⑤

ⓒ 임금의 증가폭과 생산성의 증가폭 중에 생산성의 증가폭이 더 커야 한다는 고임금 저노무비의 원칙을 강조한 것은 테일러이며, 포드는 기업경영을 대중에 대한 봉사활동으로 여겨 경영이념상 저가격 고임금의 원칙을 강조하였다.
ⓒ 페욜의 일반관리론에서는 관리과정이 '계획화 → 조직화 → 지휘 → 조정 → 통제'의 순서로 이루어진다고 설명하였다.
ⓜ 조직은 시스템 관점에서 폐쇄시스템과 개방시스템으로 구분되며, 폐쇄시스템의 경계는 명확하고 개방시스템의 경계는 모호하다.
따라서 경영학 이론에 대한 설명으로 옳지 않은 것을 모두 고르면 'ⓒ, ⓒ, ⓜ'이다.

22 정답 ②

통제의 범위는 한 사람의 관리자가 효과적으로 직접 통제할 수 있는 부하의 수를 의미한다. 모든 조건이 동일한 상황에서 통제의 범위가 넓을수록 평면구조가 형성되지만, 통제의 범위가 좁을수록 수직적 분화가 발생하여 고층구조가 형성되므로 적절하지 않다.

23 정답 ⑤

선물거래는 계약단위와 만기일 등 계약 내용이 표준화되어 있으나, 선도거래는 매매 당사자 간의 합의에 의해 거래가 성립되므로 가장 적절하지 않다.

24
정답 ③

자본자산 가격결정모형(CAPM)의 기본 가정에 따르면 CAPM의 자본시장은 거래비용, 세금 등이 존재하지 않는 완전시장이므로 가장 적절하지 않다.

25
정답 ②

㉠에는 재무상태표, ㉡에는 손익계산서가 들어간다.

26
정답 ③

포지셔닝이 효과적으로 이루어지기 위해서는 잠재 소비자의 욕구를 들추어내어 이를 마케팅이나 광고에 활용할 수 있어야 하므로 적절하지 않다.

27
정답 ④

광고는 영리성 여부에 따라 영리 광고와 비영리 광고로 구분된다. 영리 광고의 경우 상품이나 서비스를 판매하고자 하는 목적으로 만들어진 상업적 광고이나, 비영리 광고의 경우 공공단체 및 공공광고기구에 의해 이루어지는 비상업적 광고에 해당하므로 광고의 주 목적은 상업 광고를 통해 영리를 얻고자 하는 데 있다는 것은 적절하지 않다.

28
정답 ④

일반적으로 소비자는 가격이 높고 개인에게 중요한 고관여 제품일수록 더 많은 정보를 탐색하고 여러 대안을 신중히 평가한 후에 구매를 결정하는 복잡한 의사 결정 과정을 거치게 되므로 적절하지 않다.

29
정답 ①

첫 번째는 기업의 공익적 활동과 이윤추구 활동을 연계하는 '코즈 마케팅', 두 번째는 메시지를 직접적으로 전달하지 않으면서도 의도한 방향으로 사람들의 행동을 유도하는 '넛지 마케팅'과 관련 있다.

오답 체크

· 데카르트 마케팅 : 브랜드의 이미지 및 품격을 높이고자 첨단 기술 제품에 예술을 접목하거나 예술가와 협업하여 소비자의 감성을 자극하는 마케팅 전략
· 바이럴 마케팅 : 소비자들이 이메일, 블로그, 카페, SNS 등을 통해 자발적으로 어떤 기업이나 제품을 홍보하게 하는 마케팅 전략
· 앰부시 마케팅 : 매복 마케팅이라고도 불리며, 올림픽이나 월드컵 등 스포츠 경기에서 대회의 공식 후원 기업이 아님에도 TV 광고나 개별 선수 후원을 통해 소비자에게 공식 후원 기업과 같은 인상을 주는 마케팅 전략

30
정답 ③

잠재적 수요상황에서 사용 가능한 마케팅 전략은 개발마케팅이다.

더 알아보기

수요상황별 마케팅 전략

목적	수요상황	해결 방법	마케팅 전략
수요 확대	부정적 수요	수요의 전환	전환마케팅
	잠재적 수요	수요의 개발	개발마케팅
	무수요	수요의 창출	자극마케팅
	감퇴적 수요	수요의 부활	재마케팅
수요 안정화	불규칙 수요	수요·공급시기 일치	동시마케팅
	완전 수요	수요의 유지	유지마케팅
수요 축소	초과 수요	수요의 감소	역마케팅
	불건전 수요	수요의 파괴	대항마케팅

31
정답 ③

생산업체가 유통업체를 통합하는 것은 전방 통합에 해당하므로 적절하지 않다.

더 알아보기

수직적 통합

전방 통합	통합 주체의 입장에서 고객 방향에 있는 기업을 통합하는 방법
후방 통합	통합 주체의 입장에서 공급업체 방향에 있는 기업을 통합하는 방법

32
정답 ⑤

인적판매는 고객 또는 예상 고객과 쌍방향 의사소통을 통해 자사의 재화와 서비스를 구매하도록 권유하고 설득하는 과정이므로 적절하다.

오답 체크

① 아이디어, 상품 및 서비스 등의 유료 형태를 취한 비인적 노출 및 촉진 활동은 광고이므로 적절하지 않다.
② 인적판매는 최종구매행동을 자극하기 때문에 시간과 비용의 낭비가 적으므로 적절하지 않다.
③ 저비용과 신뢰성의 특징을 가지는 것은 PR(Public Relations)이므로 적절하지 않다.
④ 재화나 서비스의 판매 촉진을 위해 비교적 단기적인 동기부여 수단으로 활용하는 것은 판매 촉진 수단이므로 적절하지 않다.

33

금융기능은 유통의 본원적 기능을 지원하는 기능인 조성기능에 포함되므로 적절하지 않다.

🔍 더 알아보기

유통의 본원적 기능

구분	의미	하위 기능
거래기능	소유권의 이전과 관계되는 기능	판매기능, 구매기능
물적유통기능	재고 이전과 관계되는 기능	보관기능, 운송기능

34
정답 ④

㉠ 수정재구매는 인지적 처리과정을 거치지만 적극적으로 정보 탐색이나 상표 평가를 하지 않는 제한적 문제해결에 해당하며, 일상적 문제해결에는 자동재구매가 포함된다.

㉡ 소비자는 관여도가 높을수록 포괄적 문제해결의 행동을 보이며, 관여도가 낮을수록 일상적 문제해결의 행동을 보이게 된다.

㉢ 습관적 구매행동은 제품에 대하여 소비자가 비교적 낮은 관여도를 보이며 제품의 상표 간 차이가 미미할 경우에 발생하며, 구매하는 제품에 대하여 비교적 저관여 상태이며 제품의 각 상표 간 차이가 뚜렷한 제품을 구매하는 경우에 발생하는 구매행동은 다양성추구 구매행동이다.

따라서 소비자행동에 대한 설명으로 옳지 않은 것을 모두 고르면 ㉠, ㉡, ㉢이다.

🔍 더 알아보기

상표 간 차이와 관여도에 따른 구매행동

관여도 상표 간 차이	고관여	저관여
상표 간 큰 차이	복잡한 구매행동	다양성 추구 구매행동
상표 간 작은 차이	부조화 감소 구매행동	습관적 구매행동

35
정답 ①

㉢ 서열척도는 숫자의 크기로 서열을 부여하는 척도이며, 판매 지역 및 상표의 분류와 같은 활동은 서열척도보다 구분 및 분류의 목적으로 숫자를 사용하는 명목척도를 사용하는 것이 더 타당하므로 적절하지 않다.

따라서 마케팅 조사를 위한 자료의 측정 척도와 해당 척도의 사용 예가 적절하지 않게 연결된 것의 개수는 1개이다.

36
정답 ③

포장은 시각적 소구, 정보, 감상적 소구, 취급용이성 등의 특성을 갖추어야 하므로 적절하다.

오답 체크

① 핵심혜택과 유형제품을 지원하는 추가 서비스를 의미하는 확장제품에는 설비 서비스, A/S, 보증, 배달, 신용카드 할부 등이 포함되며, 포장, 제품 특징, 디자인, 품질 수준, 브랜드명 등은 유형제품에 해당하므로 적절하지 않다.

② 제품은 구매욕구에 따라 기능적 제품, 감각적 제품, 상징적 제품으로 구분할 수 있으므로 적절하지 않다. 소비재와 산업재는 제품을 소비 목적에 따라 구분한 것이며, 소비재는 편의품, 선매품, 전문품, 미탐색품으로 분류된다.

④ 신제품 수용과정은 '인지 → 관심 → 평가 → 시용 구매 → 수용'의 순서로 이루어지므로 적절하지 않다.

⑤ 신제품 개발과정은 일반적으로 '아이디어 창출 및 심사 → 제품 개념 개발 및 테스트 → 마케팅 믹스 개발 → 사업성 분석 → 시제품 생산 → 시장테스트 → 출시'의 순서로 진행되므로 적절하지 않다.

37
정답 ①

광고모델이 신뢰성을 갖고 있다고 생각하면 소비자들은 내면화(Internalization) 과정을 거쳐 메시지를 수용하므로 가장 적절하지 않다.

38
정답 ③

고압적 마케팅은 판매 개념에 근거한 마케팅 유형이다.

🔍 더 알아보기

고압적 마케팅과 저압적 마케팅

고압적 마케팅	전통적 마케팅이라고도 불리며, 소비자의 욕구와 무관하게 기업의 입장에서 생산할 수 있는 제품을 생산하여 강압적·고압적으로 판매하는 유형으로 판매 개념에 근거한 마케팅 유형
저압적 마케팅	현대적 마케팅이라고도 불리며, 소비자의 욕구를 고려하여 판매될 수 있는 제품을 생산하여 판매하는 유형으로 마케팅 개념에 근거한 마케팅 유형

39
정답 ②

노동조합원과 노동조합원이 아닌 노동자 모두에게 노동조합의 조합회비를 납부하도록 하는 숍 제도는 에이전시 숍(Agency shop)이다.

40

정답 ④

불확실성의 대처 능력, 자원의 조달 및 통제 능력, 중심성, 희소성이 높아지면 권력 수준은 높아지지만, 대체 가능성이 높아지면 권력 수준은 낮아지게 된다.

따라서 권력 수준의 결정요인에서 권력 수준에 미치는 영향이 다른 것은 대체 가능성이다.

41

정답 ①

태도가 구체적인 개념이라면 가치관은 태도에 비해 보다 광범위하고 포괄적인 개념이므로 적절하지 않다.

42

정답 ②

토마스(Thomas)의 갈등관리전략에서 공식적인 권위를 사용하여 복종을 유도하고, 자신에 대한 관심은 지나친 반면 상대방에 대해 무관심한 사람이 자기중심적으로 행동하는 것은 경쟁전략이다.

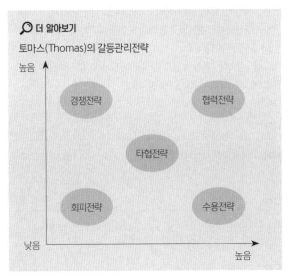

🔍 더 알아보기

토마스(Thomas)의 갈등관리전략

43

정답 ⑤

노동조합이 시행할 수 있는 쟁의행위 중에서 가장 강력한 방법은 파업(Strike)이다.

44

정답 ③

ⓒ 허츠버그는 조직구조 측면에서 노사나 인사 담당 부서를 위생요인 담당 부문과 동기요인 담당 부문으로 양분할 것을 제안하였다.

ⓔ 브룸은 기대이론에서 동기부여의 강도를 기대감, 수단성, 유의성의 곱으로 설명하였다.

따라서 동기부여에 대한 설명으로 옳지 않은 것을 모두 고르면 ⓒ, ⓔ이다.

45

정답 ①

인사평가의 구성요건 중 타당성은 목적별 평가, 피평가 집단의 세분화 등을 통해 증대시킬 수 있으므로 적절하지 않다.

🔍 더 알아보기

인사평가의 구성요건을 증대시키는 방법

구성요건	증대 방안
타당성	목적별 평가, 피평가 집단의 세분화 등
신뢰성	평가결과의 공개, 다면평가, 평가자 교육 등
수용성	피평가자의 평가 참여, 능력개발형 평가, 평가제도 개발 시 종업원 대표 참여 등
실용성	비용과 편익의 정확한 측정

46

정답 ①

㉠ 보상의 안정성을 실현하기 위한 원칙에는 생활보장의 원칙, 노동 대가의 원칙, 고정임금과 변동임금의 균형원칙 등이 포함된다.

ⓛ 보상은 경제적 보상과 비경제적 보상으로 구분되며, 경제적 보상에는 임금과 복리후생이 포함된다.

따라서 보상관리에 대한 설명으로 옳은 것을 모두 고르면 ㉠, ⓛ이다.

오답 체크

ⓒ 외부공정성은 준거 대상이 기업 외부에 있어 임금수준에 반영되고, 내부공정성은 준거 대상이 기업 내부에 있어 임금체계에 반영되므로 적절하지 않다.

ⓔ 종업원의 생계비는 실태생계비와 이론생계비로 구분할 수 있는데, 실태생계비는 이론생계비보다 낮게 나타나서 기업의 입장에서 실태생계비를 기준으로 노동조합과 임금교섭을 하려는 경향이 강하므로 적절하지 않다.

47

정답 ②

호손연구는 조명실험, 계전기 조립작업장 실험, 면접 연구, 배전기 전선작업장 실험 순으로 진행되었으므로 적절하지 않다.

48

정답 ⑤

직무평가방법 중 서열법의 주관성을 완화하기 위해 활용하는 방법에는 교대서열법, 쌍대비교법, 요소비교법, 위원회방법 등이 있으며, 등급법은 포함되지 않으므로 적절하지 않다.

49

정답 ②

종업원의 생계비를 보장하여 기업에 대한 귀속의식이 증대되고, 종업원의 고용안정과 생활 보장을 이룩할 수 있는 것은 연공급의 장점이므로 적절하지 않다.

50

정답 ③

산업 내의 다양한 직종들의 특수성에 부합한 임금과 근로조건을 결정하는 데 문제가 있어 조직의 응집력이 약해질 가능성이 있는 노동조합은 산업별 노동조합이므로 적절하지 않다. 기업별 노동조합은 기업에 고용된 근로자를 대상으로 조직하며, 산업별 노동조합은 노동시장의 공급을 통제하기 위한 목적으로 동일 산업 내의 모든 근로자를 대상으로 조직한다.

오답 체크

① 오픈 숍은 노동조합에 가입한 조합원과 가입하지 않은 조합원 모두 고용할 수 있는 제도라는 점에서 노동조합의 안정도 측면에서 가장 취약하며 사용자에 의한 노동조합 약화 수단으로 작용할 수 있으므로 적절하다.
② 사용자와 근로자의 관계를 의미하는 노사관계는 '착취적 노사관계 → 온정적 노사관계 → 완화적 노사관계 → 민주적 노사관계'의 순으로 발전되어 왔으므로 적절하다.
④ 근로자나 노동조합이 사용자의 관리 행위에 참가하여 영향력을 미치는 경영참여제도는 크게 의사결정참가, 이익참가, 자본참가로 구분할 수 있으므로 적절하다.
⑤ 경영참여제도는 노사 간 이해와 협조를 끌어내어 생산성 향상에 이바지하고 근로자의 근로 의욕과 직무 만족도를 향상시키는 등의 장점이 있지만, 경영권의 침해, 노동조합의 약체화, 근로자의 경영참여 능력의 부족 등이 문제로 지적되므로 적절하다.

51

정답 브레인스토밍

제시된 내용은 브레인스토밍에 대한 설명이다.

52

정답 카르텔

제시된 내용은 카르텔에 대한 설명이다.

53

정답 합명회사

제시된 내용은 합명회사에 대한 설명이다.

54

정답 15

개별 주식에 대한 기대수익률 $E(R_i)$ = 무위험자산의 수익률 + 베타계수 × (기대수익률 − 무위험자산의 수익률)임을 적용하여 구한다. 이때, 무위험자산의 수익률은 3%, 베타계수는 1.5, 기대수익률은 11%이다.
따라서 ○○기업 주식의 기대수익률은 $E(R_i)$ = 3 + 1.5 × (11 − 3) = 15[%]이다.

55

정답 54,000

항상 성장하는 주식의 가치 P_0 = {배당금 × (1 + 배당 성장률)} / (요구 수익률 − 배당 성장률)임을 적용하여 구한다.
따라서 현재 A기업의 1주당 가치는 P_0 = (4,000 × 1.08) / (0.16 − 0.08) = 54,000[원]이다.

56

정답 200,000

연수합계법에 의한 감가상각비 = (취득원가 − 잔존가치) × 미상각연수 / 내용연수합계임을 적용하여 구한다. 이때, 내용연수합계 = 4 + 3 + 2 + 1 = 10이다.
따라서 당기에 계상될 (주)한국의 감가상각비는 (1,000,000 − 500,000) × 4/10 = 200,000[원]이다.

57

정답 동시설계

제시된 내용은 동시설계(Concurrent design)에 대한 설명이다.

58

정답 OJT

제시된 내용은 OJT(On the Job Training)에 대한 설명이다.

59

정답 수레바퀴형

제시된 글은 수레바퀴형(Wheel)에 대한 설명이다.

60

정답 평가센터법

제시된 내용은 평가센터법(Assessment center method)에 대한 설명이다.

경제 전공 실전모의고사

01. 다음 중 콜라 시장에서 콜라의 수요곡선의 이동을 발생시키는 원인이 아닌 것은?

① 콜라 가격이 하락하였다.

② 콜라에 대한 선호도가 높아졌다.

③ 보완재 관계인 햄버거의 가격이 상승하였다.

④ 콜라의 주 소비자의 소득이 증가하였다.

⑤ 대체재인 사이다의 가격이 상승하였다.

02. 다음 중 경제 주체와 그 활동으로 적절하지 않은 것은?

주체	A	B	정부
활동	소비활동	㉠	㉡

① A와 B는 민간경제를 이루는 주체이다.

② A의 소비활동은 효용을 극대화하는 방향으로 이루어진다.

③ 외국과의 수출·수입 활동에는 B만 관여한다.

④ B는 ㉠을 통해 이윤을 창출한다.

⑤ ㉡은 사회후생을 극대화하는 활동이다.

03. 다음 내용을 고려하였을 때, A 씨가 한 달 동안의 얻는 경제적 이윤을 얼마인가? (단, 대출이자율과 예금이자율은 동일하다.)

> 월급으로 300만 원을 받던 직장인 A 씨는 직장을 그만두고 치킨집을 개업하였다. 치킨집을 개업하는 데 총 1억 원의 비용이 들었는데, 그중 절반은 그동안 자신이 모아둔 금액을 사용하였고, 나머지 금액은 은행으로부터 월 3%의 이자율로 대출을 받아 충당하였다. 치킨집의 한 달 수입이 2,000만 원이고, 매월 지출하는 각종 자재값이 500만 원, 가게의 월 임대료가 300만 원이다. 그리고 가게 운영은 본인 혼자서 하고 있다.

① 300만 원

② 450만 원

③ 600만 원

④ 950만 원

⑤ 1,050만 원

04. 다음 중 완전고용 상태에 도달한 경제에 대한 설명으로 적절한 것은?

① 실업자는 모두 실망실업자이다.

② 모든 경제활동인구가 취업한 상태이다.

③ 비자발적 실업을 제외한 실업률이 0인 상태이다.

④ 완전고용 상태에서의 실업률은 자연실업률과 일치한다.

⑤ 마찰적 실업이 존재하지 않는다.

05. 다음 중 통화량의 변화 방향이 나머지와 다른 것을 고르면?

① 법정지불준비율 인하

② 재할인율의 인상

③ 중앙은행의 공채 매입

④ 신용카드 사용으로 인한 민간의 현금보유비율 감소

⑤ 중앙은행의 외환보유고 증가

06. 국제 유가 급등으로 휘발유 가격이 폭등하였다. 정부가 이를 고려하여 교통·에너지·환경세의 세율을 인하한 다고 하였을 때, 휘발유 시장의 변화로 적절한 것은? (단, 소비자는 휘발유와 음식에만 자신의 소득을 지출하고 휘발유와 음식은 모두 정상재이며, 교통·에너지·환경세의 세율을 제외한 모든 조건은 동일하다.)

① 휘발유의 소비량은 변화하지 않는다.

② 휘발유의 소비량이 감소한다.

③ 휘발유의 시장 가격은 변화하지 않는다.

④ 휘발유의 시장 가격이 하락한다.

⑤ 휘발유의 시장 가격이 상승한다.

07. 가격차별에 대한 설명으로 적절한 것을 모두 고르면?

> ㄱ. 가격차별에 따른 생산량 증가로 자원배분의 비효율이 해소될 수 있다.
> ㄴ. 비행기에서 비즈니스석과 일반석의 가격이 다른 것은 1급 가격차별의 사례이다.
> ㄷ. 재화의 구매 수량에 따라 다른 가격을 적용하는 것은 2급 가격차별의 사례이다.
> ㄹ. 가격차별은 항상 소비자 잉여를 증가시키는 결과를 가져온다.

① ㄱ, ㄴ   ② ㄱ, ㄷ   ③ ㄴ, ㄷ

④ ㄴ, ㄹ   ⑤ ㄷ, ㄹ

08. 두 기업 A, B가 전략에 따라 얻게 되는 이익을 나타내는 보수행렬이 다음과 같을 때, 이에 대한 설명으로 적절한 것을 모두 고르면?

구분		기업 B	
		전략 1	전략 2
기업 A	전략 1	(60, 50)	(80, 60)
	전략 2	(70, 90)	(70, 100)

> ㄱ. 내시균형은 2개가 된다.
> ㄴ. A 기업은 우월전략이 존재하지 않는다.
> ㄷ. B 기업은 전략 2를 선택하는 것이 우월전략이다.
> ㄹ. A 기업이 전략 1을 선택한다면, B 기업은 전략 2를 유지할 것이다.

① ㄱ, ㄴ, ㄷ   ② ㄱ, ㄴ, ㄹ   ③ ㄱ, ㄷ, ㄹ

④ ㄴ, ㄷ, ㄹ   ⑤ ㄱ, ㄴ, ㄷ, ㄹ

09. 다음은 A 국과 B 국의 노동자가 하루 동안 생산할 수 있는 운동화와 구두의 양을 나타낸 표이다. 이에 대한 설명으로 옳은 것을 모두 고르면? (단, 두 국가에서 투입 가능한 노동의 양은 동일하며, 노동 외 생산요소는 고려하지 않는다.)

구분	A 국	B 국
운동화	12단위	5단위
구두	4단위	10단위

ㄱ. 각국이 비교우위에 있는 상품을 특화하여 교역한다면 운동화의 수출국은 A 국이 된다.
ㄴ. B 국은 구두 1단위의 국제 가격이 운동화 1/2단위보다 클 때 A 국과 무역을 할 것이다.
ㄷ. B 국은 A 국에 대하여 구두 생산의 절대우위와 비교우위를 모두 갖는다.
ㄹ. 운동화와 구두의 교환 비율이 1:1.5일 경우에는 교역이 성립할 수 없다.

① ㄱ, ㄴ   ② ㄷ, ㄹ   ③ ㄱ, ㄴ, ㄷ
④ ㄴ, ㄷ, ㄹ   ⑤ ㄱ, ㄴ, ㄷ, ㄹ

10. 다음은 X재 시장 및 X재 생산에 특화된 노동시장의 수요와 공급 그래프이다. 이에 대한 설명으로 적절하지 않은 것은?

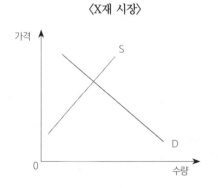

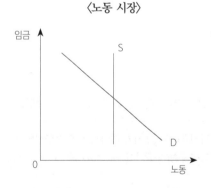

① 노동 공급이 증가하면 X재의 가격은 하락한다.
② X재에 대한 수요가 증가하더라도 고용량은 변하지 않는다.
③ 노동 공급이 감소하면 X재 공급 곡선이 오른쪽으로 이동한다.
④ X재에 대한 수요가 증가하면 임금이 증가한다.
⑤ X재에 대한 수요가 증가하면 노동 수요가 증가한다.

11. 다음은 의자를 생산하는 A 기업의 근로자 수와 그에 따른 생산량을 정리한 표이다. 책상 1개당 시장가격이 7만 원이고 근로자 1인당 임금이 25만 원일 경우, 이윤을 극대화하기 위해 A 기업이 고용할 근로자 수는? (단, 의자와 노동시장은 완전경쟁적이며, 임금 외 다른 비용은 고려하지 않는다.)

근로자 수(명)	1	2	3	4	5	6
책상 생산량(대)	10	18	25	30	33	35

① 2명　　　　② 3명　　　　③ 4명　　　　④ 5명　　　　⑤ 6명

12. 다음 중 무차별곡선에 대한 설명으로 적절하지 않은 것은?

① 두 재화가 완전대체재일 경우 무차별곡선은 우하향의 직선, 완전보완재일 경우 L자로 그려지게 된다.
② 두 상품이 각각 재화와 비재화인 경우 무차별곡선은 우상향한다.
③ 무차별곡선이 원점에 대하여 볼록한 것은 한계대체율이 체감함을 의미한다.
④ 두 상품이 모두 재화인 경우 무차별곡선이 원점에서 멀어질수록 소비자가 느끼는 효용이 크다고 볼 수 있다.
⑤ 무차별곡선이 교차하는 지점이 가장 효용이 높은 지점이다.

13. 다음에서 설명하는 조세 제도에 대한 설명으로 적절하지 않은 것은?

A: 과세표준의 크기와 관계없이 일정한 세율을 적용하는 조세
B: 과세표준이 증가할 때 평균세율이 상승하는 조세

① 주로 A는 간접세, B는 직접세에 사용된다.
② A는 과세소득의 증가율과 조세수입의 증가율이 같다.
③ B는 과세소득의 증가율보다 조세수입의 증가율이 더 크다.
④ A는 B보다 소득 재분배 효과가 더 크다.
⑤ B가 A보다 조세 저항이 강하다.

14. 완전경쟁시장에 대한 설명으로 적절하지 않은 것은?

    ① 시장에 대한 진입과 탈퇴가 자유롭다.

    ② 시장 가격은 한계수입, 한계비용과 모두 일치한다.

    ③ 단기에는 기업이 양(+)의 이윤을 창출하는 것이 가능하다.

    ④ 시장의 참여자 중 기업이 더 많은 정보를 가지고 있다.

    ⑤ 시장에서 생산되는 재화는 동질적이며 서로 대체 가능하다.

15. 다음은 민간경제의 순환과정이다. 이에 대한 설명으로 적절하지 않은 것은?

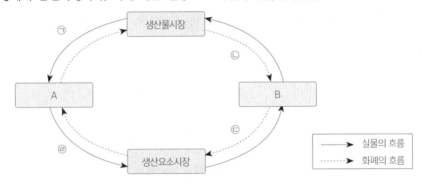

    ① A는 이윤 극대화, B는 효용 극대화를 추구한다.

    ② 갑이 휴대폰을 구입하는 것은 ㉠의 사례로 들 수 있다.

    ③ ㉡은 B가 생산물을 제공한 대가로 얻게 되는 판매수입이다.

    ④ ㉢은 B가 지급하는 생산요소의 대가이다.

    ⑤ A는 ㉣을 제공한 대가로 임금, 이자, 지대 등을 받는다.

16. 다음 중 소득분배지표에 대한 설명으로 적절하지 않은 것은?

    ① 로렌츠곡선은 대각선에 가까울수록 소득분배가 공평한 것이다.

    ② 두 로렌츠곡선이 교차할 경우 소득분배 정도를 비교할 수 없다.

    ③ 지니계수는 0과 1의 사잇값을 가지며, 1에 가까울수록 소득분배가 공평하다.

    ④ 앳킨슨 지수는 0과 1의 사잇값을 가지며, 0에 가까울수록 소득분배가 공평하다.

    ⑤ 10분위 분배율은 0과 2의 사이 값을 가지며, 2에 가까울수록 소득분배가 공평하다.

17. 다음 중 경제적 지대에 대한 설명으로 적절하지 않은 것은?

① 공급이 제한되어 있는 특별한 생산요소에 발생하는 추가적인 보수를 의미한다.

② 일정 금액의 조수 중 전용수입을 제외한 부분을 의미한다.

③ 업계 1위 강사의 수입이 다른 강사들보다 높은 것과 관련 있다.

④ 생산요소 공급이 완전비탄력적이면 요소 소득이 모두 경제적 지대가 된다.

⑤ 지대추구행위는 자원의 낭비를 최소화하여 사회적 후생을 증가시킨다.

18. 경찰은 공범으로 의심되는 용의자 A와 B의 자백을 받기 위해 두 사람을 따로 불러 다음과 같은 형량 제안을 했다. 아래 보수 행렬과 관련 있는 설명으로 옳지 않은 것은?

구분		용의자 B	
		부인	자백
용의자 A	부인	(3, 3)	(25, 2)
	자백	(2, 25)	(20, 20)

① 용의자 A와 B가 선택할 수 있는 우월전략은 자백하는 것이다.

② 반복게임의 성격을 갖게 되면 용의자 A와 B는 서로 협력하게 된다.

③ 내쉬균형이 하나 이상 존재한다.

④ 애덤 스미스의 시장논리를 옹호하는 근거가 된다.

⑤ 현실에서 과점기업 카르텔의 결성과 유지가 어려운 이유를 설명한다.

19. A 국은 국민의 소득에 대해 다음과 같은 누진세율을 적용하고 있다. 갑의 소득이 5,500만 원일 때, 갑의 평균세율은 얼마인가? (단, 소수점 둘째 자리에서 반올림하여 계산한다.)

> 처음 1,000만 원에 대해서는 면세이고, 다음 1,000만 원에 대해서는 10%, 그다음 1,000만 원에 대해서는 15%, 그다음 1,000만 원에 대해서는 25%, 그 이상 초과 소득에 대해서는 50%의 소득세율이 누진적으로 부과된다.

① 20%   ② 22.7%   ③ 25%   ④ 27.5%   ⑤ 30%

20. 다음 중 애로우의 불가능성 정리에서 사회효용함수가 지녀야 할 속성에 해당하지 않는 것은?

① 완비성   ② 이행성   ③ 파레토 원칙

④ 차선의 원칙   ⑤ 독립성

21. 다음 상황에서 코즈의 정리와 부합하는 결과로 적절한 것은? (단, 하천의 소유권은 공장 주인 A에게 있고, 협상에는 별도 비용이 들지 않는다.)

> 강의 상류에서 공장을 운영하는 A는 공장 폐수를 하천에 방류하고 있으며, 하천의 하류에서 양어장을 운영하고 있는 B는 공장 폐수로 인해 양어장이 오염되는 피해를 받고 있다. 공장에서 폐수를 정화하여 배출하려면 월 400만 원이 소요되고, 오염된 양어장을 정화하는 데에는 월 1,000만 원이 든다.

① 공장 주인 A가 스스로 400만 원을 들여 폐수를 정화하여 배출한다.
② 양어장 주인 B가 A에게 공장의 폐수 정화 비용 400만 원을 지불하면서 폐수 정화를 요청한다.
③ 공장 주인 A가 B에게 양어장 정화 비용인 1,000만 원을 지불하면서 양어장 정화를 요청한다.
④ 양어장 주인 B가 스스로 1,000만 원을 들여 양어장을 정화하고 A에게 비용을 요구한다.
⑤ 자발적 협상이 이루어지지 않아 정부가 개입하기 전엔 외부성 문제가 해결되지 않는다.

22. 다음과 같은 상황에서 예상되는 아이스크림 시장의 균형가격과 균형거래량의 변화로 가장 적절한 것은?

> • 이상 기후로 인해 연 평균 기온이 오르고 여름이 길어졌다.
> • 아이스크림의 원료가 되는 우유와 설탕 가격이 올랐다.

① 균형가격: 상승, 균형거래량: 증가
② 균형가격: 상승, 균형거래량: 불분명
③ 균형가격: 하락, 균형거래량: 감소
④ 균형가격: 불분명, 균형거래량: 증가
⑤ 균형가격: 불분명, 균형거래량: 불분명

23. 다음 중 역선택과 도덕적 해이 문제에 대한 설명으로 적절하지 않은 것은?

① 보험회사가 평균적인 질병 발생 확률에 근거하여 보험비를 책정하면, 건강이 나쁜 고객들만 몰려 재정이 악화되는 것은 역선택의 사례이다.

② 공무원들이 서류를 위조해 사적으로 경조사에 다닌 것까지 출장비로 처리하여 국가 예산이 낭비되는 것은 도덕적 해이의 사례이다.

③ 품질표시제도를 통해 시장에서 역선택이 발생하는 것을 방지할 수 있다.

④ 주인 – 대리인 이론은 도덕적 해이의 일종이며 인센티브 제공 등을 통해 약화시킬 수 있다.

⑤ 의료보험 기초공제제도를 통해 의료보험시장에서 발생하는 역선택을 방지할 수 있다.

24. 명목 GDP가 100이고, GDP 디플레이터가 125일 때, 실질 GDP는?

① 12.5　　　　② 25　　　　③ 80　　　　④ 100　　　　⑤ 125

25. 인플레이션에 관한 설명으로 적절하지 않은 것은?

① 인플레이션에 맞춰 가격을 변경하는 데에 발생하는 각종 비용을 메뉴비용이라고 한다.

② 인플레이션 발생이 예상되면 환물심리(換物心理)가 고조된다.

③ 초인플레이션은 극단적이고 장기적인 인플레이션으로 통제가 어려운 상황을 말한다.

④ 구두창비용은 인플레이션에 따라 발생하는 현금관리비용을 말한다.

⑤ 인플레이션이 발생하면 실질 소득이 증가하고, 이에 따라 구매력도 변화하게 된다.

26. 다음은 갑국에서 발생한 경제 활동이다. 국내총생산(GDP)이 증가하는 것을 모두 고르면?

> ㄱ. 국내 A 사의 휴대폰 재고 증가 ㄴ. 중고 자동차 거래량 증가
> ㄷ. 주요 대기업의 주가 상승 ㄹ. 주택 임대료 상승
> ㅁ. 맞벌이 부부의 가사도우미 고용 증가 ㅂ. 국내 B 사의 에어컨 구매량 증가

① ㄱ, ㄴ, ㅁ
② ㄱ, ㄹ, ㅂ
③ ㄴ, ㄷ, ㄹ
④ ㄱ, ㄹ, ㅁ, ㅂ
⑤ ㄴ, ㄷ, ㄹ, ㅂ

27. 갑 국은 A 기업이 생산하는 물품에 대해 종량세를 부과하려고 한다. 다음 중 소비자에게 전가되는 조세 부담이 가장 큰 것은? (단, 종량세의 세율은 같고, 해당 물품에 대한 수요곡선은 우하향하는 직선이며, 공급곡선은 우상향하는 직선이다.)

① 수요의 가격 탄력성: 0.2, 공급의 가격 탄력성: 1.8
② 수요의 가격 탄력성: 0.3, 공급의 가격 탄력성: 0.7
③ 수요의 가격 탄력성: 0.5, 공급의 가격 탄력성: 0.5
④ 수요의 가격 탄력성: 0.7, 공급의 가격 탄력성: 0.3
⑤ 수요의 가격 탄력성: 1.8, 공급의 가격 탄력성: 0.2

28. 다음 중 유동성 함정에 대한 설명으로 적절하지 않은 것은?

① 채권의 가격이 매우 높아서 더 이상 높아지지 않을 것으로 예상한다.
② 추가되는 화폐공급이 모두 투기적 수요로 흡수된다.
③ 화폐수요곡선이 우상향한다.
④ 유동성 함정하에서는 통화정책이 효과가 없다.
⑤ 극심한 경기 침체 상황에서 나타나기 쉬운 현상이다.

29. 다음은 자본의 이동이 완전히 자유로운 고정환율제도에서의 재정정책 효과에 대해 설명한 것이다. ㉠~㉢에 들어갈 용어가 바르게 연결된 것을 고르면? (단, 이 국가는 소규모 개방경제국이다.)

> 재정지출의 증대 → 환율 (㉠) 압력 → 중앙은행 외환 (㉡) 개입 → 통화량 (㉢) → 국민소득 증대

	㉠	㉡	㉢
①	상승	매도	증가
②	상승	매입	감소
③	하락	매도	증가
④	하락	매입	증가
⑤	하락	매입	감소

30. 다음 ㉠~㉢에 들어갈 용어가 바르게 연결된 것을 고르면?

> 구매력평가이론은 모든 나라의 통화 1단위의 구매력이 같도록 환율이 결정되어야 한다는 이론이다. 구매력평가이론에 따르면 양국 통화의 (㉠)은 양국의 (㉡)에 의해 결정되며, 구매력평가이론이 실제로 성립한다면 (㉢)은 불변이 된다.

	㉠	㉡	㉢
①	명목환율	경상수지	실질환율
②	명목환율	물가수준	실질환율
③	실질환율	물가수준	실질환율
④	실질환율	경상수지	명목환율
⑤	명목환율	물가수준	명목환율

31. 다음 중 외부성의 사례로 적절하지 않은 것은?

① 노후 경유차로 인하여 미세먼지가 증가하여 대기가 오염되었다.

② 브라질이 자국의 커피 수출을 제한하여 한국의 녹차가격이 상승한다.

③ 내가 만든 정원이 다른 사람들에게 시각적 즐거움을 주고 있다.

④ 아파트 층간 소음이 이웃 주민들의 숙면을 방해하였다.

⑤ 화려한 옥외 광고판이 운전자의 주의를 산만하게 하여 사고를 유발하였다.

32. 다음 중 총수요-총공급(AD-AS) 모형에 대한 설명으로 적절하지 않은 것은?

① 정부가 이전지출 규모를 확대하면 총수요곡선이 오른쪽으로 이동한다.

② 자본량이 증가하면 단기 총공급곡선은 오른쪽으로 이동한다.

③ 팽창적 통화정책의 시행은 총수요곡선의 기울기를 가파르게 한다.

④ 균형국민소득이 완전고용국민소득보다 작다면 디플레이션 갭이 발생하여 물가하락압력이 커진다.

⑤ 기업에 대한 투자세액공제 축소는 총수요곡선을 왼쪽으로 이동시킨다.

33. 환율이 1달러에 1,000원에서 1,300원으로 변화할 경우 나타날 수 있는 경제의 변화로 적절하지 않은 것은? (단, 환율 변화 외 조건은 고려하지 않는다.)

① 미국에서 유학중인 자녀에게 학비를 보내는 부모님은 부담이 감소하였다.

② 한국시장에서 미국산 오렌지의 가격이 상승하여 소비가 감소하였다.

③ 달러로 연봉계약을 한 야구선수의 원화 표시 연봉이 상승하였다.

④ 미국은행에서 달러를 빌린 한국기업의 차관상환비용이 상승하였다.

⑤ 미국시장에서 한국산 핸드폰의 가격이 하락하여 소비가 증가하였다.

34. 중앙은행의 통화량 조절 정책 수단에 대한 설명으로 적절하지 않은 것은?

① 중앙은행은 시중은행의 이자율 상한선을 설정하여 이자율 상승을 억제한다.

② 중앙은행이 민간으로부터 국채를 매입할 경우 통화 공급은 감소한다.

③ 국내여신에 대하여 최고한도를 설정하는 대출한도제를 설정함으로써 통화량 증가를 억제한다.

④ 시중은행들이 중앙은행으로부터 적게 차입할수록 통화 공급은 감소한다.

⑤ 시중은행들은 법정지급준비율 이상의 준비금을 보유한다면 중앙은행의 재할인율정책은 효과가 없다.

35. 상품시장과 경쟁에 대한 설명으로 가장 옳지 않은 것은?

> ㄱ. 최소효율규모는 평균비용곡선의 최고점이 나타나는 생산수준이다.
> ㄴ. 꾸르노 경쟁에서는 각 기업이 상대방의 현재 가격을 주어진 것으로 보고 자신의 가격을 결정하는 방식으로 경쟁한다.
> ㄷ. 약탈적 가격설정 행위는 일시적 출혈을 감수하면서 가격을 낮춰 경쟁기업을 몰아내는 전략이다.
> ㄹ. 자연독점은 규모의 경제가 현저해 두 개 이상의 기업이 살아남기 어려워 형성된 독점체계이다.

① ㄱ, ㄴ   ② ㄴ, ㄷ   ③ ㄷ, ㄹ
④ ㄱ, ㄴ, ㄹ   ⑤ ㄱ, ㄷ, ㄹ

36. 다음 중 디플레이션에 대한 설명으로 적절하지 않은 것은?

① 인플레이션과 마찬가지로 부와 소득의 재분배가 초래될 수 있다.
② 소비가 지연됨에 따라 GDP에 부정적인 영향을 줄 수 있다.
③ 디플레이션이 발생하면 채권자는 유리해지고, 채무자는 불리해진다.
④ 전월 물가상승률이 10%에서 금월 1%로 하락하였다면 디플레이션이 발생한 것이다.
⑤ 실물 자산의 가치가 하락하여 실물 자산을 보유한 사람은 불리해진다.

37. 2024년에 갑국에서 생산되었다가 재고로 남아 있던 A 제품 1,000개를 2025년에 을국이 수입해 자국에서 판매했다고 할 때, 그 영향으로 적절한 것은?

① 갑국의 2024년, 2025년 GDP가 모두 증가한다.
② 갑국의 2025년 수출은 증가하고 GDP는 불변이다.
③ 을국의 2025년 GNP는 증가하고 GDP는 불변이다.
④ 을국의 2025년 GDP와 GNP 모두 증가한다.
⑤ 을국의 2025년 수입은 증가하고 GDP도 증가한다.

38. 다음은 A 국의 15세 이상 인구 구성이다. A 국의 경제활동참가율과 실업률로 적절한 것은? (단, 주부와 학생은 모두 부업을 하지 않는 전업 주부와 순수 학생을 의미한다.)

- 임금근로자: 700명
- 무급가족종사자: 25명
- 직장은 있으나 질병으로 인해 일시적으로 일을 하고 있지 않은 사람: 25명
- 주부: 300명
- 학생: 700명
- 실업자: 250명

	경제활동참가율	실업률
①	50%	22.5%
②	50%	25%
③	50%	30%
④	65%	25%
⑤	65%	30%

39. 우리나라와 미국의 인플레이션율이 각각 8%와 6%로 예상되고, 미국 달러화 대비 원화 가치가 6% 상승할 것으로 예상될 때, 한국 재화로 표시한 미국 재화의 가치인 실질환율의 변동은?

① 8% 하락

② 6% 하락

③ 변화 없음

④ 6% 상승

⑤ 8% 상승

40. 다음 내용에 대한 설명으로 적절하지 않은 것은?

> 집에서 쉬고 있던 A는 전시회를 보러 가자는 친구의 전화를 받고 무엇을 할지 고민 중이다. 집에서 쉴 때의 효용을 돈으로 환산하면 3만 원이며, 전시회를 볼 때의 효용을 돈으로 환산하면 4만 원이다. 단, 전시회를 보러 가면 입장권 2만 원을 지불해야 한다.

① A가 집에서 쉬는 경우 기회비용은 암묵적 비용 2만 원이 전부이다.
② A가 전시회를 보러 갈 때의 기회비용은 5만 원이다.
③ A가 집에서 쉬는 것을 선택할 경우 순편익은 1만 원이다.
④ A가 집에서 쉬는 경우의 편익이 전시회를 보러 가는 경우의 편익보다 크다.
⑤ A가 전시회를 보러 가지 않고 집에서 쉬는 것이 합리적이다.

41. 다음 중 코즈의 정리에 대한 설명으로 적절하지 않은 것은?

① 정부의 개입 없이도 시장실패를 교정할 수 있음을 보여준다.
② 소비의 외부성에는 적용할 수 있지만, 생산의 외부성에는 적용하기 어렵다.
③ 코즈 정리가 성립하려면 재산권이 명확하게 규정되어 있어야 한다.
④ 거래 비용이 무시할 수 있는 수준이 되어야 합리적 문제 해결이 가능하다.
⑤ 재산권이 누구에게 귀속되는지는 중요하지 않다.

42. 다음 중 IS-LM 모형하에서 통화정책과 재정정책에 대한 설명으로 적절하지 않은 것을 모두 고르면?

> ㄱ. 유동성 함정에서는 통화정책보다 재정정책이 국민소득에 미치는 영향이 크다.
> ㄴ. 다른 조건이 일정한 경우 투자의 이자율 탄력성이 낮을수록 구축효과가 커진다.
> ㄷ. 화폐수요의 이자율 탄력성이 클수록 통화정책의 효과가 작다.
> ㄹ. 한계소비성향이 작을수록 재정정책의 효과가 크게 나타난다.

① ㄱ, ㄴ   ② ㄱ, ㄹ   ③ ㄴ, ㄷ
④ ㄴ, ㄹ   ⑤ ㄷ, ㄹ

43. 다음 중 장기 총공급곡선을 이동시키는 요인에 해당하지 않는 것은?

① 예상물가 수준의 상승

② 인구 증가

③ 기술의 진보

④ 자연자원의 변동

⑤ 자연실업률 상승

44. 솔로우의 성장모형에 대한 설명으로 적절한 것을 모두 고르면?

> ㄱ. 자본량이 황금률 안정상태보다 큰 경우 저축을 감소시키면 소비가 증가한다.
> ㄴ. 지속적인 기술진보만이 지속적인 경제 성장을 달성할 수 있다고 여겼다.
> ㄷ. 저축률은 1인당 자본량을 증가시키므로 항상 저축률이 높을수록 좋다.
> ㄹ. 인구 증가를 고려할 경우, 국가별 1인당 GDP가 다름을 설명할 수 있다.

① ㄱ, ㄴ   ② ㄴ, ㄹ   ③ ㄷ, ㄹ

④ ㄱ, ㄴ, ㄷ   ⑤ ㄱ, ㄴ, ㄹ

45. 다음은 A 국과 B 국이 각각 책상과 의자를 1단위씩 생산하는 데 투입되는 노동량을 비교한 것이다. 이에 대한 설명으로 적절한 것을 모두 고르면? (단, 두 나라 간에 생산요소 이동은 없고, 생산비에는 노동량만 포함된다고 가정한다.)

구분	A 국	B 국
책상	5	4
의자	6	3

> ㄱ. 절대우위론에 따르면 두 국가 간의 무역은 이루어지지 않는다.
> ㄴ. 책상 생산에 대한 절대우위와 비교우위는 A 국에 있다.
> ㄷ. B 국은 책상 생산에 절대우위가 있고, 의자 생산에 절대우위와 비교우위가 있다.

① ㄱ   ② ㄴ   ③ ㄱ, ㄴ

④ ㄱ, ㄷ   ⑤ ㄱ, ㄴ, ㄷ

46. 화폐 공급량은 민간의 현금 보유량과 금융기관이 발행하는 예금화폐의 합계이며, 본원통화는 민간의 현금 보유량과 금융기관의 지급준비금의 합계이다. 민간의 예금 대비 현금 보유 비율이 0.25이고, 금융기관의 지급준비율이 0.25이라고 할 때, 통화승수는?

① 2.00   ② 2.25   ③ 2.50   ④ 4.00   ⑤ 5.00

47. X재와 Y재를 소비하는 소비자 갑의 효용함수가 U(X, Y)=min(3X, 5Y)이다. 두 재화의 관계와 Y재의 가격으로 적절한 것은? (단, X재의 가격은 8원, 소비자 A의 소득은 200원, 소비자 A의 효용을 극대화하는 X재의 소비량은 10단위라고 가정한다.)

① 완전보완재, 8원

② 완전보완재, 12원

③ 완전보완재, 20원

④ 완전대체재, 12원

⑤ 완전대체재, 20원

48. 다음 ㉠~㉢의 소득 유형이 바르게 연결된 것을 고르면?

> 갑의 부모님은 ㉠카페를 운영하고 있으며, 갑의 할아버지는 은퇴 후 정부로부터 ㉡연금을 받아 생활하고 계신다. 대학생인 갑은 용돈을 받아 생활하는데 최근 용돈으로 산 주식이 잘 되어 ㉢배당금을 받았다.

	㉠	㉡	㉢
①	근로소득	이전소득	이전소득
②	근로소득	재산소득	이전소득
③	사업소득	이전소득	재산소득
④	사업소득	재산소득	재산소득
⑤	재산소득	이전소득	재산소득

49. 다음 중 정부실패의 원인으로 적절하지 않은 것은?

① 정책당국의 인지시차 존재

② 이익집단의 개입

③ 정책당국의 제한된 정보

④ 민간부문의 통제 불가능성

⑤ 정책 실행시차의 부재

50. 다음 ㉠~㉣에 들어갈 용어가 바르게 연결된 것을 고르면?

> 케인즈는 유동성을 화폐 자체로 보아 화폐수요를 유동성 선호라고 표현하였으며, 화폐수요의 동기를 거래적 동기, 예비적 동기, 투기적 동기로 분류하였다. 케인즈는 거래적 동기와 예비적 동기는 (㉠)에 의존하고, 투기적 동기는 (㉡)에 의존한다고 보았다. 그의 이론에서는 투기적 동기의 개념을 이해하는 것이 중요한데, 투기적 동기는 장래 수입을 극대화하기 위한 화폐수요로 (㉡)에 매우 민감하다. (㉡)이 낮을 때 채권가격이 (㉢), 투자자의 채권 투자 의욕이 낮은 상황에서 투기적 동기에 따른 화폐수요가 (㉣)한다고 하였다.

	㉠	㉡	㉢	㉣
①	소득	이자율	높고	감소
②	소득	이자율	낮고	증가
③	이자율	소득	높고	증가
④	소득	이자율	높고	증가
⑤	이자율	소득	낮고	감소

51. 다음 빈칸에 들어갈 단어를 순서대로 쓰시오.

> 피구효과는 물가의 (   )으로 자산의 실질 가치가 상승하면 소비 지출이 (   )한다는 이론이다.

(   )

52. 다음은 무엇에 대한 설명인가?

> 비교우위의 원인을 각국의 생산 요소의 부존량 차이 및 요소 집약도의 차이로 설명하는 근대적인 무역이론으로, 이 이론에 따르면 각국은 상대적으로 부존량이 풍부한 생산 요소를 집약적으로 사용해야 하는 재화의 생산에 비교우위를 갖게 된다.

(   )

53. 자본 자유화(financial integration), 통화정책 자율성(monetary independence), 환율 안정(exchange rate stability)이라는 세 가지 정책목표를 동시 달성하는 것이 불가능함을 나타내는 경제 용어는?

(   )

54. 생산요소가 노동 하나뿐인 A 국과 B 국은 소고기와 의류만을 생산한다. 소고기 1단위와 의류 1단위 생산에 필요한 노동투입량이 다음과 같을 때, 무역이 발생하기 위한 의류에 대한 소고기의 상대가격의 범위는?

구분	소고기 1단위	의류 1단위
A 국	1	2
B 국	6	3

(   )

55. 실업의 유형 중 기술진보에 따른 자본의 유기적 구성 고도화로 야기되는 실업을 의미하는 경제 용어는?

(   )

56. 소비하는 재화의 양이 증가할수록 소비자가 느끼는 추가적인 만족도는 점차 감소하는 것을 의미하는 경제 용어는?

(   )

57. 해외부문이 존재하지 않는 폐쇄경제의 균형에서 총투자는 총저축과 같고, 총저축은 민간저축과 정부저축으로 구성되어 있다. 국민소득이 780억 원, 소비지출이 550억 원, 정부지출이 200억 원, 조세가 180억 원일 때 민간저축[억 원]은?

(   )

58. 다음은 무엇에 대한 설명인가?

> 임금 상승률과 실업률의 관계를 나타내는 그래프로, 실업률이 높아질수록 임금 상승률이 낮아지는 반비례 관계를 보인다는 것을 보여준다.

(   )

59. 불황기에 물가가 계속 상승하여 경기 침체와 물가 상승이 동시에 일어나고 있는 상태를 의미하는 경제 용어는?

(   )

60. 신입사원 A는 은행에 저축을 하려고 한다. 저축예금의 이자율이 1년에 10%이고, 물가상승률은 1년에 5%이며, 이자소득에 대한 세율은 50%가 부과된다고 할 때, 피셔가설에 따를 경우 이 저축예금의 실질 세후 이자율[%]은?

(   )

01	02	03	04	05	06	07	08	09	10
①	③	③	④	②	④	②	④	③	③
11	12	13	14	15	16	17	18	19	20
③	⑤	④	④	①	③	⑤	④	②	④
21	22	23	24	25	26	27	28	29	30
②	②	⑤	③	⑤	④	①	③	④	②
31	32	33	34	35	36	37	38	39	40
②	③	①	②	①	④	②	②	①	④
41	42	43	44	45	46	47	48	49	50
②	④	①	⑤	④	③	③	③	⑤	④
51	52	53	54	55	56	57	58	59	60
하락, 증가	헥셔-올린 정리	트릴레마	$0.5 < \dfrac{P \text{ 소고기}}{P \text{ 의류}} < 2$	구조적 실업	한계 효용 체감의 법칙	50	필립스 곡선	스태그 플레이션	0

01
정답 ①

콜라 가격의 상승과 하락은 수요곡선의 이동이 아닌 수요곡선상에서의 점 이동을 발생시킨다.

02
정답 ③

A는 가계, B는 기업, ㉠은 생산활동, ㉡은 재정활동을 의미한다.
③ 외국과의 수출·수입 활동에는 정부도 관여하므로 적절하지 않은 설명이다.

03
정답 ③

A 씨의 월 수입은 2,000만 원이며, 총 비용은 명시적 비용인 월 자재값이 500만 원, 월 임대료 300만 원, 대출이자 150만 원과 암묵적 비용인 임금 300만 원, 예금이자 150만 원을 합산한 금액인 1,400만 원이다.
따라서 A 씨가 한 달 동안 얻는 경제적 이윤은 600만 원이다.

04
정답 ④

완전고용은 자연실업률을 제외한 실업률이 0인 상태를 의미한다.

05
정답 ②

재할인율이 인상되면 시중은행이 중앙은행으로부터의 차입(대출)을 줄이므로 통화량이 감소한다.

오답 체크

①, ③, ④, ⑤는 모두 통화량의 증가를 가져온다.

06
정답 ④

세율을 인하하면 휘발유 생산비가 감소하여 공급이 증가하므로 휘발유의 시장 가격이 하락하게 된다.

07
정답 ②

가격차별에 대한 설명으로 옳은 것은 ㄱ, ㄷ이다.

오답 체크

ㄴ. 가격차별은 동일 상품에 대한 가격을 다르게 설정하는 것으로, 다른 상품에 다른 가격을 설정하는 것은 가격차별의 사례로 보기 어렵다.
ㄹ. 가격차별이 반드시 소비자잉여를 증가시키는 것은 아니므로 적절하지 않은 설명이다.

08
정답 ④

ㄴ. A 기업은 B 기업이 전략 1을 선택할 경우 전략 2를 선택하는 것이 유리하며, B 기업이 전략 2를 선택할 경우 전략 1을 선택하는 것이 유리하여 우월전략이 존재하지 않으므로 옳은 설명이다.
ㄷ. A 기업이 전략 1을 선택할 경우와 전략 2를 선택할 경우 모두 B 기업은 전략 2를 선택하는 것이 이득이므로 옳은 설명이다.
ㄹ. A 기업이 전략 1을 선택할 경우 B 기업은 전략 1을 선택할 경우 50, 전략 2를 선택할 경우 60의 이득을 얻기 때문에 더 큰 보수를 얻는 전략 2를 선택할 것이므로 옳은 설명이다.

ㄱ. B 기업은 항상 우월전략인 전략 2를 선택할 것이며, B 기업이 전략 2를 선택한다면 A 기업은 전략 1을 선택할 것이다. 따라서 내시균형은 A 기업이 전략 1을 선택하고 B 기업이 전략 2를 선택하는 경우 1개이므로 옳지 않은 설명이다.

09
정답 ③

ㄱ. 운동화 1단위 생산의 기회비용은 A 국이 구두 1/3단위, B 국이 구두 2단위이고, 구두 1단위 생산의 기회비용은 A 국이 운동화 3단위, B 국이 운동화 1/2단위이다. 따라서 A 국은 운동화, B 국은 구두를 특화하게 되므로 옳은 설명이다.

ㄴ. 교역 시 B 국은 비교우위에 있는 구두를 특화하여 수출하게 되는데, 이 경우 수출하려는 상품의 국제 가격이 국내 가격보다 비싸야 교역에 응할 것이다. 따라서 B 국은 구두 1단위의 국제 가격이 운동화 1/2단위보다 커야 A 국과의 교역에 응할 것이므로 옳은 설명이다.

ㄷ. 동일한 노동력을 투입했을 때 구두를 더 많이 생산할 수 있는 것은 B 국이므로 구두 생산에 대한 절대우위를 갖는 것은 B 국이고, 구두 1단위 생산의 기회비용은 A 국이 운동화 3단위, B 국이 운동화 1/2단위로 A 국보다 B 국이 더 적은 기회비용으로 구두를 생산하므로 구두 생산에 대한 비교우위를 갖는 것도 B 국이다. 따라서 B 국은 A 국에 대하여 구두 생산의 절대우위와 비교우위를 모두 가지므로 옳은 설명이다.

ㄹ. 양국이 교역을 통해 모두 이득을 보려면 각 상품이 수출국의 국내 가격보다 높은 가격에 수출되고, 수입국의 국내 가격보다 낮은 가격에 수입되어야 한다. 따라서 운동화를 기준으로 하였을 때 운동화 1단위의 가격이 A 국의 국내 가격인 구두 1/3단위보다 크고, B 국의 국내 가격인 구두 2단위보다 작으면 교역이 성립할 수 있으므로 옳지 않은 설명이다.

10
정답 ③

노동 공급이 감소하면 임금이 상승하여 X재 생산비용이 상승하므로 X재의 공급 곡선이 왼쪽으로 이동한다.

11
정답 ③

한계생산물가치를 구하여 결정한다.

근로자 수(명)	1	2	3	4	5	6
책상 생산량(대)	10	18	25	30	33	35
한계생산물가치(만 원)	70	56	49	35	21	14

이윤을 극대화하기 위해서는 한계생산물의 가치가 한계요소비용(임금 25만 원)보다 클 때까지 고용해야 하므로 4명을 고용해야 한다.

12
정답 ⑤

무차별곡선은 교차할 수 없으므로 적절하지 않은 설명이다.

13
정답 ④

A는 비례세, B는 누진세에 대한 설명이다.
일반적으로 비례세(A)보다 누진세(B)의 소득 재분배 효과가 크므로 적절하지 않은 설명이다.

14
정답 ④

시장의 모든 경제주체들은 가격에 관한 모든 경제적, 기술적 정보를 보유하고 공유하므로 적절하지 않은 설명이다.

15
정답 ①

A는 가계로 효용 극대화를 추구하며, B는 기업으로 이윤 극대화를 추구하므로 적절하지 않은 설명이다.

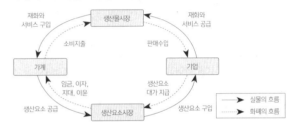

16
정답 ③

지니계수는 0과 1의 사잇값을 가지며, 1에 가까울수록 소득분배가 불공평한 것이므로 적절하지 않은 설명이다.

17
정답 ⑤

지대추구행위는 사회적 후생의 손실을 가져오는데도 자신의 이익을 위하여 초과이윤을 추구하는 행위이므로 적절하지 않은 설명이다.

18
정답 ④

애덤 스미스는 합리적인 경제주체들에 의해 최적의 자원배분이 이루어질 수 있다고 주장하였지만, 죄수의 딜레마를 통해 각자에게 합리적인 선택이 항상 긍정적인 결과를 가져오는 것은 아님을 알 수 있으므로 적절하지 않은 설명이다.

19 정답 ②

평균세율은 납세액을 소득으로 나눈 비율임을 이용하여 구한다.
갑의 납부 세액은 (1,000만 원×0%)+(1,000만 원×10%)+(1,000만 원×15%)+(1,000만 원×25%)+(1,500 원×50%)=0+100만 원+150만 원+250만 원+750만 원=1,250만 원이다.
따라서 갑의 평균세율은 $\frac{1,250}{5,500} \times 100 = 22.7\%$이다.

20 정답 ④

애로우는 사회효용함수가 지녀야 할 속성 5가지를 제시하면서 이들은 서로 모순되기 때문에 5가지 속성을 모두 만족시키는 사회효용함수는 존재할 수 없음을 밝혔으며, 여기엔 완비성, 이행성, 파레토 원칙, 비독재성(민주성), 독립성이 해당한다.

21 정답 ②

코즈의 정리는 자원을 배분할 때 재산권이 명확하게 확립되어 있어 민간의 경제 주체들이 비용을 치르지 않고 협상할 수 있다면 정부 등의 개입 없이도 시장 참여자의 자발적 협상으로 외부효과에 따른 비효율성을 해소할 수 있다는 이론이다.
코즈의 정리에 따르면 양어장 주인 B가 하천의 소유권자이자 공장 주인인 A에 400만 원의 비용을 지급하는 조건으로 폐수를 정화하는 것으로 합의하게 될 것이다.

22 정답 ②

첫 번째는 아이스크림에 대한 수요 증가, 두 번째는 아이스크림 생산 비용의 증가로 인한 공급 감소와 관련 있는 상황이다.
수요가 증가하고 공급이 감소하면 가격은 상승하고, 거래량은 불분명하다.

23 정답 ⑤

의료보험의 기초공제제도는 의료 비용의 일부를 본인에게 부담시킴으로써 가입자의 도덕적 해이를 방지하기 위한 수단이다.

24 정답 ③

GDP 디플레이터 = $\frac{\text{명목 GDP}}{\text{실질 GDP}} \times 100$임을 이용하여 구한다.
실질 GDP = $\frac{100}{125} \times 100 = 80$이다.

25 정답 ⑤

인플레이션이 발생하면 실질 소득이 감소하는 효과가 발생하므로 적절하지 않은 설명이다.

26 정답 ④

ㄱ, ㄹ, ㅁ, ㅂ은 국내총생산이 증가하는 경우이다.

오답 체크

ㄴ. 중고 자동차 거래는 기존 자산의 거래이므로 GDP에 포함되지 않는다.
ㄷ. 기업의 주식 가격의 변동은 기존 자산의 소유권 가격이 상승한 것이므로 GDP에 포함되지 않는다.

27 정답 ①

수요의 가격 탄력성이 낮을수록, 공급의 가격 탄력성이 높을수록 소비자에게 조세 부담을 전가하기 쉽다.

28 정답 ③

유동성 함정 하에서는 화폐수요의 이자율 탄력성이 무한대이므로 화폐수요곡선은 수평선이 된다.

29 정답 ④

고정환율제도하에서 재정지출을 증대하면 이자율이 상승하고 해외 자본 유입이 확대되어 환율 하락 압력이 생기며, 고정환율제도에서는 정부가 환율을 유지하기 위해 외환을 매입할 것이며, 이에 따라 통화량이 증가하여 국민소득이 증대된다.
따라서 ㉠에는 하락, ㉡에는 매입, ㉢에는 증가가 들어가야 한다.

30 정답 ②

㉠에는 명목환율, ㉡에는 물가수준, ㉢에는 실질환율이 들어가야 한다.

31 정답 ②

외부성은 어떤 경제주체의 경제활동이 제3자에게 의도하지 않은 혜택이나 손해를 가져다줌에도 불구하고 이에 대한 대가를 받지도 지불하지 않는 것을 의미한다.
브라질이 의도적으로 커피수출을 제한하여 한국의 녹차가격이 상승한 것은 대체재의 공급 감소로 인한 가격 상승이므로 외부성의 사례로 볼 수 없다.

32
정답 ③

팽창적 통화정책이 시행되면 이자율 하락으로 민간투자가 증가하므로 총수요곡선의 기울기가 변하는 것이 아니라 총수요곡선이 오른쪽으로 이동한다.

33
정답 ①

환율이 상승해 원화가치가 하락하여 이전과 동일한 수준의 학비를 보내기 위해서 지불해야 하는 원화가 증가하였으므로 적절하지 않은 설명이다.

34
정답 ②

중앙은행이 민간으로부터 국채를 매입함에 따라 통화량은 증가하고 이자율이 하락하므로 적절하지 않은 설명이다.

35
정답 ①

ㄱ. 최소효율규모는 최적시설규모 중 가장 작은 단기평균비용의 시설규모를 의미하므로 평균비용곡선의 최저점이 나타나는 생산수준이다.

ㄴ. 꾸르노 경쟁은 가격이 아닌 생산량을 전략변수로 경쟁하는 모형이다.

36
정답 ④

디플레이션은 일반적으로 물가가 지속적으로 하락하는 경제상황을 의미하므로 전월 대비 물가상승률이 하락했다고 해서 디플레이션이 발생했다고 보기 어렵다.

37
정답 ②

갑국에서 2024년에 생산되어 재고로 있던 제품 A는 갑국의 2024년 GDP와 GNP에 포함된다.

갑국에서 2025년에 을국으로 수출한 A 제품은 갑국의 GDP 수출 부문에 포함되지만 이는 곧 재고투자 부문의 감소이므로 갑국의 GDP에는 영향을 주지 않는다.

을국이 2025년에 갑국으로부터 수입한 A 제품을 판매하였다면 을국의 2025년 소비지출 부문에 포함되지만 이는 곧 순수출 부문의 감소이므로 을국의 GDP에 영향을 미치지 않는다.

38
정답 ②

경제활동참가율 $= \dfrac{\text{경제활동인구(취업자+실업자)}}{\text{생산가능인구}}$,

실업률 $= \dfrac{\text{실업자}}{\text{경제활동인구(취업자+실업자)}}$임을 이용하여 구한다.

무급가족종사자, 직장은 있으나 질병으로 인해 일시적으로 일을 하지 않고 있는 사람은 모두 취업자로 분류되므로 취업자 수는 750명이고, 실업자 수가 250명이므로 경제활동인구는 1,000명이다.

주부와 학생은 비경제활동인구로 분류되므로 A 국의 비경제활동인구는 1,000명이다.

따라서 경제활동참가율 $= \dfrac{1,000}{2,000} \times 100 = 50\%$, 실업률 $= \dfrac{250}{1,000} \times 100 = 25\%$이다.

39
정답 ①

실질환율 변화율 = 명목환율 변화율 + 해외물가 상승률 − 국내물가 상승률임을 이용하여 구한다.

미국 달러화 대비 원화 가치의 6% 상승은 명목환율의 6% 하락을 의미한다.

따라서 실질환율 변화율 = (−6%) + 6% − 8% = −8%이다.

40
정답 ④

편익은 경제적 선택을 통해 얻는 포괄적 이득으로, A가 집에서 쉬는 경우의 편익은 3만 원, 전시회를 보러 가는 경우의 편익은 4만 원이므로 옳지 않은 설명이다.

오답 체크

① A가 집에서 쉬는 경우 기회비용은 명시적 비용 0원과 암묵적 비용 2만 원을 더한 2만 원이다.

② A가 전시회를 보러 갈 때의 기회비용은 명시적 비용 2만 원과 암묵적 비용 3만 원을 더한 5만 원이다.

③ A가 집에서 쉬는 것을 선택할 경우 순편익은 편익 3만 원에서 기회비용 2만 원을 뺀 1만 원이다.

⑤ A가 집에서 쉬는 것을 선택할 경우 순편익은 1만 원, 전시회를 보러 가는 것을 선택할 경우 순편익은 −1만 원으로 집에서 쉬는 것이 합리적인 선택이다.

41
정답 ②

코즈의 정리는 외부성의 유형에 관계 없이 외부성이면 모두 적용 가능하므로 적절하지 않은 설명이다.

42

IS-LM 모형하에서 통화정책과 재정정책에 대한 설명으로 적절하지 않은 것은 ㄴ, ㄹ이다.

ㄴ. 다른 조건이 일정한 경우 투자의 이자율 탄력성이 낮을수록 구축효과가 작게 나타나므로 적절하지 않은 설명이다.

ㄹ. 한계소비성향이 커야 구축효과보다 승수효과가 커져 재정정책의 효과가 커지므로 적절하지 않은 설명이다.

43
정답 ①

장기 총공급곡선은 잠재 GDP수준에서 수직선이므로 예상물가 수준의 상승은 장기 총공급곡선에 영향을 미치지 않는다.

44
정답 ⑤

솔로우의 성장모형에 대한 설명으로 적절한 것은 ㄱ, ㄴ, ㄹ이다.

오답 체크

ㄷ. 황금률을 달성하는 저축률 수준보다 저축률이 높아질 경우 자본이 과다 축적되어 비효율성이 발생하므로 항상 저축률이 높을수록 좋은 것은 아니다.

45
정답 ④

A 국과 B 국의 재화 생산에 대한 기회비용을 정리하면 다음과 같다.

구분	A 국	B 국
책상	5: 의자 $\frac{5}{6}$단위	4: 의자 $\frac{4}{3}$단위
의자	6: 책상 $\frac{6}{5}$단위	3: 책상 $\frac{3}{4}$단위

책상 생산에 대한 절대우위는 B 국에 있고 비교우위는 A 국에 있으며, 의자 생산에 대한 절대우위와 비교우위는 모두 B 국에 있음을 알 수 있다.

따라서 적절한 설명은 ㄱ, ㄷ이다.

46
정답 ③

현금예금비율(k)가 주어진 경우 통화승수(m) = $\frac{k+1}{k+z}$임을 이용하여 구한다. (z: 지급준비율)

$m = \frac{k+1}{k+z} = \frac{0.25+1}{0.25+0.25} = 2.50$이다.

47
정답 ③

주어진 효용함수는 두 재화가 완전보완재인 경우에 해당하며, 소비자균형점에서 3x = 5y가 성립하므로 y = $\frac{3}{5}$x이다.

이를 예산제약식에 대입하면 M = P_XX + P_YY → 200 = 80 + 6P_Y → P_Y = 20원이다.

48
정답 ③

㉠은 사업을 하여 획득한 이윤이므로 사업소득, ㉡은 생산에 직접 참여하지 않고 무상으로 얻은 소득이므로 이전소득, ㉢은 자본, 주식, 토지 등의 재산으로부터 얻은 재산이므로 재산소득에 해당한다.

49
정답 ⑤

정부실패는 시장실패를 바로잡기 위해 정부가 시장에 개입한 것이 예기치 못한 결과를 발생시키거나 오히려 시장의 상태를 더욱 악화시키는 것을 의미한다.

⑤ 어떤 정책이 수립되기까지의 시간(내부시차), 정책이 실행되어 효과가 나타나기까지의 시간(외부시차)이 존재는 정부실패의 원인 중 하나이다.

50
정답 ④

㉠에는 소득, ㉡에는 이자율, ㉢에는 높고, ㉣에는 증가가 들어가야 한다.

51
정답 하락, 증가

피구효과는 물가의 하락에 따른 자산의 실질가치의 상승이 소비 지출을 증가시키는 효과를 가져온다는 이론이다.

52
정답 헥셔 - 올린 정리

제시된 내용은 헥셔 - 올린 정리에 대한 설명이다.

53
정답 트릴레마

제시된 내용은 트릴레마(trillemma)에 대한 설명이다.

54

정답 $0.5 < \dfrac{P \text{ 소고기}}{P \text{ 의류}} < 2$

두 나라에서 각 재화 생산의 기회비용을 계산하면 다음과 같다.

구분	소고기 1단위	의류 1단위
A 국	0.5	2
B 국	2	0.5

의류에 대한 소고기의 상대가격($\dfrac{P \text{ 소고기}}{P \text{ 의류}}$)은 두 나라의 소고기 생산의 기회비용인 0.5와 2 사이에서 결정될 것이다.

55

정답 구조적 실업

제시된 내용은 구조적 실업에 대한 설명이다.

56

정답 한계 효용 체감의 법칙

제시된 내용은 한계 효용 체감의 법칙에 대한 설명이다.

57

정답 50

총저축은 정부저축과 민간저축으로 구성되며, 정부저축은 조세에서 정부지출을 제한 것, 민간저축은 소득에서 소비와 조세를 제한 것이다.
따라서 민간저축은 780억 원 − 550억 원 − 180억 원 = 50[억 원]이다.

58

정답 필립스 곡선

제시된 내용은 필립스 곡선에 대한 설명이다.

59

정답 스태그플레이션

제시된 내용은 스태그플레이션(Stagflation)에 대한 설명이다.

60

정답 0

명목이자율이 10%이고, 명목이자소득에 대해 50%의 이자소득세가 부과되면 명목 세후이자율은 5%이다.
피셔가설에 따르면 실질이자율 = 명목이자율 − (기대) 인플레이션율이므로, 실질 세후이자율은 명목 세후이자율(5%) − 인플레이션율(5%) = 0[%]이다.

해커스 LH
한국토지주택공사
NCS + 전공
봉투모의고사

토목/건축 전공
실전모의고사 & 정답·해설

ⅢT 해커스잡

토목 전공 실전모의고사

01. 다음 설명에 해당하는 정리로 적절한 것은?

> 동일 평면상의 한 점에 여러 개의 힘이 작용하고 있는 경우 이 평면상의 임의의 점에 작용하는 힘의 모멘트의 대수합은 그 점에 대한 합력 모멘트와 같다는 정리이다.

① Lami의 정리   ② Green의 정리   ③ Pappus의 정리

④ Varignon의 정리   ⑤ Castigliano의 정리

02. 전단 탄성계수(G)가 $8.4 \times 10^5[kg/cm^2]$이고 프와송비(v)가 0.25일 때, 탄성계수(E)$[kg/cm^2]$는?

① 2.1×10^5 ② 2.3×10^5 ③ 10.7×10^6 ④ 2.1×10^6 ⑤ 2.3×10^6

03. 단면이 $4[cm] \times 6[cm]$이고, 길이가 $10[m]$인 양단고정 장주의 중심축에 하중이 작용할 때, 이 장주의 좌굴하중$[kN]$은? (단, 장주의 탄성계수는 $2 \times 10^5[MPa]$이다.)

① $2,240\pi^2$ ② $2,560\pi^2$ ③ $2,720\pi^2$ ④ $2,960\pi^2$ ⑤ $3,120\pi^2$

04. 다음 설명에 해당하는 유속측정 부표로 적절한 것은?

답사나 홍수 시 급히 유속을 결정할 때 사용하는 부표로 바람이나 소용돌이 등의 영향을 받지 않도록 주의해야 한다.

① 봉부자   ② 표면부자   ③ 이중부자   ④ 수중부자   ⑤ 야간용부자

05. 다음 그림과 같이 2개의 캔틸레버보가 있다. 두 캔틸레버보의 재질과 단면이 모두 동일하고, 자유단의 처짐이 동일할 때, $\frac{P_1}{P_2}$의 값은?

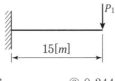

① 0.128   ② 0.216   ③ 0.344   ④ 0.432   ⑤ 0.512

06. 폭이 16[cm], 높이가 24[cm]인 직사각형 단면에서 x축과 y축에 대한 상승 모멘트[cm⁴]는?

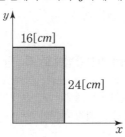

① 18,432   ② 36,864   ③ 46,080   ④ 55,296   ⑤ 73,728

07. 다음은 강선과 동선으로 조립되어 있는 구조물이다. 구조물에 100[kg]의 하중이 작용할 때, 강선에 발생하는 힘[kg]은 약 얼마인가? (단, 강선과 동선의 단면적은 같고, 강선의 탄성계수는 $2.0 \times 10^6[kg/cm^2]$, 동선의 탄성계수는 $1.0 \times 10^6[kg/cm^2]$이다.)

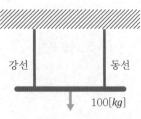

① 33.3   ② 66.7   ③ 133.3   ④ 166.7   ⑤ 233.3

08. 다음은 반지름(R)이 5[m]인 3힌지 아치이다. 이 아치에 집중하중 P가 가해질 때, 지점 A에서의 수평반력은?

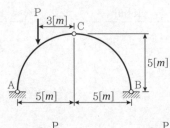

① 2P   ② P   ③ $\frac{P}{2}$ ④ $\frac{P}{4}$ ⑤ $\frac{P}{5}$

09. 다음 설명에 해당하는 수준측량의 야장기입방법으로 적절한 것은?

주행하는 현상을 보완하기 위해 설치하는 방법으로, 전시(B.S)와 후시(F.S)로 구성되어 2란식(Two-column system)이라고도 불린다. 야장기입방법 중 가장 간단한 편이나 점검이 어렵고, 중간점을 기록할 수 없는 방법이다.

① 승강식   ② 교호식   ③ 기고식   ④ 고차식   ⑤ 삼각식

10. 다음 중 클로소이드에 대한 설명으로 적절하지 않은 것은?

① 클로소이드는 모두 서로 닮은꼴이다.

② 매개변수 A에 따라 클로소이드의 크기가 결정된다.

③ 일정한 곡선 길이에서 곡률 반경이 커지면 접선각은 작아진다.

④ 접선각의 크기는 45° 이상이 좋으며 클수록 정확하다.

⑤ 클로소이드는 나선의 일종이다.

11. 교각(I)이 60°, 반지름(R)이 100[m], 곡선의 시점($B.C$)이 $No.8+20$[m]인 단곡선을 설치하려고 할 때, 이 단곡선의 종단현에 대한 편각(δ_2)은? (단, 중심말뚝의 간격은 20[m]이다.)

① 0°21′45″   ② 1°08′28″   ③ 1°21′08″   ④ 1°38′25″   ⑤ 2°51′18″

12. 촬영고도 3,300[m]에서 고도 600[m]의 평지를 촬영하였더니 초점거리가 153[mm]였다고 할 때, 사진축적(M)은 약 얼마인가?

① 1/14,865   ② 1/15,686   ③ 1/16,766   ④ 1/17,647   ⑤ 1/19,668

13. 다음 그림과 같은 지형에서 교호 수준 측량을 진행하였다. 측량 결과 $a_1=1.413$[m], $a_2=1.211$[m], $b_1=1.655$[m], $b_2=1.425$[m]이고, A 점의 표고가 52.562[m]였을 때, B 점의 표고[m]는?

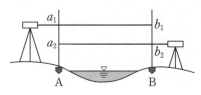

① 52.334   ② 52.346   ③ 52.562   ④ 52.778   ⑤ 52.790

14. 다음 중 완화 곡선에 대한 설명으로 적절한 것을 모두 고르면?

> ㉠ 완화 곡선의 곡률은 곡선 길이에 반비례한다.
> ㉡ 완화 곡선의 접선은 시점에서 직선에 접하고, 종점에서 원호에 접한다.
> ㉢ 완화 곡선의 종점에서 캔트는 원곡선의 캔트와 일치한다.
> ㉣ 곡선 반경은 완화 곡선의 시점에서 원곡선 R, 종점에서 무한대가 된다.
> ㉤ 완화 곡선에 연한 곡률 반경의 감소율은 캔트의 감소율과 동률이며, 부호는 반대이다.

① ㉡, ㉢　　　　② ㉢, ㉤　　　　③ ㉠, ㉡, ㉣　　　　④ ㉠, ㉣, ㉤　　　　⑤ ㉡, ㉢, ㉣

15. 다음 중 지오이드(Geoid)에 대한 설명으로 적절한 것을 모두 고르면?

> ㉠ 평균 해수면을 육지까지 연장한 가상의 곡면이다.
> ㉡ 지하 물질의 밀도가 작은 지역은 지오이드가 높다.
> ㉢ 지오이드면은 굴곡이 완만하여 측지 측량의 기준으로 사용된다.
> ㉣ 준거 타원체와 거의 일치하며 중력장의 등퍼텐셜면이다.

① ㉠, ㉡　　　　② ㉠, ㉣　　　　③ ㉡, ㉢　　　　④ ㉡, ㉣　　　　⑤ ㉢, ㉣

16. 하천의 최대 수심이 2$[m]$인 장소에서 수심별 유속을 관측하여 다음과 같은 결과를 얻었을 때, 3점법을 이용하여 구한 평균 유속$[m/s]$은?

[수심별 유속]

수심$[m]$	0.0	0.4	0.8	1.2	1.6	2.0
유속$[m/s]$	3.2	4.2	4.9	5.4	5.0	4.3

① 4.6　　　　② 4.9　　　　③ 5.0　　　　④ 5.2　　　　⑤ 5.4

17. 다음 중 삼각망 조정에 대한 설명으로 적절하지 않은 것은?

① 삼각형의 내각을 모두 합하면 $180°$가 된다.

② 1점 주위에 있는 각을 모두 합하면 $360°$가 된다.

③ 검기선은 측정한 길이와 계산된 길이가 동일하다.

④ 삼각망은 삼각측량 시 필요한 점을 연결한 삼각형을 일컫는다.

⑤ 임의의 한 변 길이는 계산하는 순서에 따라 결괏값이 달라진다.

18. 직사각형 단면의 수로에서 수심이 $0.9[m]$이고 단위 폭당 유량이 $0.6[m^3/s/m]$일 때, 비에너지$[m]$는? (단, 유속은 소수점 둘째 자리에서 반올림하여 계산하며, 중력가속도는 $9.8[m/s^2]$, 에너지 보정계수는 1.0으로 가정한다.)

① 0.918   ② 0.925   ③ 0.934   ④ 0.942   ⑤ 0.953

19. 다음 중 에너지 보정계수(α)와 운동량 보정계수(β)에 대한 설명으로 적절하지 않은 것은?

① α는 속도수두를 보정하기 위한 무차원 상수이다.

② β는 운동량을 보정하기 위한 무차원 상수이다.

③ 이상 유체에서 α와 β의 값은 1이다.

④ α는 베르누이 방정식에 적용된다.

⑤ 관수로 내 난류인 경우 α의 값은 약 2이며, β의 값은 약 1.3이다.

20. 다음 중 마찰손실수두에 대한 설명으로 적절한 것을 모두 고르면?

> ㉠ 레이놀즈수에 비례한다.
> ㉡ 관경에 반비례한다.
> ㉢ 관의 내면조도에 비례한다.
> ㉣ 관내 유속의 n승에 반비례한다.
> ㉤ 물의 점성에 반비례한다.

① ㉠, ㉡   ② ㉠, ㉣   ③ ㉡, ㉢   ④ ㉠, ㉣, ㉤   ⑤ ㉡, ㉢, ㉤

21. 유역면적(A)이 $25[km^2]$인 지역에 1시간 동안 내린 강우량이 $120[mm]$였다. 하천의 최대 유출량(Q)이 $360[m^3/s]$일 때, 합리식의 유출계수(C)는 약 얼마인가?

① 0.32   ② 0.43   ③ 0.57   ④ 0.64   ⑤ 0.71

22. 다음 중 다르시의 법칙(Darcy's law)에 대한 설명으로 적절하지 않은 것은?

① 물의 점성계수에 따라 투수계수가 변한다.
② 지하수의 층류 흐름에 대한 마찰저항공식을 다르시의 법칙이라 한다.
③ 레이놀즈수가 클 경우 모든 유체흐름에 안심하고 다르시의 법칙을 적용할 수 있다.
④ 평균유속이 동수경사와 비례관계를 가지는 흐름에 적용할 수 있다.
⑤ 대부분의 다공질 매질에서 성립된다.

23. 강우자료의 변화 요소가 발생한 과거의 기록치를 보정하고자 전반적인 자료의 일관성을 조사한다고 할 때, 사용할 수 있는 방법으로 적절한 것은?

① 점진평균방법   ② DAD 분석   ③ 이중누가우량분석

④ Thiessen의 가중법   ⑤ 정상연강수량비율법

24. 미소진폭파(Small-ampitude wave)이론에 따른 일정 수심 h의 해역을 전파하는 파장을 L, 파고를 H, 주기를 T라고 할 때, 파랑에 대한 설명으로 적절하지 않은 것은?

① 파랑의 에너지는 H의 제곱에 비례한다.

② h/L이 0.2보다 클 경우 심해파라고 한다.

③ h/L이 0.05보다 작을 경우 천해파라고 한다.

④ 전이파는 심해파와 천해파를 모두 지니고 있다.

⑤ 분산관계식은 L, h, T 사이의 관계를 나타낸다.

25. 다음 중 관수로 흐름에 대한 설명으로 적절한 것을 모두 고르면?

┌───┐
    ㉠ 압력에 의해 유지된다.
    ㉡ 유체에 작용하는 중력의 영향을 가장 크게 받는다.
    ㉢ 자유표면이 존재하지 않는다.
    ㉣ 관수로의 전단응력은 반지름에 반비례한다.
    ㉤ 관수로 내 층류 흐름의 유속분포는 포물선을 이룬다.
└───┘

① ㉠, ㉡   ② ㉠, ㉤   ③ ㉡, ㉣   ④ ㉠, ㉢, ㉤   ⑤ ㉡, ㉢, ㉣

26. 다음은 수문과 관련된 용어에 대한 정의이다. 용어와 정의가 올바르게 연결된 것의 개수는?

> ㉠ 침투(Infiltration) – 토양면에서 스며든 물이 중력에 의해 계속 지하로 이동하여 지하수대까지 도달하는 현상
> ㉡ 증산(Transpiration) – 물이 수증기의 형태로 식물의 옆면을 통해 대기 중에 방출되는 현상
> ㉢ 강수(Precipitation) – 구름이 응축되어 지상으로 떨어지는 모든 형태의 수분을 총칭하는 말
> ㉣ 증발(Evaporation) – 액체 상태의 물이 기체 상태의 수증기로 바뀌는 현상
> ㉤ 유출(Runoff) – 유역에서 저류 또는 집수된 물이 하천을 따라 흘러나오는 현상

① 1개　　　　② 2개　　　　③ 3개　　　　④ 4개　　　　⑤ 5개

27. 다음 중 전단철근의 간격 제한에 대한 설명으로 적절한 것을 모두 고르면? (단, $V_s \leq \lambda(\sqrt{f_{ck}}/3)b_w d$이다.)

> ㉠ 철근콘크리트 부재일 경우 부재 축에 직각으로 배치된 전단철근의 간격은 $d/2$ 이하로 하고, 600[mm]을 초과할 수 없다.
> ㉡ 프리스트레스콘크리트 부재일 경우 부재 축에 직각으로 배치된 전단철근의 간격은 $0.75h$ 이하로 하고, 600[mm] 이하이어야 한다.
> ㉢ 경사스터럽과 굽힘철근은 부재의 중간 높이에서 반력점 방향으로 주인장철근까지 연장된 45°선과 교차되지 않아야 한다.

① ㉠　　　　② ㉡　　　　③ ㉢　　　　④ ㉠, ㉡　　　　⑤ ㉡, ㉢

28. 다음 중 유효프리스트레스를 결정하기 위하여 고려해야 할 프리스트레스의 손실 원인으로 적절하지 않은 것은?

① 콘크리트의 크리프
② 긴장재 응력의 릴랙세이션
③ 정착장치의 활동
④ 콘크리트의 팽창
⑤ 포스트텐션 긴장재와 덕트 사이의 마찰

29. 경간이 10[m]인 대칭 T형보가 있다. 이 T형보의 슬래브 중심 간격이 2[m], 플랜지의 두께가 200[mm], 복부의 폭이 400[mm]일 때, 플랜지의 유효폭[mm]은?

① 1,500　　　　② 2,000　　　　③ 2,500　　　　④ 3,000　　　　⑤ 3,600

30. 1방향 철근콘크리트 슬래브에서 설계기준항복강도가 500[MPa]인 이형철근을 사용했을 때, 수축·온도 철근비는?

① 0.0015　　　　② 0.0016　　　　③ 0.0018　　　　④ 0.0019　　　　⑤ 0.0020

31. 다음 중 직접설계법을 사용하여 설계할 수 있는 2방향 슬래브 시스템에 대한 설명으로 적절하지 않은 것은?

① 각 방향으로 2경간 이상 연속되어야 한다.

② 슬래브 판들은 단변 경간에 대한 장변 경간의 비가 2 이하인 직사각형이어야 한다.

③ 각 방향으로 연속한 받침부 중심 간 경간 차이는 긴 경간의 1/3 이하이어야 한다.

④ 연속한 기둥 중심선을 기준으로 기둥의 어긋남은 그 방향 경간의 10[%] 이하이어야 한다.

⑤ 모든 하중은 슬래브 판 전체에 걸쳐 등분포된 연직하중이어야 하며, 활하중은 고정하중의 2배 이하이어야 한다.

32. 다음 중 강도설계법에서 구조의 안전을 확보하기 위해 사용되는 강도감소계수의 연결이 적절하지 않은 것은?

① 인장지배단면 – 0.85

② 나선철근 규정에 따라 나선철근으로 보강된 철근콘크리트 부재의 압축지배단면 – 0.70

③ 포스트텐션 정착구역 – 0.85

④ 무근콘크리트의 휨모멘트, 압축력, 전단력, 지압력 – 0.55

⑤ 스트럿-타이 모델에서 타이 – 0.75

33. 다음은 콘크리트와 관련된 용어에 대한 정의이다. 용어와 정의가 올바르게 연결된 것의 개수는?

> ⊙ 구조용 경량콘크리트 − 골재의 전부 또는 일부를 인공경량골재를 사용하여 만든 콘크리트로서 재령 28일의 설계기준압축강도가 15[MPa] 이상이며, 기건 단위질량이 2,000[kg/m³] 미만인 콘크리트
> ⓛ 모래경량콘크리트 − 철근이 배치되지 않았거나 콘크리트구조 설계(강도설계법) 일반사항에서 규정하고 있는 최소 철근비 미만으로 배근된 구조용 콘크리트
> ⓒ 철근콘크리트 − 잔골재와 굵은골재 전부를 경량골재로 대체하여 만든 콘크리트
> ⓔ 프리스트레스트콘크리트 − 외력에 의해 콘크리트에 발생하는 인장응력을 소정의 한도까지 상쇄할 수 있도록 미리 계획적으로 그 응력의 분포와 크기를 정하여 내력을 준 콘크리트
> ⓜ 레디믹스트콘크리트 − 정비된 콘크리트 제조설비를 갖춘 공장에서 생산되어 굳지 않은 상태로 운반차에 의하여 구입자에게 공급되는 굳지 않은 콘크리트

① 1개   ② 2개   ③ 3개   ④ 4개   ⑤ 5개

34. 다음 중 휨모멘트와 축력을 받는 부재의 강도설계에 대한 가정으로 적절하지 않은 것은?

① 철근과 콘크리트의 변형률은 중립축으로부터 거리에 비례하는 것으로 가정할 수 있다.
② 휨모멘트 또는 휨모멘트와 축력을 동시에 받는 부재의 콘크리트 압축 연단의 극한변형률은 콘크리트의 설계기준압축강도가 40[MPa] 이하인 경우에는 0.0038로 가정한다.
③ 철근의 응력이 설계기준항복강도 이하일 때 철근의 응력은 그 변형률에 철근의 탄성계수를 곱한 값으로 한다.
④ 콘크리트의 압축응력의 분포와 콘크리트 변형률 사이의 관계는 직사각형, 사다리꼴, 포물선형 또는 강도의 예측에서 광범위한 실험의 결과와 실질적으로 일치하는 어떤 형상으로도 가정할 수 있다.
⑤ 깊은보의 설계에서 비선형 변형률 분포를 고려하는 대신 스트럿−타이 모델을 적용할 수 있다.

35. 다음 중 테르자기(Terzaghi)의 극한 지지력 공식 $q_u = \alpha c N_c + \beta r_1 B N_r + r^2 D_f N_q$ 에 대한 설명으로 적절하지 않은 것은?

① 계수 α, β를 형상계수라 하며 기초의 모양에 따라 결정한다.
② 기초의 깊이 D_f가 깊을수록 극한 지지력도 이와 더불어 커진다고 볼 수 있다.
③ 지지력계수인 N_c, N_r, N_q는 흙의 내부 마찰각과 점착력에 따라 정해진다.
④ r_1, r_2는 흙의 단위 중량이며 지하수위 아래에서는 수중단위 중량을 써야 한다.
⑤ 지하수위가 지표면과 일치하면 얕은 기초 지지력은 지하수위가 없는 경우에 비해 반감된다.

36. 다음 그림과 같이 3층의 성토층이 있을 때, 이 성토층의 수평방향의 평균 투수 계수[cm/sec]는?

$H_1 = 2.0[m]$, $K_1 = 3.4 \times 10^{-4}[cm/sec]$

$H_2 = 3.0[m]$, $K_2 = 2.9 \times 10^{-4}[cm/sec]$

$H_3 = 2.0[m]$, $K_3 = 3.8 \times 10^{-4}[cm/sec]$

① 2.3×10^{-4} ② 2.5×10^{-4} ③ 2.8×10^{-4} ④ 3.1×10^{-4} ⑤ 3.3×10^{-4}

37. 다음 중 유선망에 대한 설명으로 적절하지 않은 것을 모두 고르면?

ㄱ 각 유로의 침투유량은 서로 다르다.
ㄴ 동수구배 및 침투속도는 유선망의 폭에 반비례한다.
ㄷ 유선망 작도에 필요한 유로의 수는 2~3개이다.
ㄹ 등수두선과 유선은 서로 직교한다.

① ㄱ, ㄴ   ② ㄱ, ㄹ   ③ ㄴ, ㄷ   ④ ㄴ, ㄹ   ⑤ ㄷ, ㄹ

38. 다음 중 통일 분류법에 의해 MH로 분류된 흙에 대한 설명으로 적절한 것은?

① 압축성이 높은 무기질 점토이다.
② 압축성이 낮은 무기질 실트이다.
③ 압축성이 높은 무기질 실트이다.
④ 압축성이 낮은 유기질 점토이다.
⑤ 압축성이 높은 유기질 점토이다.

39. 다음 중 강성 기초 접지압에 대한 설명으로 적절한 것은?

① 점토 지반의 경우 모래의 강도가 작으므로 기초의 중앙부에서 최대 응력이 발생한다.

② 모래 지반의 경우 모래의 강도가 크므로 기초의 양측 모서리에서 최대 응력이 발생한다.

③ 점토 지반의 경우 모든 기초의 밑면에서 동일한 응력이 발생한다.

④ 모래 지반의 경우 모든 기초의 밑면에서 동일한 응력이 발생한다.

⑤ 점토 지반의 경우 기초 양측 모서리의 응력이 기초 중앙부의 응력보다 크다.

40. 다음 중 흙의 연경도에 대한 설명으로 적절하지 않은 것은?

① 소성상태의 흙은 액성지수가 0보다 크고 1보다 작다.

② 소성지수가 큰 흙은 연약 점토 지반이다.

③ 액성지수는 흙의 안정성 파악에 활용될 수 있다.

④ 흙의 안정성은 액성지수가 0에 근접할수록 높다.

⑤ 액성 한계가 큰 흙일수록 점토분을 적게 포함하고 있다.

41. 다음 중 수격작용 방지법에 대한 설명으로 적절하지 않은 것은?

① 토출측 관로에 압력조정용수조를 설치한다.

② 펌프에 플라이휠을 붙인다.

③ 토출측 관로에 양방향 조압수조를 설치한다.

④ 관내의 유속을 경감시킨다.

⑤ 펌프의 관성을 증가시킨다.

42. 다음 중 우수조정지에 대한 설명으로 적절한 것은?

① 하수관거의 유하능력이 부족한 곳에만 설치한다.

② 토사의 이동이 부족한 곳에 설치한다.

③ 구조형식으로는 댐식, 지하식, 계단식이 있다.

④ 분류식 및 합류식 하수도에 설치하는 우수저류형 시설이다.

⑤ 댐식 우수조정지의 제방 높이는 15[m] 이상으로 한다.

43. 다음 중 활성슬러지법 대비 생물막법의 특징에 대한 설명으로 적절하지 않은 것은?

① 반응조를 다단화함으로써 반응효율 및 처리안정성이 향상된다.

② 생물종 분포가 비교적 단순한 편이다.

③ 운전 관리상 조작이 간단한 편이다.

④ 다량의 슬러지 유출로 인한 처리 수의 수질 악화 문제가 나타나지 않는다.

⑤ 접촉제의 표면에 부착된 미생물로 처리하는 방법이다.

44. 용적이 600[m^3]인 폭기조에서 BOD 농도가 140[mg/L]이고 유량이 4,800[m^3/day]인 하수를 처리할 때, BOD 용적 부하[$kgBOD/m^3 \cdot day$]는?

① 0.64   ② 0.88   ③ 1.04   ④ 1.12   ⑤ 1.28

45. 다음 중 분류식 하수 배제방식과 합류식 하수 배제방식에 대한 설명으로 적절하지 않은 것을 모두 고르면?

> ㉠ 합류식은 분류식보다 시공이 용이하다.
> ㉡ 합류식은 침수 피해 다발 지역이나 우수 배제 시설이 정비되어 있지 않은 지역에서 불리하다.
> ㉢ 분류식은 우천 시 수역으로 오수를 방류하지 않으므로 수질 오염 방지에 유리하다.
> ㉣ 분류식의 오수관거는 구경이 크기 때문에 합류식보다 경사가 급하고 매설 깊이가 깊다.

① ㉠, ㉡   ② ㉠, ㉢   ③ ㉡, ㉢   ④ ㉡, ㉣   ⑤ ㉢, ㉣

46. 다음 중 수원으로부터의 상수도의 계통을 올바르게 나타낸 것은?

① 도수 – 취수 – 정수 – 송수 – 급수 – 배수
② 도수 – 정수 – 취수 – 송수 – 배수 – 급수
③ 취수 – 도수 – 정수 – 송수 – 배수 – 급수
④ 취수 – 정수 – 도수 – 송수 – 급수 – 배수
⑤ 취수 – 도수 – 정수 – 배수 – 송수 – 급수

47. 다음 중 침전지의 침전효율을 결정하는 요소에 대한 설명으로 적절한 것은?

① 수온이 높을수록 침강속도는 느려진다.
② 점성도가 낮을수록 침강속도는 느려진다.
③ 표면부하율이 클수록 침전효율이 높아진다.
④ 입자의 밀도가 클수록 침강속도가 빨라진다.
⑤ 침전지 내의 유속이 클수록 침전효율이 높아진다.

48. 다음 중 하수관거의 접합 방법에 대한 설명으로 적절한 것을 모두 고르면?

> ㉠ 지표의 경사가 급한 경우에는 계단접합 방법을 이용한다.
> ㉡ 토공량을 줄이기 위하여 평탄한 지형에 많이 이용되는 방법은 수면접합 방법이다.
> ㉢ 관정접합을 이용하는 경우 굴착 깊이가 증가함에 따라 공사 비용이 증대된다.
> ㉣ 관중심접합은 수면접합과 관저접합의 중간 방법이다.

① ㉠   ② ㉢   ③ ㉠, ㉣   ④ ㉡, ㉢   ⑤ ㉡, ㉣

49. 다음 중 완속여과지 대비 급속여과지의 특징으로 적절하지 않은 것은?

① 유입수가 고탁도인 경우에 적합하다.

② 세균처리에 있어 확실성이 적다.

③ 자연 유하로 물을 흘려보내 중력의 힘으로 여과를 하는 방식이다.

④ 대규모처리에 적합하다.

⑤ 여과지의 면적이 작아 협소한 장소에서도 시공할 수 있다.

50. 다음 중 혐기성 소화처리법과 비교한 호기성 소화처리법의 장·단점으로 적절하지 않은 것을 모두 고르면?

> ㉠ 소화 슬러지의 탈수성 불량
> ㉡ 폭기에 드는 동력비 절감
> ㉢ 초기 투자비 절감
> ㉣ 소화 슬러지의 악취 문제 심화
> ㉤ 부산물로 유효 자원 생성

① ㉠, ㉢   ② ㉠, ㉤   ③ ㉠, ㉡, ㉤   ④ ㉡, ㉢, ㉣   ⑤ ㉡, ㉣, ㉤

51. 단면이 20[cm] × 25[cm]인 압축부재가 있다. 기둥의 길이가 3[m]일 때, 이 압축부재의 세장비(λ)는 약 얼마인가? (단, $\sqrt{3} = 1.7$로 계산하고, 세장비는 소수점 첫째 자리에서 반올림하여 계산한다.)

(   )

52. 단면적(A)이 10[cm²]이고 길이(L)가 3[m]인 강봉(dL)을 0.3[mm] 늘리는 데 필요한 인장력[kgf]은? (단, 탄성계수 $E = 2 \times 10^6[kgf/cm^2]$이다.)

(   )

53. 주곡선 간의 도상 길이가 1[cm]인 지형도에서 축적이 1:50,000이라고 할 때, 이 지형의 경사[%]는?

(   )

54. 폭이 7[m], 높이가 14[m]인 평판이 정지수중에서 8[m/s]의 속도로 이동하면서 항력계수는 0.2일 때, 평판에 작용하는 항력[kN]은? (단, 무게 1[kg]은 10[N]이다.)

(   )

55. $b_w = 300[mm]$, $d = 500[mm]$인 직사각형보의 콘크리트 설계기준압축강도(f_{ck})가 24[MPa]일 때, 보통 중량 콘크리트가 부담할 수 있는 공칭 전단강도[kN]는? (단, $\sqrt{6} = 2.5$로 계산하고, 경량콘크리트 계수는 1이다.)

(   )

56. 압축철근비 0.01, 인장철근비 0.02가 배근된 복철근 콘크리트가 있다. 이 콘크리트 단면에 순간처짐이 20[mm]일 때, 6개월 후 추가장기처짐[mm]은? (단, 작용하는 하중은 지속하중이며, 지속하중의 6개월 재하기간에 따르는 계수 ξ는 1.2이다.)

(   )

57. 함수비가 20[%]인 흙 150[g]을 함수비 25[%]로 만들려고 할 때, 필요한 물의 양[g]은?

(   )

58. 10[m] 두께의 점토층이 10[년] 만에 90[%] 압밀이 된다면, 30[m] 두께의 동일한 점토층이 90[%]의 압밀에 도달할 때, 소요되는 기간[년]은?

(   )

59. 지반의 일축압축강도가 24[kN/m²]인 연약점성토층에 직경이 60[cm]인 철근콘크리트 파일을 관입 깊이 15[m]로 박았을 때, 부마찰력[kN]은? (단, π = 3으로 계산한다.)

(   )

60. 수평인 지표에 위치한 연직옹벽의 높이가 4[m]이고, 내부 마찰각이 30°, 흙의 단위중량이 1.8[t/m³]이며, 점착력이 없을 때, 전주동토압[t/m]은?

(   )

01	02	03	04	05	06	07	08	09	10
④	④	②	②	⑤	②	②	⑤	④	④
11	12	13	14	15	16	17	18	19	20
③	④	①	①	②	③	⑤	②	⑤	③
21	22	23	24	25	26	27	28	29	30
②	③	②	④	④	④	④	④	②	②
31	32	33	34	35	36	37	38	39	40
①	⑤	③	②	③	⑤	①	③	⑤	⑤
41	42	43	44	45	46	47	48	49	50
③	④	②	④	④	③	④	②	③	⑤
51	52	53	54	55	56	57	58	59	60
51	2,000	4	640	125	16	6.25	90	324	4.8

01   정답 ④

제시된 내용은 Varignon의 정리에 대한 설명이다.

02   정답 ④

탄성계수$(E) = G \times 2 \times (1 + v)$임을 적용하여 구한다.
$G = 8.4 \times 10^5$, $v = 0.25$이므로 탄성계수(E)는 $8.4 \times 10^5 \times 2 \times (1 + 0.25) = 21 \times 10^5 = 2.1 \times 10^6 [kg/cm^2]$이다.

03   정답 ②

단면이 직사각형인 장주의 단면 2차 모멘트$(I) = \frac{bh^3}{12}$, 장주의 좌굴하중$(P_{cr}) = \frac{n\pi^2 EI}{l^2}$임을 적용하여 구한다.
직사각형 단면의 폭(b)은 $6[cm]$, 높이(h)는 $4[cm]$이므로 장주의 단면 2차 모멘트는 $\frac{60 \times 40^3}{12} = 320,000[mm^4]$이다. 이때, 양단고정 장주의 좌굴계수$(n)$는 4이고, 장주의 길이$(l)$는 $10[m]$이다.
따라서 이 장주의 좌굴하중은 $\frac{4 \times \pi^2 \times (2 \times 10^5) \times 320,000}{10,000^2} = 2,560\pi^2[kN]$이다.

04   정답 ②

제시된 내용은 표면부자에 대한 설명이다.

05   정답 ⑤

집중하중을 P, 보의 길이를 L, 탄성계수를 E, 단면 2차 모멘트를 I라 할 때, 자유단의 처짐$(y) = \frac{PL^3}{3EI}$임을 적용하여 구한다.
두 캔틸레버보의 처짐을 각각 y_1, y_2, 집중하중을 각각 P_1, P_2라고 하면,
두 캔틸레버보의 재질과 단면이 모두 동일하고, 자유단의 처짐이 동일하여 $y_1 = \frac{P_1 15^3}{3EI}$과 $y_2 = \frac{P_2 12^3}{3EI}$은 동일하므로 $P_1 \times \left(\frac{15^3}{3EI} \right) = P_2 \times \left(\frac{12^3}{3EI} \right)$이다.

따라서 자유단의 처짐을 같게 하는 $\frac{P_1}{P_2} = \frac{\frac{12^3}{3EI}}{\frac{15^3}{3EI}} = \frac{12^3}{15^3} = 0.512$이다.

06   정답 ②

직사각형의 면적을 A, x축과 y축으로부터 도심거리를 각각 x_0, y_0라 할 때, 단면 상승 모멘트$(I_{xy}) = A \times x_0 \times y_0$임을 적용하여 구한다.
직사각형의 면적은 $16 \times 24 = 384[cm^2]$이고, x축으로부터 도심거리는 $\frac{16}{2} = 8[cm]$, y축으로부터 도심거리는 $\frac{24}{2} = 12[cm]$이므로
$I_{xy} = 384 \times 8 \times 12 = 36,864[cm^4]$
따라서 단면 상승 모멘트는 $36,864[cm^4]$이다.

07   정답 ②

강선에 발생하는 힘은 강선의 탄성계수:동선의 탄성계수 = 2:1임을 적용하여 구한다.

동선에 발생하는 힘을 x라고 하면

강선에 발생하는 힘은 $2x$이고 강선과 동선으로 조립되어 있는 구조물에 100[kg]의 하중이 작용하므로 $x + 2x = 100 \rightarrow 2x \fallingdotseq 66.7$

따라서 강선에 발생하는 힘은 66.7[kg]이다.

08 정답 ⑤

수평반력은 힌지절점 C의 휨모멘트의 합 = 0임을 적용하여 왼쪽 또는 오른쪽만 구한다.

힌지절점 C를 기준으로 지점 B의 수직반력(V_b)과 절점 C에서 지점 B까지의 거리는 $\overline{AB}$ 거리(L)의 절반인 5[m]이고, 힌지절점 C에서 지점 B까지 수평반력(H_b)이 작용하는 거리(h)는 5[m]이다. 이때, 힘이 작용하는 방향에 따라 L은 음수가 된다.

힌지절점 C의 오른쪽 휨모멘트의 합($\sum M_{cr}$) = 0이므로 $\sum M_{cr} = \left(V_b \times \frac{L}{2}\right) + (H_b \times h) = 0 \rightarrow -(V_b \times 5) + (H_b \times 5) = 0 \rightarrow V_b = H_b$이다.

또한, $V_a + V_b = \mathrm{P}$이고 $\sum M_a = (\mathrm{P} \times a) - \left\{V_b \times \left(\frac{L}{2} + \frac{L}{2}\right)\right\} = 0$이므로 a는 $\overline{AB}$ 거리의 절반인 5[m]와 $\overline{CP}$ 거리 3[m]의 차이인 2[m]이고 $\sum M_a = 2\mathrm{P} - 10V_b = 0 \rightarrow 2\mathrm{P} = 10V_b \rightarrow V_b = \frac{\mathrm{P}}{5}$

따라서 $V_b = H_b = \frac{\mathrm{P}}{5}$이다.

09 정답 ④

제시된 내용은 고차식에 대한 설명이다.

10 정답 ④

접선각의 크기는 45° 이하가 좋으며 작을수록 정확하므로 적절하지 않다.

11 정답 ③

종단현의 길이를 l_2라 할 때, 종단현에 대한 편각(δ_2) = $1718.87' \times \frac{l_2}{R}$, 곡선장($C.L$) = $\frac{\pi}{180°} \times R \times I$, 종점의 위치($E.C$) = $B.C + C.L$임을 적용하여 구한다.

$C.L = \frac{\pi}{180°} \times 100 \times 60 = 104.72$[$m$]이고, $B.C = No.8 + 20$[m]이므로 $E.C = No.8 + 20 + 104.72 = (20 \times 8) + 20 + 104.72 = 284.72$이다. 이때, 284.72 / 20 = 14.236임에 따라 $E.C = No.14 + 4.72$[m]이므로 $l_2 = 284.72 - No.14 = 4.72$[$m$]이다.

따라서 종단현의 편각(δ_2)은 $1718.87' \times \frac{4.72}{100} = 1°21'08''$이다.

12 정답 ④

사진축적(M) = 초점거리 / (촬영고도 – 대지고도)임을 적용하여 구한다.

초점거리는 153[mm]이고, 촬영고도는 3,300,000[mm], 대지고도는 600,000[mm]이다.

따라서 사진축적(M) = 153 / (3,300,000 – 600,000) = 153 / 2,700,000 $\fallingdotseq$ 1 / 17,647이다.

13 정답 ①

A 점의 표고를 H_A, A 점과 B 점의 고저 차를 H라 할 때, $H = \frac{(a_1 - b_1) + (a_2 - b_2)}{2}$, B 점의 표고($H_B$) = $H_A + H$임을 적용하여 구한다.

$a_1 = 1.413$[m], $a_2 = 1.211$[m], $b_1 = 1.655$[m], $b_2 = 1.425$[m]이므로 $H = \frac{(1.413 - 1.655) + (1.211 - 1.425)}{2} = -0.228$[$m$]이고, $H_A = 52.562$[m]이다.

따라서 B 점의 표고는 52.562 – 0.228 = 52.334[m]이다.

14 정답 ①

완화 곡선에 대한 설명으로 적절한 것은 ⓒ, ⓔ이다.

[오답 체크]

ⓐ 완화 곡선의 곡률은 곡선 길이에 비례하므로 적절하지 않다.

ⓓ 곡선 반경은 완화 곡선의 시점에서 무한대, 종점에서 원곡선 R이 되므로 적절하지 않다.

ⓔ 완화 곡선에 연한 곡률 반경의 감소율은 캔트의 증가율과 동률이며, 부호는 반대이므로 적절하지 않다.

15 정답 ②

지오이드에 대한 설명으로 적절한 것은 ⓐ, ⓔ이다.

[오답 체크]

ⓒ 지하 물질의 밀도가 작은 곳은 지오이드가 낮으므로 적절하지 않다.

ⓓ 지오이드면은 굴곡이 심하여 측지 측량의 기준으로 사용하기 어려우므로 적절하지 않다.

16 정답 ③

3점법(V_m) = $\frac{1}{4}(V_{0.2} + 2V_{0.6} + V_{0.8})$임을 적용하여 구한다.

최대 수심을 H라 하면, $V_{0.2}$, $V_{0.6}$, $V_{0.8}$은 각각 수면으로부터 최대 수심의 0.2H, 0.4H, 0.8H가 되는 깊이의 유속이며, 최대 수심이 2[m]이므로

$V_{0.2} = 2 \times 0.2 = 0.4$[$m$] 지점의 유속 = 4.2[$m/s$],

$V_{0.6} = 2 \times 0.6 = 1.2$[$m$] 지점의 유속 = 5.4[$m/s$],

$V_{0.8} = 2 \times 0.8 = 1.6[m]$ 지점의 유속 = $5.0[m/s]$이다.

따라서 3점법을 이용하여 구한 평균 유속은 $\frac{1}{4}\{4.2 + (2 \times 5.4) + 5.0\} = 5.0[m/s]$이다.

17 정답 ⑤

삼각망 임의의 한 변 길이는 계산 순서에 관계없이 항상 일정하므로 적절하지 않다.

18 정답 ②

비에너지$(H_e) = h + \alpha\frac{V^2}{2g} = h + \alpha\frac{Q^2}{2gA^2}$임을 적용하여 구한다.

수심$(h) = 0.9[m]$, 유량$(Q) = 0.6[m^3/s/m]$, 중력가속도$(g) = 9.8[m/s^2]$, 에너지 보정계수$(\alpha) = 1.0$이므로

유속$(V) = \frac{Q}{A} = \frac{0.6}{1.0 \times 0.9} ≒ 0.7[m/s]$이다.

따라서 비에너지는 $0.9 + \frac{1.0 \times 0.7^2}{2 \times 9.8} = 0.925[m]$이다.

19 정답 ⑤

관수로 내 난류인 경우 에너지 보정계수(α)의 값은 1.01~1.05, 운동량 보정계수(β)의 값은 1.0~1.05이므로 적절하지 않다.

20 정답 ③

마찰손실수두에 대한 설명으로 적절한 것은 ⓛ, ⓒ이다.

오답 체크

㉠ 레이놀즈수에 반비례하므로 적절하지 않다.
㉣ 관내 유속의 n승에 비례하므로 적절하지 않다.
㉢ 물의 점성에 비례하므로 적절하지 않다.

21 정답 ②

하천의 최대 유출량$(Q) = 0.2778 \times$ 유출계수$(C) \times$ 강우강도$(I) \times$ 유역면적(A)임을 적용하여 구한다.

하천의 최대 유출량은 $360[m^3/s]$, 강우강도는 $120[mm/h]$, 유역면적은 $25[km^2]$이다.

따라서 합리식의 유출계수$(C) = \frac{360}{0.2778 \times 120 \times 25} ≒ 0.43$이다.

22 정답 ③

레이놀즈수(Reynolds number)가 10 이상일 경우 다르시의 법칙이 유효하지 않으므로 적절하지 않다.

23 정답 ③

이중누가우량분석은 강수량 관측 시 일관성을 평가하고 보완하고자 할 때 활용하는 방법으로 우량계의 위치, 우량계의 형, 관측방법, 노출상태 등 주위 환경의 변화가 발생하면 변화 요소로 자료에 직접적인 영향을 미치도록 함으로써 자료에 일관성이 없어 기록치에 문제가 생기지 않도록 하기 위해 이용되므로 적절하다.

24 정답 ②

심해파는 수심의 파장이 절반보다 깊은 바다에서 나타나며, h/L이 0.5보다 크므로 적절하지 않다.

25 정답 ④

관수로 흐름에 대한 설명으로 적절한 것은 ㉠, ㉢, ⓜ이다.

오답 체크

ⓛ 유체 내부 점성력의 영향을 가장 크게 받으므로 적절하지 않다.
㉣ 관수로의 전단응력은 반지름에 비례하므로 적절하지 않다.

26 정답 ④

수문과 관련된 용어와 정의가 올바르게 연결된 것은 ⓛ, ㉢, ㉣, ⓜ으로 총 4개이다.

오답 체크

㉠ 침투(Infiltration): 강수가 지표를 통해 토양 내부로 스며드는 현상

27 정답 ④

전단철근의 간격 제한에 대한 설명으로 적절한 것은 ㉠, ⓛ이다.

오답 체크

ⓒ 경사스터럽과 굽힘철근은 부재의 중간 높이에서 반력점 방향으로 주인장철근까지 연장된 45°선과 한 번 이상 교차되도록 배치하여야 하므로 적절하지 않다.

28 정답 ④

콘크리트의 팽창은 유효프리스트레스를 결정하기 위하여 고려해야 할 프리스트레스 손실 원인이 아니므로 적절하지 않다.

🔍 더 알아보기

유효프리스트레스를 결정하기 위하여 고려해야 할 프리스트레스의 손실 원인

- 정착장치의 활동
- 콘크리트의 탄성수축
- 포스트텐션 긴장재와 덕트 사이의 마찰
- 콘크리트의 크리프
- 콘크리트의 건조수축
- 긴장재 응력의 릴랙세이션

29   정답 ②

복부의 폭을 b_w라 할 때, 슬래브와 보를 일체로 친 T형보의 유효폭은 (양쪽으로 각각 내민 플랜지 두께의 8배씩) + b_w, 양쪽 슬래브의 중심 간 거리, 보의 경간의 $\frac{1}{4}$ 중 가장 작은 값임을 적용하여 구한다.

$b_w = 400[mm]$이므로 (양쪽으로 각각 내민 플랜지 두께의 8배씩) + b_w는 $16 \times 200 + 400 = 3,600[mm]$이고, 양쪽 슬래브의 중심 간 거리는 $2[m] = 2,000[mm]$이며, 보의 경간의 $\frac{1}{4}$은 $10 \times \frac{1}{4} = 2.5[m] = 2,500[mm]$이다.

따라서 플랜지의 유효폭은 $2,000[mm]$이다.

30   정답 ②

설계기준항복강도를 f_y라고 할 때, 설계기준항복강도가 $400[MPa]$을 초과하는 이형철근을 사용한 슬래브의 수축·온도 철근비는 $0.0020 \times \frac{400}{f_y}$임을 적용하여 구한다.

$f_y = 500[MPa]$으로 $400[MPa]$을 초과한다.

따라서 수축·온도 철근비는 $0.0020 \times \frac{400}{500} = 0.0016$이다.

31   정답 ①

각 방향으로 3경간 이상 연속되어야 하므로 적절하지 않다.

32   정답 ⑤

강도설계법에서 구조의 안전을 확보하기 위해 사용되는 스트럿-타이 모델의 타이 강도감소계수는 0.85이므로 적절하지 않다.

33   정답 ③

콘크리트와 관련된 용어와 정의가 올바르게 연결된 것은 ㉠, ㉣, ㉤으로 총 3개이다.

오답 체크

- ㉡ 모래경량콘크리트: 잔골재로 자연산 모래를 사용하고, 굵은골재로는 경량골재를 사용하여 만든 콘크리트
- ㉢ 철근콘크리트: 외력에 대해 철근과 콘크리트가 일체로 거동하게 하고, 규정된 최소 철근량 이상으로 철근을 배치한 콘크리트

34   정답 ②

휨모멘트 또는 휨모멘트와 축력을 동시에 받는 부재의 콘크리트 압축 연단의 극한변형률은 콘크리트의 설계기준압축강도가 $40[MPa]$ 이하인 경우에는 0.0033으로 가정하므로 적절하지 않다.

35   정답 ③

지지력계수인 N_c, N_r, N_q는 흙의 내부 마찰각에 의해서 결정되므로 적절하지 않다.

36   정답 ⑤

투수 계수를 K, 수위를 H라 할 때, 성토층의 수평방향 평균 투수 계수$(K_h) = \frac{K_1 H_1 + K_2 H_2 + \cdots + K_n H_n}{H}$임을 적용하여 구한다.

따라서 3층 성토층의 수평방향 평균 투수 계수는

$\frac{(3.4 \times 10^{-4} \times 2) + (2.9 \times 10^{-4} \times 3) + (3.8 \times 10^{-4} \times 2)}{2 + 3 + 2} = \frac{(6.8 \times 10^{-4}) + (8.7 \times 10^{-4}) + (7.6 \times 10^{-4})}{7} = 3.3 \times 10^{-4}[cm/sec]$이다.

37   정답 ①

- ㉠ 각 유로의 침투유량은 같으므로 적절하지 않다.
- ㉢ 유선망 작도에 필요한 유로의 수는 4~6개이므로 적절하지 않다.

🔍 더 알아보기

유선망의 특징

- 각 유로의 침투유량은 같다.
- 등수두선과 유선은 서로 직교한다.
- 유선망으로 이루어지는 사각형은 이론상 정사각형이다.
- 인접한 2개의 등수두선 사이의 수두손실은 같다.
- 동수구배 및 침투속도는 유선망의 폭에 반비례한다.
- 유선망 작도에 필요한 유로의 수는 4~6개이다.

38
정답 ③

압축성이 높은 무기질 실트는 MH로 분류되므로 적절하다.

오답 체크

① 압축성이 높은 무기질 점토는 CH로 분류되므로 적절하지 않다.
② 압축성이 낮은 무기질 실트는 ML로 분류되므로 적절하지 않다.
④ 압축성이 낮은 유기질 점토는 OL로 분류되므로 적절하지 않다.
⑤ 압축성이 높은 유기질 점토는 OH로 분류되므로 적절하지 않다.

39
정답 ⑤

점토 지반의 경우 기초 양측 모서리에서 최대 응력이 발생하므로 적절하다.

오답 체크

①, ③ 점토 지반의 경우 기초 양측 모서리에서 최대 응력이 발생하므로 적절하지 않다.
②, ④ 모래 지반의 경우 기초 중앙부에서 최대 응력이 발생하므로 적절하지 않다.

40
정답 ⑤

액성 한계가 큰 흙일수록 점토분을 많이 포함하고 있으므로 적절하지 않다.

오답 체크

① 액성지수가 0보다 크고 1보다 작은 경우의 흙은 소성상태이므로 적절하다.
② 소성지수가 크거나 액성 한계가 큰 흙은 연약 점토 지반이므로 적절하다.
③ 액성지수는 흙이 자연상태에서 함유하고 있는 함수비의 정도를 표시하는 지수로, 흙의 안정성 파악에 이용되므로 적절하다.
④ 액성지수는 흙의 유동 가능성을 나타내는 값으로, 0에 근접할수록 흙의 안정성이 높으므로 적절하다.

41
정답 ③

수격작용 방지를 위해 토출측 관로에 한 방향 조압수조를 설치해야 하므로 적절하지 않다.

42
정답 ④

우수조정지는 분류식과 합류식 하수도에 설치하며, 우수를 저류하여 유출량을 조절하는 시설이므로 적절하다.

오답 체크

① 우수조정지는 하류지역 펌프장의 능력이 부족하거나 우수 유출량의 증대로 침수 방지가 필요한 곳 등에도 설치하므로 적절하지 않다.

② 우수조정지는 하류지역의 펌프장 능력이 부족한 곳, 하수관거의 유하 능력이 부족한 곳, 방류수역의 유하능력이 부족한 곳 등에 설치하고, 토사의 이동이 부족한 곳에는 설치하지 않으므로 적절하지 않다.
③ 우수조정지의 구조형식으로는 댐식, 굴착식, 지하식, 현지 저류식이 있으므로 적절하지 않다.
⑤ 댐식 우수조정지의 제방 높이는 15[m] 미만으로 하므로 적절하지 않다.

43
정답 ②

생물막법에서는 활성슬러지법과 비교했을 때 다양한 생물종이 생물막을 구성하므로 적절하지 않다.

44
정답 ④

BOD 용적 부하 = $\dfrac{\text{하수의 BOD 농도} \times \text{하수의 유량}}{\text{폭기조의 용적}}$ 임을 적용하여 구한다.

따라서 BOD 용적 부하는

$\dfrac{(140 \times 10^{-3}) \times 4,800}{600} = 1.12[kgBOD/m^3 \cdot day]$이다.

45
정답 ④

ⓒ 합류식은 침수 피해 다발 지역이나 우수 배제 시설이 정비되어 있지 않은 지역에서 유리하므로 적절하지 않다.
ⓔ 분류식은 오수관거의 구경이 작아서 합류식보다 경사가 급하고 매설 깊이가 깊으므로 적절하지 않다.

오답 체크

㉠ 오수와 우수를 같은 관거 계통으로 배제하는 합류식은 오수와 우수를 별개의 관거 계통으로 배제하는 분류식보다 시공이 용이하므로 적절하다.
ⓒ 우천 시 유량에 따라 하천이나 바다에 오수를 배출하는 합류식과 달리, 분류식은 우천 시 오수를 수역으로 방류하지 않아 수질 오염 예방에 유리하므로 적절하다.

46
정답 ③

수원으로부터의 상수도의 계통으로 적절한 것은 ③이다.

47
정답 ④

침강속도는 입자 직경의 제곱에 비례하며, 입자의 밀도가 클수록 침강속도 역시 빨라지므로 적절하다.

오답 체크

① 수온이 높을수록 점성도가 낮아져 침강속도는 빨라지므로 적절하지 않다.
② 점성도가 낮을수록 침강속도는 빨라지므로 적절하지 않다.
③ 표면부하율이 작을수록 침전효율은 높아지므로 적절하지 않다.

⑤ 침전지 내의 유속이 너무 클 경우 침전을 저해하거나 침전된 슬러지가 떠오를 가능성이 있어 침전효율이 낮아지므로 적절하지 않다.

48 정답 ②

하수관거의 접합 방법에 대한 설명으로 적절한 것은 ⓒ이다.

오답 체크

㉠ 지표의 경사가 급한 경우에 이용하는 방법은 단차접합 방법이므로 적절하지 않다.
ⓒ 토공량을 줄이기 위해 평탄한 지형에 많이 이용되며 공사 비용이 낮은 방법은 관저접합 방법이므로 적절하지 않다.
ⓔ 관중심접합은 수면접합과 관정접합의 중간 방법이므로 적절하지 않다.

49 정답 ③

자연 유하로 물을 흘려보냄으로써 중력의 힘을 활용하여 여과를 하는 방식은 완속여과지이므로 적절하지 않다.

50 정답 ⑤

ⓒ 호기성 소화처리법은 폭기에 과다한 동력비가 소요된다는 단점이 있으므로 적절하지 않다.
ⓔ 호기성 소화처리법은 소화 슬러지의 악취 발생이 감소한다는 장점이 있으므로 적절하지 않다.
ⓜ 호기성 소화처리법은 부산물로 유효 자원이 생성되지 않는다는 단점이 있으므로 적절하지 않다.

🔍 더 알아보기
호기성 소화처리법과 혐기성 소화처리법

구분	호기성 소화처리법	혐기성 소화처리법
장점	· 초기 투자비 절감 · 양호한 처리수 및 상징수의 수질 · 소화 슬러지의 악취 발생 감소 · 운전의 용이성	· 유효 자원인 메탄 생성 · 적은 슬러지 생성량 · 적은 동력비 및 유지관리비
단점	· 가치 있는 부산물 미생성 · 소화 슬러지의 탈수성 불량 · 저조한 유기물 감소율 · 폭기에 소요되는 동력비 과다 · 저온 시 효율 저하 · 건설 부지 비용 과다	· 높은 온도 요구 · 느린 미생물의 성장 속도 · 높은 상징액의 농도 · 암모니아에 의해 발생하는 악취 문제

51 정답 51

세장비(λ) = 기둥의 길이(L) / 최소 회전 반지름(r)임을 적용하여 구한다.
단면이 20[cm] × 25[cm]이므로 최소 회전 반지름 r의 값은 20 / $\sqrt{12}$ ≒ 5.88[cm]이다.
따라서 압축부재의 세장비(λ)는 300 / 5.88 ≒ 51이다.

52 정답 2,000

인장력(P) = $\frac{E \times A \times dL}{L}$임을 적용하여 구한다.
단면적(A)은 10[cm^2]이고, 길이(L)는 3,000[mm], 강봉(dL)은 0.3[mm]이다.
따라서 인장력(P) = $\frac{2 \times 10^6 \times 10 \times 0.3}{3,000}$ = 2,000[kgf]이다.

53 정답 4

경사도 = $\frac{지형도의 주곡선 간격(높이)}{지형도의 1[cm] 수평거리}$ × 100임을 적용하여 구한다.
축적 1:50,000 지형도의 1[cm] 수평거리는 0.01 × 50,000 = 500[m], 주곡선 간격은 20[m]이다.
따라서 이 지형의 경사는 $\frac{20}{500}$ × 100 = 4[%]이다.

54 정답 640

폭을 b, 높이를 h, 단위질량을 w, 중력가속도를 g, 항력계수를 C_D, 유속을 v라 할 때, 평판의 투영 면적(A) = $b \times h$, 밀도(p) = $\frac{w}{g}$, 항력(D) = $C_D \times A \times \frac{p \times v^2}{2}$임을 적용하여 구한다.
$C_D = 0.2$, $A = 7 \times 14 = 98[m^2]$, $p = \frac{w}{g} = \frac{1}{9.8}$, $v = 8[m/s]$임에 따라 $D = 0.2 \times 98 \times \frac{1 \times 8^2}{2 \times 9.8} = 64[t]$이다.
따라서 항력은 64[t] = 64,000[kg] = 640,000[N] = 640[kN]이다.

55 정답 125

경량콘크리트 계수를 λ, 설계기준압축강도를 f_{ck}, 폭을 b_w, 종방향 인장철근의 중심에서 압축콘크리트 연단까지 거리를 d라 할 때, 공칭 전단강도(V_c) = $\frac{\lambda \sqrt{f_{ck}}}{6} b_w d$임을 적용하여 구한다.
$\lambda = 1$, $f_{ck} = 24[MPa]$, $b_w = 300[mm]$, $d = 500[mm]$이다.
따라서 공칭 전단강도는 $\frac{1 \times \sqrt{24}}{6} \times 300 \times 500 = 2\sqrt{6} \times 50 \times 500$
= 2 × 2.5 × 50 × 500 = 125,000[N] = 125[kN]이다.

56

압축철근비를 ρ', 재하기간에 따르는 계수를 ξ라 할 때, 추가장기처짐 = 순간처짐 $\times \dfrac{\xi}{1+50\rho'}$임을 적용하여 구한다.

이 콘크리트 단면에 순간처짐은 $20[mm]$이고, $\rho'=0.01$, 재하기간이 6개월임에 따라 $\xi=1.2$이다.

따라서 추가장기처짐은 $20 \times \dfrac{1.2}{1+50 \times 0.01} = 16[mm]$이다.

57

함수비를 w, 흙의 전체 무게를 W라 할 때, 물의 무게$(W_w) = \dfrac{w \times W}{100+w}$임을 적용하여 구한다.

$w=20[\%]$, $W=150[g]$임에 따라 $W_w = \dfrac{20 \times 150}{100+20} = 25[g]$이다. 이때, 함수비를 $25[\%]$로 만들기 위해 추가해야 하는 물의 양$[g]$을 x라고 하면 $20[\%]:25[g] = (25-20)[\%]:x[g]$이다.

$20[\%]:25[g] = (25-20)[\%]:x[g] \to x = \dfrac{25 \times (25-20)}{20}$

따라서 함수비가 $20[\%]$인 흙 $150[g]$의 함수비를 $25[\%]$로 만들려고 할 때, 필요한 물의 양은 $\dfrac{25 \times (25-20)}{20} = 6.25[g]$이다.

58

압밀시간 $= \dfrac{t_{90}H^2}{C_v}$임을 적용하여 구한다.

$H=10$일 때 압밀계수 $= \dfrac{t_{90}H^2}{T_{90}} = (0.848 \times 10[m^2]) / 10[년] = 8.48$ $[m^2/년]$이므로 $H=40$일 때 압밀시간은 $\dfrac{t_{90}H^2}{C_v} = 0.848 \times 30^2 / 8.48$ $= 90[년]$이다.

따라서 $30[m]$ 두께의 동일한 점토층이 $90[\%]$의 압밀에 도달할 때 소요되는 기간은 $90[년]$이다.

59

파일의 직경을 D, 관입 깊이를 l_c, 말뚝의 평균 마찰력을 f_s라 할 때, 말뚝의 주변장$(U) = \pi \times D$, 부마찰력$(R_{nf}) = U \times l_c \times f_s$임을 적용하여 구한다.

파일의 직경은 $60[cm]$이므로 말뚝의 주변장은 $\pi \times 0.6 = 3 \times 0.6$ $= 1.8[m]$이고, 말뚝의 평균 마찰력은 지반의 일축압축강도의 $\dfrac{1}{2}$이므로 평균 마찰력은 $\dfrac{24}{2} = 12[kN/m^2]$이다.

따라서 부마찰력은 $1.8 \times 15 \times 12 = 324[kN]$이다.

60

내부 마찰각을 ϕ, 흙의 단위중량을 γ, 높이를 H라 할 때, 주동토압계수$(K_A) = \dfrac{1-sin\phi}{1+sin\phi}$, 전주동토압$(P_A) = \dfrac{1}{2}K_A\gamma H^2$임을 적용하여 구한다.

$\phi=30°$이므로 $K_A = \dfrac{1-sin30°}{1+sin30°} = \dfrac{1-\frac{1}{2}}{1+\frac{1}{2}} = \dfrac{1}{3}$이고,

$\gamma=1.8[t/m^3]$, $H=4[m]$이다.

따라서 전주동토압은 $\dfrac{1}{2} \times \dfrac{1}{3} \times 1.8 \times 4^2 = 4.8[t/m]$이다.

취업강의 1위, 해커스잡

ejob.Hackers.com

건축 전공 실전모의고사

01. 다음 중 피터 캘도프(Peter Calthorpe)가 주장한 대중교통중심개발(Transit-Oriented Development)을 위한 7가지 원칙에 해당하지 않는 것은?

① 대중교통서비스를 유지할 수 있는 수준의 고밀도 유지

② 역으로부터 보행거리 내에 주거, 상업, 직장, 공원, 공공시설 배치

③ 지구 내에는 걸어서 목적지까지 갈 수 있는 보행친화적인 가로망 구성

④ 주택의 유형, 밀도의 단일 배치를 통한 효율성 촉진

⑤ 기존 근린지구 내에 대중교통 노선을 따라 재개발 촉진

02. 다음 설명에 해당하는 공기조화 설비방식은?

> 서로 다른 부하 조건의 존에 대응하여 송풍하는 공기 조화기로, 한 대의 공조기로 냉·온풍을 동시에 만들어 공급하면서 공조기 출구에서 존마다 필요로 하는 냉·온풍을 혼합하여 각각의 덕트로 송풍하는 방식이다. 존이 많은 경우, 덕트의 분할 수에 한도가 있기 때문에 주로 중소규모의 건축물에 사용된다.

① 2중 덕트 방식　　　　② 팬 코일 유닛 방식　　　　③ 멀티존 유닛 방식

④ 단일 덕트 변풍량 방식　　⑤ 단일 덕트 정풍량 방식

03. 다음 중 주택의 부엌계획에 대한 설명으로 옳지 않은 것은?

① 일사가 긴 서쪽은 음식물이 부패하기 쉬우므로 피하는 것이 좋다.

② 작업삼각형은 냉장고, 개수대, 배선대의 중간 지점을 연결한 삼각형이다.

③ 소규모 주택의 경우 설비기구 배치 시 좁은 면적 이용에 효과적인 일렬형이 주로 활용된다.

④ 부엌의 작업대 배치 유형 중 ㄷ자형은 작업효율이 높지만, 평면 계획상 외부로 통하는 출입구를 설치하기 어렵다.

⑤ 합리적인 부엌의 크기는 동작범위, 설비기구의 규모, 주택의 연면적, 가족 수, 평균 작업인 수 등을 고려하여 결정한다.

04. 다음 그림과 같은 교실 배치형식에 대한 설명으로 옳지 않은 것은?

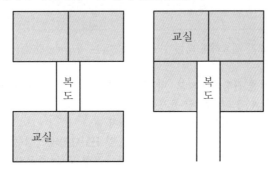

① 교실을 소규모 단위별(Grouping)로 분리하여 배치한 방식으로서 교실 간 독립성을 확보하기 좋다.

② 운동장으로부터 교실로 전달되는 소음이 적다는 특성을 가진다.

③ 각 교실이 외부와 접하는 면이 많으며 교실의 채광성, 환기성, 통풍성이 좋다.

④ 중앙에 공용부분을 집약하여 배치하고 외곽에 특별교실, 학년별 교실 등을 배치시켜 동선을 원활하게 한다.

⑤ 부지가 절약되며 동시에 복도의 면적도 작아져서 관리 동선이 짧아지고 운영비가 적게 들어간다는 장점이 있다.

05. 다음 중 건축물 음환경에 대한 설명으로 옳지 않은 것은?

① 실내음의 발생을 중지시킨 후 60[dB]까지 감소하는 데 소요되는 시간을 잔향시간이라고 한다.

② 강연장 등 청취가 중요한 곳은 잔향시간을 짧게 하여 음성의 명료도를 높이고, 오케스트라 등이 펼쳐지는 음악공연장의 경우 잔향시간을 길게 하여 음질을 높이는 것이 좋다.

③ 회절은 음의 진행을 가로막고 있는 것을 타고 넘어가 후면으로 전달되는 현상으로, 주파수가 높을수록 쉽게 발생한다.

④ 이상적인 선음원의 경우 거리가 2배가 되면 음의 세기는 1/2배가 되고, 음압레벨은 3[dB] 감소한다.

⑤ 음의 원활한 확산을 위해서는 각기 다른 흡음처리를 불규칙하게 분포시키는 것이 효과적이다.

06. 다음은 페리(C. A. Perry)가 주장한 근린주구 구성의 6가지 원리에 대한 내용이다. ㉠~㉢에 들어갈 말이 올바르게 연결된 것은?

- 규모: 하나의 초등학교가 필요하게 되는 인구에 대응하는 규모로, 반경 (㉠)정도, 최대 통학거리 800[m]의 규모
- 경계: 통과교통이 내부를 관통하지 않고, 네 면 모두가 (㉡)에 의해 구획
- 오픈스페이스: 소공원과 레크리에이션 용지 10[%] 이상 확보
- 공공시설: 공공시설은 주구 중심부에 적절히 통합배치
- 근린상가: 상업지구 1~2개소가 도로의 결절점 혹은 옆 근린단위의 상점구역과 인접하게 위치
- 지구 내 가로체계: 단지 내부 교통체계는 (㉢)과 루프형 도로, 주구외곽은 간선도로로 계획

	㉠	㉡	㉢
①	400[m]	국지도로	격자형
②	400[m]	집산도로	쿨데삭
③	400[m]	간선도로	쿨데삭
④	500[m]	집산도로	격자형
⑤	500[m]	간선도로	쿨데삭

07. 다음 중 결로에 대한 설명으로 옳지 않은 것은?

① 내부결로 예방을 위해서 단열재를 기준으로 실외 측에 방습층을 설치하면 효과적이다.

② 난방을 활용하여 결로를 방지하고자 한다면 단시간 높은 온도의 난방 대신 장시간 낮은 온도의 난방이 더 적절하다.

③ 단열성능을 높이기 위해서는 벽체의 내부 온도가 노점 온도 이상이 되도록 열관류율을 낮게 해야 한다.

④ 결로는 실내·외의 온도 차, 실내 습기의 과다발생, 생활 습관에 의한 환기 부족, 구조재의 열적 특성, 시공 불량과 같은 다양한 원인으로 인하여 발생할 수 있다.

⑤ 외단열은 벽체 내의 온도를 상대적으로 높게 유지해 주기 때문에 내단열 대비 결로 발생 가능성을 현저히 낮출 수 있다.

08. 다음 설명에 해당하는 주거환경 개발 및 도시재생 기법은?

> 쾌적하고 인간적 스케일의 도시환경을 만들기 위해 1989년 영국에서 처음 시작되었으며, 경제적·사회적·환경적으로 지속가능한 커뮤니티 개발을 목표로 도시를 계획하는 기법이다. 혼합용도를 지향함과 동시에 아름다운 경관을 지닌 주거환경을 추구하는 도시계획 방법이다.

① 뉴어버니즘   ② 어번 빌리지   ③ 대중교통중심개발

④ 압축도시   ⑤ 전원도시

09. 다음 그림과 같은 사무실 코어형식에 대한 설명으로 옳지 않은 것은? (단, 음영으로 표시되는 부분이 코어부분이다.)

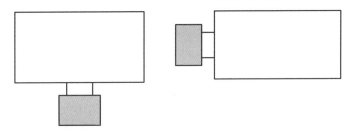

① 코어의 위치와 관계없이 자유로운 사무공간 구성이 가능하다.

② 코어를 사무공간으로부터 분리시킴으로써 업무공간의 독립성을 높인 코어형식이다.

③ 별도의 코어 구성으로 코어와 사무공간 간의 설비 덕트나 배관 연결이 용이하다.

④ 편심 코어형과 함께 내진구조에는 불리한 코어형식이다.

⑤ 사무공간으로의 설비관련 소음 전달이 최소화될 수 있다.

10. 다음 중 현장에 적용되는 가설시설물의 설치 기준으로 옳지 않은 것은?

① 공사현장 경계의 가설울타리는 높이 $1.8[m]$ 이상으로 설치하고, 야간에도 잘 보이도록 발광 시설을 설치해야 하며, 차량과 사람이 출입하는 가설울타리 진입구에는 잠금장치가 있는 문을 설치해야 한다.

② 공사감독자 현장사무소는 수급인 및 감리인의 현장사무소와 별도로 설치하고, 현장사무소 내에는 공사시방서에서 별도로 정하는 바가 없을 때에는 상주 인원당 1개의 책상 및 의자가 준비되어야 하며, 탁자와 의자를 갖춘 공사회의실 또는 상황실을 설치해야 한다.

③ 시멘트 및 석회창고의 바닥은 지반에서 $300[mm]$ 이상의 높이로 설치해야 한다.

④ 현장사무소와 가설창고는 신설하는 구조물에서 $5[m]$ 이상 떨어진 곳에 설치해야 한다.

⑤ 공사표지판에는 공사명, 발주자, 건설사업관리자, 공사감독자 및 수급인과 주요 하도급수급인의 명칭, 공사기간, 긴급 연락처 등을 명시해야 한다.

11. 다음 중 콘크리트 관련 용어에 대한 설명이 옳은 것을 모두 고르면?

> ㉠ 결합재(Binder): 시멘트와 같이 접착력이 있는 재료로서 골재 입자들 사이를 채워서 콘크리트 구성 재료들을 결합하거나 콘크리트 강도 발현에 기여하는 물질을 생성하는 재료의 총칭. 고로슬래그 미분말, 플라이애시, 실리카 퓸, 팽창재 등 분말 형태의 재료
> ㉡ 골재의 유효 흡수율(Effective absorption ratio of aggregate): 골재가 표면건조포화상태가 될 때까지 흡수하는 수량의, 절대 건조 상태의 골재질량에 대한 백분율
> ㉢ 골재의 조립률(Fineness modulus of aggregate): 75, 40, 20, 10, 5, 2.5, 1.2, 0.6, 0.3, 0.15[mm] 등 10개의 체를 1조로 하여 체가름 시험을 하였을 때, 각 체에 남는 누계량의 전체 시료에 대한 질량 백분율의 합을 100으로 나눈 값
> ㉣ AE제(Air-Entraining admixture): 콘크리트 속에 많은 미소한 기포를 일정하게 분포시키기 위해 사용하는 혼화제

① ㉠, ㉡   ② ㉠, ㉢   ③ ㉠, ㉡, ㉣   ④ ㉡, ㉢, ㉣   ⑤ ㉠, ㉡, ㉢, ㉣

12. 다음은 벽돌 쌓기의 일반사항과 관련된 내용이다. ㉠, ㉡, ㉢에 들어갈 말이 올바르게 연결된 것은?

> • 가로 및 세로줄눈의 너비는 도면 또는 공사시방서에 정한 바가 없을 때에는 (㉠)를 표준으로 한다. 세로줄눈은 통줄눈이 되지 않도록 하고, 수직 일직선상에 오도록 벽돌 나누기를 한다.
> • 벽돌쌓기는 도면 또는 공사시방서에서 정한 바가 없을 때에는 영식 쌓기 또는 (㉡) 쌓기로 한다.
> • 하루의 쌓기 높이는 (㉢)를 표준으로 하고, 최대 1.5[m] 이하로 한다.

	㉠	㉡	㉢
①	5[mm]	화란식	1.2[m]
②	5[mm]	불식	1.0[m]
③	10[mm]	화란식	1.2[m]
④	10[mm]	불식	1.0[m]
⑤	10[mm]	미식	1.2[m]

13. 다음 중 외단열 시공에 대한 설명으로 옳지 않은 것은?

① 외단열의 시공은 주위 온도가 5[℃] 이상, 35[℃] 이하에서의 시공을 권장하며 혹한기, 혹서기 작업 시 접착력 유지를 위하여 온도 보양 조치 후 시공을 실시한다.

② 비계발판 설치의 경우 외벽 바탕면과의 간격은 최소 300[mm]로 한다.

③ 단열재를 설치할 때 접착제는 제조업자의 지정 비율에 따라 완전 반죽 형태가 되도록 충분히 교반하며 교반 후 2시간 이내에 사용한다.

④ 접착제, 바탕 모르타르, 마감재 등은 5[℃] 이상, 30[℃] 이하의 건조하며 차갑고 그늘진 장소에 보관한다.

⑤ 단열재 시공 후 햇빛에 노출시키지 않도록 주의하여야 하며 양생 시간은 기상조건에 따라 다르나 일반적으로 외기 기온 및 표면의 온도 20[℃], 습도 65[%]일 경우 24시간 후 후속 공정을 진행한다.

14. 다음 중 건축재료의 수량 산출 시 적용되는 재료별 할증률이 잘못 연결된 것은?

① 유리 – 1[%]　　　　② 붉은벽돌 – 3[%]　　　　③ 원형철근 – 5[%]

④ 고장력 볼트 – 7[%]　　　　⑤ 단열재 – 10[%]

15. 비산먼지 방지시설 중 토사운반에 대한 사항에 따른다고 할 때, 다음 ㉠, ㉡에 들어갈 말이 올바르게 연결된 것은?

- 도로가 비포장 사설 도로인 경우 비포장 사설 도로로부터 반경 (㉠) 이내에 10가구 이상의 주거시설이 있을 때에는 해당 마을로부터 반경 1[km] 이내는 포장하여야 하며, 공사장 내 차량통행도로는 가능한 한 다른 공사에 우선하여 포장하여야 한다.
- 통행차량은 먼지가 흩날리지 않도록 공사장 안에서 시속 (㉡) 이하로 운행하여야 한다.

	㉠	㉡
①	300[m]	10[km]
②	300[m]	20[km]
③	500[m]	10[km]
④	500[m]	20[km]
⑤	1,000[m]	30[km]

16. 다음 중 건축공사 표준시방서에 규정된 고강도 콘크리트의 설계기준강도는?

	보통 콘크리트	경량 콘크리트
①	33[MPa] 이상	15[MPa] 이상
②	33[MPa] 이상	24[MPa] 이상
③	40[MPa] 이상	21[MPa] 이상
④	40[MPa] 이상	24[MPa] 이상
⑤	40[MPa] 이상	27[MPa] 이상

17. 다음 중 매스 콘크리트(Mass concrete)에 대한 설명으로 옳지 않은 것은?

① 매스 콘크리트는 부재 혹은 구조물의 치수가 커서 시멘트의 수화열에 의한 온도 상승 및 강하를 고려하여 설계·시공해야 하는 콘크리트를 말한다.

② 매스 콘크리트를 시공할 때는 구조물에 필요한 기능 및 품질을 손상시키지 않도록 온도균열을 제어해야 하며, 이를 위해 콘크리트의 품질 및 시공 방법의 선정, 수축·온도철근의 배치 등의 적절한 조치를 취해야 한다.

③ 시멘트는 콘크리트의 강도 및 내구성을 만족시키고, 되도록이면 콘크리트 부재의 내부온도상승이 작은 것을 택하며, 구조물의 종류, 사용 환경, 시공 조건 등을 고려하여 적절히 선정해야 한다.

④ 콘크리트의 발열량은 대체적으로 단위 골재량에 비례하므로 콘크리트의 온도상승을 감소시키기 위해 소요의 품질을 만족시키는 범위 내에서 단위 골재량이 적어지도록 배합을 선정해야 한다.

⑤ 매스 콘크리트의 재료 및 배합을 결정할 때에는 설계기준압축강도와 소정의 워커빌리티를 만족하는 범위 내에서 콘크리트의 온도상승이 최소가 되도록 해야 한다.

18. 다음 중 낙하물 방지망에 대한 설명으로 옳지 않은 것은?

① 낙하물 방지망의 설치높이는 10[m] 이내 또는 3개 층마다 설치해야 한다.

② 낙하물 방지망의 내민길이는 비계 또는 구조체의 외측에서 수평거리 2[m] 이상으로 하고, 수평면과의 경사각도는 20° 이상 30° 이하로 설치해야 한다.

③ 낙하물 방지망과 비계 또는 구조체와의 간격은 300[mm] 이하여야 한다.

④ 낙하물 방지망은 설치 후 3개월 이내마다 정기적으로 검사를 실시해야 한다.

⑤ 낙하물 방지망의 이음은 150[mm] 이상의 겹침을 두어 망과 망 사이에 틈이 없도록 해야 한다.

19. 다음 ㉠~㉣을 구조체의 해체공사 진행 순서에 따라 차례대로 나열하면?

| ㉠ 목재 | ㉡ 콘크리트 | ㉢ 철골 | ㉣ 철근 | ㉤ 기타 구조재 |

① ㉠ - ㉡ - ㉣ - ㉢ - ㉤
② ㉡ - ㉢ - ㉣ - ㉠ - ㉤
③ ㉡ - ㉣ - ㉢ - ㉠ - ㉤
④ ㉢ - ㉠ - ㉡ - ㉣ - ㉤
⑤ ㉢ - ㉡ - ㉣ - ㉠ - ㉤

20. 볼트조임 후 검사를 하는 방법에는 크게 토크관리법과 너트회전법이 있다. 다음 중 볼트조임 후 검사사항에 대한 설명으로 옳지 않은 것은?

① 토크관리법을 활용하면 조임완료 후 각 볼트군 20[%]의 볼트 개수를 표준으로 하고, 토크렌치에 의하여 조임 검사를 진행하게 된다.

② 토크관리법에 의한 조임 시공법 확인 시험 결과 얻어진 평균 토크의 ±10[%] 이내의 것을 합격으로 한다.

③ 너트회전법에 의한 시험은 1차 조임 후에 너트회전량이 120° ± 30°의 범위에 있는 것을 합격으로 한다.

④ 너트회전법에서 너트회전량이 120° + 30°를 넘어서 조여진 고장력볼트는 교체하며, 너트의 회전량이 부족한 너트에 대해서는 소요 너트회전량까지 추가로 조이게 된다.

⑤ 토크관리법과 너트회전법 모두 볼트의 여장은 너트면에서 돌출된 나사산이 1~6개의 범위에 들어야 합격으로 한다.

21. 지하연속벽(Slurry wall) 공법에 대한 설명이 다음과 같을 때, 지하연속벽 공법의 적용 용도 및 특징으로 옳지 않은 것은?

> - 지하연속벽 공법은 현장타설 철근콘크리트 지하연속벽과 PC 지하연속벽 등이 있으며 대심도 굴착에서 주변 지반의 이동이나 침하를 억제하고 인접구조물에 대한 영향을 최소화하도록 설계한다.
> - 지하연속벽 벽체는 하중지지벽체와 현장타설말뚝 역할을 할 수 있으며 내부의 지하 슬래브와 연결 시에는 영구적인 구조체로 설계할 수 있다.
> - 지하 슬래브와 지하연속벽 벽체의 연결은 절곡철근을 사용할 경우 되펴기 시 철근의 강도를 보증할 수 없으므로 절곡철근의 사용은 지양하여야 한다.
> - 지하연속벽 벽체에 작용하는 하중은 주로 토압과 수압이며 본체 구조물로 사용하는 경우에는 각종 구조물 하중에 대한 검토가 필요하다.
> - 지하연속벽 시공 시 주변 지반의 침하 및 거동을 최소화하고 영구벽체로서 안정된 지하 구조물을 형성하기 위한 트렌치 내에 사용하는 안정액의 조건은 굴착면의 안정성을 확보할 수 있도록 한다.
> - 콘크리트의 설계기준강도는 콘크리트 타설 시의 지하수의 유무와 특성에 따라 다음과 같이 감소시켜서 정하여야 한다.
>   가. 지하수위가 없는 경우: $0.875(f_{ck})$
>   나. 정수 중에 타설하는 경우: $0.800(f_{ck})$
>   다. 혼탁한 물에 타설하는 경우: $0.700(f_{ck})$
> - 철근의 피복은 부식을 고려하여 $80[mm]$ 이상으로 한다.
> - 지하연속벽이 가설구조물로 이용되는 경우는 허용응력을 50[%] 증가시켜서 사용하며, 지하연속벽이 본 구조물로 이용되는 경우는 콘크리트의 허용응력을 시공 중에는 25[%] 증가시키고 시공 완료 후에는 증가시키지 않는다.
> - 지하연속벽의 변위한계를 설계 시 제시하여야 하며, 시공관리를 위해 지중경사계를 벽체 내에 설치토록 제시하여야 한다.

① 가설 흙막이벽으로 사용됨과 동시에 건축구조물의 지하실로서 영구히 적용된다.
② 벽체의 강성이 크며, 시공 시 소음과 진동이 적다.
③ 주변 지반에 대한 영향이 비교적 크므로 이에 대한 주의를 기울여야 하며, 필요 시 조치를 취해야 한다.
④ 차수성이 높다는 장점이 있으나, 공사비가 타 공법 대비 고가이다.
⑤ 굴착 중 공벽 붕괴의 우려가 있으며, 안정액으로 사용하는 벤토나이트의 처리가 난해하다.

22. 다음 설명에 해당하는 지진력저항시스템은?

> 수직하중은 보, 슬래브, 기둥으로 구성된 골조가 저항하고, 지진하중은 전단벽이나 가새골조 등이 저항하는 지진력저항시스템이다.

① 내력벽시스템
② 모멘트저항골조시스템
③ 건물골조시스템
④ 이중골조시스템
⑤ 철근콘크리트 보통 전단벽–골조 상호작용시스템

23. 다음 중 활하중 적용 사항에 대한 설명으로 옳지 않은 것은?

① 사무실 또는 유사한 용도의 건물에서 가동성 경량칸막이벽이 설치될 가능성이 있는 경우에는 칸막이벽 하중으로 최소한 $1[kN/m^2]$을 기본등분포활하중에 추가하여야 하나, 기본활하중 값이 $4[kN/m^2]$ 이상인 경우에는 이를 제외할 수 있다.

② 집중활하중은 각 구조부재에 가장 큰 하중효과를 일으키는 위치에 작용하도록 해야 한다.

③ 총중량 $180[kN]$을 초과하는 중량차량이 통행하는 바닥의 활하중은 충격 및 피로를 고려하여 적용해야 한다.

④ 영향면적은 기둥 및 기초에서는 부하면적의 4배, 보 또는 벽체에서는 부하면적의 2배, 슬래브에서는 부하면적을 적용하지만, 부하면적 중 캔틸레버 부분은 4배 또는 2배를 적용하지 않고 영향면적에 단순 합산한다.

⑤ 건축물 내부에 설치되는 높이 $2.1[m]$ 이상의 각종 내벽은 벽면에 직각방향으로 작용하는 $0.1[kN/m^2]$ 이상의 등분포하중에 대하여 안전하도록 설계한다.

24. 다음 그림과 같은 구조물의 판별은?

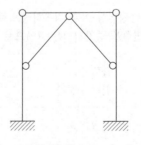

① 정정　　　　② 1차 부정정　　　　③ 2차 부정정　　　　④ 3차 부정정　　　　⑤ 4차 부정정

25. 내민보가 다음과 같을 때, B 점에 작용하는 반력[kN]과 모멘트[$kN \cdot m$]가 올바르게 연결된 것은?

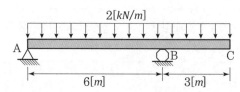

	반력	모멘트
①	+13.5	−4.5
②	+10.5	+9
③	+13.5	−9
④	−10.5	+9
⑤	−13.5	−9

26. 다음 중 합성부재에 대한 설명으로 옳은 것을 모두 고르면?

┌───┐
│ ㉠ 매입형 합성부재의 강재코어 단면적은 합성부재 총 단면적의 1[%] 이상으로 한다. │
│ ㉡ 매입형 합성부재의 연속된 길이방향철근에 대한 최소철근비는 0.003으로 한다. │
│ ㉢ 충전형 합성부재 강관의 단면적은 합성부재 총 단면적의 1[%] 이상으로 한다. │
│ ㉣ 충전형 합성부재는 국부좌굴 효과를 고려하지 않는다. │
└───┘

① ㉠, ㉡   ② ㉠, ㉢   ③ ㉠, ㉡, ㉢

④ ㉡, ㉢, ㉣   ⑤ ㉠, ㉡, ㉢, ㉣

27. 콘크리트의 크리프(Creep) 변형은 탄성변형 이후 지속하중으로 인하여 콘크리트에 일어나는 소성적 장기변형이다. 다음 중 콘크리트의 크리프 변형을 증가시키는 요인으로 옳은 것을 모두 고르면?

┌───┐
│ ㉠ 응력 증가   ㉡ 습도 감소   ㉢ 하중 재하속도 증가 │
│ ㉣ 콘크리트 강도 및 재령 증가   ㉤ 철근비 증가 │
└───┘

① ㉠, ㉡, ㉢   ② ㉠, ㉡, ㉣   ③ ㉠, ㉢, ㉣

④ ㉠, ㉡, ㉢, ㉣   ⑤ ㉠, ㉡, ㉢, ㉣, ㉤

28. 다음 설명에 해당하는 철근콘크리트 설계법은?

> - 설계 하중(사용 하중)을 사용하여 선형 탄성해석을 한다.
> - 휨을 받기 전에 평면인 단면은 변형된 후에도 평면이 유지된다고 가정한다.
> - 콘크리트의 압축응력은 변형률에 비례한다.

① 허용응력설계법　　　　　② 경험적설계법　　　　　③ 강도설계법

④ 한계상태설계법　　　　　⑤ 직접설계법

29. 탄성처짐은 하중이 실리자마자 발생되는 처짐으로 순간처짐 혹은 즉시처짐이라고도 한다. 단순등분포 하중(W)을 받는 철근콘크리트 보의 도해와 해당 최대탄성처짐을 산정하는 식에 대한 설명이 다음과 같을 때, 등분포 하중(W)을 받는 직사각형 단면의 철근콘크리트 단순보에서 균열 발생 전 최대처짐 양을 줄이기 위한 방법으로 옳은 것은?

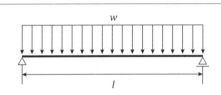

> - 최대탄성처짐(δ_{max}) $= \dfrac{5Wl^4}{384EI}$
> - W: 등분포 하중, l: 보의 길이, E: 부재의 탄성계수, I: 단면 2차 모멘트

① 압축 측 철근 양을 2배 많게 한다.

② 인장 측 철근 양을 2배 많게 한다.

③ 단면의 폭을 3배 증가시킨다.

④ 전단철근 양을 2배 많게 한다.

⑤ 단면의 깊이를 2배 높인다.

30. 전압의 크기에 따라 저압, 고압, 특고압으로 분류한다고 할 때, 다음 중 교류와 직류의 저압 기준은?

	교류	직류
①	700[V] 이하	750[V] 이하
②	1,000[V] 이하	1,000[V] 이하
③	1,000[V] 이하	1,500[V] 이하
④	1,500[V] 이하	1,500[V] 이하
⑤	1,500[V] 이하	2,000[V] 이하

31. 다음 중 트랩에 대한 설명으로 옳지 않은 것은?

① 트랩은 역류방지를 위해 배수계통의 일부에 봉수가 고이게 하는 기구이다.

② 트랩은 일반적으로 트랩 중간에 가동부분을 두어 배수의 흐름을 더욱 원활하게 한다.

③ 사이펀작용을 이용하여 배수하는 사이펀식 트랩의 종류에는 S트랩, P트랩 등이 있으며, 주로 세면기, 소변기, 대변기 등에 적용되고 있다.

④ 트랩의 파괴 원인 중 모세관현상은 트랩 내에 실, 머리카락, 천 조각 등이 걸려 아래로 늘어져 있어 모세관현상에 의해 봉수가 파괴는 현상이다.

⑤ 저집기형 트랩은 배수 중에 혼입된 여러 유해물질이나 기타 불순물 등을 분리·수집함과 동시에 트랩의 기능을 발휘하는 기구를 말한다.

32. 다음 그림과 같은 급수방식에 대한 설명으로 옳은 것은?

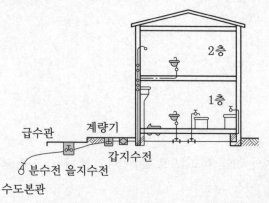

① 정전 시 급수가 가능하나, 단수 시 급수가 전혀 불가능하다.

② 항상 일정한 수압으로 급수가 가능하다.

③ 수질오염의 가능성이 높다.

④ 고압이 요구되는 특정 위치가 있을 경우 유용하다.

⑤ 제어방식에는 정속방식과 변속방식이 있다.

33. 다음 설명에 해당하는 오수정화조 관련 용어는?

> 물의 탁도 정도를 나타내는 용어로, 입경 2[*mm*] 이하 불용성의 부유물질을 ppm으로 표시한 것을 말한다.

① BOD(Biochemical Oxygen Demand)

② COD(Chemical Oxygen Demand)

③ DO(Dissolved Oxygen)

④ SS(Suspended Solids)

⑤ 스컴(Scum)

34. 다음 중 음압격리병실의 환기방식 및 인접실과 대비한 실내압 조건이 올바르게 연결된 것은?

① 2종 환기, 1.5[*Pa*] 정압

② 2종 환기, 2.0[*Pa*] 정압

③ 3종 환기, 1.5[*Pa*] 부압

④ 3종 환기, 2.0[*Pa*] 부압

⑤ 3종 환기, 2.5[*Pa*] 부압

35. 다음은 냉방부하의 종류 중 실내부하를 정리한 자료이다. ㉠~㉤ 중 현열과 잠열을 모두 포함하는 부하의 종류로 옳은 것을 모두 고르면?

구분	세부사항
외피부하	㉠ 전열부하(온도 차에 의하여 외벽, 천장, 유리, 바닥 등을 통한 관류열량) ㉡ 일사에 의한 부하 ㉢ 틈새바람에 의한 부하
내부부하	㉣ 조명기구 발생열 ㉤ 인체 발생열

① ㉠, ㉡   ② ㉡, ㉢   ③ ㉡, ㉣   ④ ㉢, ㉣   ⑤ ㉢, ㉤

36. 다음 중 소화설비에 대한 설명으로 옳지 않은 것은?

① 비상 콘센트는 지하층을 제외한 층수가 7층 이상으로서 연면적이 2,000[m^2] 이상이거나 지하층의 바닥면적 (차고, 주차장, 보일러실, 기계실 또는 전기실의 바닥면적을 제외)의 합계가 3,000[m^2] 이상인 소방대상물에 설치한다.

② 비상조명등의 조도는 비상조명등이 설치된 장소의 각 부분의 바닥에서 1[lx](럭스) 이상이 되도록 한다.

③ 복도 통로유도등은 바닥으로부터 1.2[m] 이상의 높이에 설치한다.

④ 피난구유도등은 피난구의 바닥으로부터 높이 1.5[m] 이상으로 출입구에 인접하도록 설치한다.

⑤ 비상벨설비 또는 자동식사이렌설비의 설치는 소방대상물 각 부분에서 수평거리가 25[m] 이내가 되도록 한다.

37. 다음 설명에 해당하는 공조방식의 특징으로 옳지 않은 것은?

- 물만을 열매로 해서 실내 유닛으로 공기를 냉각·가열하는 방식이다.
- 냉온수 코일 및 필터가 구비된 소형 유닛을 각 실에 설치하고 중앙 기계실에서 냉수 또는 온수를 공급받아 공기 조화를 하는 방식이다.

① 각 유닛마다의 조절, 운전이 가능하고, 개별 제어를 할 수 있다.

② 덕트 면적이 필요하지 않다.

③ 열운반동력이 적게 든다.

④ 나중에 부하가 증가해도 유닛을 증설하여 대처할 수 있다.

⑤ 실내 공기의 오염을 최소화할 수 있다.

38. 다음은 급탕배관의 신축이음(Expansion joint) 설치간격에 대한 재질별, 설치위치별 설치간격을 나타낸 표이다. ㉠, ㉡에 들어갈 수치가 올바르게 연결된 것은?

구분	동관[m]	강관[m]
수직	10	(㉠)
수평	20	(㉡)

	㉠	㉡			㉠	㉡
①	10	20		②	10	10
③	20	30		④	20	10
⑤	30	20				

39. 다음 설명에 해당하는 건축화 조명은?

> • 벽면이나 천장면의 일부가 돌출하여 강한 조명 발산
> • 사용자의 얼굴에 적당한 조도 분배

① 광창조명   ② 코브조명   ③ 코니스조명
④ 캐노피조명   ⑤ 다운라이트조명

40. 「건축법 시행령」상 정의를 따른다고 할 때, 다음 ㉠, ㉡, ㉢에 들어갈 값이 올바르게 연결된 것은?

제31조(건축선)
너비 8미터 미만인 도로의 모퉁이에 위치한 대지의 도로모퉁이 부분의 건축선은 그 대지에 접한 도로경계선의 교차점으로부터 도로경계선에 따라 다음의 표에 따른 거리를 각각 후퇴한 두 점을 연결한 선으로 한다.

(단위: 미터)

도로의 교차각	해당 도로의 너비		교차되는 도로의 너비
	6 이상 8 미만	4 이상 6 미만	
90° 미만	㉠	3	6 이상 8 미만
	3	㉡	4 이상 6 미만
90° 이상 120° 미만	㉢	2	6 이상 8 미만
	2	2	4 이상 6 미만

	㉠	㉡	㉢
①	4	2	3
②	4	2	2
③	3	3	3
④	3	3	2
⑤	3	2	2

41. 다음 중 「건축물의 피난·방화구조 등의 기준에 관한 규칙」상 내화구조의 기준으로 옳지 않은 것은?

① 보의 경우 철골을 두께 5[cm] 이상의 콘크리트로 덮은 것

② 기둥의 경우 작은 지름이 25[cm] 이상인 것

③ 외벽 중 비내력벽인 경우 철근콘크리트조로서 두께가 7[cm] 이상인 것

④ 바닥의 경우 철재의 양면을 두께 5[cm] 이상의 철망모르타르로 덮은 것

⑤ 벽의 경우 벽돌조로서 두께가 10[cm] 이상인 것

42. 다음 중 「건축법 시행령」상 대수선의 범위로 옳지 않은 것은?

① 내력벽을 증설 또는 해체하거나 그 벽면적을 30[m²] 이상 수선 또는 변경하는 것

② 기둥을 증설 또는 해체하거나 세 개 이상 수선 또는 변경하는 것

③ 방화벽 또는 방화구획을 위한 바닥 또는 벽을 증설 또는 해체하거나 수선 또는 변경하는 것

④ 다가구주택의 가구 간 경계벽 또는 다세대주택의 세대 간 경계벽을 증설 또는 해체하거나 수선 또는 변경하는 것

⑤ 건축물 내벽에 사용하는 마감재료를 증설 또는 해체하거나 벽면적 30[m²] 이상 수선 또는 변경하는 것

43. 다음 중 「건축물의 에너지절약설계기준」상 용어의 정의로 옳지 않은 것은?

① "완화기준"이라 함은 「건축법」, 「국토의 계획 및 이용에 관한 법률」 및 「지방자치단체 조례」 등에서 정하는 건축물의 건폐율, 용적률 및 높이제한 기준을 적용함에 있어 완화 적용할 수 있는 비율을 정한 기준을 말한다.

② "거실의 외벽"이라 함은 거실의 벽 중 외기에 직접 또는 간접 면하는 부위를 말한다. 다만, 복합용도의 건축물인 경우에는 해당 용도로 사용하는 공간이 다른 용도로 사용하는 공간과 접하는 부위를 외벽으로 볼 수 있다.

③ "투광부"라 함은 창, 문면적의 50[%] 이상이 투과체로 구성된 문, 유리블럭, 플라스틱패널 등과 같이 투과재료로 구성되며, 외기에 접하여 채광이 가능한 부위를 말한다.

④ "태양열취득률(SHGC)"이라 함은 입사된 태양열에 대하여 실내로 유입된 태양열 취득의 비율을 말한다.

⑤ "일사조절장치"라 함은 태양열의 실내 유입을 조절하기 위한 목적으로 설치하는 장치를 말한다.

44. 「주택법」 제28조 간선시설의 설치 및 비용의 상환에 따르면 일정 세대 수 이상의 주택건설사업 혹은 일정 면적 이상의 대지조성사업을 시행할 경우 간선시설을 설치해야 할 때, 다음 ㉠~㉢에 들어갈 숫자가 올바르게 연결된 것은? (단, 예외조항은 고려하지 않는다.)

- 일정 세대 수 이상의 주택건설사업
  1) 단독주택의 경우: (㉠)호
  2) 공동주택인 경우: (㉡)세대(리모델링의 경우에는 늘어나는 세대 수를 기준으로 한다)
- 일정 면적 이상의 대지조성사업: (㉢)$[m^2]$ 이상

	㉠	㉡	㉢
①	100	100	12,500
②	100	100	16,500
③	100	50	20,000
④	30	50	12,500
⑤	30	100	16,500

45. 다음 중 「건축법」상 고층건축물의 정의로 옳은 것은?

① 층수가 30층 이상이거나 높이가 90$[m]$ 이상인 건축물

② 층수가 30층 이상이거나 높이가 120$[m]$ 이상인 건축물

③ 층수가 30층 이상이거나 높이가 150$[m]$ 이상인 건축물

④ 층수가 50층 이상이거나 높이가 150$[m]$ 이상인 건축물

⑤ 층수가 50층 이상이거나 높이가 200$[m]$ 이상인 건축물

46. 「주택건설기준 등에 관한 규칙」에 따라 1,000세대 이상의 공동주택을 건설할 경우에는 장수명 주택 인증을 신청해야 한다. 다음 중 장수명 주택 인증기준을 충족하기 위한 3가지 평가 성능 척도는?

① 내진성, 내구성, 마감 용이성

② 내구성, 가변성, 수리 용이성

③ 내진성, 가변성, 마감 용이성

④ 내구성, 마감용이성, 수리 용이성

⑤ 내진성, 마감용이성, 수리 용이성

47. 다음 중 「건강친화형 주택건설 기준」상 플러시 아웃(Flush-out) 및 베이크 아웃(Bake-out)의 시행기준으로 옳지 않은 것은?

① 시공자는 모든 실내 내장재 및 붙박이 가구류를 설치한 후부터 사용검사 신청 전까지의 기간에 플러시 아웃 또는 베이크 아웃을 실시하여 시공 과정 중에 발생한 오염물질이 충분히 배출되도록 하거나, 습식공법에 따른 잔여습기를 제거해야 한다.

② 플러시 아웃은 환기 등을 이용하여 신선한 외기를 실내에 충분히 도입함으로써 실내 오염원을 실외로 방출하는 것을 말한다.

③ 베이크 아웃은 실내 공기온도를 높여 건축자재나 마감재료에서 나오는 유해물질의 배출을 일시적으로 증가시킨 후 환기시켜 유해물질을 제거하는 것을 말한다.

④ 플러시 아웃을 시행할 경우 주방 레인지후드 및 화장실 배기팬을 이용하여 시행이 가능하다.

⑤ 플러시 아웃을 시행할 경우 세대별로 실내 면적 $1[m^2]$에 $300[m^3]$ 이상의 신선한 외기 공기를 지속적으로 공급해야 한다.

48. 다음 중 「건축법 시행규칙」상 건축물 및 대지 관련 건축 시 허용되는 오차의 범위로 옳은 것은?

① 건축선의 후퇴거리는 3[%] 이내이어야 한다.

② 건폐율은 1[%] 이내로 하되, 건축면적은 5[m^2]를 초과할 수 없다.

③ 출구 너비는 3[%] 이내이어야 한다.

④ 건축물 높이는 3[%] 이내로 하되, 1[m]를 초과할 수 없다.

⑤ 반자 높이는 3[%] 이내이어야 한다.

49. 다음 중 「건축법」에 따라 공개 공지를 확보해야 하는 용도 지역에 해당하지 않는 것은?

① 일반주거지역　　　　　　　② 준주거지역　　　　　　　③ 상업지역
④ 준공업지역　　　　　　　　⑤ 일반공업지역

50. 다음 중 「장애인·노인·임산부 등의 편의증진 보장에 관한 법률 시행규칙」상 장애인전용주차구역에 대한 설명으로 옳지 않은 것은?

① 장애인전용주차구역에서 건축물의 출입구 또는 장애인용 승강설비에 이르는 통로는 장애인이 통행할 수 있도록 높이 차이를 없애고, 유효폭은 1.2[m] 이상으로 하여 자동차가 다니는 길과 분리해야 한다.

② 장애인전용주차구역의 크기는 평행주차 이외의 경우 주차대수 1대에 대하여 폭 3.3[m] 이상, 길이 5[m] 이상이어야 한다.

③ 주차공간의 바닥면은 장애인 등의 승하차에 지장을 주는 높이 차이가 없어야 하며, 기울기는 1/50 이하로 할 수 있다.

④ 장애인전용주차구역 안내표지의 규격은 가로 0.7[m], 세로 0.6[m]이고, 지면에서 표지판까지의 높이는 1.5[m]이다.

⑤ 통로와 자동차가 다니는 길이 교차하는 부분의 색상과 질감은 바닥재와 동일해야 한다.

51. 프랑스 사회학자인 숑바르 드 로브가 제시한 주거면적기준에 따른다고 할 때, 4인 가족에게 적합한 주거면적 표준기준[m^2]은?

( )

52. PERT(Programing Evaluation & Review Technique) 기법과 같이 기술적으로 전혀 경험이 없는 공사에서 작업 소요시간을 구하고자 할 경우 낙관·정상·비관의 3개의 추정치를 취하고, 이들에 대한 확률계산을 통해 공기를 산출하는 3점 시간 추정(Three time estimates) 방법을 활용한다. 다음 ㉠~㉢의 조건을 참고할 때, 3점 시간 추정에 따른 예상시간(기대시간 t_e: Expected time)[시간]은?

> ㉠ 낙관적 시간(t_o, Optimistic time): 3시간
> ㉡ 정상적 시간(t_m, Most likely time): 5시간
> ㉢ 비관적 시간(t_p, Pessimistic time): 10시간

( )

53. 추락 위험이 있는 장소에 설치해야 하는 안전시설의 높이 기준이 다음과 같을 때, 빈칸에 공통으로 들어갈 숫자는?

> • 추락할 위험이 있는 높이 ( )[m] 이상의 장소에서 근로자에게 안전대를 착용시킨 경우 안전대를 안전하게 걸어 사용할 수 있는 설비 등을 설치하여야 한다.
> • 높이 또는 깊이가 ( )[m]를 초과하는 장소에서 작업하는 경우 해당 작업에 종사하는 근로자가 안전하게 승강하기 위한 설비를 설치하여야 한다.
> • 근로자가 높이 ( )[m] 이상에서 작업하는 경우 그 작업을 안전하게 하는 데에 필요한 조명을 유지하여야 한다.

( )

54. 모살치수 10[mm], 용접길이 300[mm]인 양면 모살용접의 유효단면적[mm^2]은?

( )

55. 다음 그림과 같이 길이가 1.0[m]인 탄성 재질의 강봉을 50[kN]의 힘으로 당겼을 때 강봉의 변형률이 2.0×10^{-4}이었다면, 강봉의 단면적[mm²]은? (단, 강봉의 탄성계수 $E = 2.0 \times 10^5[MPa]$이다.)

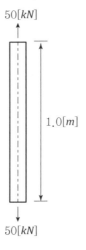

50[kN]

1.0[m]

50[kN]

(   )

56. 다음 조건과 같은 1방향 슬래브의 처짐을 계산하지 않을 때, 1방향 슬래브의 최소 두께[mm]는?

- 리브 유무: 없음
- 지지조건: 캔틸레버
- 슬래브의 경간 길이(l): 2,100[mm]
- 단위 콘크리트 질량(m_c): 2,300[kg/m³]
- 철근의 설계기준 항복강도(f_y): 420[MPa]

(   )

57. 세장비는 기둥이 가늘고 긴 정도의 비를 나타내며, 기둥의 좌굴을 검토할 때 필수적으로 확인되어야 한다. 다음 조건을 참고하여 산출한다고 할 때, 강구조 기둥(압축재)의 세장비(λ)는?

- 고정 방식: 양단 고정
- 횡좌굴 비지지 길이(L): 3.3[m]
- 단면 2차 반경(r): 30[mm]

(   )

58. 배합강도(f_{cr})의 산정방식과 배합강도(f_{cr}) 산정을 위한 조건이 다음과 같을 때, 산정방식과 조건에 따른 배합강도(f_{cr})[MPa]는 약 얼마인가? (단, 소수점 첫째 자리에서 반올림하여 계산한다.)

---

1. 배합강도 산정방식

   1) 시험 횟수가 30회 이상이고, 기록이 있는 경우 다음 두 식 중 큰 값으로 정한다.

$f_{ck} \leq 35[MPa]$인 경우	$f_{ck} > 35[MPa]$인 경우
$f_{cr} = f_{ck} + 1.34s[MPa]$	$f_{cr} = f_{ck} + 1.34s[MPa]$
$f_{cr} = (f_{ck} - 3.5) + 2.33s[MPa]$	$f_{cr} = 0.9f_{ck} + 2.33s[MPa]$

   여기서, s: 30회 이상 시험한 압축강도의 계산된 표준편차

   2) 시험 횟수가 15회 이상 29회 이하이고, 기록이 있는 경우의 표준편차에 대한 보정은 보정된 표준편차(s_1)를 위의 1)번 식에 대입하여 배합강도를 산정한다.

   가. 보정된 표준편차(s_1) = 표준편차(s) × 보정계수

   나. 보정계수

시험 횟수	15회	20회	25회	30회 이상
보정계수	1.16	1.08	1.03	1.00

   3) 압축강도의 시험 횟수가 14회 이하인 경우, 또는 현장강도 기록 자료가 없을 경우

설계기준압축강도(f_{ck})	20 이하	20 초과 35 이하	35 초과
배합강도(f_{cr})	$f_{ck} + 7.0$	$f_{ck} + 8.5$	$1.1f_{ck} + 5.5$

2. 배합강도 산정조건

   1) 설계기준압축강도(f_{ck}): 30[MPa]
   2) 표준편차(s): 1.0
   3) 시험 횟수가 20회이며, 기록이 있는 경우임

(   )

59. 「건축물의 설비기준 등에 관한 규칙」 제11조에 따른 공동주택 및 다중이용시설의 환기설비기준에 관한 사항이 다음과 같을 때, 해당 사항을 의무적으로 시행해야 하는 공동주택의 세대 수 기준[세대]은?

   신축 또는 리모델링하는 신축공동주택 등은 시간당 0.5회 이상의 환기가 이루어질 수 있도록 자연환기설비 또는 기계환기설비를 설치해야 한다.

(   )

60. 급수의 동시사용량[L/min]과 허용마찰손실 R[kPa/m]을 이용하여 마찰저항선도에서 관경을 구하고자 한다. 다음 조건과 마찰저항선도에 따라 산출한 관경[A]은?

- 동시사용량: 200[L/min]
- 허용마찰손실: 10[kPa/m]
- 유속: 0.8[m/s] 이하

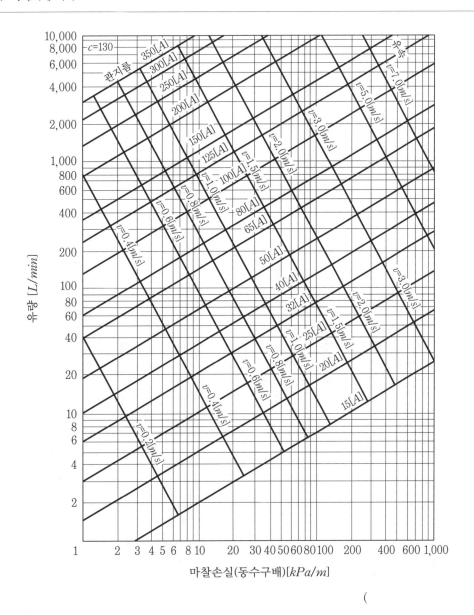

(   )

01	02	03	04	05	06	07	08	09	10
④	③	②	⑤	③	③	①	②	③	④
11	12	13	14	15	16	17	18	19	20
⑤	③	③	④	④	⑤	④	③	③	①
21	22	23	24	25	26	27	28	29	30
③	③	⑤	④	③	①	①	①	⑤	③
31	32	33	34	35	36	37	38	39	40
②	①	④	⑤	⑤	③	⑤	③	④	①
41	42	43	44	45	46	47	48	49	50
⑤	⑤	①	②	②	②	⑤	①	⑤	⑤
51	52	53	54	55	56	57	58	59	60
64	5.5	2	3,920	500	216.3	55	31	30	80

01
정답 ④

주택의 유형, 밀도의 혼합 배치를 통해 다양한 주거형태가 대중교통을 중심으로 배치되는 것을 원칙으로 하므로 옳지 않은 내용이다.

> 🔍 더 알아보기
>
> 피터 캘도프(Peter Calthorpe)의 대중교통중심개발(Transit-Oriented Development)을 위한 7가지 원칙
> · 대중교통서비스를 유지할 수 있는 수준의 고밀도 유지
> · 역으로부터 보행거리 내에 주거, 상업, 직장, 공원, 공공시설 배치
> · 지구 내에는 걸어서 목적지까지 갈 수 있는 보행친화적인 가로망 구성
> · 주택의 유형, 밀도의 혼합 배치
> · 양질의 자연환경과 공지 보전
> · 공공 공간을 근린생활의 중심지로 조성
> · 기존 근린지구 내에 대중교통 노선을 따라 재개발 촉진

02
정답 ③

제시된 내용은 멀티존 유닛(Multizone unit) 방식에 대한 설명이다.

오답 체크

① 2중 덕트 방식: 냉풍과 온풍 2대의 덕트를 활용하여 각 방에 설치되어 있는 공기 혼합 유닛에 각각 유도하여 적정 비율로 혼합하여 실내로 송풍하는 방식

② 팬 코일 유닛 방식: 냉·온수 코일 및 필터가 구비된 팬 코일 유닛을 방에 설치하고 중앙기계실에서 냉·온수를 공급하여 공기조화하는 방식

④ 단일 덕트 변풍량 방식: 단일 덕트를 사용하면서 송풍 온도는 일정하게 하고 실내부하의 변동에 따라 송풍량을 변화시키면서 냉·온풍을 송풍하는 방식

⑤ 단일 덕트 정풍량 방식: 단일 덕트를 사용하면서 송풍량은 항상 일정하게 하고, 실내의 열부하에 따라 송풍의 온·습도를 변화시키면서 냉·온풍을 송풍하는 방식

03
정답 ②

부엌의 작업삼각형은 냉장고와 개수대(싱크대), 그리고 가열대(레인지)를 잇는 삼각형으로, 음식물을 그릇에 담는 작업대인 배선대는 작업삼각형의 꼭짓점에 해당하지 않으므로 옳지 않다.

04
정답 ⑤

제시된 그림은 학교 교실의 배치형식 중 클러스터(Cluster)형이다.
⑤ 클러스터형은 넓은 부지가 필요하며 복도의 면적이 커짐에 따라 관리 동선이 길어져 운영비가 많이 들어간다는 단점이 있으므로 옳지 않다.

🔍 더 알아보기

학교의 블록플랜에 따른 교실 배치형식

엘보 액세스형 (엘보우형)	개요	· 교실을 복도에서 이격시켜 배치하는 방식이다.
	장점	· 학습의 순수율이 높다. · 일조 및 통풍 조건이 균일하고 양호하다. · 분관별로 개성 있는 계획이 가능하다.
	단점	· 복도면적이 증가하고 소음이 많이 발생한다. · 교실의 개성 표현이 어렵다.
클러스터형	개요	· 교실을 소규모 단위로 독립시켜 배치하는 방식이다. · 각 학급의 전용 홀로 구성된다.
	장점	· 학습의 순수율이 높다. · 전체 배치에 융통성을 발휘할 수 있다. · 학년, 교실 단위의 독립성이 크다.
	단점	· 넓은 부지가 필요하며 운영비가 많이 든다. · 교실블록과 관리블록 간의 동선이 길어진다.

05 정답 ③

음의 진행을 가로막고 있는 것을 타고 넘어가 후면으로 전달되는 현상인 회절은 주파수가 낮을수록 쉽게 발생하므로 옳지 않다.

06 정답 ③

㉠에는 400[m], ㉡에는 간선도로, ㉢에는 쿨데삭이 들어간다.

🔍 더 알아보기

페리(C. A. Perry, 1929년)의 근린주구 구성의 6가지 원리

구분	내용
규모	· 하나의 초등학교가 필요하게 되는 인구에 대응하는 규모 · 거주세대는 1,000~2,000세대, 거주인구는 5,000~6,000명 규모 · 초등학생이 도로를 건너지 않고 통학할 수 있는 반경 400[m], 최대 통학거리 800[m]의 규모
경계	· 통과교통이 내부를 관통하지 않고, 네 면 모두가 간선도로에 의해 구획
오픈 스페이스	· 계획된 소공원과 여가공간(운동장 등)의 체계 수립 · 소공원과 레크리에이션 용지 10[%] 이상 확보
공공시설	· 근린주구 중심에 위치 · 학교와 공공시설 등은 주구의 중심부에 적절히 통합배치

근린상가	· 상업지구 1~2개소가 도로의 결절점 혹은 옆 근린단위의 상점구역과 인접하게 위치
지구 내 가로체계	· 특수한 가로체계를 갖고, 보행동선과 차량동선을 분리하며 통과교통은 배제 · 단지 내부 교통체계는 쿨데삭과 루프형 도로, 주구외곽은 간선도로로 계획

07 정답 ①

내부결로를 예방하기 위해서는 단열재를 기준으로 고온 측인 실내 측에 방습층을 설치해야 하므로 옳지 않다.

🔍 더 알아보기

발생 유형에 따른 결로 방지법

구분	방지법
표면결로	· 실내기온을 노점 온도 이상으로 올린다. · 단열을 강화하거나 환기를 통해 절대 습도를 낮춘다. · 가능한 한 실내에 저온인 부분을 만들지 않는다. · 오랜 시간 동안 낮은 온도로 난방한다.
내부결로	· 실내에 발생하는 수증기를 억제한다. · 단열재를 시공한 벽의 고온 측(실내 측)에 방습층을 설치한다. · 환기를 통해 절대 습도를 낮춘다.

08 정답 ②

제시된 글은 어번 빌리지(Urban village)에 대한 설명이다.

오답 체크

① 뉴어버니즘(New urbanism): 1980년대 미국과 캐나다에서 시작되어, 교외화 현상이 시작되기 이전 인간척도 중심의 회귀를 목표로 하는 도시계획 방식

③ 대중교통중심개발(TOD, Transit-Oriented Development): 피터 캘도프(Peter Calthorpe)에 의해 처음 주창된 도시개발 방식으로, 철도역과 버스정류장 주변 도보 접근이 가능한 10~15분(650~1,000[m]) 거리에 대중교통 지향적 근린지역을 형성하고자 하는 도시계획 방식

④ 압축도시(Compact city): 좁은 도심 한가운데에 초고층 빌딩을 집단적으로 건설하여 도시의 통행수요 및 에너지 사용을 감소시키는 도시 형태이며, 직주근접을 도모하는 도시계획 방식

⑤ 전원도시(Garden city): 1898년 에베네즈 하워드(Ebenezer Howard)가 대도시의 구제책으로 발표한 이론이며, 거대도시 또는 과도한 도시화를 방지·완화하면서 도시와 전원의 조화를 도모하는 도시계획 방식

09 정답 ③

제시된 그림은 사무실 코어형식 중 독립 코어형이다.

③ 독립 코어형은 별도의 코어 구성으로 코어와 사무공간 사이의 거리가 길어지게 되어 설비 덕트나 배관 연결이 난해해지고, 해당 공사비 및 유지관리비가 상승하는 현상이 발생할 수 있으므로 옳지 않다.

10 정답 ④

현장사무소와 가설창고는 신설하는 구조물에서 10[m] 이상 떨어진 곳에 설치해야 하므로 옳지 않다.

11 정답 ⑤

콘크리트 관련 용어에 대한 설명이 옳은 것은 ㉠, ㉡, ㉢, ㉣이다.

12 정답 ③

㉠에는 10[mm], ㉡에는 화란식, ㉢에는 1.2[m]가 들어간다.

13 정답 ③

단열재를 설치할 때 접착제는 제조업자의 지정 비율에 따라 완전 반죽 형태가 되도록 충분히 교반하며 교반 후 1시간 이내에 사용해야 하므로 옳지 않다.

14 정답 ④

고장력 볼트의 할증률은 3[%]이다.

15 정답 ④

㉠에는 500[m], ㉡에는 20[km]가 들어간다.

16 정답 ⑤

고강도 콘크리트의 설계기준강도는 보통 콘크리트에서 40[MPa] 이상으로 하며, 경량 콘크리트는 27[MPa] 이상으로 한다.

17 정답 ④

콘크리트의 발열량은 대체로 단위 시멘트량에 비례하기 때문에 콘크리트의 온도상승을 감소시키기 위해 소요의 품질을 만족시키는 범위 내에서 단위 시멘트량이 적어지도록 배합을 선정해야 하므로 옳지 않다.

18 정답 ③

낙하물 방지망과 비계 또는 구조체와의 간격은 250[mm] 이하여야 하므로 옳지 않다.

19 정답 ③

㉠~㉤을 구조체 해체공사 진행 순서에 따라 차례대로 나열하면 '㉡ - ㉣ - ㉢ - ㉠ - ㉤'이 된다.

20 정답 ①

토크관리법은 조임완료 후 각 볼트군의 10[%]의 볼트 개수를 표준으로 하고, 토크렌치에 의하여 조임 검사를 시행하므로 옳지 않다.

21 정답 ③

지하연속벽 공법은 주변 지반에 대한 영향이 비교적 작아 주변 대지와의 이격거리가 상대적으로 짧은 도심지 공사에 많이 활용되므로 옳지 않다.

22 정답 ③

제시된 내용은 건물골조시스템에 대한 설명이다.

오답 체크

① 내력벽시스템: 수직하중과 함께 횡하중을 벽체가 지지하는 지진력저항시스템으로, 벽체는 지진하중에 대하여 충분한 면내 횡강성과 횡강도를 발휘해야 한다.

② 모멘트저항골조시스템: 수직하중과 횡하중을 보와 기둥으로 구성된 모멘트골조가 저항하는 지진력저항시스템이다.

④ 이중골조시스템: 이중골조시스템에서 모멘트골조는 적어도 설계지진력의 25[%]를 저항할 수 있어야 하며, 이중골조 전체의 횡력저항능력은 모멘트골조와 전단벽 또는 모멘트골조와 가새골조 각각의 횡력저항능력의 합으로 각각의 횡력저항능력은 그들의 횡강성에 비례하여 발휘된다.

⑤ 철근콘크리트 보통 전단벽-골조 상호작용시스템: 보통전단벽과 보통모멘트골조가 같이 사용되는 구조로, 전단벽의 전단강도는 각 층에서 최소한 설계층전단력의 75[%] 이상이어야 하고, 골조는 각 층에서 최소한 설계층전단력의 25[%]를 저항할 수 있어야 한다.

23 정답 ⑤

건축물 내부에 설치되는 높이 1.8[m] 이상의 각종 내벽은 벽면에 직각방향으로 작용하는 0.25[kN/m²] 이상의 등분포하중에 대하여 안전하도록 설계해야 하므로 옳지 않다.

24 정답 ④

m은 부정정 차수, n은 지점 반력수, s는 부재수, r은 강절점수, k는 절점수일 때, $m = (n + s + r) - 2k$임을 적용하여 구한다.

따라서 $m = (6 + 8 + 3) - 2 \times 7 = 3$이므로 3차 부정정 구조물이다.

25 정답 ③

B 점에서의 반력을 R_B, B 점에서의 모멘트를 M_B라고 하면,

- B 점에서의 반력(R_B)

$\Sigma M_A = 0$

$\Sigma M_A = (-R_B \times 6) + (2 \times 6 \times 3) + (2 \times 3 \times 7.5) = 0$

$R_B = 13.5[kN](\uparrow)$

- B 점에서의 모멘트(M_B)

$\Sigma M_B = -(2 \times 3 \times 1.5) = -9[kN \cdot m]$

따라서 B 점에 작용하는 반력은 $+13.5[kN]$, 모멘트는 $-9[kN \cdot m]$이다.

26 정답 ②

합성부재에 대한 설명으로 옳은 것은 ㉠, ㉢이다.

오답 체크

㉡ 매입형 합성부재의 연속된 길이방향철근에 대한 최소철근비는 0.004이므로 옳지 않다.

㉣ 충전형 합성부재는 국부좌굴 효과를 고려하여 검토해야 하므로 옳지 않다.

27 정답 ①

콘크리트의 크리프 변형을 증가시키는 요인으로 옳은 것은 ㉠, ㉡, ㉢이다.

오답 체크

㉣, ㉤ 콘크리트의 크리프 변형을 감소시키는 요인에 해당한다.

🔍 더 알아보기

콘크리트 크리프 변형에 영향을 미치는 요인

증가 요인	감소 요인
· 응력 증가 시 · 습도가 낮을수록 · 하중 재하속도 증가 시 · W/B(물결합재비) 증가 시 · 단위 시멘트량 증가 시 · 온도가 높을수록 · 수화열이 낮을수록 · 하중 재하시간 증가 시	· 콘크리트 강도 및 재령이 클수록 · 철근비 증가 시 · 습도가 높을수록 · 체적이 클수록 · 고온 증기양생 시

28 정답 ①

제시된 내용은 허용응력설계법에 대한 설명이다.

🔍 더 알아보기

허용응력설계법

탄성이론에 의해 철근콘크리트구조가 탄성거동을 한다는 가정하에 사용 하중 작용 시 부재 내에 발생하는 응력을 계산하고, 이를 허용응력과 비교하여 구조물의 안전 여부를 판별하는 설계방법으로, 탄성이론에 의해 해석하므로 탄성설계법이라고도 한다.

29 정답 ⑤

단순등분포 하중(W)을 받는 철근콘크리트의 최대탄성처짐(δ_{max})은 $\frac{5WI^4}{384EI}$이다.

이때, I는 단면 2차 모멘트, b는 단면의 폭, h는 단면의 깊이라고 하면, 직사각형 단면 2차 모멘트 값은 $\frac{bh^3}{12}$이다.

따라서 단면의 깊이를 2배 높일 경우 단면 2차 모멘트의 증가가 가장 커져 최대탄성처짐(δ_{max}) 값을 가장 효과적으로 감소시킨다.

30 정답 ③

교류와 직류의 저압 기준은 각각 $1,000[V]$ 이하, $1,500[V]$ 이하이다.

🔍 더 알아보기

전압 크기에 따른 구분

구분	교류	직류
저압	$1,000[V]$ 이하	$1,500[V]$ 이하
고압	$1,000[V]$ 초과 $7,000[V]$ 이하	$1,500[V]$ 초과 $7,000[V]$ 이하
특고압	$7,000[V]$ 초과	

31
정답 ②

트랩에 가동부분(열리고 닫히는 부분)을 둘 경우 원활한 배수흐름을 저해하고 트랩 내 저항이 커질 수 있어 가동부분은 트랩 내에 설치하지 않고 있으므로 옳지 않다.

32
정답 ①

제시된 그림은 수도직결방식에 의한 급수방식이다.
① 수도직결방식의 경우 상수도 본관의 압력으로 직접급수되므로 정전 시 급수가 가능하나, 상수도 단수 시에는 급수가 불가능하다는 특징을 갖고 있으므로 옳다.

오답 체크

② 항상 일정한 수압으로 물 공급이 가능한 급수방식은 고가수조(고가탱크)방식이므로 옳지 않다.
③ 수질오염의 가능성이 높은 급수방식은 고가수조(고가탱크)방식이므로 옳지 않다.
④ 고압이 요구되는 특정 위치가 있을 경우 유용한 급수방식은 압력탱크(가압탱크)방식이므로 옳지 않다.
⑤ 제어방식이 정속방식과 변속방식으로 분류되는 급수방식은 탱크리스 부스터(펌프직송)방식이므로 옳지 않다.

🔍 더 알아보기

수도직결 급수방식의 특징
· 상수도 본관에서 바로 급수하는 방식이다.
· 오염 가능성이 적어 가장 위생적인 방식이다.
· 3층 이상으로의 급수가 불가능하고 수압 변화가 심하다.
· 정전 시에는 급수가 가능하나, 단수 시에는 급수가 불가능하다.
· 2층 규모의 주택, 소규모 건물에 적합하다.

33
정답 ④

제시된 내용은 오수 중 부유물질에 의한 탁도의 정도를 나타내는 SS(Suspended Solids)에 대한 설명이다.

오답 체크

① BOD(Biochemical Oxygen Demand): 물의 오염 정도를 나타내는 것으로, 미생물에 의해 오수 중의 오염물질이 분해될 때 필요한 산소량을 ppm으로 나타낸 값
② COD(Chemical Oxygen Demand): 화학적으로 오수 중의 오염물질이 분해될 때 필요한 산소량을 ppm으로 나타낸 값
③ DO(Dissolved Oxygen): 오수 중의 산소량을 ppm으로 나타낸 값
⑤ 스컴(Scum): 정화조 내 오수 표면 위에 떠오르는 오물찌꺼기

🔍 더 알아보기

오수정화조 수질 관련 용어

구분	내용
생물화학적 산소요구량 (BOD)	· 미생물에 의해 오수 중의 오염물질이 분해될 때 필요한 산소량을 ppm으로 나타낸 값이다.
화학적 산소요구량 (COD)	· 화학적으로 오수 중의 오염물질이 분해될 때 필요한 산소량을 ppm으로 나타낸 값이다. · 일반적으로 공장폐수는 무기물을 함유하고 있어 BOD 측정이 불가능하므로 COD로 측정한다. · 값이 작을수록 수질이 좋다.
용존산소량 (DO)	· 오수 중의 산소량을 ppm으로 나타낸 값이다. · 값이 클수록 정화능력이 큰 수질이다. · 깨끗한 물은 7~14ppm의 산소가 용존되어 있다. · 오염도가 높은 물은 산소가 용존되어 있지 않다. · 정화조의 폭기조 내에는 2ppm의 용존산소가 필요하다.
부유물질량 (SS)	· 오수 중의 부유물질량을 ppm으로 나타낸 값이다. · 값이 클수록 오염도가 큰 수질이다.
수소이온농도 (pH)	· 물의 산성, 알칼리성, 중성의 정도를 나타내는 지표이다. · pH 7은 중성, 7 초과는 알칼리성, 7 미만은 산성이다.

34
정답 ⑤

음압격리병실은 병실 내의 감염균이 밖으로 빠져나가지 않게 하기 위해 부압 조건인 '3종 환기'를 하게 되며 이때 다른 실과는 '2.5[Pa]'만큼의 부압 조건을 갖게 한다.

35
정답 ⑤

현열과 잠열을 모두 포함하는 부하의 종류로 옳은 것은 ⓒ, ⑩이다.

오답 체크

㉠, ㉡, ㉣ 현열 부하만을 발생시키는 부하에 해당한다.

36
정답 ③

복도 통로유도등은 바닥으로부터 1[m] 이하의 높이에 설치해야 하므로 옳지 않다.

37 정답 ⑤

제시된 내용은 공조방식 중 전수방식(All water system)에 대한 설명이다.

⑤ 전수방식의 경우 물을 열매로 사용하기 때문에 외기의 도입량이 적어 실내 공기가 오염되기 쉽다는 특징을 가지고 있으므로 옳지 않다.

38 정답 ③

㉠에는 20, ㉡에는 30이 들어간다.

39 정답 ④

제시된 내용은 캐노피조명에 대한 설명이다.

오답 체크
① 광창조명: 광원을 넓은 벽면에 매입하여 벽면 전체 또는 일부분을 광원화하는 방식
② 코브조명: 광원을 벽, 천장 내 가림막 등으로 가려지게 하여 반사광으로 채광
③ 코니스조명: 벽면의 상부에 위치하여 모든 빛이 아래로 직사하도록 하는 조명방식
⑤ 다운라이트조명: 천장에 작은 구멍을 뚫고, 그 속에 기구를 매입하는 방식

40 정답 ①

㉠에는 4, ㉡에는 2, ㉢에는 3이 들어간다.

41 정답 ⑤

'건축물의 피난·방화구조 등의 기준에 관한 규칙 제3조'에 따르면 벽은 벽돌조로서 두께가 19[cm] 이상인 것이 내화구조의 기준에 적합한 구조이므로 옳지 않다.

42 정답 ⑤

건축물 외벽에 사용하는 마감재료를 증설 또는 해체하거나 벽면적 30[m^2] 이상 수선 또는 변경할 경우 대수선의 범위에 해당하므로 옳지 않다.

43 정답 ①

건폐율은 「건축물 에너지절약설계기준」에서 규정한 완화기준에 해당하지 않으므로 옳지 않다.

🔎 더 알아보기
「건축물 에너지절약설계기준」 제5조 제1항 제7호(용어의 정의)
"완화기준"이라 함은 「건축법」, 「국토의 계획 및 이용에 관한 법률」 및 「지방자치단체 조례」 등에서 정하는 건축물의 용적률 및 높이 제한 기준을 적용함에 있어 완화 적용할 수 있는 비율을 정한 기준을 말한다.

44 정답 ②

㉠에는 100, ㉡에는 100, ㉢에는 16,500이 들어간다.

45 정답 ②

'건축법 제2조 제1항 제19호'에 따르면 고층건축물은 층수가 30층 이상이거나 높이가 120[m] 이상인 건축물을 말하므로 ②가 옳다.

46 정답 ②

'주택건설기준 등에 관한 규칙 제18조 제1항'에 따르면 장수명 주택 인증은 '내구성', '가변성', '수리 용이성'의 성능을 평가한 종합점수를 기준으로 심사한다.

🔎 더 알아보기
주택건설기준 등에 관한 규칙 제18조(장수명 주택 인증기준)
① 장수명 주택 인증은 다음 각 호의 성능을 평가한 종합점수를 기준으로 심사하여야 한다.
  1. 콘크리트 품질 및 철근의 피복두께 등 내구성
  2. 벽체재료 및 배관·기둥의 배치 등 가변성
  3. 개수·보수 및 점검의 용이성 등 수리 용이성

47 정답 ⑤

플러시 아웃을 시행할 경우 세대별로 실내 면적 1[m^2]에 400[m^3] 이상의 신선한 외기 공기를 지속적으로 공급해야 하므로 옳지 않다.

48

「건축법 시행규칙」상 건축물 및 대지 관련 건축 시 허용되는 오차의 범위는 건축선의 후퇴거리가 3[%] 이내이어야 하므로 옳다.

> 🔍 **더 알아보기**
>
> 건축법 시행규칙 제20조 관련 건축허용오차
> 1. 대지 관련 건축기준의 허용오차
>
> | 항목 | 허용되는 오차의 범위 |
> |---|---|
> | 건축선의 후퇴거리 | 3[%] 이내 |
> | 인접대지 경계선과의 거리 | 3[%] 이내 |
> | 인접건축물과의 거리 | 3[%] 이내 |
> | 건폐율 | 0.5[%] 이내(건축면적 5[m^2]를 초과할 수 없다) |
> | 용적률 | 1[%] 이내(연면적 30[m^2]를 초과할 수 없다) |
>
> 2. 건축물 관련 건축기준의 허용오차
>
> | 항목 | 허용되는 오차의 범위 |
> |---|---|
> | 건축물 높이 | 2[%] 이내(1[m]를 초과할 수 없다) |
> | 평면 길이 | 2[%] 이내(건축물 전체길이는 1[m]를 초과할 수 없고, 벽으로 구획된 각 실의 경우에는 10[cm]를 초과할 수 없다) |
> | 출구 너비 | 2[%] 이내 |
> | 반자 높이 | 2[%] 이내 |
> | 벽체 두께 | 3[%] 이내 |
> | 바닥판 두께 | 3[%] 이내 |

49

'건축법 제43조 제1항'에 따르면 일반공업지역은 공개 공지를 확보해야 하는 용도 지역에 해당하지 않는다.

> 🔍 **더 알아보기**
>
> 건축법 제43조(공개 공지 등의 확보)
> ① 다음 각 호의 어느 하나에 해당하는 지역의 환경을 쾌적하게 조성하기 위하여 대통령령으로 정하는 용도와 규모의 건축물은 일반이 사용할 수 있도록 대통령령으로 정하는 기준에 따라 소규모 휴식시설 등의 공개 공지(空地: 공터) 또는 공개 공간을 설치하여야 한다.
> 1. 일반주거지역, 준주거지역
> 2. 상업지역
> 3. 준공업지역
> 4. 특별자치시장·특별자치도지사 또는 시장·군수·구청장이 도시화의 가능성이 크거나 노후 산업단지의 정비가 필요하다고 인정하여 지정·공고하는 지역

50

'장애인·노인·임산부 등의 편의증진 보장에 관한 법률 시행규칙 별표 1'에 따르면 장애인전용주차구역에서 통로와 자동차가 다니는 길이 교차하는 부분의 색상과 질감은 바닥재와 다르게 하여 장애인이 통로와 차도의 차이를 인식할 수 있게 해야 하므로 옳지 않다.

51

숑바르 드 로브가 제시한 주거면적기준에 따르면 표준기준은 1인당 16[m^2]로, 4인 가족에게 적합한 주거면적 표준기준은 16 × 4 = 64[m^2]이다.

> 🔍 **더 알아보기**
>
> 숑바르 드 로브의 주거면적기준
>
> | 구분 | 면적([m^2]/인) |
> |---|---|
> | 병리기준 | 8 |
> | 한계기준 | 14 |
> | 표준기준 | 16 |

52

제시된 조건을 토대로 3점 시간 추정에 따른 예상시간을 구하면 $t_e = \frac{t_o + 4t_m + t_p}{6} = \frac{3 + 4 \times 5 + 10}{6} = 5.5$[시간]이다.

53

추락할 위험이 있는 높이 2[m] 이상의 장소에서 근로자에게 안전대를 착용시킨 경우 안전대를 안전하게 걸어 사용할 수 있는 설비 등을 설치해야 하며, 높이 또는 깊이가 2[m]를 초과하는 장소에서 작업하는 경우 해당 작업에 종사하는 근로자가 안전하게 승강하기 위한 설비를 설치해야 하고, 근로자가 높이 2[m] 이상에서 작업하는 경우 그 작업을 안전하게 하는 데에 필요한 조명을 유지해야 하므로 빈칸에 공통으로 들어갈 숫자는 2이다.

54

A_e는 유효단면적, a는 유효목두께, l_e는 유효길이일 때, $A_e = a \times l_e$임을 적용하여 구한다.
a는 0.7 × 용접치수(S)이므로 0.7 × 10 = 7[mm]이고, l_e는 용접길이(l) − $2S$이므로 300 − (2 × 10) = 280[mm]이다.
따라서 유효단면적 A_e는 7 × 280 = 1,960[mm^2], 이때 양면 모살용접이므로 1,960 × 2 = 3,920[mm^2]이다.

55
정답 500

단면적$(A) = \dfrac{P(작용하중)}{\epsilon(변형률) \times E(탄성계수)}$임을 적용하여 구한다.

길이가 1.0$[m]$인 탄성 재질의 강봉을 50$[kN]$의 힘으로 당겼을 때 강봉의 변형률이 2.0×10^{-4}, 강봉의 탄성계수는 $2.0 \times 10^5[MPa]$이므로 단면적 $= \dfrac{50 \times 10^3}{5.0 \times 10^{-4} \times 2.0 \times 10^5} = 500[mm^2]$가 된다.

56
정답 216.3

400$[MPa]$ 이외의 1방향 슬래브의 최소 두께는 $h \times \left(0.43 + \dfrac{f_y}{700}\right)$임을 적용하여 구한다.

h는 캔틸레버이면서 리브를 가지지 않은 1방향 슬래브의 경우이므로 $\dfrac{l}{10} = \dfrac{2,100}{10}$이고, 철근의 설계기준 항복강도$(f_y) = 420[MPa]$이므로 1방향 슬래브의 최소 두께는 $h \times \left(0.43 + \dfrac{f_y}{700}\right) = \dfrac{2,100}{10} \times \left(0.43 + \dfrac{420}{700}\right) = 216.3[mm]$

따라서 1방향 슬래브의 최소 두께는 216.3$[mm]$이다.

57
정답 55

세장비$(\lambda) = \dfrac{KL}{r}$임을 적용하여 구한다.

KL은 기둥의 좌굴유효길이, L은 기둥의 비지지 길이, K는 좌굴유효길이 계수, r은 단면 2차 반경이고, 고정 방식이 양단 고정일 경우 좌굴유효길이 계수는 0.5이며, K는 3.3$[m]$ = 3,300$[mm]$이다.

따라서 세장비(λ)는 $\dfrac{0.5 \times 3,300}{30} = 55$이다.

🔎 더 알아보기
고정 방식별 좌굴유효길이 계수(K)

구분	좌굴유효길이 계수(K)
1단 자유 타단 고정	2.0
양단 힌지	1.0
1단 힌지 타단 고정	0.7
양단 고정	0.5

58
정답 31

배합강도는 $f_{ck} \le 35[MPa]$인 경우 $f_{cr} = f_{ck} + 1.34s[MPa]$와 $f_{cr} = (f_{ck} - 3.5) + 2.33s[MPa]$ 중 큰 값,

$f_{ck} > 35[MPa]$인 경우 $f_{cr} = f_{ck} + 1.34s[MPa]$와 $f_{cr} = 0.9f_{ck} + 2.33s[MPa]$ 중 큰 값을 적용하여 구한다.

먼저 시험 횟수가 20회이며 기록이 있는 경우여야 하므로, 표준편차에 보정계수를 곱하여 보정된 표준편차(s_1)를 구하면 $1.0 \times 1.08 = 1.08$이고 설계기준압축강도가 30$[MPa]$이므로 배합강도 산정식 중 $f_{ck} \le 35[MPa]$인 경우의 식을 활용하면

$f_{cr} = f_{ck} + 1.34s_1[MPa] = 30 + 1.34 \times 1.08 \fallingdotseq 31[MPa]$

$f_{cr} = (f_{ck} - 3.5) + 2.33s_1[MPa] = (30 - 3.5) + 2.33 \times 1.08 \fallingdotseq 29[MPa]$

따라서 두 식에서 산출된 값 중 큰 값을 배합강도로 정하므로 배합강도는 약 31$[MPa]$이다.

59
정답 30

「건축물의 설비기준 등에 관한 규칙」 제11조에 따라 공동주택 및 다중이용시설의 환기설비기준에 관한 사항을 의무적으로 시행해야 하는 공동주택의 세대 수 기준은 30$[세대]$이다.

🔎 더 알아보기
「건축물의 설비기준 등에 관한 규칙」 제11조(공동주택 및 다중이용시설의 환기설비기준 등)

① 신축 또는 리모델링하는 다음 각 호의 어느 하나에 해당하는 주택 또는 건축물은 시간당 0.5회 이상의 환기가 이루어질 수 있도록 자연환기설비 또는 기계환기설비를 설치해야 한다.

　1. 30세대 이상의 공동주택

　2. 주택을 주택 외의 시설과 동일건축물로 건축하는 경우로서 주택이 30세대 이상인 건축물

60
정답 80

Y축 유량에서 동시사용량 200$[L/min]$와 X축 마찰손실에서 허용마찰손실 10$[kPa/m]$ 간의 교점이 유속 0.8$[m/s]$ 이하임을 확인한다. 해당 교점이 65$[A]$와 80$[A]$ 중간에 있게 되는데, 이때 둘 중 큰 것을 관경으로 선택하므로 관경은 80$[A]$이다.